Lothar Gruchmann:
Totaler Krieg
Vom Blitzkrieg zur bedingungslosen Kapitulation

Deutscher
Taschenbuch
Verlag

dtv

Originalausgabe
Februar 1991

Umschlaggestaltung: Celestino Piatti
Vorlage: Deutsche Bomberstaffel (He 111) im
Anflug auf die englische Kanalküste 1940 (Bilderdienst
Süddeutscher Verlag)
Gesamtherstellung: C. H. Beck'sche Buchdruckerei,
Nördlingen
Printed in Germany · ISBN 3-423-04521-3

Inhalt

Das Thema

In der deutschen Geschichte der neuesten Zeit stellt der von Hitler entfesselte Zweite Weltkrieg ein Ereignis dar, das noch fünfundvierzig Jahre nach seinem Ende in die Gegenwart hereinwirkt: sowohl der einzelne wie unser Volk sind von den Folgen des Krieges noch heute mittelbar oder unmittelbar betroffen. Noch leben Angehörige jener Generationen, die am damaligen Geschehen aktiv teilnahmen oder es schon mit Bewußtsein erlebten. Mögen im Lauf der Jahrzehnte körperliche und seelische Verletzungen geheilt und vergessen, durch Kriegseinwirkung und Vertreibung aus der Heimat erlittene materielle Schäden ersetzt und verschmerzt sein, so hat der Krieg unter den Lebenden dennoch bleibende Folgen, wie den Verlust von Angehörigen, der angestammten Heimat oder dauernde Kriegsversehrungen hinterlassen oder in irgendeiner anderen Form auf das Leben des einzelnen mit Auswirkungen eingegriffen, die bis in die Gegenwart reichen. Von allen Weiterungen verschont gebliebene, ohne Geschichtsbewußtsein lebende Angehörige der westdeutschen Nachkriegsgeneration wurden mit den Folgen des Zweiten Weltkrieges zumindest durch die Grenzen konfrontiert, die sie bis vor kurzem bei einem Berlin-Besuch passieren mußten und die ihnen Beschränkungen für Reisen in benachbarte deutsche Gebiete auferlegten, die sie für entfernt liegende Länder der Welt nicht kennen. Dem Bürger im ostdeutschen Teilstaat hingegen waren die Nachwirkungen des Krieges gerade durch diese Grenzen, aber auch durch elementare Erfahrungen im Alltagsleben bis heute unmittelbarer spürbar geblieben.

Unter den Folgen, die der Zweite Weltkrieg für das deutsche Volk hinterließ, waren durchaus auch positive. Zu ihnen gehören der Aufbau einer stabilen freiheitlich-demokratischen Staatsordnung und ein 1945 nicht für möglich gehaltener und vorher nie erreichter wirtschaftlicher Aufschwung in der Bundesrepublik, die beide ohne die Voraussetzung der totalen Niederlage im Kriege nicht möglich geworden wären. Erst der vollständige Zusammenbruch des NS-Regimes beseitigte in Deutschland die auf äußere Machtentfaltung angelegte autoritäre politische Struktur und einen traditionellen, übersteigerten Nationalismus und öffnete der bisher auf Autarkie bedachten

Wirtschaft die Tore zum freien Weltmarkt. Die problematische Hinterlassenschaft der staatlichen Zweiteilung Deutschlands wurde im Jahre 1990 durch die Vereinigung der deutschen Teilstaaten überwunden. Der Verlust der Gebiete jenseits der Oder-Neiße-Grenze, deren endgültige Anerkennung im Zusammenhang mit der deutschen Einigung aktuell geworden ist, wird hingegen eine Dauerfolge des Zweiten Weltkrieges bleiben.

Das gewaltige, nahezu sechs Jahre währende Ringen, in dem die Hegemonialbestrebungen der aggressiven Dreierpaktmächte Deutschland, Italien und Japan durch eine überlegene Koalition der übrigen Großmächte niedergeworfen wurden, und sein Ergebnis sind Thema des vorliegenden Bandes. Dieser Kampf wurde auf beiden Seiten unter enormen Opfern und mit einem bis dahin in der Geschichte einmaligen Aufgebot an Menschen, Material und Waffentechnik geführt, die zuletzt als modernste Zerstörungswaffe die Atombombe hervorbrachte.

Nach einer anfänglichen Periode siegreicher Blitzfeldzüge der Angreifermächte zeichnete sich 1942/43 die militärische Wende ab, nachdem der Krieg 1941 durch die Einbeziehung der Sowjetunion sowie der USA und durch das Zusammenfließen des Kampfes in Europa und in Ostasien zum »Weltkrieg« geworden war. Hatten sich die Japaner durch den Angriff auf die USA in Pearl Harbor übernommen, so lud sich Hitler durch den Überfall auf die Sowjetunion und die Kriegserklärung an die USA einen Zweifrontenkrieg mit zwei Großmächten auf, bei dem es sich erwies, daß Deutschland eben doch nicht das Potential einer Weltmacht besaß, sondern eine kontinental-europäische Großmacht war, die ihre anfänglichen Expansionserfolge ihrem Rüstungsvorsprung verdankte.

Durch das Vorgehen Hitlers wurden England und die USA mit der Sowjetunion trotz gegensätzlicher Interessen in eine »unnatürliche« Kriegskoalition gegen Deutschland und seinen italienischen Verbündeten gedrängt, deren Überlegenheit an Menschen und Material im totalen Krieg den Sieg auf dem europäisch-afrikanischen Kriegsschauplatz verbürgte und die sich im gemeinsamen Endkampf gegen Japan fortsetzte. Neben dem Einsatz der Atombombe wirkte der sowjetische Kriegseintritt gegen Japan im August 1945 als zusätzlicher Faktor, um den Japanern die längst unabwendbar gewordene Niederlage vor Augen zu führen.

Die Interessengegensätze zwischen den Westmächten und der

Sowjetunion, die sich 1945 schon vor der bedingungslosen Kapitulation des nationalsozialistischen Deutschland abzeichneten und schließlich das Kriegsbündnis zerbrechen ließen, verhinderten für die Folgezeit eine stabile gesamtdeutsche und -europäische Nachkriegsordnung sowie die Errichtung einer wirksamen universalen Friedensorganisation. Der sich verschärfende globale Gegensatz zwischen den USA und der Sowjetunion, die als überlegene »Flügelmächte« die bisherigen europäischen Großmächte mit Weltgeltung in die Rolle von zweitrangigen Mächten zurückdrängten, bewirkte die Teilung Deutschlands in zwei Staaten und Europas in zwei gegensätzliche Lager, deren Überwindung durch den Demokratisierungsprozeß in den osteuropäischen Staaten erst heute in Gang gekommen ist.

In dem vorgegebenen Rahmen mußte sich der Band auf die knappe Darstellung der wesentlichen politischen und militärischen Ereignisse vom Kriegsausbruch 1939 bis zur Kapitulation Japans 1945 beschränken. Die Judenverfolgung, die gerade unter den Bedingungen des Krieges im erweiterten deutschen Machtbereich ihren Höhepunkt erreichte, und der deutsche Widerstand gegen das NS-Regime, der angesichts der Verbrechen am eigenen Volk und an anderen Völkern im Kriege zum Versuch der Beseitigung Hitlers schritt, blieben dabei außerhalb der Betrachtung, da ihnen in der vorliegenden Reihe eigene Bände gewidmet sind. Auf eine ausführlichere Berücksichtigung der Ereignisse im ostasiatisch-pazifischen Raum verzichtete der Autor nur mit Bedauern, da die deutsche Geschichtsschreibung ohnehin zu einer europa-zentrischen Betrachtung des Zweiten Weltkrieges neigt. Trotz der erforderlichen Beschränkung und der komprimierten Behandlung des Themas wurde versucht, die für das Verständnis der Gegenwart notwendigen hauptsächlichen Vorgänge des Zweiten Weltkrieges zu vermitteln. Möge dadurch zugleich die Erkenntnis gefördert werden, daß politische Ziele in unserer Zeit nicht mehr mit den Mitteln militärischer Gewalt durchgesetzt werden dürfen und politische Probleme auf die Dauer nur durch verantwortungsvolle Kompromißbereitschaft und friedliche Übereinkunft zu lösen sind.

I. »Propagandistischer Anlaß« zum Kriegsbeginn
Die Vortäuschung polnischer Überfälle auf Reichsgebiet durch die SS am 31. August 1939

Am 1. September 1939 – dem Tag des Kriegsbeginns – sprach Hitler vor dem telegrafisch zusammengerufenen Reichstag in Berlin. In seiner Rede behauptete er, die Polen hätten in der vorausgegangenen Nacht 14 Grenzzwischenfälle verursacht, »darunter drei ganz schwere«. Bei diesen Vorfällen hätten die Polen »zum erstenmal auf unserem eigenen Territorium auch durch reguläre Soldaten geschossen. Seit 5 Uhr 45 wird jetzt zurückgeschossen!«[1] Nach Meldungen, die das Deutsche Nachrichtenbüro (DNB) in der Nacht des 31. August verbreitete und die am nächsten Tag im ›Völkischen Beobachter‹[2] und anderen Zeitungen veröffentlicht wurden, handelte es sich bei den erwähnten drei schweren Übergriffen um einen Überfall »polnischer Freischärler« auf den fünf Kilometer hinter der Grenze auf Reichsgebiet liegenden Sender Gleiwitz sowie um Angriffe »polnischer Aufständischenbanden«, die »anscheinend von regulären polnischen Truppenteilen unterstützt« wurden, auf das deutsche Zollhaus bei Hochlinden nordöstlich von Ratibor und auf das zwei Kilometer von der Grenze entfernt liegende Forsthaus Schlüsselwald bei Pitschen im Raum Kreuzburg (Oberschlesien). In den Meldungen hieß es, daß die Insurgentengruppe, die kurz nach 20 Uhr in den Gleiwitzer Sender eindrang, die Wache und das diensthabende Sendepersonal niedergeschlagen und den Sender abgeschaltet habe. Nach Unterbrechung der Sendung hätten die Eindringlinge in polnischer und zum Teil auch in deutscher Sprache einen von Schmähreden auf Deutschland begleiteten Aufruf gesendet, der vom »Kommandeur des polnischen Freiwilligenkorps« gezeichnet gewesen sei und »das Signal zu einem Angriff polnischer Freischärler auf deutsches Gebiet« habe geben sollen. Die von erstaunten Rundfunkhörern alarmierte Polizei habe die Insurgenten nach einem kurzen

[1] Vgl. Verhandlungen des Reichstags, Bd. 460: Stenographische Berichte 1939 bis 1942. 3. Sitzung, Freitag, den 1. September 1939, S. 46f.

[2] Vgl. auch zum folgenden die Meldungen im Völkischen Beobachter (VB), Münchener Ausgabe v. 1. 9. 1939, S. 1f.: »Polnische Aufständische überschreiten die deutsche Grenze«, »Der unerhörte Bandenüberfall auf den Sender Gleiwitz« und »Deutsche Polizei wirft Polenhaufen über die Grenze zurück«.

Feuergefecht gefangennehmen können, wobei ein Pole getötet worden sei. Bei dem polnischen Angriff bei Hochlinden, der der Verbindungsstraße Gleiwitz – Ratibor gegolten habe, sei das Zollhaus von polnischen Aufständischen und regulären Soldaten gestürmt und eineinhalb Stunden lang gegen die anrükkende deutsche Grenzpolizei gehalten worden. Acht Insurgenten und sechs polnische Soldaten seien gefangengenommen worden, die Zahl der Toten habe »infolge der Dunkelheit« noch nicht genau festgestellt werden können. Bei Pitschen sei eine Streife der deutschen Grenzpolizei im deutschen Hinterland auf eine größere Gruppe polnischer Insurgenten und Soldaten gestoßen, die sofort das Feuer eröffnet habe. Die verstärkte Grenzpolizei habe die Angreifer zurückgeworfen und dabei fünfzehn Polen – davon sechs Militärangehörige – gefangengenommen; zwei Polen, darunter ein Soldat, seien getötet worden. Der ›Völkische Beobachter‹ kommentierte die Vorgänge mit den Worten, »die polnische Meute« habe sich nunmehr – nachdem sie bislang nur die in Polen lebenden Volksdeutschen terrorisiert habe – »dazu hinreißen lassen, die Reichsgrenze zu überschreiten, einen deutschen Sender zu überfallen und die Kriegsfackel an ein Pulverfaß zu legen, dessen Existenz vor der Geschichte die Polen einmal zu verantworten haben werden«[3].

Bei diesen angeblichen polnischen Überfällen auf deutsches Gebiet am Abend des 31. August handelte es sich in Wirklichkeit um Unternehmen, die von Himmlers Sicherheitspolizei und der SS durchgeführt wurden, um das deutsche Volk und die Welt glauben zu machen, daß nicht Deutschland, sondern Polen die kriegerischen Handlungen begonnen habe. Hitler hatte seinen Oberbefehlshabern am 22. August auf dem Obersalzberg angekündigt, er werde »propagandistischen Anlaß zur Auslösung des Krieges geben, gleichgültig ob glaubhaft. Der Sieger wird später nicht danach gefragt, ob er die Wahrheit gesagt hat oder nicht.«[4] Die nächtlichen Unternehmungen der SS sollten eine unmittelbare Rechtfertigung für den militärischen Angriff auf Polen liefern, den Hitler bereits am Mittag des 31. August für den nächsten Morgen befohlen hatte. Sie sollten zugleich der deutschen Diplomatie eine Handhabe ge-

[3] VB v. 1. 9. 1939, S. 2.

[4] Ansprache Hitlers am 22. 8. 1939 vor den Oberbefehlshabern. In: Akten zur Deutschen Auswärtigen Politik 1918–1945 (ADAP), Serie D, Bd. 7. Baden-Baden 1956, Dok. Nr. 193, S. 171 f.

ben, Polen vor den Westmächten als militärischen Angreifer hinzustellen und ihnen damit ermöglichen, sich – wie Hitler in illusorischem Wunschdenken hoffte – ihren vertraglichen Beistandspflichten gegenüber Polen zu entziehen. Diese Coups der nationalsozialistischen Führung, die im September 1939 durch die sich überstürzenden Ereignisse völlig in den Hintergrund gedrängt wurden und auch in den Nachkriegsdarstellungen zum Zweiten Weltkrieg wenig Beachtung fanden[5], sollen im folgenden der Vergessenheit entrissen werden: verdeutlichen sie doch den Willen dieser Führung, in der Innenpolitik erprobte verbrecherische Methoden auch auf dem Gebiet der Kriegführung anzuwenden[6].

Den Gedanken, durch eigene Kommandos in Kompanie- bzw. Zugstärke »einen fingierten Angriff polnischer Verbände gegen das deutsche Reichsgebiet« vorzutäuschen, erörterten Hitler, Reichsführer-SS Himmler und der Chef der Sicherheitspolizei und des SD, SS-Gruppenführer Heydrich, Anfang August 1939[7]. Heydrich inspizierte daraufhin zusammen mit dem Leiter der Staatspolizeistelle Oppeln, der die Gegend seit seiner Jugend gut kannte, die Grenze und kundschaftete geeignete Stellen für die beabsichtigten Scheinangriffe aus. Nach einer weiteren Ortsbesichtigung, an der Himmler teilnahm, wurden

[5] So spricht z.B. das vom Militärgeschichtlichen Forschungsamt herausgegebene Standardwerk ›Das Deutsche Reich und der Zweite Weltkrieg‹ lediglich in einem Satz von der »Inszenierung angeblicher polnischer ›Provokationen‹«, von denen aber »nur der Überfall auf den Sender Gleiwitz zur Ausführung« gelangt sei; vgl. Bd. 2: Die Errichtung der Hegemonie auf dem europäischen Kontinent, von K.A. Maier u.a. Stuttgart 1979, S. 87.

[6] Zum folgenden vgl. J. Runzheimer, Die Grenzzwischenfälle am Abend vor dem deutschen Angriff auf Polen. In: Sommer 1939. Die Großmächte und der Europäische Krieg, hrsg. v. W. Benz und H. Graml, Stuttgart 1979, S. 107ff.; ders., Der Überfall auf den Sender Gleiwitz im Jahre 1939. In: VfZ (1962), S. 408ff.; Ermittlungsakten der Staatsanwaltschaften Hamburg und Düsseldorf aus den Jahren 1963–1969 (im folgenden zitiert: EA) gegen den verschollenen Leiter der Politischen Polizei im Geheimen Staatspolizeiamt, Heinrich Müller, und weitere Personen wegen Verdachts des Mordes, IfZ Archiv, Sign. Gd 05.20, in die auch die Befragungsunterlagen Runzheimers eingegangen sind. Das vom damaligen Leitenden Staatsanwalt beim Landgericht Düsseldorf zusammen mit einem Journalisten veröffentlichte Buch, A. Spieß u. H. Lichtenstein, Unternehmen Tannenberg. Wiesbaden, München 1979, besteht überwiegend aus Auszügen aus diesen Akten, läßt jedoch die darin auftretenden Widersprüche in den Aussagen unberücksichtigt.

[7] Aussage des damaligen Leiters der Staatspolizeistelle Oppeln, SS-Sturmbannführer E. Schaefer, v. 14. 9. 1965, EA, S. 176.

das Gelände bei Hochlinden und das sumpfige Prosna-Tal nördlich von Pitschen für die Unternehmungen ausgewählt[8].

Von Gestapochef SS-Oberführer Heinrich Müller beraten, bestellte Heydrich die Führer der Sonderkommandos. Die »polnischen Angreifer« bei Hochlinden sollte SS-Obersturmbannführer Hellwig, der Kommandeur der Führerschule der Sicherheitspolizei in Berlin-Charlottenburg, befehligen, der als ehemaliger Offizier die nötigen militärischen Vorkenntnisse besaß. Zu seinem Gegenspieler und Führer der »Verteidiger« wurde der Kommandeur der Grenzpolizeischule in Pretzsch an der Elbe, SS-Standartenführer Dr. Trummler, ernannt. Mit der Leitung des Scheinüberfalles bei Pitschen betraute Heydrich SS-Standartenführer Dr. Rasch. Die Überwachung der organisatorischen Vorbereitungen für beide Unternehmungen wurde dem eigens hierfür aus der Slowakei zurückgerufenen SS-Oberführer Dr. Mehlhorn übertragen, dem zwar keine eigene Befehlsgewalt eingeräumt wurde, der aber besonders hinsichtlich der Geheimhaltung auf die Vermeidung von Pannen zu achten hatte. Der fingierte Überfall auf den Gleiwitzer Sender, von dem sich die Führung eine besondere propagandistische Wirkung versprach, wurde getrennt vorbereitet und blieb unter der unmittelbaren Leitung Heydrichs. Führer dieses Kommandos wurde SS-Sturmbannführer Naujocks vom SD[9].

Während sich Naujocks sein aus wenigen Männern bestehendes Kommando aus zuverlässigen SS- und SD-Angehörigen selbst zusammenstellte – er bekam vor dem Überfall lediglich den Dolmetscher zugeteilt, der die Ansprache in polnischer Sprache über den Sender verlesen sollte –, wurden die »polnischen Angreifer« für die anderen beiden Unternehmungen von

[8] Ebenda und Aussage Schaefers v. 13. 6. 1952, IfZ Archiv, Sign. ZS-573; Aussage des damaligen Chefs des persönlichen Stabes des Reichsführers-SS, SS-Gruppenführer K. Wolff, v. 28. 9. 1967, EA, S. 401 f.; Runzheimer, Grenzzwischenfälle, S. 111 f.

[9] Vgl. auch zum folgenden Aussage Mehlhorns v. 20. 3. 1968, EA, S. 594 ff., und seine aus der Erinnerung angefertigte Niederschrift von 1953, ebenda, S. 604 ff.; Interview mit Hellwig v. 27. 11. 1952 nebst »zusätzlichen Angaben«, IfZ Archiv, Sign. ZS-1075; Affidavit Dr. Trummlers v. 13. 8. 1947, Unterlagen der polnischen Militärmission zur Untersuchung von Kriegsverbrechen (Ablichtung in: EA, S. 940 ff.); Eidesstattliche Erklärung Naujocks' v. 19. 11. 1945, Nürnberger Dok. PS-2751: Der Prozeß gegen die Hauptkriegsverbrecher vor dem Internationalen Gerichtshof (künftig zitiert: IMG), Bd. 31. Nürnberg 1947, S. 90 ff., und seine Aussage v. 25. 3. 1964, EA, S. 28 ff.; Runzheimer, Grenzzwischenfälle, S. 113 ff.

den Berliner Zentralen der Gestapo und des SD aus ihren oberschlesischen Dienststellen rekrutiert[10]. Es handelte sich um polnisch sprechende SS-Angehörige, die militärisch – möglichst als ehemalige Volksdeutsche in der polnischen Armee – ausgebildet worden waren, von den Polen Nachteile erfahren hatten und politisch zuverlässig waren. Da aus dem Bereich von Gestapo und SD nicht genügend Kräfte mit diesen Voraussetzungen zur Verfügung standen, wurden geeignete Mitglieder der SS-Standarten 23 (Beuthen) und 45 (Oppeln) aus Oberschlesien abkommandiert, wobei aus Geheimhaltungsgründen aus einem Sturm jeweils nur ein Mann genommen werden sollte. Um eine mögliche Einberufung dieser Männer durch die Wehrmacht auszuschließen, befahl Hitler über das OKW die Freigabe der für das Unternehmen benötigten Leute, das in diesem Zusammenhang einfach als »ein Sonderunternehmen der SS« bezeichnet wurde[11].

Von Berlin wurden die Abkommandierten Mitte August mit Lastkraftwagen in die SS-Fechtschule nach Bernau gefahren, die einigermaßen isoliert im Walde lag und wegen der Kriegsvorbereitungen leerstand. Zusammen mit den gleichfalls herangezogenen SS-Führern und Unterführern aus den erwähnten Polizeischulen Charlottenburg und Pretzsch war das Kommando rund 150 Mann stark. Die Führerschaft belegte die Zimmer der Fechtschüler, die Mannschaften wurden in die mit Stroh ausgelegte Fechthalle einquartiert. Während Hellwig allabendlich nach Hause fuhr, herrschte für die anderen Teilnehmer striktes Ausgeh- und Schreibverbot – für Notfälle war eine Deckadresse vorgesehen –; sie mußten sich darüber hinaus unterschriftlich

[10] Vgl. auch zum folgenden die erwähnten Äußerungen Hellwigs und Trummlers (s. Anm. 9) sowie die Aussagen folgender, bei dem Unternehmen eingesetzter Personen: Aussage des ehemaligen Leiters der Fechtschule Bernau, SS-Sturmbannführer Hoffmann v. 15. 8. 1969, EA, S. 1051 ff.; Aussage des ehemaligen Angehörigen der Staatspolizeistelle Oppeln, des als Zugführer eingesetzten SS-Oberscharführers Kernbach v. 17. 9. 1965, ebenda, S. 189 ff.; Eidesstattliche Erklärung des SS-Mannes Grzimek v. 10. 7. 1947, Unterlagen der polnischen Militärmission zur Untersuchung von Kriegsverbrechen, Ablichtung, ebenda, S. 919 ff.; ferner Aussagen weiterer abkommandierter Grenzpolizei- und Gestapobeamter, ebenda, S. 350 ff., 375 ff., 539 ff.; Runzheimer, Grenzzwischenfälle, S. 117 ff.

[11] Vgl. Kriegstagebuch der Abwehr-Abteilung II (Lahousen-Tagebuch) v. 17. 8. und 19. 8. 1939, IfZ Archiv, Sign. F 23, Bd. 1 a, und Runzheimer, Grenzzwischenfälle, S. 119, dort auch Genaueres über den Befehlsweg bis zu den zuständigen Wehrbezirkskommandos.

verpflichten, über die Vorgänge auch in Zukunft absolutes Schweigen zu bewahren. Über das geplante Unternehmen wurden sie noch nicht informiert, es wurde ihnen nur mitgeteilt, daß sie für polizeiliche Aufgaben an der oberschlesischen Grenze vorgesehen seien. Sie wurden in Uniformen der Grenzpolizei bzw. in Drillichanzüge eingekleidet, erhielten neben infanteristischer Ausbildung Unterricht im polnischen Dienstreglement und übten polnische Befehle und Lieder ein. Einigen wurden die Haare nach Art des polnischen Militärschnitts kurzgeschoren, andere mußten sich Schnurrbärte und Koteletten wachsen lassen.

Während ein Teil von ihnen als »polnische Insurgenten« in Räuberzivil eingesetzt werden sollten, mußten für die anderen polnische Armeeuniformen besorgt werden. Mit dieser Aufgabe war der Leiter des Amts III (Auslandsnachrichtendienst) im SD-Hauptamt, SS-Brigadeführer Jost, betraut worden. Jost wandte sich an die militärische Abwehr im Oberkommando der Wehrmacht (OKW), deren Dienststellen übergelaufene polnische Soldaten nachrichtendienstlich zu verhören hatten und in deren Asservatenkammern daher einbehaltene polnische Uniformen und Ausrüstungsgegenstände lagerten. Der Chef des Amtes Ausland-Abwehr, Admiral Canaris, wurde am 17. August auf Hitlers Veranlassung vom Chef des OKW, Generaloberst Keitel, mit der »Bereitstellung von 50 polnischen Uniformen für ein Unternehmen des SS Reichsführers Himmler« beauftragt[12]. In der Unterredung mit Keitel mußte Canaris feststellen, daß selbst die Spitze der militärischen Führung über das geplante Unternehmen nichts Genaueres wußte:

»Ich melde Keitel meine Besprechung mit Jost. Er sagt, daß er sich um dieses Unternehmen nicht kümmern könne, da der Führer ihn nicht unterrichtet habe und ihm lediglich habe sagen lassen, daß wir Heydrich (sic) polnische Uniformen zur Verfügung stellen sollten. Er ist einverstanden, daß ich Generalstab

[12] Vgl. Kriegstagebuch der Abwehr-Abteilung II, Eintrag v. 17. 8. 1939; dazu ferner F. Halder, Kriegstagebuch, Bd. 1: Vom Polenfeldzug bis zum Ende der Westoffensive (14. 8. 1939 – 30. 6. 1940), bearb. von H.-A. Jacobsen in Verb. mit A. Philippi. Stuttgart 1962, S. 19, Eintrag v. 17. 8. 1939: »Canaris: Himmler – Heydrich Obersalzberg 150 polnische Uniformen mit Zubehör (Dr. Trummler). Oberschlesien. OB. vorgetragen 18. 8.«; H. Groscurth, Tagebücher eines Abwehroffiziers 1938–1940, hrsg. von H. Krausnick u. H. C. Deutsch, unter Mitarbeit von H. von Kotze. Stuttgart 1970, S. 180 (Eintrag v. 24. 8. 1939 ins Privattagebuch).

(des Heeres) unterrichte. Er sagt, daß er von derartigen Unternehmungen nicht viel hält, daß aber nichts zu machen sei, wenn sie vom Führer befohlen wären, er könne den Führer nicht fragen, wie er sich die Ausführung dieses speziellen Unternehmens dächte.«[13]

Den Grund für die Zurückhaltung Hitlers gegenüber den Militärs erfuhr Oberstleutnant Lahousen – der Leiter jener Abteilung der Abwehr, die für die Durchführung von Aktionen im Feindesland zuständig war – am selben Tage vom OKW: Hitler wolle »die Wehrmacht unter allen Umständen aus allen Unternehmungen, die ausgesprochen illegalen Charakter (!) haben, heraushalten«[14]. Die Folge dieser Geheimhaltung war, daß beim Heer irrtümlich angenommen wurde, der Kriegsgrund werde »durch 150 Häftlinge aus den Konzentrationslagern hergestellt, die in polnische Uniformen gesteckt sind und geopfert werden«[15]. Die polnischen Uniformen, die zwei Tage später in Bernau eintrafen, wurden von etwa 30 bis 40 SS-Männern anprobiert und in numerierten Kleidersäcken gesammelt aufbewahrt. Die übrigen »Polen« bekamen für den Einsatz abgetragene Zivilkleidung[16].

Unterdessen quartierte sich SS-Oberführer Mehlhorn in einem Hotel in Oppeln ein, wo ihm die Nachrichtenverbindungen der dortigen Staatspolizeistelle nach Berlin und zu den Grenzpolizeistellen zur Verfügung standen. Vom Leiter der Staatspolizeistelle ließ er sich – wie Anfang August schon Heydrich – mit den Örtlichkeiten im Grenzgebiet vertraut machen. In Oppeln wurden mit den SS-Standartenführern Trummler und Rasch die Einzelheiten der Unternehmungen besprochen und Gestapochef Müller eingeweiht. Bei Beginn des Einsatzes sollte sich Mehlhorn ins Polizeipräsidium Gleiwitz begeben, das näher an der »Front« lag und in dessen Meldezen-

[13] Vgl. Bericht über die Aussprache mit Generaloberst Keitel am 17. 8. 1939, Nürnberger Dok. PS-795, IMG, Bd. 26, S. 337; dazu Aussage Keitels in Nürnberg v. 4. 4. 1946, IMG, Bd. 10, S. 579.

[14] Vgl. Besprechung mit Oberst Warlimont, dem Leiter der Abt. Landesverteidigung und beauftragten Chef des Wehrmachtführungsamts, Kriegstagebuch der Abwehr-Abteilung II, Eintrag v. 17. 8. 1939.

[15] Vgl. Groscurth, Tagebücher, Eintrag v. 24. 8. 1939, der fortfährt: »Das macht Heydrich. W(ilhelm) C(anaris) hat alles versucht, das zu verhindern, völlige Ablehnung des Heeres usw.«

[16] Vgl. Aussage Hoffmanns v. 15. 8. 1969, EA, S. 1056; ferner auch zum folgenden die in Anm. 9 angegebenen Quellen.

trale der Befehl für die Auslösung der Aktionen eingehen sollte. Um zu den Kommandos der »Angreifer« wie der »Verteidiger« bei Hochlinden auch noch während des Einsatzes Verbindung halten zu können, wurde ein vorgeschobener Meldekopf in der Gendarmeriestation von Groß Rauden eingerichtet.

Auch Rasch begab sich zur Vorbereitung seines Unternehmens bei Pitschen an die Grenze. Der von Heydrich beabsichtigte Scheinüberfall auf ein ganzes Grenzdorf schien ihm jedoch zu bedenklich: Zwar sollte auch dieser Scheinangriff ursprünglich durch ein instruiertes Kommando der Grenzpolizei aufgefangen und mit der Gefangennahme der »Angreifer« beendet werden. Dennoch bestand die Gefahr, daß es mit ahnungslosen, bewaffneten Bewohnern zu ernsthaften Schießereien kommen und dabei die wahre Nationalität der Angreifer aufgedeckt werden konnte. Von Mehlhorn unterstützt, gelang es Rasch, Heydrichs Einverständnis zu erlangen, daß der fingierte Überfall auf das abseits gelegene Forsthaus Schlüsselwald beschränkt und somit auch keine eigene »Verteidiger«-Gruppe notwendig wurde. Der Gedanke, den Förster und seine Familie kurzerhand in Urlaub zu schicken, mußte fallengelassen werden, da der dafür zuständige Bürgermeister von Pitschen hätte eingeweiht werden müssen. Es ergab sich jedoch, daß der Förster Mitglied der Allgemeinen SS war und zu situationsgemäßem Verhalten und zur Geheimhaltung verpflichtet werden konnte.

SS-Obersturmbannführer Hellwig unterbrach seine Ausbildungstätigkeit in Bernau und flog am 20. August mit Heydrich, der eine letzte persönliche Inspektion vornahm, nach Oberschlesien, um gleichfalls das Grenzgebiet und das Zollhaus von Hochlinden in Augenschein zu nehmen und Einzelheiten vor Ort zu besprechen.

Um bei den geplanten Unternehmungen unvorhergesehene Zusammenstöße mit Verbänden des Heeres zu vermeiden, mußten mit der Wehrmacht Absprachen über die Grenzstreifen erfolgen, die im Falle des Angriffs auf Polen beim Vorrücken der deutschen Truppen aus ihren weiter zurückliegenden Bereitstellungsräumen in die Ausgangsstellungen für einige Stunden ausgespart werden sollten. Im Falle Pitschen konnte das Problem innerhalb der SS geregelt werden, da die Leibstandarte-SS Adolf Hitler unter SS-Obergruppenführer Sepp Dietrich, die dem XIII. Armeekorps (8. Armee) als motorisiertes Infanterieregiment zum Vorstoß in Richtung Lodz unterstellt worden war, just im Raum beiderseits der Prosna vorgehen sollte[17]. Für das Unternehmen bei Hochlinden, das zum Aufmarschgebiet des VIII. Armeekorps (14. Armee) gehörte, traf Mehlhorn auf höhere Weisung noch vor seiner Abfahrt nach Gleiwitz in Oppeln eine entsprechende Regelung über den zuständigen Ic – den mit der Feindaufklärung und Abwehr betrauten Stabsoffizier –, der durch seine Vorgesetzten entsprechend instruiert worden war[18].

Ein Problem besonderer Art bildeten die »gefallenen Polen«, die am Ort des Unternehmens zurückgelassen werden sollten. Ihre Besorgung aus dem Konzentrationslager übernahm im Auftrag Heydrichs Gestapochef Müller, dem die politischen Abteilungen in diesen Lagern unterstanden. Es handelte sich, wie den Einsatzführern beruhigend mitgeteilt wurde, ausschließlich um »zum Tode verurteilte Häftlinge«, die nach einer entsprechenden Einkleidung durch Einspritzungen bewußtlos gemacht und an Ort und Stelle erschossen werden sollten. Die Anlieferung dieser »Konserven« – wie der Deckname für die Opfer lautete – und ihre Verteilung war ein völlig getrenntes Unternehmen, das Müller leitete und von dem kurz vor der Aktion lediglich die Führer der Kommandos informiert wurden[19].

Am 23. August – an dem auch eine Reihe anderer kriegsvorbereitender Maßnahmen getroffen wurden und das Linienschiff »Schleswig Holstein« zu seinem angeblichen Besuch nach Danzig auslief, um am Tage X die Kampfhandlungen mit der Beschießung der polnischen Befestigungen und Munitionslager auf der Halbinsel Westerplatte eröffnen zu können[20] – setzte Heydrich den Abmarsch des Kommandos aus Bernau nach Oberschlesien auf den 24. August, 5.00 Uhr früh fest[21]. Noch in der Nacht wurden die Führer und Unterführer über die geplanten Einsätze unterrichtet, unter ihnen auch der Leiter der Fechtschule, SS-Sturmbannführer Hoffmann, der von Heyd-

[17] Vgl. R. Lehmann, Die Leibstandarte, Bd. 1. 2. Aufl. Osnabrück 1978, S. 147ff., S. 152 (Marschweg über Pitschen); Runzheimer, Grenzzwischenfälle, S. 121.

[18] Niederschrift Mehlhorns, EA, S. 608.

[19] Vgl. die Aussagen Schaefers v. 14. 9. 1965, EA, S. 178; Interview Hellwigs v. 27. 11. 1952, IfZ Archiv, Sign. ZS-1075; Eidesstattliche Erklärung Naujocks' v. 19. 11. 1945, IMG, Bd. 31, S. 90ff.; seine Aussage v. 25. 3. 1964, EA, S. 28ff.; Runzheimer, Grenzzwischenfälle, S. 134ff.

[20] Vgl. Das Deutsche Reich und der Zweite Weltkrieg, Bd. 2, S. 85f.

[21] Vgl. Runzheimer, Grenzzwischenfälle, S. 123.

rich die Genehmigung zur Teilnahme an der Aktion bei Hochlinden erhalten hatte. Bei dieser Besprechung bramarbasierte Hellwig, »an diesem Tisch, an dem wir hier sitzen, wird ein Stück Weltgeschichte gemacht«, sie würden die ersten sein, die polnischen Boden beträten[22]. Am Morgen trafen die Lastkraftwagen für den Transport ein, deren Fahrer – Angehörige von SS-Motorstürmen – gleichfalls zur Geheimhaltung verpflichtet wurden[23]. Das kleinere Kommando unter Rasch fuhr unmittelbar nach Pitschen und wurde dort im Gasthof Wyrwich untergebracht. Die Gastwirtschaft blieb geschlossen, die Fensterläden verriegelt. Mannschaften und Unterführer schliefen im Heuboden der Stallgebäude und auf den Dachböden der zugehörigen Brauerei, die Führer im Gasthof. Die Fahrzeuge blieben im Hof abgestellt, der durch eine Mauer nach außen abgeschlossen war. Für die Männer galt Alkohol- und Kontaktverbot mit der Außenwelt, es wurde auch kein Dienst geschoben.

Das größere Kommando unter Hellwig fuhr nach Slawentzitz (deutsch: Ehrenforst), rund 30 Kilometer nordwestlich von Hochlinden. Auch hier erhielten die Mannschaften in einem Gasthof – im Saal der Gastwirtschaft Bielitzer – Quartier, während Helwig und der Führungsstab in dem wenige Minuten entfernt liegenden Schloß des Fürsten zu Hohenlohe-Oehringen untergebracht wurden. Wie in Pitschen durften sich die Mannschaften außerhalb der ihnen zugewiesenen Räume nicht bewegen. Noch am selben Abend trafen auch die Grenzpolizeischüler aus Pretzsch – die vorgesehenen »Verteidiger« – mit LKW-Verpflegungszug und Feldküche ein und fanden im Ort Unterkunft[24]. Ihr Führer Trummler, der gleichfalls im Schloß wohnte, besichtigte am nächsten Tag mit Hellwig und anderen Führern den Einsatzraum, »den wir«, wie Hoffmann berichtete, »uns vorsichtig nach allen Seiten deckend, dann durchschritten, wobei wir uns in einer gewissen Entfernung von der Grenze hielten«[25].

[22] Vgl. Aussage Hoffmanns v. 15. 8. 1969, EA, S. 1056ff.

[23] Aussage des Fahrers Wilhelm K. v. 8. 5. 1968, EA, S. 686. Soweit die Namen der in den Ermittlungsakten auftauchenden Personen nicht schon in Veröffentlichungen genannt wurden, werden sie im folgenden abgekürzt wiedergegeben.

[24] Aussage des Wirtschaftsverwalters der Grenzpolizeischule Pretzsch, Anton W., v. 14. 8. 1969, EA, S. 1043ff.

[25] Aussage Hoffmanns, EA, S. 1059.

Als Hitler am Nachmittag des 25. August den Befehl zum Angriff auf Polen für den nächsten Tag gab, erhielten die Kommandos am späteren Nachmittag mit der Durchgabe des vereinbarten Stichwortes »Kleiner Auerhahn« den Vorbefehl, sich bereitzuhalten. Ihm folgte der Befehl zum Ausrücken in die Bereitstellungsräume durch das Stichwort »Großer Auerhahn«. Während diese Phase der Operation bereits im Gang war, widerrief Hitler um 18.15 Uhr den allgemeinen Angriffsbefehl[26]. Vom Widerruf des Angriffs – der die SS schneller erreichte als das Heer[27] – unterrichtet, hob Heydrich seinen Befehl zur Bereitstellung der Kommandos wieder auf. Im Falle Pitschen bereitete diese Kehrtwendung keine Schwierigkeiten: schon eine halbe Stunde nach der Abfahrt zur Grenze rief der offensichtlich durch Kraftradmelder informierte Rasch im Gasthof Wyrwich an und teilte mit, daß er entgegen der getroffenen Abmachung mit seinen Leuten sofort wieder zurückkomme und weiter Quartier nehme[28]. Auch im Fall Gleiwitz gab es keine Probleme. Naujocks und sein Kommando von sechs bis sieben Mann hatten sich seit Mitte August in Zivil im Gleiwitzer Hotel »Haus Oberschlesien« und einem weiteren Hotel einquartiert. Auf Anordnung Naujocks führten sie alte Zivilkleider im Gepäck, ohne über das geplante Unternehmen informiert zu sein. Naujocks Tätigkeit erschöpfte sich zunächst darin, das Einsatzgelände und die Sicherungsmaßnahmen für den Sender zu erkunden. Als er am 25. August von Heydrich den Bereitstellungsbefehl erhielt, unterrichtete er vertraulich zunächst nur den Leiter des Gleiwitzer Grenzkommissariats – ohne Erwähnung von Einzelheiten – über den bevorstehenden fingierten Überfall auf den Sender, um die Auslösung sofortiger Fahndungsmaßnahmen zu verhindern. Da jedoch das Auslösungsstichwort »Großmutter gestorben« ausblieb, unterließ er alle weiteren Schritte[29].

Auch bei den »Verteidigern« von Hochlinden verursachte der

[26] Vgl. dazu im folgenden S. 41f.

[27] Vgl. Groscurth, Tagebücher, S. 188, Eintrag v. 27. 8. 1939: »Befehl zum Stop ist an die SS früher ergangen als an die Armee ... Der frühere Befehl ist aber günstig wegen des Anhaltens der Konzentrations(lager)häftlinge. Das ist uns also erspart geblieben.«

[28] Vgl. Runzheimer, Grenzzwischenfälle, S. 127, der sich auf die schriftliche Äußerung der Gastwirtstochter Frau Pietsch stützt.

[29] Vgl. dazu die Auslassungen Naujocks' (s. Anm. 9), ferner die Aussage des damaligen Leiters des Grenzkommissariats Gleiwitz, E. Noack, v. 8. 11. 1967, EA, S. 448ff.

Widerruf Heydrichs keine besonderen Schwierigkeiten. Die Pretzscher Polizeischüler waren am Nachmittag unter Trummler von Slawentzitz an die Grenze gerückt und hatten das Dorf und die Umgebung von Hochlinden besetzt. Aufgrund eines von Trummler vorgelegten schriftlichen Befehls zog sich die örtliche Grenzwacht bis an eine Panzersperre südlich von Groß Rauden zurück, nachdem sich ihr Kompanieführer bei seinem Bataillon vergewissert hatte, daß er den Befehl befolgen solle. Die Beamten des von Hochlinden in Richtung Grenze gelegenen Zollhauses – des »Angriffsobjektes« – wurden vom Hauptzollamt Gleiwitz angewiesen, sich nebst ihren in den Dienstwohnungen lebenden Familien wegen des gespannten deutsch-polnischen Verhältnisses sofort nach Groß Rauden zu begeben[30]. Als statt des Befehls zum »Gegenangriff« der Grenzpolizei Heydrichs Befehl zum Abbruch des Unternehmens eintraf, wartete Trummler auf die Rückkehr des Kommandos Hellwig. Die Evakuierung des Zollhauses blieb jedoch weiter aufrechterhalten.

Bei dem »Angreifer«-Kommando unter Hellwig gab es durch den Abbruch des Unternehmens Komplikationen. Es war am Abend von Hochlinden aus östlich in eine Waldschneise des Forstes Rauden gefahren und hatte dort die mitgeführten polnischen Uniformen und »Räuberzivil« angelegt. Ohne das Auslösungsstichwort »Agathe« abzuwarten, ließ Hellwig nach Festlegung des Angriffszeitpunkts und Uhrenvergleich das Kommando in Gruppen geteilt auf die Grenze vorrücken und meldete den Abmarsch an den Meldekopf in der Gendarmeriestation Groß Rauden. Die Gruppe, zu der Hoffmann gehörte, überquerte nachts auf deutscher Seite das offene, nur mit Büschen bewachsene Ruda-Tal westwärts in Richtung auf das Zollhaus Hochlinden und lagerte sich bis zum vereinbarten »Angriffstermin« im Gebüsch[31]. Die andere Gruppe unter Hellwig ging weiter südlich über die Ruda, um die Grenze nach Westen zu überschreiten und von polnischem Gebiet aus nach Norden gegen das deutsche Zollhaus entlang der Straße vorzugehen, die vom polnischen Ort Chwallentzitz nach Hochlinden führte. Die Gruppe war »schon etwa 200 m nach Polen eingedrungen,

[30] Vgl. Mitteilungen des damaligen Führers der Grenzwachtkompanie und Bezirkszollkommissars sowie damaliger Zollbeamter bei Runzheimer, Grenzzwischenfälle, S. 125f.; EA, S. 556ff.

[31] Aussage Hoffmanns, EA, S. 1060.

als plötzlich ein keuchender Mann in deutscher Uniform – völlig ungetarnt – dahergerannt kam und Hellwig bedeutete, er solle sofort die Aktion aufhalten und mit seinen Leuten umdrehen«[32].

Als Heydrich die Meldung Hellwigs erhalten hatte, daß dessen Operation begonnen worden war, ohne das Auslösungsstichwort abzuwarten, sandte er sofort ein Fernschreiben an Mehlhorn in die Nachrichtenstelle des Polizeipräsidiums Gleiwitz, das mit den Worten begann: »Ihr seid wohl verrückt geworden.« Es gelang, die Gruppen Hellwigs von der Gendarmeriestation Groß Rauden aus mit Kradmeldern zu erreichen, um noch rechtzeitig den Befehl zum Rückzug und zur Umkehr ins Ausgangsquartier nach Slawentzitz zu überbringen[33]. Am Bereitstellungsplatz im Forst Rauden empfing der bereits informierte Trummler den zurückkehrenden Hellwig mit den Worten: »Na, da haben Sie ja eine schöne Sch ... gebaut.«[34] Nachdem die polnischen Uniformen wieder ausgezogen und in den Lastkraftwagen verstaut waren, fuhr das Kommando nach Slawentzitz zurück.

Keine Schwierigkeiten bereitete der Abbruch des Unternehmens bei Müllers »Konservenkommando«. Die gleichfalls im Forst Rauden geparkten Fahrzeuge[35] mit den im Höchstfall erst betäubten Konzentrationslagerhäftlingen fuhren – wahrscheinlich in das Polizeigefängnis einer der oberschlesischen Großstädte – wieder ab.

Die Panne, die Hellwig durch seine falsche Deutung der Stichworte verursacht hatte, bewirkte, daß die Führung des Unternehmens von Hochlinden umbesetzt wurde. Nachdem Mehlhorn den Sachverhalt aufgeklärt und von Gleiwitz per Fernschreiben nach Berlin berichtet hatte, bestellte Heydrich die Kommandoführer zum Rapport. Hellwig wurde von Heydrich heftig kritisiert und abgelöst. Auch Mehlhorn, den Heydrich wegen seiner schon anfänglich geäußerten Kritik an dem Gesamtvorhaben als »Bedenkenrat« bezeichnet hatte, wurde von seiner Aufgabe entbunden. Die Gesamtleitung bei Hochlinden bekam nunmehr SS-Standartenführer Trummler. Da sich

[32] Interview Hellwig, IfZ Archiv, Sign. ZS-1075.
[33] Niederschrift Mehlhorns, EA, S. 609.
[34] Interview Hellwig, IfZ Archiv, Sign. ZS-1075.
[35] Nach Hoffmann, EA, S. 1059 ff., handelte es sich um schwarze Limousinen mit geschlossenen Fenstervorhängen, die bei der Rückkehr des Kommandos Hellwig bereits wieder verschwunden waren.

der Befehlsweg Berlin – Oberschlesien als zu kompliziert und ineffektiv erwiesen hatte, setzte Heydrich SS-Oberführer Müller als verantwortlichen Leiter mit voller Befehlsgewalt über die oberschlesischen Unternehmen ein. Müller bestellte Hoffmann, der durch seine Teilnahme am 25. August schon bestens mit den Vorgängen vertraut war, zum Führer des »Angreifer«-Kommandos von Hochlinden[36]. Ferner wurde der Plan für dieses Unternehmen eingeschränkt. Ursprünglich war vorgesehen gewesen, daß eine Gruppe der »Angreifer« auf polnischem Boden die Straße nach Chwallentzitz sperren, das nahe der Grenze gelegene polnische Zollhäuschen besetzen und von dort aus telefonisch eine in Rybnik stationierte polnische Kompanie zu Hilfe rufen sollte, um dadurch wenn möglich »echte« polnische Soldaten über die Grenze locken und gefangennehmen zu können. Dieses abenteuerliche Teilziel des Unternehmens, das von Anfang an Gegenstand verschiedener Auffassung zwischen Mehlhorn und dem geltungssüchtigen Heydrich gewesen war, hatte allerdings schon am 25. August nicht mehr verfolgt werden können, da in der vorangegangenen Nacht eine Gruppe junger Oberschlesier das polnische Zollhäuschen überfallen, die zwei oder drei diensttuenden polnischen Zöllner in Richtung Chwallentzitz in die Flucht gejagt und die Baracke durch eine geballte Handgranatenladung zerstört hatte[37]. Deshalb sah der vereinfachte Plan vor, daß das »Angreifer«-Kommando polnischen Boden gar nicht mehr betreten, sondern – wie die am 25. August von Hoffmann begleitete Gruppe – lediglich diesseits der Grenze gegen das Zollhaus Hochlinden vorgehen sollte.

Die Ablösung Hellwigs wurde vor dem angetretenen Kommando im Schloßhof von Slawentzitz vollzogen. Bei dieser Gelegenheit teilte Trummler den Versammelten mit, daß das Unternehmen nunmehr in kleinerem Umfang mit weniger Beteiligten durchgeführt werde, und suchte dafür »etwa 40 bis 60 Personen« aus[38].

Nach Hitlers erneutem Befehl zum Angriff auf Polen vom 31. August war es soweit. Am Abend gab SS-Oberführer Mül-

[36] Vgl. Interview Hellwig, IfZ Archiv, Sign. ZS-1075; Niederschrift Mehlhorns, EA, S. 606f., 610f.; Aussage Hoffmanns v. 15. 8. 1969, ebenda, S. 1061f.

[37] Der mißtrauische Heydrich vermutete Sabotage seines Vorhabens durch die Abwehr, s. Groscurth, Tagebücher, S. 191, Eintrag v. 28. 8. 1939 im Privattagebuch; Runzheimer, Grenzzwischenfälle, S. 129f., auch zur Änderung des Planes.

[38] Vgl. Aussage Kernbachs, EA, S. 197, der zu den Ausgesuchten gehörte.

ler von der Staatspolizeistelle Oppeln aus die Einsatzbefehle durch und fuhr nach Hochlinden ab, um dort vor allem auch den Einsatz seines »Konservenkommandos« einzuleiten. In Slawentzitz ging der Alarmbefehl gegen 20 Uhr ein. Nachdem ihn Trummler im Speisesaal des Schlosses an die Kommandoführer übermittelt hatte, rückten die beiden Gruppen abermals in die erwähnten Bereitstellungsräume ein. Die »Angreifer« unter SS-Sturmbannführer Hoffmann erreichten gegen Mitternacht ihre Ausgangsposition im Forst Rauden. Nach den bereits geschilderten Vorbereitungen gingen sie diesmal nur auf deutschem Boden entlang der Grenze bis zur Straße Chwallentzitz – Hochlinden und von dort nach Norden auf das Zollhaus vor. Als Zeitpunkt für den Scheinangriff war 4.00 Uhr früh angesetzt. Hoffmann berichtet:

»Etwa 20 Min. vorher lag ich mit meiner ›polnischen‹ Gruppe wiederum versteckt etwa 200 m vom Zollhaus entfernt. Wir arbeiteten uns dann lautlos kriechend oder gebückt gehend bis auf 100 m an das Zollhaus heran. Genau um 04.00 Uhr gab ich durch mehrere Pistolenschüsse in die Luft das Zeichen zum ›Angriff‹. Mit einem großen Feuerzauber, d.h. Schüssen in die Luft, Gebrüll, Zurufen, Flüchen und Kommandos in polnischer Sprache, stürmten wir auf das Zollhaus los ... Am Zollhaus angelangt wurden die Fensterscheiben zerschlagen, die Tür demoliert, ins Dach geschossen und ein großer Lärm inszeniert ... Ich ließ daraufhin das Feuer einstellen, worauf einige Männer in das Zollhaus eindrangen und das Innere mit Gewehrkolbenschlägen demolierten.«[39]

Beim Zollhaus – das zu diesem Zeitpunkt lediglich von zwei Männern der Trummler-Gruppe besetzt war, die das Feuer zum Schein erwidert hatten – stießen die »Angreifer« auf mehrere, offenbar kurz vorher aus dem Forst Rauden auf der Straße von Hochlinden mit einem Lastkraftwagen antransportierte Leichen in polnischen Uniformen mit kahlgeschorenen Köpfen und »Schußverletzungen in Brust und Rücken«[40]. Kurz darauf griffen die von Trummler befehligten »Verteidiger« unter regem Gebrauch der Schußwaffen von Hohenlinden aus ein. »Inzwischen«, berichtete Hoffmann weiter, »waren die zum ›Ge-

[39] Aussage Hoffmanns v. 15. 8. 1969, EA, S. 1062f.

[40] So Hoffmann, EA, S. 1063, 1065, allerdings nicht aus eigenem Augenschein, sondern aus Gesprächen mit Männern seiner Gruppe; Eidesstattliche Erklärung v. Grzimek, ebenda, S. 929, der zunächst glaubte, »es seien einige Kameraden von uns durch unvorsichtiges Schießen ums Leben gekommen«.

genangriff‹ angetretenen Männer in der Uniform der Grenzpolizei herangekommen und nahmen uns ›gefangen‹. Wir wurden im Laufschritt durch den Ort Hochlinden zu den dort stehenden LKW's getrieben, nachdem wir unsere (polnischen) Waffen vorher fortgeworfen hatten. Dies sollte gegenüber der Bevölkerung den Eindruck erwecken, daß polnische Insurgenten festgenommen worden seien. Wir wurden sehr schnell auf die LKW's verladen. Dies mußte deshalb beschleunigt geschehen, weil wir aus dem Aufmarschraum der Wehrmacht verschwinden mußten.«[41]

Während sich die »Gefangenen« auf dem Rücktransport zu ihren Unterkünften in Slawentzitz befanden, wurden von den Toten Blitzlichtaufnahmen gemacht, ehe sie in Anwesenheit Trummlers auf einen Lastwagen geladen und gleichfalls nach Slawentzitz gebracht wurden. Dabei begegnete der Transport den vorrückenden deutschen Truppen[42]. Am Vormittag des 1. September wurden in Slawentzitz etwa 20 Mann abkommandiert, die die »Konserven« – es handelte sich um sechs Leichen – in den Wald östlich von Hochlinden brachten, dort vergruben und den Platz mit Reisig bedeckten[43].

Für das Unternehmen bei Pitschen, für das keine »Konserven« vorgesehen waren, hatte SS-Standartenführer Rasch seine Gruppe nach Eingang des Befehls auf Lastkraftwagen in Marsch gesetzt. Wie schon sechs Tage vorher durften dabei die Wirtsleute während des Verladens die zum Hof gelegenen Räume des Gasthofes nicht betreten[44]. Diesmal wurde ihnen die Rückkunft der Gruppe für circa 22 Uhr angekündigt, und sie wurden gebeten, Tee mit Rum bereitzuhalten. Nach Umkleidung in einer Waldschneise zogen die Männer unter lauten polnischen Rufen und Gesängen durch den Wald und versetzten damit einen verspätet heimkehrenden Holzfuhrmann in Panik[45]. Am Forsthaus Schlüsselwald begannen sie eine Schieße-

[41] Hoffmann, EA, S. 1063.

[42] Vgl. schriftliche Äußerung Kernbachs v. 25. 11. 1963, IfZ Archiv, Sign. Gd 05.20. Bd. 8, S. 93, und seine Aussage v. 17. 9, 1965, EA, S. 189ff.; Interview mit Hellwig v. 27. 11. 1952, IfZ Archiv, Sign. ZS–1075, sowie Affidavit Trummlers v. 13. 8. 1947, EA, S. 944.

[43] Vgl. die Aussage Kernbachs v. 17. 9. 1965, EA, S. 189ff., der dem Bestattungskommando zugeteilt war.

[44] Die Wirtsleute nahmen daher irrtümlich an, es werde »hochexplosiver Sprengstoff« transportiert. Mitteilung von Frau Pietsch, s. Runzheimer, Grenzzwischenfälle, S. 127.

[45] Mitteilung des Ehepaares Pelchen, ebenda, S. 132.

rei, die Einschüsse an den Hauswänden hinterließ. Der eingeweihte Förster, der seine Frau am Nachmittag zur Übernachtung in den Ort geschickt hatte, informierte telefonisch den Bürgermeister von Pitschen vom »polnischen Überfall«, bevor die Leitung zerschnitten wurde. Der Bürgermeister alarmierte die Grenzaufsichtsstelle Sandhäuser, die ein Kommando von Grenzpolizisten und Zollbeamten aussandte, das jedoch die Angreifer nicht mehr antraf[46]. Die in den Gasthof Wyrwich zurückgekehrten »Insurgenten« feierten unterdessen die gelungene Aktion – wobei Rasch in einer kurzen Rede im Beisein der Wirtsleute von der erfolgreichen Abwehr eines polnischen Angriffs auf Pitschen sprach – und fuhren endgültig davon[47]. Beim Forsthaus entdeckte man Blutspuren – die Angreifer hatten »Ochsenblut verschmiert«[48] – und einen frisch aufgeworfenen Grabhügel, der sich bei einer späteren Nachgrabung als leer erwies[49].

In Gleiwitz hatte SS-Sturmbannführer Naujocks das Stichwort für die Auslösung der Aktion von Heydrich telefonisch am Nachmittag des 31. August erhalten. Er versammelte daraufhin seine Männer, zu denen ein ausgebildeter Rundfunktechniker gehörte, im Hotel »Haus Oberschlesien« und machte sie mit ihrer Aufgabe vertraut. Zu ihnen gesellte sich nunmehr auch der beigeordnete Dolmetscher, der von Naujocks als Volksdeutscher vorgestellt wurde, in Wirklichkeit aber der polnischen Minderheit angehörte, in der Bank Ludowy in Oppeln arbeitete[50] und ein V-Mann der dortigen Staatspolizeistelle war. Er übersetzte den von Naujocks formulierten Aufruf, den er im Sender verlesen sollte, ins Polnische. Als Zeitpunkt für den Anschlag war 20 Uhr vorgesehen, da es um diese Zeit schon

[46] Schreiben des damaligen Bürgermeisters Dr. Bock v. 8. 3. 1963 und Mitteilung des Zollbeamten Siollek, ebenda.

[47] Mitteilung Pietsch, ebenda, S. 127.

[48] Späterer Bericht Raschs an Mehlhorn, vgl. Aussage Mehlhorns v. 20. 3. 1968, EA, S. 600.

[49] Vgl. Mitteilung des mit dem Förster befreundeten Lehrers Sandmann, dem der Förster übrigens schon vor dem 31. 8. sagte, »es sei etwas im Gange, über das er jedoch nicht sprechen dürfe, weil dies ihn Kopf und Kragen kosten könne«, vgl. Runzheimer, Grenzzwischenfälle, S. 133.

[50] Daraus entstand offenbar das in Gleiwitz umgehende Gerücht, der Überfall sei von den Angestellten der Gleiwitzer Filiale der polnischen Bank Ludowy ausgeführt worden, vgl. Runzheimer, Grenzzwischenfälle, S. 139. David L. Hoggan, der in seinem Buch: Der erzwungene Krieg. Tübingen 1961, S. 760 f., das Gerücht als Tatsache übernahm und den Überfall Polen anlastete, revidierte später seine Behauptung, vgl. 12. Aufl. 1983, S. 761.

genügend dunkel war und die Leute zu Hause Rundfunk hörten[51].

Noch am Nachmittag wurde die Wache des Senders ausgewechselt. Die Bewachung, die seit dem 20. August angesichts der Zuspitzung des deutsch-polnischen Verhältnisses der zivile Postschutz übernommen hatte, war am 28. August im Rahmen des allgemeinen Objektschutzes im Grenzgebiet für Versorgungseinrichtungen, Verkehrsanlagen usw. auf die Gleiwitzer Schutzpolizei übergegangen, die dafür einen Wachhabenden und sechs Mann abstellte. Am späten Nachmittag des 31. August wurde dieses Kommando auf Befehl aus Berlin überraschend durch eine Gruppe der Sicherheitspolizei abgelöst, die nur aus einem Führer und drei Mann bestand. Nach dem Überfall übernahm bezeichnenderweise die Schutzpolizei wieder die Bewachung des Senders[52].

Kurz vor 20 Uhr fuhren Naujocks und seine Leute in »Insurgentenzivil« mit zwei Personenwagen vor dem Sender in der Tarnowitzer Landstraße am nordöstlichen Stadtrand von Gleiwitz vor[53]. An der wohl absichtlich unverschlossen gebliebenen Pforte – der einzigen, durch die das umzäunte Grundstück seit dem 20. August noch betreten werden konnte – blieben zwei Männer zurück, um die Straße zu beobachten und dem wenige Minuten später eintreffenden »Konservenkommando« den Zutritt zu sichern. Durch die seitlich gelegene Tür zum Maschinenraum gelangten die Eindringlinge in das Sendergebäude, ohne auf einen Wachposten zu stoßen: Der neue Wachführer hatte sich bei Anbruch der Dämmerung zum Personal in den Betriebsraum des Senders begeben, »um sich über die örtlichen Verhältnisse zu orientieren«. Einer seiner Männer hielt sich in dem seit 20. August als Wachlokal eingerichteten Raum auf, von dem die Pforte nicht einzusehen war – Besucher wurden

[51] Vgl. Eidesstattliche Erklärung Naujocks' v. 19. 11. 1945, seine Aussage v. 25. 3. 1964, sein Interview mit dem ›Spiegel‹ (»Großmutter gestorben«, Der Spiegel, Nr. 46/1963, S. 71 ff., und Aussagen von Naujocks' Fahrer, Fedor J., v. 15. 9. 1965 und 18. 3. 1968, EA, S. 181 ff., 585 ff.

[52] Näheres dazu bei Runzheimer, Der Überfall, S. 419 ff.; ferner die Aussage des damaligen Majors der Schutzpolizei Luban v. 27. 9. 1967, EA, S. 392 ff., und den Bericht des ersten Leiters des Gleiwitzer Senders Erich N. v. 12. 2. 1964, der sich auf die wenige Stunden nach dem Ereignis gemachten Angaben der betroffenen Betriebsangehörigen stützt, von denen keiner den Krieg überlebte, IfZ Archiv, Sign. 05.20, Bd. 8, S. 248 ff.

[53] Zum Verlauf des Überfalls vgl. die Angaben in Anm. 51 und den Bericht des Sendeleiters, Anm. 52.

normalerweise auf ein Klingelzeichen hin an der Pforte abgeholt –, die zwei übrigen patroullierten auf dem ausgedehnten Gelände, auf dem der Sendeturm stand. Da der Gleiwitzer Sender am Abend nur das vom Reichssender Breslau übernommene Programm ausstrahlte, befanden sich im Betriebsraum außer dem neuen Wachführer nur der diensthabende Betriebsbeamte, der diensthabende Maschinist und der Hausmeister – zugleich Antennenwart –, der gekommen war, um die Abendnachrichten mit anzuhören. Durch die Glaswand bemerkte er als erster die über die Treppe vom Maschinenraum heraufkommenden Fremden und öffnete die Tür, um sie anzusprechen. Die Männer drangen in den Raum ein und forderten die Anwesenden unter lautem Geschrei und Kauderwelsch auf, die Hände hoch zu nehmen. Dem Wachführer, der diese Aufforderung sofort befolgte, und dem verdutzten Personal wurden die Hände auf den Rücken gefesselt und mit einer Schlinge um den Hals befestigt. Dann wurden sie in den Keller getrieben und mußten sich dort im Gang unter Bewachung eines der Männer mit dem Gesicht zur Wand aufstellen.

Im Senderaum versuchte Naujocks' Rundfunkspezialist zunächst vergeblich, die Sendung des vorbereiteten Aufrufs technisch zu ermöglichen. Der aus dem Keller geholte und unter Drohungen befragte Betriebsbeamte – ein Telegrafenwerkführer – erklärte, daß eine Besprechung des Senders nur über ein besonderes Fernübertragungskabel des Fernsprechamts erfolgen könne. In der Tat strahlte der Sender seit seiner Inbetriebnahme im Dezember 1935 kein eigenes Programm aus: auch Sendungen aus Gleiwitz kamen aus den Studios im alten Gleiwitzer Sendergebäude an der Raudener Straße, wurden vom Rundfunkverstärkeramt Breslau übernommen und von den Sendern Breslau für das gesamte Reichsgebiet und Gleiwitz für den oberschlesischen Raum gleichzeitig – wenn auch auf unterschiedlicher Wellenlänge – ausgestrahlt. Auch das Verhör der beiden anderen Betriebsangehörigen, die dafür einzeln aus dem Keller heraufgeführt wurden, ergab keine andere Auskunft. Daraufhin suchten die Eindringlinge nach dem in jedem Sender vorhandenen Handmikrophon, mit dem bei Herannahen eines Gewitters die Unterbrechung der Sendung angesagt wurde, ehe die Antenne geerdet wurde. Dieses Mikrofon wurde schließlich – ob unter Mithilfe des nochmals heraufgeholten Telegrafenwerkführers ist unklar – im Geräteschrank gefunden und angeschlossen. Nachdem bis dahin seit Beginn des Überfalls ungefähr 13 Minuten vergangen waren, wurde der Sender von Fremd- auf Eigenbesprechung umgeschaltet und dadurch die laufende Sendung mit dem aus Breslau kommenden Programm unterbrochen. Nunmehr verlas der Dolmetscher die Ansprache – die mit der Behauptung begann, der Sender Gleiwitz befinde sich in polnischer Hand – während die Männer im Hintergrund lärmten und Schüsse abgaben.

Schon die Unterbrechung der laufenden Sendung wurde im Gleiwitzer Verstärkeramt in der Niederwallstraße wahrgenommen. Als sich der dortige Beamte über das Diensttelefon nach der Ursache erkundigte, legte einer der Männer mit dem Ausruf »Störung!« den Hörer wieder auf. In dem Dienstwohnhaus, das innerhalb des Grundstücks unmittelbar neben dem Sendergebäude lag, wurde der Betriebsleiter von seiner Frau auf die knackenden Geräusche im Radio aufmerksam gemacht. Als er den Anfang des verlesenen Aufrufs hörte, stürzte er aus der Wohnung und durch den unmittelbar gegenüberliegenden Haupteingang des Sendergebäudes zum Betriebsraum. Er gewahrte fremde Männer, von denen einer die Pistole auf ihn richtete, schlug die Tür wieder zu und rannte in die Wohnung zurück, um telefonisch das Überfallkommando und den Vorstand des Fernsprechamtes zu verständigen.

Inzwischen hatte der Dolmetscher seine Ansprache, die insgesamt nur vier Minuten dauerte, mit den Worten »Hoch lebe Polen« beendet. Als sich die Männer auf demselben Wege zurückzogen, auf dem sie gekommen waren, sahen sie an der Eingangstür einen Toten in Zivilkleidern liegen. Dann fuhren sie davon, um die Nacht in ihren Hotels zu verbringen. Die ganze Aktion hatte lediglich zwanzig Minuten gedauert. Im Gegensatz zu den Zeitungsmeldungen war keiner der Beteiligten »gefangengenommen« worden. Dem Oberstaatsanwalt in Gleiwitz teilte die Gestapo mit, »daß ein offenbar der polnischen Minderheit angehöriger Mann, dessen Personalien noch nicht feststünden, erschossen worden sei, daß die anderen vier bis sechs Beteiligten jedoch – entgegen den Pressemeldungen – entkommen seien«[54].

Die an der Eingangstür liegende »Konserve« war ungefähr zehn Minuten nach Beginn des Unternehmens von zwei Gesta-

[54] Vgl. das Schreiben des Generalstaatsanwalts Breslau an den Reichsjustizminister v. 2. 9. 1939, abgedruckt bei A. Konieczny, Dwa nieznane dokumenty o napadzie na radiostacje gliwicka 31 sierpnia 1939. In: Studia Ślaskie, Seria nowa 15 (1969), S. 245f.

poleuten in einem Personenwagen angefahren worden, die den von Naujocks an der Pforte postierten Männern das vereinbarte Stichwort nannten und nach dem Eingang zum Sendergebäude fragten. Bei dem Toten handelte es sich um den zum polnischen Volkstum gehörenden Franz Honiok[55] aus Hohenlieben (Kreis Peiskretscham) nordöstlich von Gleiwitz, der als Vertreter für Landmaschinen arbeitete und wiederholt seine Sympathie für Polen bekundet hatte. Er war am 30. August in Hohenlieben unauffällig verhaftet worden – man hatte ihn zu angeblichen Kunden in den Gasthof gerufen, von wo aus er mit zwei Herren wegfuhr – und ins Polizeigefängnis nach Gleiwitz gebracht worden. Von dort wurde er am Abend des 31. August in betäubtem Zustand zum Sender gefahren und erschossen niedergelegt. Während sich Müller bei dem abgebrochenen Unternehmen vom 25. August offensichtlich noch mit der Leiche eines KZ-Häftlings begnügt hätte, war er sich wohl unterdessen darüber klar geworden, daß für die propagandistische Auswertung des Überfalls die Leiche eines identifizierbaren polnischen Nationalisten aus der Umgebung von Gleiwitz von weitaus größerem Nutzen sein mußte.

In dem ungefähr einen Kilometer vom Sender entfernten 4. Gleiwitzer Polizeirevier, das bis zum Nachmittag dieses Tages für den Schutz des Senders zuständig gewesen war, hatten die Polizeibeamten den Rundfunkaufruf gleichfalls gehört. Der Reviervorsteher benachrichtigte den Kommandeur des Gleiwitzer Polizeiabschnitts I, sandte einige seiner Beamten mit Fahrrädern los und alarmierte das Überfallkommando der Schutzpolizei im Polizeipräsidium, wo unterdessen weitere Telefonanrufe aus der Stadt eingegangen waren. Der Mannschaftswagen des Überfallkommandos nahm den Reviervorsteher und einige seiner Männer auf dem Wege zum Sender mit. Als die Schutzpolizei dort ankam, hatte die »Geheime Staatspolizei, Grenzpolizeikommissariat Gleiwitz, unter Leitung von Kriminalrat Maurer«[56], die verständlicherweise zuerst eingetroffen war, be-

[55] Vgl. Verfügung des Leitenden Oberstaatsanwalts beim LG Düsseldorf v. 26. 8. 1969, EA, S. 1102 ff. Zum folgenden ferner die Aussagen des damaligen, in der Abteilung II C (polnische Minderheit) der Staatspolizeistelle Oppeln tätigen Kriminalsekretärs Karl N. v. 22. 5. 1968, ebenda, S. 713 ff., des Landjägermeisters i. R. Johann M. v. 16. 7. 1968, ebenda, S. 782 ff., des Bruders Paul Honiok v. 4. 4. 1968, ebenda, S. 775, der Gastwirtsfrau Franziska J. v. 15. 7. 1968, ebenda, S. 779, des Beamten der Sanitätsdienststelle im Gleiwitzer Polizeipräsidium, Polizei-Obermeister i. R. Johann G., v. 11. 10. 1968, ebenda, S. 845 ff.

[56] Vgl. Anm. 54.

reits mit den Ermittlungen und der Vernehmung des Senderpersonals begonnen. Der Schutzpolizei verblieb die äußere Absperrung der Senderanlage und die – naturgemäß ergebnislose – Durchsuchung der umliegenden Siedlungshäuser nach Verdächtigen. Der Reviervorsteher, dem die anwesenden Beamten der Sicherheitspolizei berichteten, daß sie auf die flüchtenden Insurgenten noch geschossen hätten, informierte erneut telefonisch seinen Abschnittsleiter, der seinerseits den Kommandeur der Gleiwitzer Schutzpolizei anrief. Dieser bestätigte, daß die Untersuchung des Überfalles der Sicherheitspolizei überlassen werden solle[57]. Auch die Gleiwitzer Staatsanwaltschaft wurde angewiesen, keine Ermittlungen vorzunehmen, da es sich um eine »fachpolitische Geheime Reichssache« handele[58].

Im Sender nahm ein herbeigeholter Beamter des Erkennungsdienstes der Gleiwitzer Kriminalpolizei mit Unterstützung von Gestapobeamten Fingerabdrücke und machte mehrere fotografische Aufnahmen von der Leiche, die vor seinem Eintreffen – offensichtlich der größeren Wirkung wegen – im Senderaum plaziert worden war. Noch während der Beamte die Negative im Labor des Polizeipräsidiums entwickelte, bekam er Weisung, seine Arbeit zu unterbrechen und das gesamte Material einzupacken und zu übergeben[59]. Im Polizeipräsidium war nämlich unterdessen auch SS-Oberführer Müller eingetroffen, nachdem er in Hochlinden die letzten Vorbereitungen überwacht hatte. Um noch in der Nacht zur Berichterstattung nach Berlin zurückkehren zu können, hatte er schon frühzeitig durch seine Berliner Adjutantur ein Flugzeug anfordern lassen. Da im Laufe der Nacht ein allgemeines Flugverbot in Kraft trat und die Zeit daher drängte, mußte das bisher vorliegende Berichts- und Ermittlungsmaterial überstürzt zum Flugplatz gebracht werden, wo Müller bereits abflugbereit wartete, um noch rechtzeitig vor Eintritt des Flugverbots in Berlin einzutreffen[60].

[57] Zum Voranstehenden vgl. die Mitteilungen bzw. Aussagen folgender Angehöriger des 4. Polizeireviers: des damaligen Hauptwachtmeisters Schliwa v. 13. und 19. 2. 1961, 8. 7. 1965; des Polizeimeisters a.D. Neuberg v. 6. und 9. 2. 1962, 25. 8. 1967 sowie des Polizeimeisters Filor v. 3. 2. 1961 und 12. 10. 1967, EA, S. 149ff., 357ff., 427ff.; ferner die Aussage des Majors Luban, EA, S. 392ff.

[58] Vgl. Korrespondenz zwischen dem Generalstaatsanwalt Breslau und dem Reichsjustizministerium v. 4./14. 9. 1939 (s. Anm. 54).

[59] Vgl. Aussage des damaligen Erkennungsdienstbeamten, Kriminialsekretär i.R. Solms, v. 12. 9. 1967, EA, S. 365ff.

[60] Vgl. Aussage des damaligen Adjutanten Müllers, Albert D., v. 8. 10. 1968, EA, S. 836ff. sowie des Gestapobeamten Fritz H. v. 24. 5. 1967, ebenda, S. 308ff.

Unterdessen hatte auch schon Naujocks von Gleiwitz aus Heydrich telefonisch seine Vollzugsmeldung erstattet. Heydrich hatte zunächst angenommen, daß das Gleiwitzer Unternehmen fehlgeschlagen oder aus irgendeinem Grunde unterblieben sei, da er in Berlin den Gleiwitzer Sender eingeschaltet hatte, ohne etwas von dem Überfall zu bemerken. Das lag daran, daß der Sender Reichenbach bei Görlitz in der Oberlausitz das Breslauer Programm auf derselben Frequenz ausstrahlte wie der Sender Gleiwitz und die Unterbrechung von Gleiwitz daher in Berlin nicht gehört werden konnte. Daß die Gleiwitzer Vorgänge überhaupt nur im begrenzten oberschlesischen Bereich des dortigen Senders und nicht in weiteren Gebieten des Reichs wahrgenommen werden konnten, war für Heydrich eine bittere Enttäuschung[61].

Den am 1. September zum Rapport nach Berlin befohlenen Einsatzführern Trummler und Hoffmann warf Heydrich vor, daß sie bei Hochlinden »zuwenig Lärm und damit auch zuwenig Aufsehen erregt« hätten[62]. Als die in Berlin aus Geheimer Staatspolizei und Kriminalpolizei gebildete Sonderkommission, die die »Beweise« für die polnischen Aggressionshandlungen sichern und zusammenstellen sollte, an den Tatorten mehrtägige (Schein-)Ermittlungen und Vernehmungen von ansässigen Deutschen und Polen durchführte[63], stellte sich in der Tat heraus, daß die Bevölkerung von den Vorgängen nur wenig Konkretes mitbekommen hatte.

Auch die von dem Toten im Gleiwitzer Sender aufgenommenen Fotografien waren Müller offensichtlich zu undramatisch: Am 1. September wurde nochmals ein anderer Kriminalbeamter mit Fotoausbildung, der erst wenige Tage zuvor von Berlin nach Gleiwitz versetzt worden war, in den Sender geholt. Er fand im Senderaum nunmehr zwei Tote in abgetragener Kleidung vor, die vor bzw. neben dem mit dem Mikrofon versehenen Bedienungsschaltpult »auf dem Bauch mit weit ausge-

[61] Vgl. Naujocks' Interview mit dem ›Spiegel‹ (Anm. 51), dazu die technischen Angaben in der schriftlichen Äußerung des früheren Leiters des Gleiwitzer Senders Erich N. v. 24. 11. 1963 zum ›Spiegel‹-Artikel, IfZ Archiv, Sign. Gd 05.20, Bd. 8, S. 229 ff.

[62] Vgl. Aussage Hoffmanns v. 15. 8. 1969, EA, S. 1051 ff.

[63] Vgl. Aussagen des stellvertretenden Leiters der Staatspolizeistelle Oppeln Dr. Joachim D. v. 11. 10. 1967, EA, S. 435 ff., und des Kriminalinspektors a. D. Paul K. v. 30. 5. 1967, der der Sonderkommission als Dolmetscher zugeteilt wurde, ebenda, S. 316 ff.

streckten Armen mit dem Gesicht zum Boden« lagen. Er machte neue Aufnahmen, auf denen jeweils beide Leichen zu sehen waren[64]. Über die Identität des zweiten Toten neben Honiok gibt es nur Spekulationen: Die vom Überfall betroffenen Betriebsangehörigen des Senders schlossen seinerzeit aus bestimmten Wahrnehmungen, daß er der Mann gewesen sein müsse, der sie im Keller bewacht hatte, und daß er beim Verlassen des Sendergebäudes im Maschinenraum erschossen worden sei[65]. Nach einer anderen Mutmaßung handelte es sich bei diesem im Maschinenraum Erschossenen und später in den Senderaum Gelegten um den Dolmetscher, der Naujocks von der Staatspolizeistelle Oppeln zugewiesen worden war und im Falle einer Veröffentlichung der Fotos wie Honiok als Angehöriger der polnischen Minderheit hätte erkannt werden können[66]. Ungeklärt ist ferner, wer diesen Mann im Sender erschossen hat. Die einzigen beiden nach dem Krieg belangbaren Teilnehmer am Überfall bestritten jedenfalls die Tötung durch einen ihrer Männer und verneinten auch, daß dem polnischen Dolmetscher etwa befohlen worden war, zurückzubleiben und sich als »Insurgent« gefangennehmen zu lassen[67]. Nur wenn einer der Teilnehmer tatsächlich im Sender zurückgeblieben wäre, hätte aber das damals bei den beteiligten Schutzpolizeibeamten und Betriebsangehörigen kursierende Gerücht überhaupt eine Grundlage gehabt, daß er von einem zufällig (!) vorbeikommenden »SD-Mann« erschossen worden sei, der die überstürzte Abfahrt der Gruppe Naujocks beobachtete und daraufhin den Sender betrat[68]. Andernfalls bleibt nur die Erklärung, daß Müller für die Möglichkeit einer größeren propagandistischen Wirkung abermals auf seinen Vorrat an »Konserven« zurückgegriffen hatte[69].

Weder das von der Berliner Sonderkommission zusammengetragene »Beweismaterial« für die Schuld der Polen am Aus-

[64] Vgl. Aussage des Kriminal-Obermeisters i.R. Meyer v. 8. 8. 1967, EA, S. 341 ff.

[65] Vgl. Bericht des Sendeleiters Erich N. v. 12. 2. 1964, IfZ Archiv, Sign. 05.20, Bd. 8, S. 248 ff., seine Stellungnahme v. 24. 11. 1963, ebenda, S. 229 ff., sowie seine schriftlichen Äußerungen v. 7. 3. 1961, 20. 4. 1961 und 24. 7. 1963, ebenda, S. 207 f., 210 f., 215 ff.

[66] Vgl. Runzheimer, Grenzzwischenfälle, S. 138 ff.

[67] Vgl. Anm. 51.

[68] Vgl. Runzheimer, Der Überfall, S. 417 f.; Bericht des Sendeleiters Erich N., IfZ Archiv, Sign. 05.20, Bd. 8, S. 248 ff.

[69] So die Annahme bei Spieß, Lichtenstein, Unternehmen Tannenberg, S. 153.

bruch des Krieges noch die in Gleiwitz und Hochlinden von den polnischen »Gefallenen« aufgenommenen Bilder, noch irgendein »Nachweis« von der Identität und Zugehörigkeit der Toten zu polnischen Insurgentengruppen bzw. zur polnischen Armee wurden jemals veröffentlicht oder später aufgefunden. Daß die deutsche Führung darauf verzichtete, die aufwendig vorbereiteten und inszenierten Scheinüberfälle propagandistisch stärker auszunutzen und für die in der Presse behaupteten Überfälle produzierte »Beweise« vorzulegen, ist nur damit zu erklären, daß die unmittelbar anschließenden diplomatischen und militärischen Ereignisse die Situation überrollten und ein solches – immerhin riskantes – Unterfangen überflüssig machten.

Bereits in einer Aufzeichnung vom 18. August 1939 hatte der deutsche Botschafter in London, Herbert v. Dirksen, darauf aufmerksam gemacht, daß im Falle einer polnischen Provokation – »etwa Beschießung eines deutschen Dorfes durch einen wildgewordenen polnischen Batteriechef oder Abwerfen von Bomben auf deutsche Ortschaften durch einen polnischen Flieger« – die Haltung Englands entschieden davon abhängen werde, »daß erstens der Tatbestand einwandfrei für die Weltöffentlichkeit klar ist und daß zweitens die englische Öffentlichkeit Zeit hätte, sich über den Tatbestand und die polnische Alleinschuld klar zu werden«; andernfalls werde England dem polnischen Hilferuf auf jeden Fall stattgeben[70]. Vorausgesetzt, daß es im vorliegenden Fall überhaupt möglich gewesen wäre, die erste Bedingung durch perfekte Täuschung zu erfüllen, so fehlte durch den unmittelbar darauf beginnenden deutschen Vormarsch allein schon die Zeit, dafür die erforderlichen »Beweise« zu präparieren – geschweige, daß den Engländern und Franzosen die notwendige Atempause geblieben wäre, über die Auswirkung der »polnischen Aggression« auf ihre eigene Haltung nachzudenken. Deshalb scheiterte auch schon beim ersten Anlauf am Abend des 1. September der deutsche Versuch, die Westmächte durch die Vorspiegelung der polnischen Angriffshandlungen von ihren Bündnisverpflichtungen gegenüber Polen abzubringen: Als der britische Botschafter Henderson und der französische Botschafter Coulondre nacheinander gleichlautende Warnungsnoten überreichten, daß die Westmächte Polen militärisch unterstützen würden, falls sich Hitler nicht

[70] Vgl. ADAP, Serie D, Bd. 7, Dok. Nr. 130, S. 117.

zum Rückzug seiner in Polen vordringenden Truppen bereit erklärte, suchte sie Reichsaußenminister v. Ribbentrop davon zu überzeugen, daß das deutsche Vorgehen nur die Reaktion auf »drei schwere Einfälle in deutsches Gebiet« durch »polnische reguläre und irreguläre Truppenverbände« gewesen sei. »Auf Grund dieser Tatsachen lehne daher Deutschland die Version einer deutschen Aggression gegen Polen ab.«[71] Aber diese unbewiesenen Behauptungen, deren Wahrheit sofort angezweifelt wurde[72], vermochten den Gang der Ereignisse nicht mehr zu beeinflussen. Damit war eine wesentliche Absicht, die mit den fingierten Überfällen verfolgt wurde, verfehlt worden. Gleichfalls am 3. September stellte die Berliner Sonderkommission ihre »Ermittlungen« im oberschlesischen Grenzgebiet ein[73].

Der folgende schnelle Vormarsch in Polen machte es für Hitler immer entbehrlicher, den Angriff vor der Weltöffentlichkeit als Verteidigung gegen polnische Aggressionshandlungen auf deutsches Territorium zu rechtfertigen. Die SS- und Polizeiführung entschloß sich daher schon zeitig, von den Ergebnissen ihrer Untersuchungskommission keinen propagandistischen Gebrauch zu machen: Als das Auswärtige Amt in den ersten Septembertagen von militärischen und zivilen Stellen Unterlagen für ein ›Weißbuch‹ zur Kriegsschuldfrage anforderte, erklärte die Geheime Staatspolizei, »sie wisse vom Gleiwitzer Sender nichts«[74]. Um Polen durch Schuldzuweisung vor der Welt zu isolieren und das eigene Volk stimmungsmäßig für den Krieg einzunehmen, wurde vielmehr die polnische Reaktion auf die deutschen Provokationen in Danzig – wo deutsche militärische Verbände aufgestellt und geheime Waffen eingeführt wurden – und Übergriffe gegen Volksdeutsche in Polen in den Vordergrund gestellt, die durch die sich ständig steigernde Spannung zwischen Deutschen und Polen ausgelöst worden waren. So lag auch in dem ›Weißbuch‹, das vom Auswärtigen Amt im Dezember 1939 herausgegeben wurde, das Schwerge-

[71] Vgl. ebenda, Dok. Nr. 513, S. 410, und Dok. Nr. 515, S. 413.

[72] So von Robert Coulondre, Von Moskau nach Berlin 1936–1939. Erinnerungen des französischen Botschafters. Bonn 1950, S. 453: Ribbentrop »tischt mir noch ein paar weitere Lügen auf und erklärt, daß die polnische Armee an drei Punkten in deutsches Gebiet eingedrungen sei«.

[73] Vgl. Runzheimer, Grenzzwischenfälle, S. 144; Aussage des Kriminalinspektors a. D. Paul K., EA, S. 316ff.

[74] Vgl. Groscurth, Tagebücher, S. 258, Eintrag v. 4. 9. 1939 im Diensttagebuch. G. hielt diese Auskunft der Gestapo für »bezeichnend«.

wicht ganz auf dem polnischen »Vernichtungsfeldzug gegen die Deutsche Volksgruppe« und den »polnischen Maßnahmen gegen Danzig«[75]. Zwar wurden die Überfälle auf den Sender Gleiwitz und das Zollhaus Hochlinden neben anderen Grenzzwischenfällen darin auch aufgeführt – Pitschen wurde hingegen gar nicht mehr erwähnt –, doch beruhten die näheren Angaben dazu nicht auf den Untersuchungsergebnissen der Sonderkommission, sondern lediglich auf den Meldungen des Polizeipräsidenten von Gleiwitz bzw. des für den Zoll regional zuständigen Oberfinanzpräsidenten von Troppau und brachten keine über die Pressemeldungen hinausgehenden Einzelheiten[76].

[75] Vgl. Auswärtiges Amt 1939, Nr. 2, Dokumente zur Vorgeschichte des Krieges. Berlin 1939, S. 237ff., 269ff.

[76] Ebenda, Dok. Nr. 470, S. 310, Hochlinden dort irrtümlich als »Hoflinden« bezeichnet.

II. Die gewaltsame Errichtung der deutschen Vorherrschaft über Europa und ihre Niederwerfung 1939–1945

1. Die Phase der deutschen »Blitzkriege« 1939–1941

Entfesselung des Krieges, Niederwerfung und Teilung Polens 1939

Auf dem Wege zu seinem Ziel, die Hegemonie des nationalsozialistischen Deutschlands auf dem europäischen Kontinent durch Gewinnung von »Lebensraum« im Osten aufzurichten, hatte Hitler bis Sommer 1939 erhebliche Erfolge aufzuweisen: die wehr- und rüstungsmäßigen Fesseln des Versailler Vertrages waren abgestreift, Österreich, das Sudetenland und das Memelland dem Reich eingegliedert, die Tschechoslowakei zerschlagen und als »Protektorat Böhmen und Mähren« bzw. slowakischer Satellitenstaat unter deutsche Herrschaft gebracht. Durch geschickte, oft improvisierte Ausnutzung der internationalen Situation und des Verhaltens der anderen Großmächte – vor allem der in der Rückschau verhängnisvoll einzuschätzenden »Appeasement«-Politik Englands – hatte er diese Erfolge zwar verschiedentlich durch Drohung mit militärischer Gewalt, aber ohne die Entfesselung eines Krieges erreicht. Als Hitler im Sommer 1939 das »polnische Problem« anging, sah er sich jedoch einer Situation gegenüber, in der er seine hegemonialen Ziele nur durch Krieg weiterverfolgen konnte.

Eine Unterwerfung Polens mit Waffengewalt wurde dabei von Hitler nicht von vornherein als unvermeidbar angesehen. Vielmehr suchte er Polen seit dem deutsch-polnischen Nichtangriffspakt vom 26. Januar 1934 als Bundesgenossen für eine spätere militärische Expansion gegen die Sowjetunion zu gewinnen. Ab Ende Oktober 1938 forderten Hitler und Ribbentrop die polnische Regierung wiederholt auf, die deutsch-polnischen Beziehungen durch Abtretung Danzigs und einer exterritorialen Auto- und Eisenbahnverbindung nach Ostpreußen zu bereinigen und dem mit Japan und Italien 1936 bzw. 1937 abgeschlossenen Antikominternpakt beizutreten: durch die Beschränkung auf relativ bescheidene revisionistische Forderungen, die die deutschen Minderheiten in Westpreußen und Oberschlesien nicht berücksichtigten, sollte Polen dazu gebracht werden, sich zum abhängigen Komplizen Hitlerscher Ostpolitik herzugeben. Die Polen verhielten sich diesem Ansinnen gegenüber ausweichend, da es gegen ihre außenpolitische Grundkonzeption verstieß, sich zwischen den beiden – gegeneinander unversöhnlich scheinenden – Mächten Deutschland und Sowjetunion als nach keiner Seite gebundene, selbständige Kraft zu behaupten. Dabei befanden sich die Polen in einer heiklen Lage: Schließlich handelte es sich um gemäßigte deutsche Territorialforderungen, die nicht von vornherein unberechtigt waren und für deren strikte Ablehnung die Polen bei den Westmächten – die erst im September 1938 die Tschechen zur Erfüllung der in München anerkannten deutschen Wünsche genötigt hatten – keine Unterstützung erhoffen konnten. Auch befürchteten sie, daß die deutschen Forderungen in Kürze von der Androhung militärischer Gewalt begleitet sein würden, vor allem nachdem ihnen die Methoden vor Augen standen, mit denen Hitler Mitte März 1939 die Errichtung des Protektorats und des slowakischen Satellitenstaates betrieben hatte, durch die Polen nunmehr strategisch in die Zange genommen wurde. Aus dieser Zwangslage befreite sie der Stimmungsumschwung in England und Frankreich, der als Reaktion auf Hitlers Einmarsch in Prag unter Bruch des Münchener Abkommens eine Abwendung von der bisherigen Form der Appeasement-Politik anzeigte. Als Berlin in der zweiten Märzhälfte auf eine polnische Entscheidung drängte, lehnte der polnische Außenminister Beck am 26. März die deutschen Vorschläge erstmals eindeutig ab, um Polen nicht zum Aufmarschgebiet Hitlers zu machen und – nach einem etwaigen gemeinsamen Sieg über die Sowjetunion – der deutschen Vorherrschaft in Osteuropa auszuliefern. Da der Appeasement-Politik, die auf der Annahme beruhte, daß Hitler begrenzte Revisionsforderungen vertrete und daher zu befriedigen sei, durch die Besetzung Prags der Boden entzogen war, gab England nach Verschärfung der deutsch-polnischen Spannungen am 31. März 1939 eine Garantieerklärung zugunsten Polens ab, die eine Wiederholung der Vorgänge um die Tschechoslowakei verhindern sollte. Diese Erklärung garantierte zwar nicht den territorialen Status quo Polens – ließ also eine Änderung der Grenzen auf friedlichem Verhandlungswege zu –, sie sicherte aber die Unabhängigkeit des polnischen Staates: England versprach militärische Unterstützung, wenn es die polnische Regierung für notwendig hielt, gegen eine Handlung zu den Waffen zu greifen, die »die Unabhängigkeit Polens klar bedroht«[1]. Als sich Frankreich dieser Garantie sofort anschloß, war deutlich geworden, daß die Westmächte zwar auch weiterhin nicht vernünftigen deutschen Revisionsforderungen, aber Hitlers Streben nach Vorherrschaft in Europa bewaffneten Widerstand entgegensetzen würden. Ähnliche Garantien gaben die Westmächte am 13. April auch an Rumänien und – gegen die Bestrebungen Italiens auf dem Balkan, das wenige Tage zuvor gewaltsam Albanien annektiert hatte – an Griechenland.

Nachdem feststand, daß die Eroberung von Lebensraum in Rußland nicht gemeinsam mit einem polnischen Satelliten verwirklicht werden konnte, entschloß sich Hitler, Polen gewaltsam auszuschalten, noch bevor die herbstlichen Wetterverhältnisse einen raschen Feldzug unmöglich machten. Am 3. April wies er die Wehrmachtführung an, den Feldzug gegen Polen (»Fall Weiß«) bis zum 1. September 1939 als frühestmöglichen Auslösungstermin vorzubereiten. Am 28. April kündigte er den deutsch-polnischen Nichtangriffsvertrag und – als Antwort auf die englische »Einkreisungspolitik« – den deutsch-englischen Flottenvertrag von 1935, der zwischen den Seestreitkräften beider Staaten ein bestimmtes Stärkeverhältnis (35 : 100) festgelegt hatte. Am 23. Mai 1939 erklärte er den Oberbefehlshabern der Wehrmachtteile seinen Entschluß, Polen »bei erster passender Gelegenheit« anzugreifen, und legte als Ziel dar: »Danzig ist nicht das Objekt, um das es geht. Es handelt sich für uns um die Erweiterung des Lebensraumes im Osten und Sicherstellung der Ernährung sowie der Lösung des Baltikum-Problems.«[2] Polen sollte überraschend angegriffen und in einem Blitzkrieg niedergeworfen werden, um die Westmächte von der Sinnlosigkeit eines Eingreifens zu überzeugen. Selbst wenn die Isolierung Polens mißlang, hielt es Hitler für einen Vorteil, bei der »unvermeidbaren« Auseinandersetzung mit den Westmächten den Rücken an der Ostgrenze frei zu haben.

Obwohl Hitler entschlossen war, die militärische Intervention der Westmächte und damit einen Mehrfrontenkrieg in Kauf zu nehmen, verfolgte er in den folgenden Monaten das Ziel, ihr nach Möglichkeit entgegenzuwirken. Der Versuch, den am 22. Mai 1939 mit dem faschistischen Italien geschlossenen »Stahlpakt« zu einem festen Militärbündnis zwischen Berlin,

[1] Englischer Wortlaut in: Akten zur deutschen auswärtigen Politik 1918–1945 (ADAP), Serie D, Bd. 6, Dok. Nr. 136, S. 142.

[2] Ebenda, Dok. Nr. 433, S. 479.

Rom und Tokio auszubauen, das die Engländer und Franzosen im Kriegsfall vor das Risiko stellen sollte, ihre begrenzten militärischen Kräfte gleichzeitig in Europa, im Mittelmeer, im Nahen Osten und in Ostasien einsetzen zu müssen, scheiterte an der Weigerung Japans, die Richtung seiner Expansion vom ostasiatischen Kontinent (China) weg auf die europäischen Besitzungen in Süd- und Südostasien zu lenken. Dagegen gelang es Hitler, den Mißerfolg auszunutzen, den die Westmächte bei ihrem Versuch erlitten, die Sowjetunion in eine Abwehrfront gegen deutsche Hegemonialbestrebungen einzubeziehen. Diesem Versuch stand im Grunde das eingefleischte gegenseitige Mißtrauen und die Weigerung der Westmächte im Wege, den Sowjets im Konfliktfall den Einmarsch in bedrohte osteuropäische Staaten vom Baltikum bis zur Türkei ohne deren ausdrückliche Aufforderung zuzugestehen. Vor allem Polen wehrte sich gegen jegliche vertragliche Bindung an die Sowjetunion, um Hitler nicht herauszufordern. Nach ermutigenden deutschen Fühlungnahmen mit Moskau kam es neben einem deutsch-sowjetischen Wirtschaftsabkommen, das Deutschland im Falle einer britischen Blockade kriegswichtige Rohstofflieferungen sicherte, zum Nichtangriffspakt vom 23. August 1939 mit einem geheimen Zusatzprotokoll, in dem Hitler den Sowjets ohne weiteres zugestand, was ihnen die Westmächte verweigert hatten: Finnland, Estland, Lettland und Polen östlich der Flüsse Narew, Weichsel und San sowie das rumänische Bessarabien wurden den Sowjets als ihr Interessengebiet zuerkannt[3]. Damit hatte die Sowjetunion die Möglichkeit erhalten, ihr Verteidigungsglacis gegen die kapitalistische Staatenwelt vorzuschieben und die nach dem Ersten Weltkrieg teilweise auf Kosten Rußlands erfolgte territoriale Regelung in Osteuropa zu revidieren.

Mit der Rückendeckung durch eine neutralisierte Sowjetunion glaubte Hitler, nunmehr den Weg für die gewaltsame Unterwerfung Polens frei zu haben: obwohl ihn der britische Premierminister Chamberlain in einem Schreiben warnte, daß sich England durch den deutsch-sowjetischen Vertrag von der Erfüllung seiner Verpflichtungen gegenüber Polen nicht abhalten lassen werde – Hitler hielt diese Warnung offensichtlich für einen Bluff –, befahl er am Nachmittag des 25. August den Angriff auf Polen für den Morgen des folgenden Tages. Um

[3] Ebenda, Dok. Nr. 228, 229, S. 205ff.

18.15 Uhr widerrief er jedoch den Angriffsbefehl, nachdem die Nachricht eingegangen war, daß die Engländer ihre Garantie für Polen in einen gegenseitigen Beistandspakt umgewandelt hatten und Mussolini vertraulich mitgeteilt hatte, daß Italien trotz seiner Verpflichtung aus dem »Stahlpakt« nicht in der Lage sei, auf deutscher Seite in den Krieg einzutreten. Bis auf einen Stoßtrupp, der den strategisch wichtigen Jablunka-Paß auf polnischem Gebiet besetzte und sich dann wieder zurückzog, konnten die deutschen Truppenbewegungen rechtzeitig wieder angehalten werden.

In seiner Vorstellung erschüttert, daß die Westmächte Polen im Stich lassen würden, wollte Hitler einige Tage Zeit gewinnen, um England und Frankreich durch einen diplomatischen Nervenkrieg doch noch vom Kriegseintritt abzuhalten. Den britischen und den französischen Botschafter beschwor er in Einzelgesprächen – den französischen Premierminister Daladier schriftlich –, daß Deutschland für alle Zeiten auf Elsaß-Lothringen verzichte, daß die deutsche Westgrenze endgültig und Deutschland bereit sei, nach Erfüllung seiner Kolonialforderungen den Bestand des britischen Imperiums zu garantieren und ihm erforderlichenfalls militärischen Beistand zu leisten. Es gebe daher keinen Grund, gegeneinander die Waffen zu erheben. Er sei jedoch entschlossen, die »mazedonischen Zustände« an Deutschlands Ostgrenze zu beseitigen und dafür gegebenenfalls auch mit den Westmächten auf Leben und Tod zu kämpfen. Die Engländer erklärten, daß die Garantie an Polen nur eine *gewaltsame* Revision unter Bedrohung der polnischen Unabhängigkeit verhindern wolle, und erboten sich, für das Zustandekommen direkter deutsch-polnischer Verhandlungen über die Danzig- und Korridorfrage zu vermitteln, deren Ergebnisse international garantiert werden sollten. Die Westmächte rieten den Polen zu Entgegenkommen und erreichten, daß der polnische Außenminister Beck am 28. August direkten Verhandlungen zustimmte. Am Abend des folgenden Tages willigte Hitler trotz der »skeptischen Beurteilung der Aussichten« in den Verhandlungsvorschlag ein und kündigte die Ausarbeitung eigener Vorschläge an, forderte aber in seiner Antwort an die britische Regierung, daß ein bevollmächtigter polnischer Vertreter bis spätestens Mitternacht des 30. August in Berlin eintreffen müsse[4].

[4] Ebenda, Bd. 7, Dok. Nr. 421, S. 345ff.

Diese ultimative Forderung begründete Hitler unter anderem damit, daß ihn das polnische Verhalten gegenüber der deutschen Minderheit jeden Augenblick zum Einschreiten zwingen könne. Die Probleme dieser Minderheit, die seit der territorialen Regelung von Versailles polnischen Diskriminierungen ausgesetzt gewesen war, hatte seit 1933 in den deutsch-polnischen Beziehungen keine Rolle gespielt. Mit der Zuspitzung der außenpolitischen Krise hatte sich jedoch nunmehr die Spannung zwischen Volksdeutschen und Polen wesentlich verschärft und gelegentlich in Ausschreitungen entladen. Spontane polnische Übergriffe wurden wiederum von der gelenkten deutschen Presse hochgespielt, um das beabsichtigte Vorgehen gegen Polen vor der Weltöffentlichkeit zu rechtfertigen und in Deutschland Kriegsstimmung zu erzeugen. In der Tat mußten Nervosität und Furcht der Polen vor einem deutschen Angriff, wie sie u.a. der Zwischenfall am Jablunka-Paß ausgelöst hatte, die Gefahr von Übergriffen vergrößern. Deshalb bat die englische Regierung bei ihren Bemühungen um direkte Verhandlungen beide Parteien, alle Maßnahmen zu treffen, um Zusammenstöße und Grenzverletzungen zu vermeiden. Gemeinsam mit der französischen Regierung gelang es ihr auch, am 29. August die polnische Generalmobilmachung, die der polnische Generalstab angesichts der deutschen Truppenbewegungen und Grenzüberschreitungen vom 26. August als Verteidigungsmaßnahme für notwendig hielt, wenigstens um einen Tag zu verschieben, um die Einleitung von Verhandlungen nicht zu beeinträchtigen.

Als die britische Regierung, die das ultimative Verfahren Hitlers für unzweckmäßig ansah, am Morgen des 30. August in Berlin mitteilte, daß es ihr voraussichtlich nicht gelingen werde und von ihr schlechterdings auch nicht erwartet werden könne, noch am selben Tag einen polnischen bevollmächtigten Unterhändler herbeizuschaffen, ließ Hitler vom Auswärtigen Amt ein maßvolles Angebot an Polen in der Absicht ausarbeiten, es nicht mehr zum Gegenstand von Verhandlungen zu machen. Es sah die Abtretung Danzigs an Deutschland, die Beibehaltung Gdingens als polnischen Freihafen, eine international kontrollierte Volksabstimmung im Korridor, eine exterritoriale Verkehrsverbindung durch den Korridor für die in der Abstimmung unterliegende Partei vor und sollte lediglich dazu dienen, gegenüber der Weltöffentlichkeit den Polen und ihrer Unversöhnlichkeit die Schuld am Scheitern einer Vereinbarung und damit am Kriege zuzuschieben.

In seiner Unterredung mit Ribbentrop um Mitternacht vom 30. auf den 31. August empfahl der britische Botschafter, die angekündigten Vorschläge, sobald sie vorlägen, dem polnischen Botschafter in Berlin, Lipski, zu übergeben, um direkte deutsch-polnische Verhandlungen in Gang zu bringen. Daraufhin las ihm Ribbentrop das 16 Punkte umfassende deutsche Angebot vor, verweigerte ihm jedoch die Aushändigung des Textes mit der Begründung, daß es durch die unterdessen erfolgte polnische Mobilmachung und das Ausbleiben des polnischen Unterhändlers bis zur gestellten Frist »nicht länger aktuell« sei[5].

Während Hitler am 31. August mittags 12.40 Uhr den endgültigen Angriff auf Polen für den nächsten Morgen befahl, bemühten sich die Westmächte in Unkenntnis dieser Tatsache, Polen zur Aufnahme direkter Verhandlungen zu bewegen. Empfahlen die Franzosen, Hitlers Forderung zu erfüllen und unverzüglich einen bevollmächtigten Unterhändler nach Berlin zu senden, so regten die Engländer an, Lipski mit der Entgegennahme der deutschen Vorschläge zu beauftragen, ohne ihm vorerst Verhandlungsvollmacht zu erteilen: Verhandlungen sollten hinsichtlich des Ortes und der Teilnehmer auf der Basis der Gleichberechtigung vorbereitet werden. Aber der polnische Außenminister Beck fand sich nur bereit, der deutschen Regierung durch Lipski mitteilen zu lassen, daß er den englischen Vorschlag direkter deutsch-polnischer Verhandlungen annehme, ohne jedoch Lipski zu ermächtigen, schon deutsche Vorschläge entgegenzunehmen oder zu diskutieren – aus Furcht, daß sie mit einem Ultimatum verbunden sein könnten.

Als der polnische Botschafter am Abend des 31. August in einer Unterredung mit Ribbentrop Becks Auftrag ausführte, war dieser letzte deutsch-polnische Kontakt in wenigen Minuten beendet, da Lipski verneinen mußte, zu Verhandlungen bevollmächtigt zu sein. Daraufhin ließ Hitler noch am späten Abend das »abgelehnte« 16-Punkte-Angebot, das offiziell niemals zur Verhandlungsgrundlage gemacht worden war, als Vorwand für den seit über acht Stunden geheim anlaufenden Angriff auf Polen über den Rundfunk verbreiten. Die starre, taktisch unkluge Haltung der Polen hatte ihm dabei in idealer Weise in die Hände gearbeitet. Daß die Polen selbst dann nicht reagierten, als Lipski durch die Eigenmächtigkeit Görings den

[5] Ebenda, Dok. Nr. 461, S. 376f.

Inhalt der 16 Punkte auf dem inoffiziellen Weg über den Schweden Dahlerus und den britischen Botschafter Henderson am Vormittag des 31. August erfuhr, trug ihnen auch die Kritik der englischen Diplomaten ein[6]. So verständlich die Befürchtung der Polen war, daß ihnen Hitler in der gegebenen Situation eine unfreiwillige Lösung aufzwingen werde: durch ihre Weigerung, unverzüglich Verhandlungen aufzunehmen, verpaßten sie die Chance, Hitlers wahre Absichten zu enthüllen und seine Anschläge auf die polnische Unabhängigkeit von einer moralisch unangreifbaren Warte aus abzuwehren. Statt dessen glaubten die Polen, gestützt auf das Bündnis mit England und die Unterstützung Frankreichs, von vornherein jeglichen Zugeständnissen aus dem Wege gehen zu können. In dieser Hinsicht wirkte sich die britische Garantie äußerst nachteilig aus, da sie den Engländern den Polen gegenüber die Möglichkeit nahm, außer durch wiederholte Mahnungen, die Beistandsverpflichtung gelte nur für den Fall einer Bedrohung der polnischen Unabhängigkeit, effektiv auf die polnische Haltung einzuwirken. Nichtsdestoweniger waren diese Fehler der Gegenspieler Hitlers, die seine Absichten ungewollt förderten, lediglich Reaktionen auf seine Politik, Polen der Unabhängigkeit zu berauben, und nicht Ursachen für seinen Entschluß, gegen Polen mit Waffengewalt vorzugehen.

Während am 1. September die deutschen Truppen seit 4.45 Uhr in Polen einfielen und deutsche Flugzeuge polnische Ziele angriffen, erklärte Hitler am Vormittag im Reichstag, die Polen hätten sein großzügiges Angebot mit bewaffneten Grenzzwischenfällen – darunter jenen »drei schweren«, deren wahre Natur bereits eingehend behandelt wurde – beantwortet, so daß seit dem Morgen »zurückgeschossen« werde[7]. Die Westmächte machten mobil und warnten am Abend in gleichlautenden Noten, daß sie Polen militärisch beistehen würden, falls die deutschen Angriffstruppen aus Polen nicht zurückgezogen würden. Mussolini, der sich scheute, beim Ausbruch eines Krieges Italiens militärisches und rüstungsmäßiges Unvermögen vor aller Welt offenbaren zu müssen, verfolgte auch noch an diesem Tag

[6] Vgl. Bericht Hendersons v. 31. 8.1939 und Telegramm des britischen Außenministers Halifax an den britischen Botschafter in Warschau v. 1. 9. 1939. In: Documents on British foreign policy 1919–1939, Serie 3, Bd. 7, Dok. Nr. 575, 632, S. 433f., 499f.

[7] Vgl. Verhandlungen des Reichstags, Bd. 460: Stenographische Berichte 1939–1942. 3. Sitzung, Freitag, den 1. September 1939, S. 46f.

seinen am Vortag den Westmächten unterbreiteten Plan, eine Viermächtekonferenz zur Lösung des deutsch-polnischen Konflikts und anderer aus dem Versailler Vertrag resultierender Probleme zustande zu bringen. Während die Engländer antworteten, diese Absicht lasse sich nach Beginn des deutschen Angriffs nicht mehr verfolgen, machten die Franzosen die Teilnahme Polens zur Bedingung. Auf die französische Sondierung in Warschau hin antwortete Beck am Abend, angesichts des deutschen Einmarsches handele es sich nicht mehr um die Organisierung einer Konferenz, sondern der gemeinsamen Abwehr. Da Mussolini die polnische Reaktion noch nicht bekannt war, suchte er am 2. September Hitler den Konferenzplan mit dem Argument schmackhaft zu machen, daß Deutschland selbst bei einem Waffenstillstand auf der Grundlage der erreichten Frontlinie durch das bereits einverleibte Danzig und die besetzten polnischen Gebiete genügend Pfänder in der Hand habe, um seine Forderungen ohne weiteres Blutvergießen durchzusetzen. Hitler, der Zeit gewinnen wollte, um weitere vollzogene Tatsachen zu schaffen und gleichzeitig die militärische Entschlußkraft der Westmächte durch Friedenshoffnungen zu lähmen, sagte eine Entscheidung bis zum Mittag des 3. September zu. Die Franzosen waren bereit, ihre Kriegserklärung bis zu diesem Termin zu verschieben. Die Briten forderten als Vorbedingung den Rückzug der deutschen Truppen – eine Forderung, der sich die Franzosen letztlich anschlossen. Danach gaben die Italiener am Abend des 2. September den Konferenzplan auf, weil sie die Erfüllung dieser Bedingung als für Hitler unzumutbar ansahen.

Am Morgen des 3. September überreichte Botschafter Henderson in Berlin das englische Ultimatum, das den Kriegszustand mit Deutschland für 11 Uhr ankündigte, falls die englische Regierung bis dahin keine befriedigende Antwort auf ihre Vorwarnung vom 1. September erhalten habe. Ein analoges französisches Ultimatum, das auf 17 Uhr befristet war, folgte um die Mittagszeit. Damit war am 3. September 1939 der europäische Krieg zur Realität geworden. Zugleich war Hitlers Versuch endgültig gescheitert, von England gegen die Zusicherung, die globalen See- und Handelsinteressen des britischen Weltreiches zu respektieren, freie Hand zur Aufrichtung der Vorherrschaft des nationalsozialistischen Deutschland auf dem europäischen Kontinent zu erhalten.

Unter diesen Umständen war es Hitlers Ziel, Polen in einem

Blitzfeldzug zu erledigen, bevor England und Frankreich im Westen ihre volle militärische Kraft entfalteten. Das Konzept des Blitzkrieges entsprach auch den wirtschaftlichen Ressourcen Deutschlands und dem Zustand seiner Rüstung. Im Hinblick auf Hitlers aggressive Ziele hatte Deutschland zwar seit 1936 die Rüstung forciert, dabei aber noch keine durchgeplante Kriegswirtschaft, sondern eine »friedensähnliche Kriegswirtschaft«[8] betrieben, die auf eine drastische Beschneidung des Lebensstandards der Bevölkerung durch Einschränkung der Konsumgüterproduktion verzichtete, um die Loyalität gegenüber dem Regime nicht zu gefährden. Diese Art von Rüstungswirtschaft war hinsichtlich der Rohstoffe, Produktionskapazität und Arbeitskräfte bald an die Grenzen ihrer Leistungsfähigkeit gestoßen, die auch durch die Einverleibung der Ressourcen Österreichs und der Tschechoslowakei nicht beseitigt werden konnte. Das hatte zur Folge, daß die deutsche Wirtschaft auf eine »Breitenrüstung« mit großer Endfertigung von Waffen und Munition, nicht aber auf eine »Tiefenrüstung« ausgerichtet war: Deutschland hatte bei Kriegsausbruch zwar einen relativ hohen Stand von verfügbarem modernen Rüstungsmaterial, der ihm gegenüber dem jeweiligen Gegner in einem kurzen Krieg Überlegenheit verlieh. Aber es hatte keine Ausweitung und Modernisierung der Produktionsanlagen durch grundlegende Investitionen vorgenommen und besaß damit ein zu geringes Rüstungspotential, um gegen – womöglich gleichzeitig – mehrere Mächte mit einem größeren Potential an Massenproduktion einen wirtschaftlichen Zermürbungskrieg durchstehen zu können. Die der Blitzkrieg-Konzeption entsprechende Wirtschaftspolitik sollte sich zwei Jahre lang bewähren, als in mehreren aufeinanderfolgenden Feldzügen der europäische Kontinent unterworfen und weite Gebiete der Sowjetunion erobert wurden. Dabei konnte die Waffenproduktion je nach der besonderen Art, die gegen den jeweiligen Gegner erforderlich war, allein durch Schwerpunktverschiebung und Änderung der Prioritäten innerhalb des Rüstungssektors umgestellt werden, ohne die Produktion auf dem Sektor der Konsumgüter für die Zivilbevölkerung einschneidend zu drosseln oder das Gesamtvolumen der Kriegsproduktion ausdehnen zu müssen. Erst als Hitlers Blitzkrieg gegen Rußland scheiterte und der Zweifronten-

[8] Vgl. auch zum folgenden A. S. Milward, Die deutsche Kriegswirtschaft 1939–1945. Stuttgart 1966.

krieg gegen die Sowjetunion und die angloamerikanischen Mächte den Krieg zu einem »totalen« machte, sollte Deutschland 1942 zu einer vollen Kriegswirtschaft übergehen, wobei sich zeigte, daß bisher unerschlossene Reserven an Menschen, Maschinen und Rohstoffen vorhanden waren und sich die Rüstungsproduktion bis Mitte 1944 kontinuierlich steigern ließ.

Der Blitzfeldzug gegen Polen war nach drei Wochen entschieden und nach einer weiteren Woche beendet. Die Überraschungsangriffe der zahlenmäßig und technisch überlegenen deutschen Luftwaffe am 1. September vernichteten die polnischen Fliegerverbände überwiegend noch auf ihren Standplätzen. Die damit gewonnene Beherrschung des Luftraumes ermöglichte die Zerstörung der Verkehrs- und Nachrichtenverbindungen und behinderte den polnischen Aufmarsch. Aus der Luft operativ unterstützt, durchbrachen die deutschen Panzer- und motorisierten Verbände die Linien der polnischen Truppen, deren Gros ohne natürliche Verteidigungslinie längs der deutschen und slowakischen Grenze aufgestellt waren, um die peripher gelegenen polnischen Rüstungs- und Versorgungszentren zu verteidigen. Diese Aufstellung der polnischen Streitkräfte begünstigte den deutschen Operationsplan, durch eine Zangenbewegung der Heeresgruppe Nord (Generaloberst v. Bock) von Pommern und Ostpreußen aus und der Heeresgruppe Süd (Generaloberst v. Rundstedt) von Schlesien aus die polnischen Armeen noch westlich der Narew-Weichsel-Linie in einer Umfassungsschlacht zu vernichten. Die im Raum östlich von Warschau verbliebenen polnischen Kräfte sollten durch eine zweite große Umfassungsbewegung am Ausweichen in die Wälder und Sümpfe Ostpolens gehindert werden. Die 10. Armee (General v. Reichenau), die für den Hauptstoß von Schlesien aus auf Warschau vorgesehen war und sich zur Hälfte aus motorisierten Korps zusammensetzte, stand bereits am 7. September mit ihrer Spitze 60 Kilometer vor Warschau; am nächsten Tag erreichte ihr vorausstürmendes XVI. Panzerkorps (General Hoepner) den südwestlichen Rand der Stadt. Die polnische Regierung und der Generalstab waren um diese Zeit bereits nach Lublin ausgewichen.

Als Warschau umstellt und auch der äußere Umfassungsring bei Wlodawa nahezu geschlossen war, rückten am 17. September die Sowjets – von Berlin mehrmals ermuntert – in Ostpolen ein. Vor der Weltöffentlichkeit begründete Moskau diesen Schritt damit, daß der polnische Staat de facto zu bestehen aufgehört habe, die mit ihm geschlossenen Verträge folglich hinfällig geworden seien und die Sowjetunion die ukrainischen und weißrussischen Minderheiten in Polen unter ihren Schutz nehmen müsse. Diese Formulierung erleichterte den westlichen Garantiemächten – die sich verständlicherweise keinen zusätzlichen Kriegsgegner schaffen wollten –, die sowjetische Aggression ohne weitere Reaktion hinzunehmen, zumal das englisch-polnische Beistandsabkommen vom 25. August in einer geheimen Zusatzklausel auch formal bestimmt hatte, daß die Garantie nur gegen eine Aggression Deutschlands gelte. Soweit die deutschen Truppen bei ihren Operationen über die vereinbarte Interessengrenze Narew – Weichsel – San vorgedrungen waren, zogen sie sich in Etappen wieder zurück, die mit den Sowjets abgesprochen wurden. Nach heftigen Bombenangriffen, die unter der Zivilbevölkerung große Opfer verursachten, und Artilleriebeschuß kapitulierte Warschau am 27. September.

Einige Tage nach der Übergabe der Festung Modlin und des Kriegshafens Hela waren am 6. Oktober 1939 die letzten Kampfhandlungen beendet. Deutschland hatte mit relativ geringen Verlusten von 11000 Gefallenen, 30000 Verwundeten und 3400 Vermißten einen bemerkenswerten Sieg errungen. Hauptsächlich war er der Luftüberlegenheit und dem erstmals erfolgten operativen Einsatz der zu eigenen Verbänden zusammengefaßten Panzerwaffe zu verdanken. Von den Polen waren 70000 im Kampf gegen Deutschland, weitere 50000 im Kampf gegen die Sowjetunion gefallen. Die Sowjets kostete die Eroberung Ostpolens 737 Tote und 1862 Verwundete.

Die polnische Regierung war am 17. September nach Rumänien gegangen und interniert worden. Von dort aus übertrug Staatspräsident Mościcki sein Amt dem sich in Paris aufhaltenden Senatspräsidenten Raczkiewicz, der am 30. September aus Mitgliedern der vier bisherigen Oppositionsparteien eine polnische Exilregierung unter General Sikorski bildete. Sie wurde von verschiedenen Staaten – darunter den USA – anerkannt und stellte eigene Streitkräfte aus Exilpolen auf, um den Krieg an der Seite der Westmächte fortzusetzen.

Am Tage der Kapitulation von Warschau flog Ribbentrop erneut nach Moskau, um durch einen am 28. September unterzeichneten Grenz- und Freundschaftsvertrag die endgültige »Grenze der beiderseitigen Reichsinteressen im Gebiete des bisherigen polnischen Staates« festzulegen. In einem geheimen Zusatzabkommen wurde die am 23. August getroffene Interessenabgrenzung dahingehend geändert, daß Litauen nunmehr zur sowjetischen Interessensphäre kam, während die Woiwodschaft Lublin und Teile der Woiwodschaft Warschau bis zum Bug sowie der Landzipfel von Suwalki an Deutschland fielen[9]. Da somit die Gebiete mit überwiegend polnischer Bevölkerung deutscher Herrschaft unterstanden, hätte sich für Hitler die Möglichkeit eröffnet, den Westmächten die Wiederherstellung eines – wenn auch stark reduzierten – polnischen Staates als Verhandlungsobjekt für einen Friedensschluß anzubieten. In der Tat warf Hitler diesen Köder aus: Bei seinem an die Adresse Englands gerichteten »Friedensappell« in der Reichstagsrede vom 6. Oktober sprach er von der Errichtung eines polnischen Staates, der allerdings »kein neuer Brandherd gegen das Deutsche Reich ..., noch eine Intrigenzentrale gegen Deutschland und Rußland« mehr sein dürfe. Die Entscheidung darüber sei jedoch ausschließlich Sache Deutschlands und der Sowjetunion und werde durch eine Fortführung des Krieges im Westen in keiner Weise beeinflußt. Diese Erklärung sei seine »letzte«: wenn England nicht einlenke, werde Deutschland kämpfen und siegen. »Ein November 1918 wird sich in der deutschen Geschichte nicht mehr wiederholen.«[10]

Noch bevor eine Reaktion aus England vorlag, traf Hitler schon Entscheidungen, die die Errichtung eines neuen polnischen Staatswesens für jede polnische Regierung eigentlich unannehmbar machen mußte. Durch Erlaß vom 8. Oktober wurde fast die Hälfte des deutsch besetzten Gebiets als Reichsgaue mit der späteren Bezeichnung »Danzig-Westpreußen« und »Wartheland« sowie als neue Gebietsteile von Ostpreußen und Schlesien ins Reich eingegliedert. Damit wurde die deutsche Grenze von 1914 weit in rein polnisch besiedeltes Gebiet vorgeschoben.

Am 12. Oktober lehnte der britische Premierminister Chamberlain in einer Unterhausrede Hitlers »Vorschläge« ab, da sie praktisch nur die Anerkennung von Eroberungen und der beliebigen Verfügung über besetzte Gebiete bedeuten würden: Entweder müsse Hitlers Regierung die Aufrichtigkeit ihres Friedenswunsches »durch Taten und tatsächliche Garantien für ihre Absicht, Zusicherungen auch einzuhalten«, beweisen oder

[9] ADAP, Serie D, Bd. 8, Dok. Nr. 157, 159, S. 127ff.

[10] Verhandlungen des Reichstags, Bd. 460: Stenographische Berichte 1939 bis 1942. 4. Sitzung, Freitag, den 6. Oktober 1939, S. 50ff.

England müsse in »Pflichterfüllung bis zum Ende ausharren«[11]. Am selben Tag begrub Hitler die Idee eines eigenständigen polnischen Staatswesens und stellte Restpolen durch die Errichtung des »Generalgouvernements« als einer Art kolonialen »Nebenlandes« des Reiches für dauernd unter deutsche Verwaltung. Nach Aufhebung der Militärverwaltung am 25. Oktober 1939 konnte sich die Gewaltherrschaft der SS- und Polizeiverbände Himmlers – der am 7. Oktober zum »Reichskommissar für die Festigung des deutschen Volkstums« bestellt worden war – zur völkischen »Flurbereinigung« voll entfalten. Aus den eingegliederten Gebieten wurden nicht »eindeutschungsfähige« Polen – soweit sie nicht als Arbeitskräfte nach Deutschland gebracht wurden – und Juden ins Generalgouvernement vertrieben und Volksdeutsche hereingeholt, die nach der Vereinbarung mit Moskau vom 28. September aus den Gebieten der sowjetischen Interessensphäre ausgesiedelt wurden. Durch systematische Verhaftungen und Massenerschießungen wurden außer den Juden auch die polnische Intelligenz und die katholische Geistlichkeit dezimiert, die als »reichs- und deutschfeindliche Elemente« und potentielle Träger eines nationalpolnischen Widerstandes galten. Gegen diese Morde und Übergriffe beschränkte sich die Wehrmacht auf wirkungslose Proteste bei der politischen Führung. Eine Denkschrift des Oberbefehlshabers Ost vom November 1939 bewirkte schließlich nur die Entfernung des Generaloberst v. Blaskowitz von diesem Posten: Hitler erklärte, mit »Heilsarmee-Methoden« könne er keinen Krieg führen. Die Willkürmaßnahmen führten auch zu Reibereien der SS-Führung mit Generalgouverneur Frank, der – nicht aus humanitären, sondern aus utilitaristischen Gründen – in seinem Herrschaftsbereich eine einigermaßen geordnete Verwaltung anstrebte, um die dortigen personellen und materiellen Ressourcen für die deutsche Kriegswirtschaft maximal ausnutzen zu können. Die Terrormaßnahmen wurden von der Führung u.a. als Vergeltung für die polnischen Morde an Volksdeutschen nach dem deutschen Überfall gerechtfertigt, als die Kolonnen volksdeutscher Internierter zwischen die flüchtenden Polen gerieten oder als am 3. September in Bromberg unter den Deutschen ein Blutbad angerichtet wurde, weil angeblich aus dem Hinterhalt auf polnisches Militär geschos-

[11] Parliamentary debates, Serie 5: House of Commons, Bd. 352, Sp. 563ff., deutsch in: Keesings Archiv der Gegenwart 1939, S. 4275.

sen worden war. Dennoch waren die systematischen Maßnahmen zur Germanisierung und zur Ausrottung einer als »rassisch minderwertig« angesehenen Bevölkerung nicht mit den polnischen Ausschreitungen zu vergleichen, die in einer emotionsgeladenen und panikartigen Atmosphäre stattgefunden hatten.

Da die feste Haltung der Westmächte eine Verwirklichung von Hitlers Plänen einer weit ausgreifenden Eroberung von »Lebensraum im Osten« zunächst nicht zuließ, wurde nunmehr Polen – das ursprünglich von Hitler dafür nicht vorgesehen war – zum territorialen Objekt deutscher Ostkolonisation. Für die Fortsetzung des Krieges im Westen war die Rückendeckung durch die Sowjetunion für Hitler so entscheidend, daß er den Sowjets in ihrer Interessensphäre völlig freie Hand ließ. Sie nutzten diese Chance, indem sie die ukrainischen und weißruthenischen Gebiete Polens annektierten, rücksichtslos sowjetisierten und von den drei Baltenstaaten die Abtretung militärischer Stützpunkte erzwangen. Ihre Forderungen gegenüber den sich sträubenden Finnen vermochten sie jedoch nur in einem Krieg durchzusetzen, der ihnen im Frieden von Moskau vom 12. März 1940 territoriale Gewinne einbrachte, die die Verteidigung von Leningrad wesentlich stärkten. Daß sie die weit unterlegenen Finnen erst nach drei Monaten zum Einlenken gebracht hatte, trug der Roten Armee weltweit eine Unterschätzung ihrer Kampfkraft ein, die Hitler später zum Verhängnis werden sollte.

»Sitzkrieg« im Westen und Ausweitung des Krieges nach Norden 1939/40

Während die deutschen Truppen Polen im Blitzkrieg überrollten, entwickelte sich an der Westfront ein »Sitzkrieg«, von den Franzosen »drôle de guerre« genannt. Hitler hatte die dort eingesetzten Kräfte der Luftwaffe und des Heeres – überwiegend Reserve- und Landwehrdivisionen – angewiesen, »die Eröffnung von Feindseligkeiten eindeutig England und Frankreich zu überlassen«, sich hinter dem teilweise noch unfertigen Westwall rein defensiv zu verhalten, die Rechte der angrenzenden neutralen Staaten »peinlich zu achten« und die französische Grenze nirgends ohne seine ausdrückliche Genehmigung zu überschreiten. Oberstes Ziel war, im Westen »unter möglichster Schonung der Kräfte die Voraussetzungen für den siegreichen Abschluß der Operationen gegen Polen zu erhalten«[12]. Anfangs mochte Hitler dabei immer noch hoffen, daß die Westmächte zwar den Schein wahren, aber nicht ernsthaft kämpfen würden. Seine Hoffnung wurde durch die pazifistische Stimmung in Frankreich genährt, die sich angesichts des öffentlich erklärten Verzichts auf Elsaß-Lothringen in der Parole ausdrückte: »Mourir pour Dantzig? – Non«.

Obwohl die im französischen Mutterland verfügbaren Landstreitkräfte den an der Westfront eingesetzten deutschen Truppen zahlenmäßig überlegen waren, verhielten sich die Alliierten defensiv, da sie die Stärke des Westwalls und der ihnen gegenüberstehenden Kräfte überschätzten. Der französische Oberbefehlshaber Gamelin glaubte, den Westwall ohne vorherige Verstärkung der Luftwaffe und der schweren Artillerie nicht durchbrechen zu können. Hinter der stark befestigten Maginot-Linie verschanzt, wollte er für die Aufrüstung und Waffeneinfuhr aus den USA Zeit gewinnen, um – nach seiner Meinung erst 1941 – für eine Offensive stark genug zu sein. Unterdessen sollte Deutschland durch Wirtschaftsblockade und durch Abnutzungskrieg auf peripheren Kriegsschauplätzen in Nord- und Südosteuropa geschwächt werden, zu dem es durch die Bedrohung seiner wirtschaftlichen Ressourcen (z.B. Erz in Schweden, Öl in Rumänien) gezwungen werden sollte. Auch England, das bis Oktober 1939 lediglich ein Expeditionskorps von vier Divisionen aufs Festland bringen konnte, setzte auf Zeitgewinn und auf die allmähliche Auswirkung des überlegenen alliierten Wirtschaftspotentials. Obwohl die Polen einen Entlastungsangriff forderten, unternahmen die Franzosen lediglich Vorstöße ins Vorfeld des Westwalls bei Saarbrücken, räumten aber im Oktober die besetzten Grenzvorsprünge wieder. Auch zur Luft blieben die Westmächte passiv: Außer auf deutsche Kriegsschiffe in Wilhelmshaven und Brunsbüttel am 4. September und bei Helgoland am 3. Dezember führten die Briten keine Bombenangriffe gegen deutsche Ziele – etwa im Ruhrgebiet –, da die Franzosen keine Angriffe auf ihre Industriestädte herausfordern wollten. Die Verteidigungsstrategie der Alliierten beruhte auf der Annahme, daß die Deutschen nicht gegen die Maginot-Linie anrennen, sondern unter Verletzung der belgi-

[12] Vgl. Hitlers Weisungen für die Kriegführung 1939–1945, hrsg. v. W. Hubatsch. Frankfurt a.M. 1967, Weisungen Nr. 1 und 2 v. 31. 8. und 3. 9. 1939, S. 20ff.

schen Neutralität die schwach befestigte französische Nordostgrenze angreifen würden. Deshalb wurden die besten und beweglichsten Verbände der Alliierten in diesem Raum konzentriert. Da die Belgier nicht gewillt waren, den Alliierten ihr Territorium vor einem tatsächlichen deutschen Einfall als Aufmarschgebiet zur Verfügung zu stellen, mußten sich die französischen und englischen Verbände bereit halten, um den Deutschen bis zur Linie Antwerpen – Namur (Dyle-Stellung) entgegenzumarschieren und den gegnerischen Angriff abzufangen.

Angesichts der schnellen Beendigung des Polenfeldzuges, die schon ab Oktober 1939 eine Konzentration der deutschen Kräfte an der Westfront ermöglichte, und angesichts der Unnachgiebigkeit der Westmächte entschloß sich Hitler, noch im gleichen Jahr im Westen anzugreifen. Er war der Ansicht, daß jedes weitere Zuwarten das Kräfteverhältnis zugunsten der Gegner verschieben würde und auf die Dauer mit der Neutralität der Sowjetunion und der USA nicht gerechnet werden könne. Eine möglichst frühzeitige Offensive am Nordflügel der Front durch das Gebiet der Neutralen – wie die Alliierten richtig vermuteten – sollte »möglichst starke Teile« der gegnerischen Streitkräfte zerschlagen und »gleichzeitig möglichst viel holländischen, belgischen und nordfranzösischen Raum als Basis für eine aussichtsreiche Luft- und Seekriegführung gegen England« sowie zum Schutz des lebenswichtigen Ruhrgebiets gewinnen[13]. Nach der militärischen Ausschaltung Frankreichs hoffte er, einem isolierten, von Seeblockade und Luftangriffen bedrohten England die Anerkennung der im Osten geschaffenen Lage und freie Hand für seine dortigen Expansionsziele abtrotzen zu können.

Hitlers Offensivabsichten stießen bei den führenden Vertretern der deutschen Generalität, die nach den Erfahrungen des Ersten Weltkrieges die Widerstandskraft der französischen Armee hoch einschätzten, auf Ablehnung. Sie befürchteten, daß die Offensive spätestens an der belgisch-französischen Grenze steckenbleiben und der Blitzkrieg in einen Stellungs- und Abnutzungskrieg übergehen werde, bei dem Deutschland unweigerlich unterliegen müsse. Denn der bedenkenlose Überfall auf jene Staaten, denen Hitler bei Kriegsausbruch feierlich und mit »heiligem Ernst«[14] die Neutralität garantiert hatte, mußte Rück-

[13] Vgl. ebenda, Weisung Nr. 6 v. 9. 10. 1939, S. 32f.

[14] Vgl. Hitlers Reichstagsrede vom 1. 9. 1939, in: Verhandlungen des Reichstags, Bd. 460, S. 46f.

wirkungen auf die USA zeitigen und gegen den deutschen »Aggressor« die Reserven fast der ganzen Welt mobilisieren. Die Möglichkeit für eine politische Beendigung des Krieges durch einen Kompromißfrieden, der ihrer Meinung nach Konzessionen hinsichtlich einer Resttschechei und eines Restpolens erfordert hätte, sahen sie durch einen deutschen Angriff endgültig zerstört, da er bei den Gegnern neue, überzeugende Kriegsziele hervorrufen mußte: die Verteidigung ihres Heimatbodens und die künftige Sicherung ihrer Existenz, die bei Hitlers wortbrüchiger Politik letztlich nur durch eine Niederwerfung Hitlerdeutschlands zu erreichen war. Dagegen sahen die Generäle nach der erfolgreichen Abwehr einer Offensive der Alliierten – die dabei unter Umständen das Odium der Neutralitätsverletzung auf sich nehmen mußten – die Chance für einen Friedensschluß. Da Hitler eine politische Kompromißlösung ablehnte und von seinen Offensivplänen nicht abzubringen war, suchten sie zumindest einen Aufschub über die Herbst- und Wintermonate zu erreichen, wofür sie triftige Gründe vorbringen konnten: Im Polenfeldzug hatten sich vor allem bei den neu aufgestellten Divisionen gravierende Mängel in der Ausbildung und der Ausrüstung gezeigt. Die motorisierten und Panzerverbände mußten nach dem Einsatz in Polen erheblich aufgefrischt und mit schweren Panzern versehen werden, die den Modellen und der Panzerabwehr der Franzosen und Engländer gewachsen waren. Ein für die Offensive ausreichender Munitionsvorrat mußte angelegt werden. Gerade für die entscheidenden Angriffswaffen – Flugzeuge und Panzer – herrschten in den Wintermonaten ungünstige Einsatzbedingungen. Hitler schob jedoch alle Einwände beiseite und legte am 22. Oktober den Angriffstermin, für den er zunächst die zweite Novemberhälfte in Aussicht genommen hatte, auf den 12. November. Als der Oberbefehlshaber des Heeres, Generaloberst v. Brauchitsch, von den Oberbefehlshabern der im Westen eingesetzten Heeresgruppen und Armeen darin bestärkt, Hitler am 5. November die militärischen Gründe gegen eine Offensive noch einmal zusammenfassend vortrug, erhielt er vom wütenden Hitler eine Abfuhr und bewirkte beinahe seine Entlassung. Hitlers Drohung, gegen den defätistischen Geist in der Führung des Heeres vorgehen zu wollen, setzte zugleich den Vorbereitungen für einen Staatsstreich gegen den unbelehrbaren Hitler ein Ende, die eine Gruppe von Offizieren unternommen hatte, um die drohende Ausweitung des Krieges zu verhindern: Aus Furcht, daß Hitler von den Absichten erfahren haben und ein Gegenschlag der Gestapo bevorstehen könnte, ließ Brauchitschs Generalstabschef Halder die Aktivitäten einstellen und alle belastenden Papiere vernichten. Die beteiligten Generäle hatten erst dann handeln wollen, wenn das Gelingen des Putsches einigermaßen gesichert und seitens der britischen Regierung im voraus ein militärisches Stillhalteversprechen sowie annehmbare Friedensbedingungen erreicht waren. Während die erste Voraussetzung angesichts der für den erfolgreichen Hitler eingenommenen Stimmung im Volke und der Haltung der meisten – vor allem der jungen – Offiziere kaum gegeben war, hatten die Sondierungen in London, die – neben anderen – die Widerstandsgruppe um Halders Vorgänger Beck über den Vatikan unternahm, einen Verständigungsfrieden mit England nicht als unmöglich erscheinen lassen. Die Generalität setzte jedenfalls die Arbeit an der Planung und Vorbereitung der befohlenen Westoffensive trotz ihrer Bedenken fort. Daß die Offensive bis zum Frühjahr 1940 mehrmals verschoben wurde und der »Sitzkrieg« über die Wintermonate andauerte, war nicht durch die Einflußnahme der Generäle, sondern durch die schlechte Wetterlage bedingt. Die Verzögerung wirkte sich auf den Erfolg der Offensive nicht nur durch die Verbesserung der Ausrüstung und Ausbildung der Truppen günstig aus, sondern auch durch eine grundsätzliche Änderung der Operationsplanung, die während dieser Zeit erfolgte.

Um Deutschland auf einem Nebenkriegsschauplatz abzulenken, beschlossen die Westmächte, die deutsche Erzzufuhr aus Schweden, die über den eisfreien Hafen Narvik durch die neutralen norwegischen Hoheitsgewässer erfolgte, durch eine Verminungsaktion (Operation »Wilfred«) zu unterbinden. Mit der anschließenden Besetzung der norwegischen Häfen Narvik, Trondheim, Bergen und Stavanger wollten sie dem erwarteten deutschen Gegenschlag zuvorkommen. Diese in völliger Unkenntnis der parallel vorbereiteten deutschen Norwegen-Aktion beschlossene alliierte Operation lief am Morgen des 8. April 1940 gerade an, als die ersten Flottenverbände des deutschen Unternehmens gesichtet wurden, das wiederum ohne Kenntnis des alliierten Vorhabens und seines Zeitpunktes begonnen worden war.

Auf die Bedeutung der norwegischen Küste als Basis für die deutsche Seekriegführung im Atlantik und den Luftkrieg gegen England war Hitler vom Oberbefehlshaber der Kriegsmarine,

Großadmiral Raeder, schon im Oktober 1939 aufmerksam gemacht worden. Hitler, der um diese Zeit auf die baldige Eröffnung der Westoffensive fixiert war, wollte jedoch im Norden nur dann aktiv werden, wenn sich gegnerische Absichten gegen Norwegen deutlich abzeichneten, die den Westmächten die Kontrolle über die Ostsee-Eingänge, eine Flankenstellung gegenüber deutschen Operationen gegen die britischen Inseln und die Möglichkeit gegeben hätten, auf Schweden als deutschen Erzlieferanten Druck auszuüben. Bei seinem Berlin-Besuch im Dezember 1939 machte der Führer der unbedeutenden norwegischen Faschistenpartei »Nasjonal Samling«, Vidkun Quisling, mit dem das Außenpolitische Amt der NSDAP als einen möglichen Kandidaten für einen von Deutschland geförderten Staatsstreich in Norwegen schon länger Verbindung hielt, Hitler auf die Gefahr einer britischen Landung in Norwegen aufmerksam. Am 13. Dezember befahl Hitler deshalb die operative Vorbereitung eines militärischen Unternehmens gegen Norwegen, die unter dem Kennwort »Weserübung« erfolgte. Als der vom Atlantik zurückkehrende deutsche Tanker ›Altmark‹, der 300 gefangene englische Besatzungsmitglieder von versenkten Schiffen an Bord hatte, am 16. Februar 1940 in norwegischen Hoheitsgewässern von einem britischen Zerstörer angehalten und die Gefangenen befreit wurden, überzeugte dieser Vorfall Hitler, daß weitere alliierte Übergriffe gegen die Neutralität Norwegens bevorstünden. In seiner Weisung vom 1. März drängte er daher auf größte Beschleunigung und auf eine völlig »überraschende Durchführung« des geplanten Unternehmens, bei der aus Geheimhaltungsgründen eine Zusammenarbeit mit der Quisling-Gruppe unterbleiben mußte. Das Unternehmen, in das außer Norwegen (»Weserübung-Nord«) wegen der Sicherung der Nachschubverbindung auch die Besetzung Dänemarks (»Weserübung-Süd«) einbezogen wurde, sollte »den Charakter einer friedlichen Besetzung« zum »bewaffneten Schutz der Neutralität der nordischen Staaten« tragen und daher den betroffenen Regierungen bei Beginn mitgeteilt werden. »Trotzdem auftretender Widerstand« war »unter Einsatz aller militärischen Mittel zu brechen«[15].

Die Durchführung des Unternehmens unter General v. Falkenhorst wurde von Hitler am 2. April befohlen. Da die Beset-

[15] Vgl. Weisung für »Fall Weserübung« v. 1. 3. 1940, in: Hubatsch (Hrsg.), Hitlers Weisungen, S. 47ff.

zung der sieben in Norwegen vorgesehenen Landungsköpfe von Oslo bis Narvik, des dänischen Festlandes und die Landungen auf den dänischen Inseln gleichzeitig am Morgen des 9. April erfolgen sollten, mußten die verschiedenen Transportverbände ab 3. April gestaffelt auslaufen. Für die Seetransporte und deren Sicherung setzte die Kriegsmarine ihre sämtlichen verfügbaren Schiffe – auch alle U-Boote – ein. Begünstigt vom schlechten und nebligen Wetter gelang es ihr, in Norwegen alle Transportverbände ans Ziel zu bringen, ohne mit der britischen Home Fleet in Berührung zu kommen. Am Oslofjord verwehrten allerdings die norwegischen Küstenbatterien den deutschen Schiffen die Einfahrt und versenkten den schweren Kreuzer ›Blücher‹, so daß Oslo zunächst durch Luftlandetruppen besetzt und die Befestigungen durch die Luftwaffe kampfunfähig gemacht werden mußten, ehe der Verband am nächsten Tag in Oslo einlaufen konnte. Mit dem Gelingen des Norwegenunternehmens, das nach der Beurteilung durch die deutsche Seekriegsleitung »gegen alle Regeln der Seekriegslehre« verstieß[16], hatte die stärkemäßig hoffnungslos unterlegene deutsche Marine durch die Ausnutzung des Überraschungsmoments und durch eine vom Feind nicht für möglich gehaltene Kühnheit einen eindeutigen Erfolg errungen.

Am Morgen des 9. April hatten die deutschen diplomatischen Vertreter in Kopenhagen und Oslo Erklärungen überreicht, in denen die Übernahme des bewaffneten Schutzes durch Deutschland mit der »beabsichtigten Besetzung« beider Länder durch die Westmächte gerechtfertigt wurde und ihnen »die territoriale Integrität und die politische Unabhängigkeit« zugesichert wurde[17]. Während der dänische König Christian X. und seine Regierung die Besetzung unter Protest kampflos hinnahm, entschloß sich die norwegische Regierung Nygaardsvold – die sich mit König Haakon VII. und den wichtigsten Staatsorganen ins Landesinnere zurückzog – zur militärischen Verteidigung ihres Landes. Der Versuch des deutschen Gesandten am 10. April, die Norweger zum Einlenken zu bewegen, scheiterte an der Ablehnung des Königs, Quisling, der sich am Vortage zum norwegischen Regierungschef ausgerufen hatte, in seinem

[16] Vgl. Vortrag Raeders bei Hitler am 9. 3. 1940, 12 Uhr mittags. In: Lagevorträge des Oberbefehlshabers der Kriegsmarine vor Hitler 1939–1945, hrsg. von G. Wagner. München 1972, S. 85.

[17] Vgl. ADAP, Serie D, Bd. 9, Dok. Nr. 53, S. 70ff.

Amt zu bestätigen. Auch als Quisling nach wenigen Tagen von deutscher Seite zum Rücktritt veranlaßt wurde, blieben die Norweger hart und leisteten den deutschen Invasionstruppen bei ihrem Vordringen ins Landesinnere im unwegsamen Gebirge erbitterten Widerstand. Englische See- und Luftstreitkräfte fügten der deutschen Flotte vor oder bei der Rückführung ihrer Schiffe in die Heimathäfen erhebliche Verluste bei. In Narvik gingen sämtliche dort eingesetzten zehn Zerstörer verloren, als britische Zerstörer am 10. April – bei einem zweiten Angriff am 13. April durch ein Schlachtschiff und einen Flugzeugträger unterstützt – in den Fjord eindrangen. Außer diesen zehn Zerstörern und einer Anzahl kleinerer Schiffe sollte die Kriegsmarine bis zum Abschluß des Norwegenunternehmens einen schweren und zwei leichte Kreuzer, ein Torpedoboot und sechs U-Boote verlieren; auch eine Reihe größerer Schiffe wurde beschädigt und konnte erst nach längerer Zeit wieder eingesetzt werden. Obwohl sich die Verluste an Kriegsschiffen auf beiden Seiten ungefähr die Waage hielten, trafen sie die kleine deutsche Flotte, die rund ein Drittel ihres Bestandes verlor, ungleich schwerer.

Die Westmächte suchten ihre strategische Einbuße durch amphibische Gegenoperationen zur Einnahme Narviks im Norden und Trondheims in Mittelnorwegen wettzumachen, wo das Land an einer engen Stelle nach Süden abgeriegelt werden konnte. Am 14. April landeten sie Truppen in Namsos nördlich von Trondheim und drei Tage später in Andalsnes südlich dieser Stadt, um von diesen beiden – von den Deutschen noch unbesetzten – Häfen aus durch eine Zangenbewegung Trondheim zu erobern (Operation »Hammer«), das wegen seiner Küstenbatterien und der deutschen Luftüberlegenheit in Süd- und Mittelnorwegen nicht frontal angegriffen werden konnte. Aber ohne eigene Luftunterstützung und ohne Panzer und Artillerie, die in den beiden von der deutschen Luftwaffe beschädigten und ohnehin nicht sehr leistungsfähigen Häfen nicht ausgeladen werden konnten, mußte sich die aus 12000 Mann englischer, französischer und exilpolnischer Truppen bestehende Streitmacht vor den überlegenen und durch Kampfflugzeuge unterstützten deutschen Truppen auf ihre Ausgangshäfen zurückziehen und wurden bis zum 2. Mai wieder eingeschifft.

Nunmehr konzentrierten sich die Alliierten auf die Eroberung Narviks, wo sich die Lage der unter Generalmajor Dietl gelandeten rund 2000 Gebirgsjäger einschließlich der 2500 Besatzungsmitglieder der gesunkenen Zerstörer schwierig gestaltete, da ihr gesamter Nachschub an schwerem Material und Artillerie von den Engländern versenkt worden war. Zu Lande abgeschnitten – die sich von Süden herankämpfenden deutschen Kräfte erreichten am 1. Juni erst das rund 200 Kilometer entfernte Bodö –, konnte die Narvik-Gruppe nur unzureichend auf dem Luftwege versorgt werden, da die Schweden über ihre Eisenbahnen nur den Transport von Sanitätsmaterial sowie von Ausrüstung und Verpflegung für die schiffbrüchigen Besatzungen zuließen. Als die Alliierten ab 14. April in Harstad auf den Narvik vorgelagerten Lofoten-Inseln Truppen konzentrierten und ein Angriff jederzeit erwartet wurde, konnte Hitler am 17. April vom Wehrmachtführungsstab nur mit Mühe davon abgehalten werden, Dietl zu befehlen, Narvik aufzugeben und sich mit seiner Gruppe über das schneebedeckte Gebirge nach Süden durchzuschlagen oder sich notfalls in Schweden internieren zu lassen. Die alliierte Streitmacht in Harstad – 20000 Mann Engländer, französische Alpenjäger, Fremdenlegionäre und Exilpolen – landete Ende April in den Fjorden nördlich und südlich von Narvik, eroberte im Verein mit den Norwegern und durch Schiffsartillerie unterstützt am 28. Mai den Hafen und warf die Gruppe Dietls ostwärts auf die Erzbahn an die schwedische Grenze zurück. Doch angesichts der bedrohlichen Lage, die sich für die Alliierten nach dem deutschen Angriff in Belgien und Nordfrankreich entwickelte, brachen sie das Narvik-Unternehmen ab und zogen ihre Kräfte nach wirksamer Zerstörung des Hafens bis zum 8. Juni aus Norwegen ab.

Als am 10. Juni auch die norwegischen Streitkräfte kapitulierten, war der zweite deutsche »Blitzkrieg«, der die Erzzufuhr aus dem Norden sicherte und die Errichtung einer zweiten Dauerfront durch die Alliierten verhinderte, nach acht Wochen erfolgreich abgeschlossen. Er hatte die deutsche Wehrmacht 1317 Tote, 1604 Verwundete und 2375 meist auf See Vermißte gekostet. Auf der Gegenseite waren 2500 Engländer zur See, 1896 zu Lande, 1335 Norweger und 530 Franzosen und Polen gefallen. Von den hohen Schiffsverlusten sollte sich die deutsche Kriegsmarine, die nunmehr den Schutz der langen norwegischen Küsten übernehmen mußte, trotz der Fertigstellung einiger Neubauten allerdings nicht mehr erholen. War schon dadurch die volle Ausnutzung der gewonnenen strategischen Möglichkeiten – zumindest für die Überwasserstreitkräfte – verhindert worden, so wurde sie durch die englische Besetzung

Islands und der dänischen Faröer-Inseln noch weiter eingeschränkt, durch die der Zugang zum Atlantik auch fernerhin kontrolliert werden konnte. Insgesamt brachte dieser »Blitzkrieg« für die deutsche Kriegführung mehr Nach- als Vorteile: Hitler, dessen Hauptziel zu diesem Zeitpunkt war, Frankreich durch eine Offensive im Westen militärisch niederzuwerfen, um England zum Einlenken zu bewegen, war veranlaßt worden, nach Norden auszugreifen. Es ist müßig zu fragen, ob das deutsche Norwegen-Unternehmen durch den Westfeldzug nicht überhaupt »überflüssig« geworden wäre, ob sich die Engländer nach dem deutschen Sieg über Frankreich in Norwegen weiter hätten halten können. Jedenfalls band die Besetzung Norwegens und Dänemarks von nun an ständig rund 300000 Mann, zumal sich die Lage in Norwegen auf die Dauer keineswegs befriedete.

Während die deutsche Besatzungspolitik darauf abzielte, das wegen seiner Stützpunkte strategisch wichtige Land durch die Machtergreifung einheimischer nationalsozialistischer Kräfte – Quislings »Nasjonal Samling« wurde im September 1940 als einzige politische Bewegung zugelassen – auf die Dauer in einer Art Vasallität zu Deutschland zu halten, sahen die Norweger in der Regierung Nygaardsvold, die zusammen mit dem König am 7. Juni von Tromsö aus nach London ins Exil gegangen war, um den Krieg an der Seite der Alliierten fortzusetzen, nach wie vor ihre einzige legitime Regierung. Der von Hitler ernannte »Reichskommissar für die besetzten norwegischen Gebiete«, der Essener Gauleiter Terboven, stützte die Zivilverwaltung zunächst auf den vom norwegischen Obersten Gerichtshof aufgrund des Verfassungsnotstandes errichteten »Administrationsrat« aus regierungstreuen Norwegern. Dieser Rat wurde im September 1940 von Terboven durch 13 kommissarische Staatsräte ersetzt, von denen neun der »Nasjonal Samling« angehörten. Auch die schließlich am 2. Februar 1942 gebildete »Norwegische Nationalregierung« unter Quisling blieb dem Reichskommissar völlig unterworfen. Die Versuche Quislings, von Hitler einen Präliminarfrieden unter weitgehender Einordnung eines autonomen Norwegens in einen von Deutschland geführten »Bund germanischer Völker« mit gemeinsamer Wehrmacht und Wirtschaft zu erreichen, scheiterten. Die deutsche Herrschaft stützte sich weiterhin auf den deutschen SS- und Polizeiapparat nebst seinen norwegischen Handlangern, der – vor allem bei fortschreitender Ausbeutung der wirtschaftlichen Ressourcen des Landes – öffentliche Proteste der Bevölkerung und die Bildung einer auch militärisch gut organisierten Widerstandsorganisation herausforderte, deren Sabotageaktionen wiederum mit der Verhängung des zivilen Ausnahmezustandes, Massenverhaftungen und Deportationen nach Deutschland beantwortet wurden.

Auch Dänemark, wo sich die einheimischen Nationalsozialisten unter Clausen für eine Machtergreifung als zu schwach erwiesen, sollte seinen Status als ohne Kriegszustand besetzter »souveräner« Staat verlieren: nach Ablehnung ultimativer deutscher Forderungen wurde die Regierungsgewalt 1943 durch die Besatzungsmacht übernommen, Regierung und Parlament wurden aufgelöst und die Streitkräfte sowie die Polizei entwaffnet und interniert.

Feldzug gegen Frankreich und Kriegseintritt Italiens 1940

Im Winterhalbjahr 1939/40 hielt Hitler trotz der Ereignisse in Nordeuropa sein Hauptaugenmerk auf die beabsichtigte Offensive im Westen gerichtet. Daß der Angriffstermin bis zum Mai 29 mal verschoben wurde, hing nicht mit der Vorbereitung und Durchführung des Norwegenfeldzuges zusammen, sondern war durch die schlechten Wetterverhältnisse bedingt. Die immer wieder neu anberaumten Termine wurden vom Chef der Zentralabteilung im Amt Ausland-Abwehr, Oberst Oster, einer zentralen Figur des militärischen Widerstandes gegen Hitler, auf eigene Faust dem holländischen Militärattaché in Berlin mitgeteilt. Oster nahm das Odium des Landesverrats in der Hoffnung auf sich, daß erkennbare holländische und belgische Abwehrvorbereitungen Hitler vom Überfall auf die neutralen Staaten abhalten oder ein militärischer Mißerfolg und Prestigeverlust die Generäle endlich zum Staatsstreich bewegen würden. Seine Absicht mißlang jedoch, da die Holländer und Belgier die ständig neu gemeldeten Termine nicht mehr ernst nahmen und sogar ein Täuschungsmanöver Hitlers vermuteten, das sie zu neutralitätswidrigen Handlungen provozieren sollte.

Für den Fall »Gelb« – wie der Deckname für die Westoffensive lautete – hatte das Oberkommando des Heeres (OKH) auf der Grundlage von Hitlers Zielsetzung[18] am 19. Oktober 1939

[18] Vgl. Hitlers Weisung v. 9. 10. 1939, in: Hubatsch (Hrsg.), Hitlers Weisungen; vgl. auch S. 54.

einen ersten, weitgehend improvisierten Aufmarschplan erarbeitet, der nach kritischen Einwänden des OKW und Hitlers durch eine zweite Aufmarschanweisung vom 29. Oktober ersetzt wurde. Danach lag der Schwerpunkt der Gesamtoperation bei der Heeresgruppe B auf dem rechten (nördlichen) Flügel, die durch Südholland und Belgien vorstoßend den belgischen Festungsgürtel an der Maas und am Albertkanal durchbrechen und die Kanalküste gewinnen sollte, während die südlich anschließende, in der Frontmitte eingesetzte Heeresgruppe A diesen Angriff durch ihr eigenes Vorgehen über die Ardennen und Luxemburg nach Süden und Südwesten hin zu decken hatte. Die am linken Flügel der Front – der Maginot-Linie gegenüber – stehende Heeresgruppe C sollte durch Vortäuschen von Angriffsabsichten lediglich feindliche Kräfte binden. Zwar war es das Ziel der Operation, möglichst starke Teile der gegnerischen Kräfte »auf nordfranzösischem und belgischem Boden zur Schlacht zu stellen und zu schlagen und damit günstige Bedingungen für die Weiterführung des Krieges« zu schaffen[19], jedoch fehlte dem Operationsplan durch seinen frontalen Ansatz noch jede Konzeption, wie der zurückgedrängte Gegner kriegsentscheidend getroffen werden sollte.

Der Unzulänglichkeit des vorliegenden Operationsplanes war sich Hitler bewußt. Die zahlreichen Verschiebungen der Offensive wurden daher für eine Verbesserung des Angriffsplanes genutzt. Auf Forderung der Luftwaffe wurde am 15. November statt eines auf den südholländischen »Maastrichter Zipfel« begrenzten Einmarsches die Besetzung ganz Hollands vorgesehen, um das Luftwarn- und Luftabwehrsystem vorzuschieben und eine mögliche Verlegung englischer Luftstreitkräfte nach Nordholland, die das Ruhrgebiet bedrohen konnte, zu verhindern. Die dabei zunächst beabsichtigte Aussparung der Amsterdam, Rotterdam und Den Haag umschließenden »Festung Holland« von der Invasion wurde im Januar 1940 gleichfalls aufgegeben. Weitere Erwägungen betrafen die Verkürzung der Anlaufzeit für die Offensive und eine mögliche Verlagerung ihres Schwerpunktes. Der Generalstabschef der Heeresgruppe A, Generalleutnant v. Manstein, hatte dem OKH am 31. Oktober einen Operationsplan vorgeschlagen und in der Folge durch

[19] Vgl. Aufmarschanweisung »Gelb« v. 29. 10. 1939. In: Dokumente zur Vorgeschichte des Westfeldzuges 1939/40. Hrsg. von H.-A. Jacobsen. Göttingen 1956, S. 46f.

Denkschriften präzisiert, der sich die Vernichtung des Gegners zum strategischen Ziel setzte: Der Schwerpunkt der Offensive sollte zur Mitte der Front (Heeresgruppe A) verlegt werden. Durch einen Vorstoß durch die Ardennen – wo vom Gegner wegen des bergigen Geländes kein Großangriff mit starken Panzerkräften erwartet wurde – zur Somme-Mündung sollten die nach Belgien vorgerückten französisch-englischen Kräfte abgeschnitten, vom Rücken her angegriffen und im Verein mit der nach Westen vorgehenden Heeresgruppe B vernichtet werden. Gleichzeitig sollten ein zu erwartender französischer Flankenstoß von Süden her offensiv abgewehrt und dadurch günstige Voraussetzungen für die – in der zweiten Phase des Feldzugs zu führende – Offensive nach Frankreich hinein geschaffen werden. Das OKH lehnte jedoch eine so tiefgreifende Änderung des bisherigen Aufmarschplanes allein schon deshalb ab, weil die von Hitler immer nur kurzfristig verschobenen Angriffstermine dafür keine Zeit mehr ließen. Außerdem hegte es Zweifel, daß eine solche Großoffensive durch die verkehrsarmen Ardennen hindurch geführt und später ihre langgestreckte Flanke nach Süden hin ausreichend geschützt werden könnten. Einige Ereignisse sollten jedoch die Bereitschaft das OKH fördern, die von v. Manstein vorgeschlagenen Änderungen in Betracht zu ziehen. Am 10. Januar 1940 mußte ein deutsches Flugzeug, das sich bei Schlechtwetter verflogen und wichtige Unterlagen über die geplante Offensive an Bord hatte, in Mechelen auf belgischem Gebiet notlanden. Obwohl der Kurier die Papiere vor seiner Internierung so weit vernichten konnte, daß ihnen weder Kräfteansatz noch Termine, sondern nur die Tatsache eines geplanten deutschen Angriffs durch Holland und Belgien zu entnehmen war, mußte die deutsche Führung damit rechnen, daß die Grundzüge des bisherigen Operationsplanes dem Feind zur Kenntnis gelangt waren. Ferner gab Hitlers Entschluß vom 16. Januar, den Angriff endgültig bis zum Frühjahr zu verschieben, dem OKH nunmehr die erforderliche Zeit für eine Änderung des Planes und für die Durchführung einiger dafür notwendiger Kriegsspiele. Den entscheidenden Anstoß gab jedoch ein Vortrag v. Mansteins bei Hitler am 17. Februar, den Hitlers Chefadjutant Schmundt nach einem Besuch der Heeresgruppe A vermittelte. In v. Mansteins Vorschlägen erkannte Hitler eigene, unabhängig erwogene Gedanken zum Schwerpunktproblem in präzise ausgearbeiteter Form wieder. Auf einer Lagebesprechung Hitlers mit v. Brauchitsch und Halder wurde schon am nächsten Tag die entsprechende Änderung des Operationsplans beschlossen. Sie erfolgte durch die neue Aufmarschanweisung »Gelb« vom 24. Februar 1940 – dem »Sichelschnittplan« – der den deutschen Sieg verbürgen sollte.

Die operativen Absichten der Alliierten arbeiteten dem deutschen Feldzugsplan geradezu in die Hände: Die französische Heeresgruppe 1 unter General Bilotte und das englische Expeditionskorps unter General Gort sollten beim Beginn des deutschen Einmarsches von der südbelgischen Grenze aus nach Norden an die Flüsse Dyle und Maas (»Dyle-Stellung«) vorrücken und nördlich von Antwerpen auch mit den holländischen Kräften Verbindung aufnehmen. Sie liefen damit den Deutschen regelrecht »in die Falle«. Die Belgier, die zusammen mit den Holländern durch ihre Monarchen am 7. November 1939 ein ergebnisloses Vermittlungsangebot an die kriegführenden Parteien gerichtet hatten, lehnten Mitte Januar 1940 das nochmalige Ersuchen der Westmächte ab, die alliierten Streitkräfte für den Aufbau einer gemeinsamen Abwehrfront ins Land zu lassen, obwohl nach der Mechelen-Affäre ein bevorstehender deutscher Angriff auf Belgien kaum mehr zu bezweifeln war. Sie orientierten zwar ihre Verteidigung einseitig nach Osten, versagten sich jedoch gemeinsame Generalstabsabsprachen über operative Schritte und Kräfteverteilung für den Ernstfall und waren nur bereit, durch die Militärattachés allgemeine Informationen über gemeinsame Verteidigungsmöglichkeiten auszutauschen. Aber das Bestreben der neutralen Staaten, Hitler keinen Grund für einen Einmarsch zu geben, war vergebens: Am Morgen des Angriffstages wurden die Holländer und Belgier in gleichlautenden Memoranden der Neutralitätsverletzung durch deutschfeindliche Presseäußerungen, geduldetes Überfliegen ihres Hoheitsgebiets durch englische Flugzeuge, einseitigen Aufmarsch an der Ostgrenze und angebliche militärische Absprachen über einen englisch-französischen Angriff durch ihr Territiorium auf das Ruhrgebiet beschuldigt. Der luxemburgischen Regierung wurde mitgeteilt, daß sich die deutschen Abwehrmaßnahmen auch auf ihr Gebiet erstrecken müßten, da die bevorstehende, »im Einverständnis mit Belgien und den Niederlanden beschlossene Offensive« der Westmächte »auch das luxemburgische Staatsgebiet mit erfassen« werde[20].

[20] Vgl. Memorandum der Reichsregierung an die Großherzoglich Luxemburgische Regierung v. 9. 5. 1940, in: ADAP, Serie D, Bd. 9, Dok. Nr. 215, S. 249.

Der deutsche Angriff auf die drei neutralen Staaten, der – von Hitler am Vortage endgültig befohlen – am 10. Mai 1940 um 5.35 Uhr begann, löste sofortige Hilfeersuchen der Holländer und Belgier an die Westmächte aus, die daraufhin ihre Truppen über die belgische Grenze nach Norden in Marsch setzten. In England gab er zugleich den letzten Anstoß für den Rücktritt Premierminister Chamberlains, dessen Regierung wegen des Fehlschlags in Norwegen stark angegriffen wurde. Der langjährige Gegner der Appeasement-Politik Chamberlains in der Konservativen Partei, Winston Churchill, bildete nunmehr ein Kriegskabinett unter Einschluß der Oppositionsparteien. Churchill, der seinen Landsleuten in seiner ersten Rede als Premier eröffnete, er habe ihnen »nichts zu bieten als Blut, Mühsal, Tränen und Schweiß«[21], sollte England mit bewundernswerter Energie durch die bevorstehenden Krisen zum Sieg führen.

Auf dem holländischen Kriegsschauplatz wurden am Morgen des 10. Mai die feindlichen Luftstreitkräfte durch überraschende deutsche Bombenangriffe ausgeschaltet und an wichtigen Punkten Fallschirm- und Luftlandetruppen abgesetzt. Während die beabsichtigte Besetzung der Hauptstadt Den Haag durch diese Truppen mißlang, konnten sie im Raum Rotterdam – Dordrecht – Moerdijk die wichtigsten Brücken über die Flüsse Maas, Waal und Lek im Handstreich nehmen und dadurch den südlichen Zugang zur »Festung Holland« für die heraneilenden Panzerverbände der Heeresgruppe B (Generaloberst v. Bock) offenhalten. Diese Verbände trafen mit ihrer Vorhut bereits am Abend des 12. Mai ein und schnitten damit die holländischen Streitkräfte von ihren Verbündeten ab, die sich von Süden her näherten. Deren Vorausabteilungen waren erst in Breda eingetroffen und dort massiven Angriffen der deutschen Luftwaffe ausgesetzt. Nachdem die Holländer nach der raschen deutschen Besetzung der schwach gesicherten Nordostprovinzen auch von Osten her auf die letzte Verteidigungslinie der »Festung Holland« zwischen Ijsselmeer und Lek zurückgedrängt worden waren, begann am 13. Mai von Süden her der Angriff auf die Festung. Um den hartnäckigen Widerstand der Holländer bei der Verteidigung der Brücken von Rotterdam zu brechen, wurde die Stadt unter Androhung ihrer Bombardierung zur Übergabe aufgefordert. Während die Kapitulationsverhandlungen

[21] Vgl. Rede v. 13. 5. 1940. In: W. S. Churchill, Reden, Bd. 3. Zürich 1948, S. 332ff.

bereits liefen, zerstörte der Angriff von Teilen eines deutschen Kampfgeschwaders, die der Gegenbefehl nicht mehr rechtzeitig erreichte, die Altstadt von Rotterdam unter erheblichen Verlusten bei der Zivilbevölkerung. Dieses Ereignis nahmen die Alliierten zum Anlaß, die »Brutalität« der deutschen Luftkriegführung anzuprangern und ihre nunmehr beginnenden eigenen Luftangriffe auf deutsche Städte zu rechtfertigen. In aussichtsloser Lage unterzeichnete der holländische Oberbefehlshaber am 15. Mai 1940 die Kapitulation, die den deutschen Blitzkrieg gegen die Niederlande nach fünf Tagen beendete. Er kostete das überfallene Land 2890 Tote, 29 Vermißte und 6899 Verwundete. Königin Wilhelmina und die holländische Regierung waren zwei Tage zuvor nach London ins Exil gegangen, um – auf das niederländische Kolonialreich gestützt – den Krieg auf alliierter Seite fortzusetzen.

Nach Belgien war der Südflügel der Heeresgruppe B zwischen Roermond und Lüttich durch den holländischen »Maastrichter Zipfel« eingedrungen. Da am Morgen des 10. Mai durch überraschende Luftlandeunternehmen mehrere Brücken über die Maas und den Albert-Kanal in Besitz genommen worden waren, konnten die vordringenden Verbände bereits am Abend Brückenköpfe jenseits dieser Flüsse bilden. Das starke Fort Eben Emael, das als Eckpfeiler der belgischen Befestigungslinie die Übergänge über die beiden Flußhindernisse beherrschte, wurde auf Hitlers Anregung durch eine Spezialtruppe – die wenige Minuten vor dem Beginn der allgemeinen Offensive völlig überraschend mit Lastenseglern auf dem Fort landete – mit Hilfe von Sprengladungen außer Funktion gesetzt und am nächsten Morgen durch ein herangeführtes Infanterieregiment erobert. Damit war die vorderste belgische Verteidigungslinie, an der die Deutschen ursprünglich so lange aufgehalten werden sollten, bis sich die Alliierten an der Dyle-Stellung eingerichtet hatten, bereits am ersten Tag zusammengebrochen. Aus den gewonnenen Brückenköpfen trat am 11. Mai das Panzerkorps Hoepner zum Vorstoß an Lüttich vorbei in Richtung auf Namur an, um den Aufbau einer alliierten Front zu verhindern. Dieser Vorstoß und das gleichzeitige Vorgehen anderer Kräfte der Heeresgruppe gegen die zurückweichenden Belgier in Richtung auf Antwerpen und Brüssel sollte den Gegner zu der Annahme verleiten, daß hier der Schwerpunkt der deutschen Offensive liege. Am 13. Mai traf Hoepner bei Gembloux nördlich von Namur erstmals auf vorfühlende motorisierte französische Kräfte, die am nächsten Tag in einer Panzerschlacht auf die Dyle-Stellung zurückgeworfen wurden. An dieser Stellung wurden die deutschen Truppen am 15. Mai zunächst aufgehalten.

Der Heeresgruppe A (Generaloberst v. Rundstedt) waren für die Ausführung des entscheidenden »Sichelschnitts« fast die Hälfte der im Westen angreifenden Divisionen, darunter sieben der vorhandenen zehn Panzerdivisionen, zugeteilt worden. Ihr Angriff durch Luxemburg und die belgischen Ardennen – wo der Gegner keinen Großangriff erwartete – kam trotz gelegentlicher Stauungen in den engen Gebirgsstraßen so gut voran, daß ihre Panzerverbände bereits am 13. Mai den Übergang über die Maas bei Dinant, Monthermé und Sedan erzwangen und bei Sedan mit Hilfe der Luftwaffe die Ausläufer der Maginot-Linie durchbrachen. Die zwischen Namur und Sedan stehende französische 9. Armee, die aus Reserve- und Landwehrdivisionen ohne panzerbrechende Waffen bestand und die der Hauptstoß traf, flutete zerschlagen nach Westen zurück. Ihre in Kämpfe verwickelten Nachbararmeen konnten die Frontlücke nicht mehr schließen, durch die die motorisierten deutschen Verbände in enger taktischer Zusammenarbeit mit der Luftwaffe so schnell nach Westen vorwärtsdrangen, daß ihnen die Infanteriedivisionen kaum folgen konnten. General de Gaulle, der in Frankreich seit Jahren vergeblich auf die Bedeutung selbständig operierender Panzerverbände hingewiesen hatte – Frankreich besaß 1940 nur drei Panzerdivisionen –, suchte mit einem neu zusammengestellten Panzerverband nördlich von Laon den deutschen Vormarsch durch einen Stoß in die Südflanke aufzuhalten, wurde aber von deutschen Sturzkampfbombern zurückgeworfen. Nach dem Aufrücken der nachfolgenden Verbände ließ v. Rundstedt die Panzer weiter nach Westen bis zur Linie Cambrai – St. Quentin vorgehen. Um der drohenden Umfassung von Süden her zu entgehen, entschlossen sich Franzosen und Engländer am 16. Mai, die Dyle-Stellung aufzugeben und sich an die Schelde zurückzuziehen.

Die Geschwindigkeit des deutschen Vormarsches hinderte das französische Oberkommando daran, ihre zurückgehenden Armeen zum Gegenangriff zu ordnen und dafür auch entferntere strategische Reserven heranzuführen, deren Transport durch deutsche Luftangriffe stark verzögert wurde. Am 18. Mai wurde General Weygand – im Ersten Weltkrieg Generalstabschef des Marschalls Foch – aus Syrien herbeigerufen, um General

Gamelin als Oberbefehlshaber abzulösen. Er versuchte, den bereits von Gamelin vorgeschlagenen Operationsplan zu verwirklichen, die vierzig Kilometer breite Frontlücke zwischen Arras im Norden und Péronne im Süden durch eine Zangenbewegung zu schließen und damit zugleich die deutschen Panzerspitzen von den nachfolgenden Infanteriedivisionen abzuschneiden und einzukesseln. Aber die von Süden aus Frankreich herangeführte neue Armee, die nun den Schutz der Somme bis zur Kanalküste übernehmen sollte, konnte ihre Angriffsverbände nicht so schnell bereitstellen, wie die Deutschen ihre Abwehrfront nach Süden aufbauten. Dagegen stieß der allein ausgeführte Angriff der Engländer von Arras nach Süden am 21. Mai den deutschen Panzerverbänden in die Flanke und verursachte eine vorübergehende Krise, die jedoch durch den massiven Einsatz von Sturzkampfflugzeugen noch am selben Tag behoben werden konnte. Mit dem Mißlingen dieses Durchbruchs nach Süden war das Schicksal der angeschlagenen und von ihrer Versorgung abgeschnittenen französischen Heeresgruppe 1, des britischen Expeditionskorps und der auf Gent im Norden zurückgedrückten Belgier besiegelt: am 21. Mai erreichte die unbeirrt vorpreschende Panzergruppe Guderian nordwestlich von Abbeville die Kanalküste und vollendete damit den »Sichelschnitt«, der die alliierten Streitkräfte auf dem westlichen Kriegsschauplatz in zwei Teile spaltete.

Die deutschen Panzerverbände stießen nunmehr entlang der Kanalküste nach Norden vor, um den Gegner auch von der See abzuschneiden und seine Einkesselung zu vollenden. Am Abend des 26. Mai entschlossen sich die Engländer, ihr Expeditionskorps auf Dünkirchen zurückzunehmen und nach England einzuschiffen. Zum Gelingen dieses Vorhabens trug wesentlich bei, daß Hitler – entgegen den Intentionen des OKH, aber im Einvernehmen mit dem zuständigen Heeresgruppenchef v. Rundstedt – am 24. Mai die in den Rücken des Gegners stoßenden Panzerverbände plötzlich anhalten ließ, um diese schon stark strapazierten Kräfte für die bevorstehende Schlacht in Frankreich intakt zu halten. Die Vernichtung des abgeschnittenen Gegners sollte statt dessen der Infanterie, überwiegend der von Osten heranrückenden Heeresgruppe B und – aufgrund eines aus Prestigegründen gemachten Vorschlags des Oberbefehlshabers der Luftwaffe Göring – vor allem den Luftstreitkräften überlassen werden. Rundstedts Heeresgruppe A sollte unterdessen die Front entlang der Somme und der Aisne nach

Süden als Ausgangsposition für die Offensive nach Frankreich aufbauen und die dort schon gewonnenen Brückenköpfe über die beiden Flüsse verteidigen. Als Hitler am 26. Mai auf Drängen des OKH das weitere Vorgehen der Panzerkräfte wenigstens bis auf Schußweite an Dünkirchen heran genehmigte, hatte der Gegner seine Stellung westlich der Hafenstadt bereits ausgebaut und den etappenweisen Rückzug auf den Brückenkopf Dünkirchen organisiert. Die nach dem Krieg aufgekommene Behauptung, Hitler habe die Engländer absichtlich entkommen lassen, um ihnen eine Verständigung mit Deutschland zu erleichtern, entbehrt jeder Grundlage. Gegen diese Annahme spricht allein schon seine Weisung vom 24. Mai, daß das nächste Ziel »die Vernichtung der im Artois und in Flandern eingeschlossenen franz.-engl.-belg. Kräfte« sei und die Luftwaffe dabei die Aufgabe habe, »das Entkommen englischer Kräfte über den Kanal zu verhindern«[22].

Beim konzentrischen Angriff auf Dünkirchen waren unterdessen östlich der Hafenstadt die Belgier durch Kräfte der Heeresgruppe B von den Engländern getrennt und im Raum von Brügge zusammengedrängt worden. In aussichtsloser Lage unterzeichnete König Leopold III. am 28. Mai die Kapitulation und begab sich in deutsche Kriegsgefangenschaft, während die belgische Regierung vom Londoner Exil aus den Krieg fortsetzte. Der deutsche Blitzkrieg von achtzehn Tagen kostete Belgien 7500 Tote und 15 850 Verwundete.

Die Evakuierung der britischen und französischen Streitkräfte aus Dünkirchen (Operation »Dynamo«) begann am 27. Mai mit Hilfe einer improvisiert zusammengewürfelten Flotte von fast 900 überwiegend kleinen Schiffen unter deutschem Artilleriefeuer und Bombenangriffen, die starke Verluste an Menschen und Material verursachten. Die durch den Norwegenfeldzug geschwächte Kriegsmarine konnte gegen die englischen Seetransporte nur Schnellboote und U-Boote einsetzen. Es erwies sich, daß die von weit entfernt liegenden Basen aus operierende Luftwaffe die leichtfertig gegebene Zusage Görings nicht erfüllen und das Entkommen des Gegners zur See nicht verhindern konnte: Schlechtes Wetter behinderte die ohnehin nur am Tage möglichen Angriffe, die Wirkung der Bomben im Küstensand war gering und die örtliche Luftüberlegenheit der vom nahen

22 Vgl. Weisung Nr. 13 v. 24. 5. 1940, in: Hubatsch (Hrsg.), Hitlers Weisungen, S. 53 f.

Südengland startenden britischen Jagdflugzeuge verursachte beträchtliche Verluste. Bis zum Abschluß der Operation am 4. Juni hatten 231000 Engländer und 139000 Franzosen den Kontinent verlassen. Die Engländer hatten das Gros ihres Expeditionskorps – wenn auch ohne die gesamte Ausrüstung – gerettet und damit die Grundvoraussetzung für die Verteidigung der britischen Inseln als Sprungbrett für eine spätere Rückkehr auf den Kontinent geschaffen.

Mit der Einnahme von Dünkirchen am 4. Juni wurde die erste Phase des Westfeldzuges (Fall »Gelb«) mit einem abermaligen deutschen Blitzsieg beendet. Neun englische Divisionen waren vom Kontinent vertrieben, acht niederländische und 22 belgische Divisionen ausgeschaltet und die französische Wehrmacht bereits schwer angeschlagen worden: Sie hatte 30 ihrer besten Divisionen und den größten Teil ihrer motorisierten Verbände verloren. Deutschland hatte diesen Sieg mit verhältnismäßig geringen Verlusten von 10252 Gefallenen, 8463 Vermißten und 42523 Verwundeten (Stichtag 1. Juni) erkauft.

Am 5. Juni begann die zweite Phase des Westfeldzuges (Fall »Rot«) mit dem deutschen Angriff auf die improvisierte französische Abwehrlinie entlang der Somme und der Aisne (»Weygand-Linie«). Für die Franzosen, die trotz der Heranführung von Verstärkungen aus Nordafrika und von der französisch-italienischen Grenze sowie durch Neuaufstellung von Verbänden die Zahl ihrer Divisionen auf 65, d.h. auf knapp die Hälfte der Angreifer bringen konnten, wurde die »Schlacht um Frankreich« schon nach wenigen Tagen aussichtslos: Nachdem die teilweise zäh verteidigte Front erst einmal durchbrochen war, fluteten ihre Armeen auf den von Flüchtlingen verstopften Straßen und unter ständigen Angriffen der deutschen Luftwaffe mit zunehmenden Auflösungserscheinungen zurück. Als die französische Regierung am 10. Juni Paris verließ und sich nach Tours begab, erreichte sie die Kriegserklärung Italiens. Vier Tage später rückten die Deutschen in das zur offenen Stadt erklärte Paris ein. Westlich der Hauptstadt überschritt die Heeresgruppe B nach Einnahme von Rouen die Seine und schloß damit die noch in Frankreich verbliebenen restlichen englischen Verbände an der Kanalküste ein; nur ein Teil von ihnen konnte über den Hafen von Le Havre entkommen. Anschließend stieß die Heeresgruppe in die Normandie und die Bretagne vor und nahm am 18. Juni Cherbourg und Brest. Östlich von Paris ging die Heeresgruppe A über die Marne nach Südosten, um den hinter der Maginot-Linie an der deutschen Grenze stehenden französischen Kräften in den Rücken zu fallen. Als die Panzerverbände Guderians am 17. Juni bei Pontarlier die Grenze der Schweiz erreichten, waren diese französischen Truppen im Elsaß und in Lothringen eingeschlossen. Die deutsche Heeresgruppe C (Generaloberst Ritter v. Leeb) war unterdessen am 14. Juni südlich von Saarbrücken von Osten her über die deutsche Grenze in die Maginot-Linie eingebrochen und hatte zwei Tage später auch bei Kolmar den Oberrhein überschritten.

Angesichts der aussichtslosen militärischen Lage forderten Weygand und der stellvertretende Ministerpräsident Marschall Pétain den Abschluß eines sofortigen Waffenstillstandes. Ministerpräsident Reynaud und eine Minderheit des Kabinetts – darunter der zum Unterstaatssekretär im Verteidigungsministerium berufene General de Gaulle – wollten jedoch den Widerstand fortsetzen, um möglichst viele Kräfte nach Nordafrika zu überführen und um – auf das Kolonialreich und die starke französische Flotte gestützt – den Krieg an der Seite Englands und in Erwartung eines stärkeren Engagements der USA fortzusetzen. Doch Reynauds Appell an Präsident Roosevelt, eine entsprechende Zusage abzugeben, schlug fehl: Roosevelt, der bei der starken isolationistischen Stimmung in den USA seine Wiederwahl im November nicht durch Interventionszusagen gefährden wollte, sagte zwar zu, die Bemühungen um die Lieferung von Kriegsmaterial zu verstärken, wollte aber nicht einmal diese Zusicherung veröffentlicht wissen. Um Reynauds Position zu stärken und die Franzosen von der Notwendigkeit weiteren Widerstands zu überzeugen, flog Churchill in diesen Junitagen zweimal nach Frankreich. Er sah den Krieg vom globalen und maritimen Blickwinkel aus und hielt eine Wiederbefreiung des Kontinents für möglich, solange die britischen Inseln verteidigt und die Meere für die mobilisierten Kräfte der Commonwealth-Länder und Amerikas offengehalten werden konnten. Deshalb lehnte er die Forderung der französischen Militärs ab, die für die bevorstehende Verteidigung Englands notwendigen Jagdgeschwader gegen die deutsche Luftüberlegenheit in die verlorene Schlacht um Frankreich zu werfen, und suchte mit allen Mitteln zu verhindern, daß die französische Flotte durch einen Waffenstillstand in deutsche Verfügungsgewalt geriet. Er weigerte sich, Frankreich von der am 28. März 1940 eingegangenen beiderseitigen Verpflichtung zu entbinden, keinen separaten Waffenstillstand oder Sonderfrieden zu schließen, und ging schließlich soweit, eine Union zwischen Frankreich und England mit gemeinsamen Staatsorganen und Staatsangehörigkeit vorzuschlagen, um alle Hilfsquellen beider Reiche für die Kriegführung gemeinsam einzusetzen. Doch Pétain und die meisten Mitglieder der französischen Regierung, die auch England in Kürze besiegt oder zum Einlenken gezwungen glaubten, beharrten auf ihrem Standpunkt und sahen in Churchills Vorschlägen nur das egoistische Ziel der Engländer, sich der französischen Kolonien und Flotte zu bemächtigen und sich auf Kosten weiterer Opfer Frankreichs das Leben zu verlängern. Am Abend des 16. Juni sah sich Reynaud zum Rücktritt gezwungen. Der von Staatspräsident Lebrun zum Ministerpräsidenten ernannte Pétain suchte noch in der selben Nacht über den spanischen Botschafter um die Bedingungen für einen Waffenstillstand bei der deutschen Regierung nach.

Um die »Schmach von Versailles« demonstrativ auszulöschen, verlegte Hitler die Waffenstillstandsverhandlungen in den historischen Salonwagen im Wald von Compiègne, in dem 1918 die deutsche Delegation den Waffenstillstand hatte unterzeichnen müssen. Der am 22. Juni vereinbarte Waffenstillstand sah die weitere Besetzung des nordfranzösischen Industriegebietes einschließlich Paris sowie der Kanal- und Atlantikküste bis zur spanischen Grenze für die Kriegführung gegen England vor. Frankreich mußte seine Streitkräfte abrüsten und sein Kriegsmaterial teils ausliefern, teils im unbesetzten Territorium unter deutscher bzw. italienischer Kontrolle lagern. Zur Wahrung der inneren Ordnung im Mutterland durfte Frankreich ein Heer von 100000 Mann unterhalten, ferner Truppenkontingente in seinen Kolonien. Soweit Teile der Flotte nicht zur Wahrung der französischen Interessen im Kolonialreich freigegeben wurden, war sie in bestimmten französischen Häfen unter Kontrolle der beiden Achsenmächte zu demobilisieren. Deutschland erklärte feierlich, die Flotte während des Krieges nicht für seine Zwecke verwenden und beim Friedensschluß auf sie keinen Anspruch erheben zu wollen. Hitler hatte auf eine Auslieferung der wertvollen französischen Flotte verzichtet, um auf jeden Fall zu verhindern, daß sie sich seinem Machtbereich entzog und in den Dienst der Engländer trat. Während die französischen Kriegsgefangenen bis zum Friedensschluß in deutschem Gewahrsam blieben, mußte Frankreich alle deutschen Kriegs- und Zivilgefangenen, ferner aus allen französischen Besitzungen auf Verlangen deutsche Emigranten ausliefern. Der Waffenstillstand sollte erst dann in Kraft treten, wenn Franzosen und Italiener ihrerseits ein Übereinkommen über die Waffenruhe getroffen hatten.

Bei seinen Entscheidungen über die Behandlung Frankreichs sah sich Hitler erstmals mit den Interessen des verbündeten Italien konfrontiert. Mit dem Kriegseintritt des Achsenpartners hatte sich der Konflikt nunmehr auf alle vier damals in Europa als Großmächte angesehenen Staaten ausgeweitet. Für Hitler sollte sich jedoch der neue Kampfgefährte auf die Dauer als eine Belastung erweisen, die seine Bewegungsfreiheit einengte und – da sich der Krieg nunmehr auf Räume ausdehnte, an denen Hitler kein primäres Interesse hatte – die Entwicklung der Kampfhandlungen in eine Richtung drängte, die er ursprünglich nicht beabsichtigt hatte. Gewiß eröffnete der italienische Kriegseintritt einen neuen Operationsraum im Mittelmeer, in dem England angreifbar war und seinem Weltreich Schläge versetzt werden konnten. Nur barg er zugleich auch eine Gefahr: Hatte Italien im Zustand der deutschfreundlichen »non-belligeranza« Deutschland eine vorteilhafte Deckung seiner Südflanke gewährt, so bot sein Kriegseintritt dem Gegner nunmehr die Chance, bei dem nicht ausreichend gerüsteten Achsenpartner mit der Gegenoffensive anzusetzen. Der unzureichende Rüstungsstand Italiens, der Mangel an Roh- und Treibstoffen, die ungenügende Motorisierung seines Heeres – von dessen 73 Divisionen 51 im Mutterland standen – und seine Ausstattung mit veralteten Panzern und Artillerie waren neben der kritischen Einstellung gegenüber Hitler ein wesentlicher Grund für die Neigung König Viktor Emanuels III., des Außenministers Graf Ciano, des Chefs des Comando Supremo, Marschall Badoglio, und weiterer höherer Militärs, im Zustand der »Nichtkriegführung« zu verharren. Auch Mussolini hatte Hitler noch im Januar 1940 zu einer Verständigung mit den Westmächten zu bewegen versucht, bei der er die prestigeträchtige Rolle eines Friedensvermittlers in Europa übernehmen wollte. Aber die deutschen Erfolge in Norwegen, Holland, Belgien und Nordfrankreich hatten ihn vom bevorstehenden Sieg Deutschlands überzeugt. Trotz beschwörender Appelle Reynauds, Churchills und Roosevelts entschied er sich für den Kriegseintritt an der Seite des vermeintlichen Siegers, um bei der Verteilung der Beute nicht zu spät zu kommen und sein Ziel eines »Römischen Mittelmeer-Imperiums« zu verwirklichen. Italien eröffnete die Feindseligkeiten am 21. Juni, d.h. nach dem französischen Waffenstillstandsgesuch, nicht etwa mit einem Überraschungsangriff auf die strategisch wichtige, von englischen Kräften nahezu entblößte Mittelmeerinsel Malta, sondern mit einer ziemlich erfolglosen Offensive gegen die französische Alpenarmee. Hitler vermochte Mussolini zu bewegen, bei den separaten italienisch-französischen Waffenstillstandsverhandlungen seine weitgespannten Forderungen gegenüber Frankreich bis zum Friedensschluß zurückzustellen, um Frankreich von der Fortsetzung des Kampfes auf englischer Seite von Nordafrika aus abzuhalten.

Mit Inkrafttreten des Waffenstillstands am 25. Juni 1940 hatte Hitler den französischen »Erbfeind« und den europäischen Hegemonialkonkurrenten in einem überwältigenden Blitzkrieg von rund sechs Wochen niedergeworfen, bei dem sich die neue bewegliche Kriegführung motorisierter Verbände in engem Zusammenwirken mit einer überlegenen Luftwaffe glänzend bewährt hatte. Angesichts dieses Erfolges und im Vergleich zu dem hohen und für Deutschland vergeblichen Blutzoll an der Westfront im Ersten Weltkrieg waren die Verluste mit 27074 Toten, 18384 Vermißten und 111034 Verwundeten gering. Frankreich kostete dieser Krieg 92000 Gefallene, 200000 Verwundete und 1,9 Millionen Gefangene. Der Sieg verlieh Hitler ein gesteigertes Prestige im eigenen Volk und entzog jeglicher Opposition den Boden. Er umgab ihn mit dem Nimbus des Feldherrengenies, verursachte bei ihm aber auch eine verhängnisvolle Überschätzung seiner militärischen Fähigkeiten gegenüber einer Heeresführung, die die Erfolgsaussichten der Westoffensive skeptisch beurteilt hatte.

Mit seinen Absichten hinsichtlich der Gestaltung einer »Neuen Ordnung« im besetzten Westeuropa hielt Hitler hinter dem Berg. Ähnlich wie in Norwegen ließ die Einrichtung einer deutschen Zivilverwaltung in Holland unter Reichskommissar Seyß-Inquart darauf schließen, daß dieses »germanische« Land mit Hilfe der einheimischen Nationalsozialisten in einer dauernden Abhängigkeit zum Reich gehalten werden sollte. Anton Mussert, dessen Nationaal Socialistische Beweging (NSB) schließlich als einzige Partei zugelassen wurde, gelang es 1943 zwar, unter dem Reichskommissar eine Art beratendes Kabinett zu bilden. Er schaffte es jedoch nicht, mit der Verwaltung des Landes betraut zu werden, geschweige denn, von Hitler eine Festlegung des zukünftigen Verhältnisses der Niederlande zum Reich zu erreichen. Belgien kam – aus militärischen Gründen einschließlich der beiden nordfranzösischen Départements Nord und Pas-de-Calais – unter eine deutsche Militärverwaltung mit Sitz in Brüssel (Militärbefehlshaber General v. Falkenhausen). Die durch den Versailler Vertrag verlorenen Gebiete von Eupen, Malmedy und Moresnet wurden bereits im Mai 1940 dem Reich wieder einverleibt. Im »germanischen« Landesteil Flandern betraute die deutsche Militärverwaltung Anhänger des Vlaamsch National Verbond (VNV) unter Staf de Clercq (nach dessen Tod unter Hendrik Elias) mit hohen Verwaltungsposten. Da der VNV jedoch einen Zusammenschluß Flanderns mit den Niederlanden zu einem selbständigen »dietschen Staat« anstrebte, wurde ab Ende 1942 ihm gegenüber die Duitsch-Vlaamsche Arbeidsgemeenschap unter Van de Wiele bevorzugt, die für einen direkten Anschluß Flanderns an das Reich eintrat. Im »nichtgermanischen« Landesteil Wallonien stützte sich die deutsche Besatzungsmacht auf die faschistische Rexistenbewegung unter Léon Degrelle. Das Ziel war offensichtlich, beide Landesteile getrennt und auf Dauer in deutscher Abhängigkeit zu halten, um die belgische und die benachbarte französische Kanalküste zu kontrollieren und Deutschland einen direkten Zugang zum Atlantik zu sichern.

Gegenüber Frankreich mußte Hitler mit der Offenlegung seiner Kriegsziele besonders vorsichtig sein, damit sich die Pétain-Regierung nicht zur Fortsetzung des Krieges von Nordafrika aus entschloß oder sich die französischen Kolonien nicht von ihr lossagten und ins englische Lager übergingen. Das besetzte französische Gebiet blieb mit Ausnahme der zwei erwähnten nördlichen Départements unter der Verwaltung des deutschen Militärbefehlshabers in Paris (General v. Stülpnagel), der die einheimische Administration durch ein Netz von Kommandanturen kontrollierte. Elsaß und Lothringen wurden jedoch – wie auch das Großherzogtum Luxemburg – den Gauleitern der angrenzenden Reichsgaue als »Chefs der Zivilverwaltung« unterstellt und durch Eindeutschungsmaßnahmen de facto annektiert. Die Beibehaltung der ursprünglich aus militärischen Gründen eingerichteten »Nordostlinie«, die von der Somme-Mündung über Laon, Langres bis Dôle reichte und hinter die französische Flüchtlinge nicht mehr zurückkehren durften, war ein äußeres Anzeichen für die beabsichtigte Annexion der nördlich und östlich von ihr gelegenen französischen Gebiete, die eine im Auftrag Hitlers ausgearbeitete geheime Studie des Reichsinnenministeriums vorsah. Sicher ist jedenfalls, daß Hitler Frankreich territorial und machtpolitisch reduzieren und als rivalisierende Großmacht auf dem Kontinent für immer ausschalten wollte.

Angesichts der Ungewißheit der deutschen Kriegsziele verhielt sich die Regierung im unbesetzten Frankreich, das sich nach dem militärischen Zusammenbruch der demokratisch-parlamentarischen Republik im »Etat français« mit Sitz in Vichy eine konservativ-autoritäre Regierungsform gegeben hatte, zunächst abwartend. Zwar gab es in Frankreich neben einer Minderheit bloßer Opportunisten auch ernstzunehmende kollaborationswillige Kräfte, die zu einer aktiven Zusammenarbeit mit dem als künftigen Sieger angesehenen Deutschland unter der Bedingung bereit waren, daß Hitler Frankreich einen maßvollen Präliminarfrieden und einen annehmbaren Platz in der »Neuen Ordnung Europas« gewährte. Zu ihnen gehörten Pierre Laval und Admiral Darlan, die einander unter Staats- und Regierungschef Pétain als stellvertretende Ministerpräsidenten ablösten. Eine günstige Gelegenheit, Frankreich auf die deutsche Seite zu ziehen, bot sich schon Anfang Juli 1940, als die Engländer in Mers el-Kebir (bei Oran) und in Dakar ankernde französische Schlachtschiffe angriffen und zum Teil außer Gefecht setzten (Operation »Catapult«), um sie auf keinen Fall in deutsche Hände gelangen zu lassen, und die Pétain-Regierung daraufhin die diplomatischen Beziehungen zu England abbrach und Vergeltungsangriffe gegen Gibraltar fliegen ließ. Doch Hitler, der gegenüber Frankreich auf seine Maximalziele nicht verzichten wollte und auf eine französische Unterstützung für den Endsieg nicht angewiesen zu sein glaubte, stieß die kollaborationsbereiten Kräfte durch seine ablehnende Haltung und seine Politik der vollendeten Tatsachen in Elsaß-Lothringen vor den Kopf.

Diejenigen Franzosen, die den Waffenstillstand nicht akzeptierten und den Kampf für die Wiederbefreiung ihres Landes an der Seite Englands fortsetzten, scharten sich um General de Gaulle, der im Juni 1940 nach London gegangen war und dort das »Nationalkomitee der Freien Franzosen« gegründet hatte. Wie Churchill sah de Gaulle diesen Krieg als einen Weltkrieg an, dessen Ausgang nicht durch die verlorene Schlacht um Frankreich entschieden wurde. Seine freifranzösische Bewegung faßte zwar in den vom französischen Mutterland entfernt liegenden Kolonien wie in Äquatorialafrika und mit britischer Waffenhilfe in Syrien und im Libanon Fuß, fand aber in Frankreich und in den Vichy-treuen nord- und westafrikanischen Kolonien zunächst keine Anhänger. Je länger jedoch der Krieg und die Ungewißheit der westeuropäischen Völker über ihr politisches Schicksal unter der drückenden deutschen Besatzung andauerte – die ihre ideologische Zielsetzung am deutlichsten in der unmenschlichen Deportation und Ausrottung der jüdischen Mitbürger offenbarte –, desto eindeutiger sahen diese Völker ihre Zukunft nur durch den Sieg der Gegner Deutschlands gesichert. Wie die holländische und die belgische Exilregierung für ihre Länder, so entwickelte sich auch de Gaulles Komitee, das von den Engländern gleichfalls als eine Art Exilregierung angesehen und unterstützt wurde, allmählich zum Kristallisationskern für den Widerstand in Frankreich. Da Hitler den im Westfeldzug besiegten Staaten kein für sie annehmbares Programm anzubieten hatte, das unter deutscher Führung gemeinsam zu verwirklichen lohnte, konnte er die Erfolge dieses Blitzsieges nur mit dem Mittel bewahren, mit dem er sie errungen hatte: mit militärischer Gewalt.

Kriegführung und Politik der Achsenmächte gegen England 1940/41

Nach dem Sieg über Frankreich und der Vertreibung der Engländer vom Festland erwartete Hitler, daß England einlenken werde, da es sich nach Hitlers Meinung angesichts der drohenden Unterbrechung seiner maritimen Versorgungslinien, der Gefahr einer Zerstörung seiner Industriezentren aus der Luft sowie einer möglichen Invasion militärisch in einer aussichtslosen Lage befand. Hitler rechnete mit einem Frieden, in dem England die deutsche Herrschaft über den europäischen Kontinent anerkennen und die ehemaligen deutschen Kolonien zurückgeben werde, um dafür den Bestand seines Weltreiches zu retten. In einer Zerschlagung des britischen Weltreiches sah Hitler für »Deutschland keinen Nutzen. Wir würden mit deutschem Blut etwas erreichen, dessen Nutznießer nur Japan, Amerika und andere sind.«[23] Ein Friede mit England hätte ihm dagegen den Rücken für die Verwirklichung seines außenpolitischen Hauptzieles freigemacht: der Gewinnung von »deut-

[23] Vgl. Eintrag über die Besprechung bei Hitler v. 13. 7. 1940. In: Generaloberst Halder, Kriegstagebuch, bearb. v. H.-A. Jacobsen, Bd. 2. Stuttgart 1963, S. 19ff.

schem Lebensraum« in der Sowjetunion. Doch die von Hitler erwartete Umbildung des britischen Kabinetts und ein Verhandlungsangebot blieben aus. Auch vorsichtige deutsche Fühlungnahmen über Neutrale blieben erfolglos. Als Hitler auf der abwartend hinausgeschobenen Reichstagssitzung am 19. Juli 1940 – auf der der Sieg über Frankreich mit Beförderung Görings zum Reichsmarschall und der Ernennung von zwölf Generalfeldmarschällen gefeiert wurde – »noch einen und dieses Mal den letzten Appell« für eine Beendigung des Kampfes »an die Vernunft auch in England« richtete[24], war er sich wohl der Aussichtslosigkeit seines Schrittes bereits bewußt. Drei Tage später folgte auch prompt die ablehnende Antwort durch eine Rundfunkansprache des britischen Außenministers Halifax.

Für England, das die Sicherheit für sich und sein Weltreich von jeher in der »balance of power« auf dem Kontinent, in einer berechenbaren Stabilität Europas gesehen hatte, war es unannehmbar, sein Schicksal künftig allein von den unsicheren und opportunistischen Versprechungen des deutschen Diktators abhängig zu machen. Mit den britischen Lebensinteressen war nur ein Ziel vereinbar, das England die realen Garantien für seine Sicherheit zurückgab: die gewaltsam errichtete Herrschaft Hitlerdeutschlands über Europa zu beseitigen, die Unabhängigkeit der unterworfenen europäischen Staaten wiederherzustellen und das nationalsozialistische Regime als Quelle der Unterdrückung anderer Völker auf Dauer auszuschalten. Für beide Seiten ging es daher nur noch um Sieg oder Niederlage, nicht mehr um einen Kompromiß: in diesem Sinne war der Krieg bereits zu diesem Zeitpunkt »total« geworden.

Solange England durch die Existenz seiner starken Flotte und durch die Behauptung der Luftherrschaft über seine Insel eine Invasion verhindern und die Wege über den Atlantik offenhalten konnte, meinte Churchill, Deutschland durch einen Zermürbungs- und Blockadekrieg mit wachsender Hilfe durch die USA besiegen zu können. Selbst bei Gelingen einer deutschen Invasion in England glaubte er, »daß das Schauspiel des wilden Kampfes und Gemetzels auf unserer Insel die Vereinigten Staaten zum Kriegseintritt veranlassen« werde und die Überführung der britischen Flotte nach Kanada eine Fortsetzung des

[24] Verhandlungen des Reichstags, Bd. 460: Stenographische Berichte 1939 bis 1942. 5. Sitzung, Freitag, den 19. Juli 1940, S. 65ff., S. 78.

Krieges »zusammen mit den Vereinigten Staaten« bis zur Niederringung Deutschlands ermöglichen werde[25].

Eine Landung in England hatte die deutsche Strategie bis dahin nie ernsthaft in Erwägung gezogen, da sie stets davon ausgegangen war, daß ein Sieg über Frankreich alles entscheiden würde. Bei einem Krieg gegen England war immer nur die Möglichkeit ins Auge gefaßt worden, die zufuhrabhängige Insel – die Gewinnung der dafür notwendigen Basen vorausgesetzt – durch eine Wirtschaftsblockade in die Knie zu zwingen. Im Sommer 1940 reichten jedoch die zur Verfügung stehenden See- und Luftstreitkräfte nicht aus, um dieses Ziel in absehbarer Zeit zu erreichen: Deutschland besaß bei Kriegsbeginn 57 fertige U-Boote, von denen 23 für den Einsatz im Atlantik taugten, und das U-Bootbauprogramm war seitdem durch andere Rüstungsprioritäten beschränkt. In der ersten Phase der »Schlacht im Atlantik«, die vom Kriegsausbruch bis zur Unterbrechung durch die Norwegenaktion dauerte, hatten U-Boote und Überwasserseestreitkräfte der feindlichen Handelsschiffahrt einen Verlust von 1,3 Millionen Bruttoregistertonnen beigebracht – eine Versenkungsquote, die bei weitem nicht ausreichte, um England an der Fortsetzung des Krieges zu hindern. Deshalb trug sich Hitler seit Anfang Juli mit dem Gedanken einer Landungsoperation auf den britischen Inseln, wobei er anfangs immer noch hoffte, die Engländer durch die bloße Demonstration ernsthafter militärischer Vorkehrungen zum Einlenken zu bewegen. Am 16. Juli befahl er dem OKW und den drei Wehrmachtteilen, bis Mitte August die notwendigen Vorbereitungen zu treffen, um »das englische Mutterland als Basis für die Fortführung des Krieges gegen Deutschland auszuschalten, und wenn es erforderlich werden sollte, in vollem Umfang zu besetzen«[26]. Als sich die operativen und materiellen Vorbereitungen verzögerten, verschob Hitler den Abschlußtermin auf den 15. September. Die Kontroverse zwischen dem Heer, das eine 300 Kilometer breite Landungsfront forderte, um möglichst schnell offensive Bewegungsfreiheit zu gewinnen, und der im Norwegenfeldzug geschwächten Marine, die den Transport und seine Sicherung gegen die überlegene englische Flotte nur

[25] Erklärung Churchills an die Ministerpräsidenten von Kanada, Australien, Neuseeland und Südafrika v. 16. 6. 1940. In: W. S. Churchill, Der Zweite Weltkrieg, Bd. 2. Hamburg 1950, S. 238.

[26] Vgl. Hitlers Weisung Nr. 16 v. 16. 7. 1940, in: Hubatsch (Hrsg.), Hitlers Weisungen, S. 61 ff.

bei einem schmalen Landungsraum in der Doverstraße gewährleisten zu können glaubte, entschied Hitler am 27. August durch einen Kompromiß, der einen Invasionsraum von 150 Kilometern bestimmte: Zwischen Worthing und Folkestone sollten in drei Treffen zunächst circa 25 Divisionen der Heeresgruppe A (Generalfeldmarschall v. Rundstedt) an Land gesetzt werden und weitere Reserven später folgen. Dieser Invasionsstreitmacht hätten die Engländer neben Territorialtruppen und Home Guard (Miliz) 26 zum Teil noch nicht voll ausgerüstete Divisionen entgegenstellen können, von denen allerdings nur die Hälfte in Frankreich Kampferfahrungen gesammelt hatte.

Die Beschaffung des für den Truppentransport erforderlichen Schiffsraums – mehr als 4000 Fahrzeuge, davon überwiegend Prähme und Motorboote – belastete die Küsten- und Binnenschiffahrt im deutschen Machtbereich schwer. Da die Verlegung der verfügbar gemachten Transportschiffe entlang der Kanalküste zu ihren zwischen Le Havre und Rotterdam gelegenen Absprunghäfen durch Verminungsaktionen und Angriffe der britischen Luftwaffe verzögert wurde, mußte der früheste Zeitpunkt der Landung auf den 21. September verschoben werden. Es wurde deutlich, daß die wichtigste Voraussetzung für das Unternehmen – die deutsche Luftherrschaft über dem Kanal und Südengland – noch keineswegs erfüllt war. Um das Ergebnis der über England entbrannten Luftschlacht abzuwarten, verlegte Hitler den Invasionstermin nunmehr auf den 24. September.

Für den bis zum Sommer 1940 zurückhaltend geführten Luftkrieg gegen England waren durch den Frankreichfeldzug günstige Basen gewonnen worden. Aber die sieben Wochen, die vom Ende dieses Feldzuges bis zum Beginn des verschärften Luftkrieges Mitte August mit dem Ausbau der Bodenorganisation und der personellen und materiellen Auffrischung der deutschen Verbände vergingen, hatten auch die Engländer für die Verbesserung ihres Luftverteidigungssystems genutzt. Durch eine Kette von 52 Stationen für Radar – einer den Deutschen fehlenden Funkmeßtechnik – konnten sie schon aus größerer Entfernung Anflug und Zahl der Angreifer erkennen und so ihre Jagdflugzeuge rechtzeitig und ökonomisch einsetzen: die feindlichen Maschinen – wie in den bisher geführten Blitzfeldzügen – überraschend am Boden zu vernichten, war der deutschen Luftwaffe daher nicht mehr möglich. Zwar hatten die Engländer erst die Hälfte der in Frankreich verlorenen Jagdpiloten wieder ersetzen können, dafür waren aber ihre im Luftkampf über England abgeschossenen und durch Fallschirm geretteten Piloten – soweit sie unverletzt blieben – stets wieder einsatzbereit. Die Royal Air Force besaß 700 Jagdflugzeuge, überwiegend vom Typ Hurricane und Spitfire, die zwar nicht die Geschwindigkeit des deutschen Typs Me 109 erreichten, aber größere Wendigkeit, längere Flugdauer und schwerere Bewaffnung aufwiesen.

Am 1. August befahl Hitler der Luftwaffe, »mit allen zur Verfügung stehenden Kräften die englische Luftwaffe möglichst bald niederzukämpfen« und dabei die Angriffe »in erster Linie gegen die fliegenden Einheiten, ihre Bodenorganisation und Nachschubeinrichtungen, ferner gegen die Luftrüstungsindustrie« zu richten[27]. Für diese Aufgabe konnten die in Holland, Belgien und Nordfrankreich stationierten Luftflotten 2 (Feldmarschall Kesselring) und 3 (Feldmarschall Sperrle) sowie die in Norwegen stehende Luftflotte 5 (Generaloberst Stumpff) 998 Bomber, 316 Sturzkampfflugzeuge, 702 Jäger, 216 Zerstörer und 78 Fernaufklärer einsetzen. Als nach einer Periode schlechten Wetters am 13. August (»Adlertag«) die Großangriffe auf den südenglischen Küstenraum begannen, stellte sich bald heraus, daß die britische Jagdabwehr in der erhofften kurzen Zeit nicht niedergekämpft werden konnte: Die britischen Jäger konzentrierten sich auf die Bekämpfung der langsamen, ungepanzerten und für den Luftkampf ungenügend bewaffneten zweimotorigen Bomber und wichen den deutschen Jägern möglichst aus. Die deutschen Bomber benötigten daher erheblichen Jagdschutz, der zahlenmäßig nur begrenzt und wegen der beschränkten Flugdauer der Me 109 nur für eine bestimmte Reichweite und Zeit gewährt werden konnte. Der Geleitschutz-Radius der zweimotorigen Zerstörer vom Typ Me 110 reichte zwar weiter, sie wiederum waren den britischen Jägern mangels Wendigkeit und Geschwindigkeit nur schwer gewachsen. Die englischen Jäger konnten sich auf Flugplätze in Mittelengland zurückziehen, die außerhalb des deutschen Jagdschutzes lagen und daher vor gezielten Tagesangriffen durch Bomber sicher waren. Dennoch beeinträchtigten die dauernden deutschen Angriffe die Bodenorganisation und das Einsatzleitsystem in Südengland so stark, daß die britische Luftwaffenführung befürch-

[27] Vgl. Hitlers Weisung Nr. 17 für die Führung des Luft- und Seekrieges gegen England v. 1. 8. 1940, in: ebenda, S. 65f.

tete, im Raum südlich von London die Luftherrschaft zu verlieren. Gerade zu diesem Zeitpunkt änderte die deutsche Luftwaffenführung ihre operative Zielsetzung und verlegte den Schwerpunkt der Angriffe auf das englische Industriepotential, um dadurch die britischen Jäger zum Kampf zu zwingen: Nachdem Hitler am 4. September in seiner Rede zur Eröffnung des Winterhilfswerkes den Engländern angedroht hatte, er werde als Vergeltung für die am 25. August begonnenen nächtlichen Störangriffe auf Berlin »ihre Städte ausradieren«[28], begann in der Nacht zum 6. September eine neue Phase der Luftschlacht mit Tag- und Nachtangriffen auf London und andere englische Industriestädte. Damit wandte sich der deutsche Luftkrieg von dem engeren Ziel der Niederkämpfung der feindlichen Luftverteidigung als Vorbereitung der Landungsoperation ab und dem erweiterten Ziel zu, die Wirtschafts- und damit indirekt die Verteidigungskraft der Engländer zu brechen. Trotz erheblicher Zerstörungen gelang es jedoch nicht, das Industriepotential und den Widerstandswillen der Bevölkerung zu schwächen. Dagegen erwiesen sich die deutschen Verluste an Flugzeugen und vor allem an ausgebildetem fliegenden Personal auf die Dauer als nicht tragbar. Allein am 15. September (»Battle-of-Britain«-Tag), als die Luftschlacht über London ihren Höhepunkt erreichte, verlor die Luftwaffe 56 meist mit mehreren Besatzungsmitgliedern bemannte Flugzeuge, die englische Jagdwaffe 26 Maschinen. Im August und September beliefen sich die deutschen Verluste auf 1244, die des englischen Jagdkommandos auf 723 Flugzeuge. Die deutsche Führung hatte die Produktion der englischen Luftrüstung bei weitem unterschätzt: statt der angenommenen 180 bis 200 stellte sie 1940 monatlich im Durchschnitt 470 Jagdflugzeuge fertig. Unter diesen Umständen wurde die Aussicht, die Luftherrschaft über Südengland als Voraussetzung für eine Landung zu gewinnen, immer geringer. Als die Wetterlage ab 16. September keine Tagesgroßangriffe mehr zuließ, verschob Hitler den zuletzt auf den 24. September festgesetzten Invasionstermin bis auf weiteres, um ihn am 12. Oktober endgültig auf das Frühjahr 1941 zu verlegen. Die Schiffsansammlungen und Verladeeinrichtungen wurden aufgelockert, die Vorbereitungen aber zur Täuschung

[28] Vgl. Text der Rede im Völkischen Beobachter, Münchener Ausgabe v. 5. 9. 1940, S. 1 ff.

und »als politisches und militärisches Druckmittel auf England« aufrechterhalten[29].

In der nunmehr folgenden Phase konzentrierte sich der Luftkrieg auf nächtliche Angriffe gegen englische Industrie- und Hafenstädte, die nur durch Flakartillerie, nicht jedoch von der noch in den Anfängen steckenden englischen Nachtjagd wirksam gestört werden konnten. Sie begannen in der Nacht zum 15. November mit einem schweren Luftangriff auf Coventry, der 554 Tote unter der Zivilbevölkerung kostete, und endete – nach einem Großangriff auf London in der Nacht zum 10. Mai 1941, der über die doppelte Zahl von Opfern forderte – im Juni 1941 durch die Verlegung des Gros der deutschen Luftstreitkräfte nach Osten für den bevorstehenden Angriff auf die Sowjetunion. Während dieser sieben Monate umfassenden Phase war das Ziel, England aus der Luft in die Knie zu zwingen, erst recht nicht mehr zu erreichen: durch die steigende Luftrüstung und Lieferungen aus den USA war es den Engländern sogar möglich geworden, Luftstreitkräfte aus der Heimat in den Mittelmeerraum zu verlegen.

Mit dem Abbruch der Luftschlacht über England, die Deutschland bis Ende März 1941 1995 Tote, 1313 Verwundete und 2591 Vermißte oder Gefangene – also mehr Opfer als der Norwegenfeldzug – sowie 2265 total zerstörte und 867 über 10 Prozent beschädigte Flugzeuge kostete, hatte die Wehrmacht ihre erste Niederlage erlitten: England hatte nicht friedensbereit gemacht und die militärischen Voraussetzungen für den von Hitler erwogenen Blitzfeldzug gegen England hatten nicht geschaffen werden können. Es begann sich auch bereits abzuzeichnen, daß Deutschland auf verschiedenen Gebieten rüstungstechnisch ins Hintertreffen geriet. So zog die deutsche Führung aus der Erfahrung, daß für den strategischen Luftkrieg ausreichend bewaffnete viermotorige Fernbomber und Langstreckenjäger notwendig seien, keine rechtzeitigen Konsequenzen, während sie von den Engländern und Amerikanern mit ihrer überlegenen Rüstungskapazität sofort genutzt wurde. Auch im Bereich technischer Innovationen wie Radarortung, Blindnavigation und -bombenabwurf hielten die Gegner einen erheblichen Vorsprung. Die im Frankreichfeldzug noch nicht

[29] Weisung des OKW v. 12. 10. 1940 an die Oberbefehlshaber der Wehrmachtteile. In: Dokumente zum Unternehmen »Seelöwe«. Die geplante deutsche Landung in England 1940, hrsg. v. K. Klee. Göttingen 1959, S. 441 f.

anwendbare Technik, verschlüsselte deutsche Funksprüche zu entziffern (»Ultra«), war zur Zeit der Luftschlacht soweit entwickelt worden, daß die Engländer Aufschluß über Dislozierung und Stärke der deutschen Fliegerverbände gewinnen konnten, wenngleich ihnen eine vorherige Kenntnis der Angriffsziele und -zeiten weiterhin vorenthalten blieb, da die Einsatzbefehle nicht durch Funk übermittelt wurden.

Wie die Luftwaffe konnte auch die Kriegsmarine, der Hitler gleichfalls am 1. August 1940 die »Verschärfung der Seekriegsmaßnahmen« befohlen hatte[30], gegen England keine Entscheidung erzwingen. In der zweiten Phase der Atlantikschlacht, die im Juni/Juli 1940 nach einer Auffrischungszeit im Anschluß an das Norwegenunternehmen begann und bis März 1941 andauerte, stand der U-Bootwaffe zwar schon ein größere Gesamtzahl von Booten zur Verfügung. Von ihnen mußte jedoch ein erheblicher Teil als Schulboote eingesetzt werden, um die Besatzungen für die weiter ansteigenden Neubauten ausbilden zu können. Durch die Benutzung der französischen Atlantikhäfen hatte sich der Anmarschweg ins Operationsgebiet jedoch wesentlich verkürzt, so daß trotzdem durchschnittlich zwölf Boote gleichzeitig am Feind stehen und gegen die englischen Geleitzüge gruppenweise unter einheitlicher Führung (»Rudeltaktik«) angesetzt werden konnten. Im September wurden zusätzlich italienische U-Boote aus dem Mittelmeer nach Bordeaux verlegt. Die Freigabe des uneingeschränkten U-Bootkrieges im Seegebiet um England am 17. August 1940 bewirkte in den folgenden Monaten – in denen die britischen Geleitzerstörer wegen der drohenden Invasionsgefahr anderweitig gebunden waren – für die Engländer erhebliche Tonnageverluste, deren Relation zu den Schiffsneubauten der britischen Führung im Herbst und Winter 1940 ernsthafte Sorgen bereitete. An diesen Erfolgen waren auch der Minenkrieg, Fernkampfflugzeuge, leichte Überwasserstreitkräfte, die erstmals an den Feind kommenden Hilfskreuzer – getarnt bewaffnete Frachtschiffe – und schwere Seestreitkräfte beteiligt, die nach ihrem Vorstoß in den Atlantik zum Teil in Brest stationiert blieben. Im U-Bootkrieg machte sich Anfang 1941 auf englischer Seite der Wegfall der Invasionsdrohung und der Einsatz von fünfzig alten amerikanischen Zerstörern bemerkbar, die die Briten am 3. September gegen die

[30] Durch Hitlers Weisung Nr. 17, in: Hubatsch (Hrsg.), Hitlers Weisungen S. 65f.

Überlassung von acht Stützpunkten in ihren westatlantischen Besitzungen von den USA erhalten hatten. Als im März 1941 schlagartig fünf deutsche U-Boote verlorengingen, verlegte die Seekriegsleitung die Operationen aus der Nähe der englischen Küsten und aus dem Bereich der gegnerischen Luftüberwachung weiter nach Westen in den Atlantik. Damit endete die erfolgreichste Phase der Atlantikschlacht, in der England trotz der Versenkung von über 3,5 Millionen Bruttoregistertonnen – an der die U-Bootwaffe mit 2,2 Millionen Bruttoregistertonnen beteiligt war – auch durch das Mittel der Seeblockade nicht entscheidend getroffen werden konnte.

Da England auf direktem Wege militärisch nicht zu bezwingen war, kehrte Hitler im Herbst 1940 zur indirekten Strategie gegen den Inselstaat zurück. Dabei ging Hitler von der Vorstellung aus, daß die Engländer ihren Kampf um die Wiederherstellung des Gleichgewichts auf dem Kontinent nur mit Hilfe eines mit ihnen verbündeten »Festlanddegens« führen könnten und in dieser Hinsicht auf die Sowjetunion setzten. Neben der Aussicht auf wachsende amerikanische Hilfe vermeinte Hitler in der Erwartung eines deutsch-sowjetischen Konfliktes den Beweggrund der Engländer für die Fortsetzung des Krieges zu sehen. Er erwog daher, diese englische Hoffnung durch einen Blitzkrieg gegen die Sowjetunion zu zerstören, um die Engländer dadurch von der Sinnlosigkeit ihres weiteren Kampfes zu überzeugen. Mit der Niederwerfung der Sowjetunion sollte gleichzeitig den Japanern der Rücken freigemacht werden und »eine Aufwertung Japans in Ostasien«[31] gegen die USA erfolgen, die durch die gleichzeitige japanische Bedrohung im Pazifik davon abgehalten werden sollten, zugunsten Englands im Atlantik und in Europa zu intervenieren. Bereits im Juli 1940 hatte Hitler daher das OKH angewiesen, einen Operationsplan für einen Feldzug gegen die Sowjetunion auszuarbeiten, der im Falle der Unmöglichkeit einer Landung in England möglicherweise noch im Herbst 1940 beginnen sollte. Als sich herausstellte, daß die erforderliche Aufmarschzeit und die klimatischen Bedingungen in Osteuropa einen solchen Feldzug frühestens im Frühjahr 1941 ermöglichten, ließ er zwar die Vorbereitungen dafür fortführen, sann aber auf eine politisch-diplomatische Lösung, um die englische Hoffnung auf einen »Festlanddegen« zu

[31] Vgl. Eintrag Halders v. 31. 7. 1940 über seine Besprechung mit Hitler auf dem Berghof, in: Halder, Kriegstagebuch, S. 49.

zerstören: durch die Bildung eines euro-asiatischen »Kontinentalblocks« von der iberischen Halbinsel bis Japan, in den auch die Sowjetunion, Spanien, Vichy-Frankreich und die südosteuropäischen Staaten eingefügt werden sollten, sollten England isoliert und die USA neutralisiert werden. In dieser »Kontinentalblock«-Konzeption, deren Verwirklichung ohnehin unsicher war, sah Hitler allerdings nur eine »Zwischenlösung« von unbestimmter Dauer, die einen späteren Feldzug gegen die Sowjetunion für sein säkulares Ziel der »Gewinnung deutschen Lebensraumes« im Osten keinesfalls überflüssig machen sollte. Im Gegenteil konnte eine solche Blockbildung in Europa die aufgeschobene militärische Auseinandersetzung mit der Sowjetunion später sogar erleichtern.

Der Hebel zur Bildung des eurasiatischen »Kontinentalblocks« wurde im September 1940 bei Japan angesetzt, das in dem Bestreben, die Entwicklung in Europa für die wirtschaftliche Abschnürung und endgültige Unterwerfung Chinas sowie für die Anerkennung seiner hegemonialen »Neuen Ordnung« in Ostasien auszunutzen, zusehends in Gegensatz zu den angloamerikanischen Mächten geriet. Im Dreimächtepakt, der am 27. September mit großem propagandistischen Aufwand in Berlin unterzeichnet wurde, sicherten sich Deutschland, Italien und Japan gegenseitig die Führung bei der Neuordnung Europas bzw. des »großostasiatischen Raumes« zu und verpflichteten sich zu gegenseitigem Beistand, falls die USA gegen einen von ihnen in den Krieg eintrat. Obgleich die Automatik des militärischen Beistandes auf Wunsch der Japaner verneint wurde – im Ernstfall sollte das Vorliegen eines amerikanischen »Angriffes« erst durch gemeinsame Konsultationen festgestellt werden –, war mit der veröffentlichten Beistandsverpflichtung beabsichtigt, die USA durch die Drohung mit einem Zweifrontenkrieg von einer Intervention auf seiten Englands abzuhalten. Im Text des Vertrages wurde zum Ausdruck gebracht, daß sich seine Bestimmungen nicht gegen Moskau richteten. Der Sowjetunion schlug Ribbentrop vielmehr vor, daß sie und die Dreierpaktmächte »ihre Politik auf längste Sicht« ordnen und eine »Abgrenzung ihrer Interessen nach säkularen Maßstäben« erreichen sollten[32], um die englische Spekulation auf einen deutsch-sowjetischen Konflikt ein für allemal zu beenden.

[32] Vgl. Einladungsschreiben Ribbentrops zum Molotow-Besuch an Stalin v. 13. 10. 1940, in: ADAP, Serie D, Bd. 11/1, Dok. Nr. 176, S. 253.

Im Oktober versuchte Hitler zunächst, Spanien und Frankreich für die anti-englische Koalition zu gewinnen. Diese Bemühungen standen mit strategischen Überlegungen in Zusammenhang, die nach dem Verzicht auf die Invasion in England von der deutschen militärischen Führung – als Alternative für einen Ostfeldzug – erwogen wurden: England im Mittelmeerraum anzugreifen. Die Pläne sahen vor, Gibraltar und den Suez-Kanal zu erobern, um Englands kürzeste Seeverbindung zu seinen asiatischen Besitzungen zu unterbinden, seine Stellung im Mittleren Osten zu erschüttern und seine Ölversorgung von dort zu unterbinden. Dieser militärischen Konzeption, die vor allem von Großadmiral Raeder verfochten wurde, lag der Gedanke zu Grunde, daß sich die Achsenmächte durch die Beherrschung des Mittelmeeres und seines Vorfeldes in Nordwestafrika und im Nahen Osten eine schwer angreifbare und weitgehend autarke Bastion schaffen sollten, um auch einer längeren Auseinandersetzung mit der englischen und der amerikanischen Seemacht gewachsen zu sein, den Seekrieg im Atlantik und im Indischen Ozean intensivieren und dem britischen Weltreich weitere Schläge zufügen zu können. Aber es gelang Hitler auch bei seiner persönlichen Begegnung mit dem spanischen »Caudillo«, Generalissimus Franco, am 23. Oktober in Hendaye an der französisch-spanischen Grenze nicht, Spanien für den Beitritt zum Dreimächtepakt und für den Kriegseintritt zur gemeinsamen Eroberung Gibraltars zu gewinnen.

Angesichts der deutschen Erfolge gegen Frankreich war Spanien im Juni 1940 zur »Nichtkriegführung« zugunsten der Achsenmächte übergegangen und hatte gegen den Protest der Westmächte die internationale Tangerzone besetzt. In Erwartung des baldigen deutschen Sieges über England hatten die Spanier sogar vorgeschlagen, nach vorheriger Belieferung mit Kriegsmaterial, Rohstoffen und Nahrungsmitteln in den Krieg einzutreten, um dafür Gibraltar, Marokko, Oran und eine Erweiterung ihrer Kolonialgebiete in Westafrika und Guinea zu erhalten. War Hitler im Sommer 1940 diesem Angebot ausgewichen, da er mit dem Einlenken Englands rechnete, so verhielt sich angesichts der veränderten Kriegslage im Herbst nunmehr Franco reserviert, zumal ihm Hitler hinsichtlich der spanischen Territorialforderungen auf Kosten Frankreichs keine konkreten Zusagen machen konnte, da ihr Bekanntwerden die Gewinnung Frankreichs für den Kontinentalblock und für eine Kooperation im Mittelmeerkrieg unmöglich machen und den Übertritt der französischen Kolonien auf die Gegenseite bewirken mußte. Die von Hitler angebotene vage Formel, daß Spanien französische Kolonialgebiete erhalten sollte, soweit Frankreich aus englischem Kolonialbesitz entschädigt werden konnte, befriedigte die Spanier nicht. Als Argumente gegen einen Kriegseintritt hob Franco nunmehr die schlechte Ernährungs- und Rüstungslage Spaniens als Folge des langen Bürgerkrieges, seine Abhängigkeit von überseeischen Getreidelieferungen sowie die Gefährdung seiner langen, ungeschützten Küsten, der Kanarischen Inseln und Spanisch-Guineas durch die englische Seemacht hervor. Das einzige Ergebnis von Hendaye blieb schließlich die Unterzeichnung eines geheimen Protokolls, in dem Spanien den Beitritt zum deutsch-italienischen »Stahlpakt« vom 22. Mai 1939 vollzog und sich bereit erklärte, nach wirtschaftlichen und rüstungsmäßigen Vorbereitungen auch dem Dreimächtepakt und dem Krieg zu einem Zeitpunkt beizutreten, der noch gemeinsam festgesetzt werden sollte. Da Hitler für das Gibraltarunternehmen feste Termine brauchte, war diese Abmachung für ihn so gut wie wertlos: Nach weiterem Zögern Spaniens setzte das OKW am 11. Dezember dieses Unternehmen, das unter dem Decknahmen »Felix« für den Januar 1941 vorbereitet wurde, ab, »da die politischen Voraussetzungen nicht mehr gegeben« waren[33].

Hitlers Bemühungen, Frankreich in die Front gegen England einzuspannen, scheiterten gleichfalls. Sie fanden ihren Höhepunkt in Begegnungen mit Laval und Marschall Pétain am 22. bzw. 24. Oktober in Montoire. An sich schien der Zeitpunkt für Hitlers Absicht günstig, da Vichy-Frankreich mit den Engländern erneut in bewaffnete Auseinandersetzungen geraten war: vom 23. bis 25. September hatten seine Streitkräfte den von der englischen Marine unterstützten Versuch de Gaulles abgewehrt, mit freifranzösischen Truppen in Dakar zu landen und Französisch-Westafrika zu gewinnen, und hatten als Vergeltung abermals Gibraltar bombardiert. Da Hitler aber den Franzosen in Montoire weder hinsichtlich ihrer künftigen Grenzen in Europa noch hinsichtlich ihres Kolonialbesitzes in Afrika konkrete Friedensbedingungen nennen wollte – angesichts der sich überschneidenden Kolonialinteressen Italiens, Spaniens und Frankreichs und der Unmöglichkeit ihrer Klä-

[33] Vgl. Weisung des OKW an die Oberbefehlshaber der Wehrmachtteile v. 11. 12. 1940, in: Hubatsch (Hrsg.), Hitlers Weisungen, S. 78.

rung vor einer englischen Niederlage auch gar nicht nennen konnte –, ferner die Frage der Rückführung der zwei Millionen französischer Kriegsgefangener offenblieb, die Deutschland als Arbeitskräfte brauchte, sah Pétain keine Veranlassung, von seiner abwartenden Politik abzugehen: Er lehnte eine aktive Mitwirkung Frankreichs im Kampf gegen England oder auch nur die Überlassung afrikanischer Stützpunkte an die Achsenmächte ab. Pétain war nur bereit, die französischen Kolonien auch weiterhin gegen Angriffe de Gaulles und der Engländer zu verteidigen. Von dieser Haltung ließ er sich auch durch Hitlers drohende Ankündigung nicht abbringen, daß die künftigen Friedensbedingungen für Frankreich von der Beteiligung an einer raschen Niederringung Englands abhängen würden. Laval, der demgegenüber in einer aktiven – auch militärischen – »collaboration« mit Deutschland die einzige Chance sah, Frankreich eine angemessene Stellung im »Neuen Europa« und einen ausreichenden Kolonialbesitz auf Kosten Englands zu sichern, wies auf die Möglichkeit hin, daß sich aus der Verteidigung bzw. der Rückeroberung der abgefallenen französischen Kolonien durchaus ein gemeinsamer Kampf gegen die Engländer entwickeln könne. Das magere Ergebnis der Gespräche von Montoire war Pétains grundsätzliches Einverständnis zur Zusammenarbeit mit Deutschland, deren Modalitäten – etwa eine begrenzte Wiederaufrüstung der französischen Verteidigungskräfte in Afrika – jedoch noch ausgehandelt werden sollten. Es erwies sich in der Folge, daß Pétain nicht bereit war, dieser Zusammenarbeit einen aggressiven Charakter gegen England zu geben. Vielmehr schlug er London noch im Oktober ohne Wissen Lavals durch Vermittlung des französischen Professors Rougier eine Art Modus vivendi vor, indem er versprach, den Kampf der Achsenmächte gegen England nicht zu unterstützen und auch nicht gegen die von de Gaulle kontrollierten Kolonien vorzugehen, unter der Bedingung, daß die Briten weitere Unternehmungen gegen die Vichy-treuen Kolonien unterließen und Frankreich nach dem Kriege seinen unversehrten territorialen Besitzstand garantierten. Als Laval die Rückeroberung der freifranzösischen Tschadkolonie vorbereitete und dadurch eine kriegerische Verwicklung mit England heraufbeschwor, setzte ihn Pétain daher am 13. Dezember kurzerhand ab, ernannte Admiral Darlan zu seinem Stellvertreter und weigerte sich trotz deutscher Gegenvorstellungen, Laval wieder in die Regierung aufzunehmen.

Hitlers Mißerfolg, einen antienglischen »Kontinentalblock« zustande zu bringen, setzte sich bei den Verhandlungen mit dem sowjetischen Außenminister Molotow in Berlin am 12. und 13. November fort. Die deutsch-sowjetischen Beziehungen waren im Laufe des Sommers und Herbstes 1940 durch Gegensätze getrübt worden. Die Sowjetunion hatte sich angesichts des unerwartet schnellen Zusammenbruchs Frankreichs beeilt, die ihr in den Geheimverträgen vom August/September 1939 zugesprochenen Interessensgebiete endgültig einzuverleiben, um damit gleichzeitig gegenüber der einzig verbleibenden Großmacht auf dem Kontinent ein möglichst großes strategisches Vorfeld zu gewinnen. Im Juni hatten die Sowjets Estland, Lettland und Litauen nunmehr vollkommen besetzt und nach Umwandlung in Sowjetrepubliken Anfang August als Gliedstaaten in die Sowjetunion aufgenommen. Auch das Ziel der völligen Einverleibung Finnlands, das nach der deutsch-sowjetischen Vereinbarung gleichfalls zu ihrer Interessensphäre gehörte, hatten sie keineswegs aufgegeben. Als sich im August die Spannungen zwischen der Sowjetunion und Finnland erneuerten, entschloß sich Hitler – dem die Wahrung der finnischen Selbständigkeit im Hinblick auf die Lieferungen von Nickel aus Petsamo und auf einen späteren Feldzug gegen die Sowjetunion wichtig war – den Finnen den Rücken zu stärken: Im September schloß Deutschland mit den Finnen ein Abkommen über den Durchtransport deutscher Truppen in das nordnorwegische Gebiet von Kirkenes und lieferte ihnen dafür Waffen, ohne Moskau von den Abmachungen zu verständigen. Die Sowjets, die die deutschen Ausschiffungen in finnischen Häfen mit äußerstem Mißtrauen betrachteten, forderten unter Berufung auf den Konsultationsartikel des deutsch-sowjetischen Nichtangriffspaktes Auskunft über diese Aktivitäten einschließlich etwaiger geheimer Abmachungen.

Deutlich überschnitten sich die deutschen und sowjetischen Interessen auch in Südosteuropa, wo die expansiven Bestrebungen Moskaus in Richtung auf die türkischen Meerengen im Sommer 1940 eine Kette von Reaktionen auslösten. Nach kurzer Vorankündigung in Berlin erpreßten die Sowjets am 26. Juni durch ein Ultimatum von Rumänien die Abtretung Bessarabiens, das bis 1918 zu Rußland gehört hatte, und – über die Geheimabmachungen mit Deutschland hinaus – die von den Ukrainern bewohnte Nordbukowina; auf die Südbukowina verzichteten sie lediglich aufgrund deutscher Gegenvorstellungen. Hitler, der wegen der für Deutschland lebenswichtigen rumänischen Öllieferungen keine kriegerische Auseinandersetzung auf dem Balkan wünschte, riet der rumänischen Regierung zum Nachgeben; es nutzte den Rumänen nichts, daß sie nunmehr offiziell auf die englische Garantie vom April 1939 verzichteten und sich unter deutschen Schutz zu stellen wünschten. Das sowjetische Vorgehen ermutigte andere Nachbarn Rumäniens, eine Revision der Friedensschlüsse von 1919 zu fordern: Während das Verlangen Bulgariens auf die Süddobrudscha im Verhandlungswege erfüllt wurde, drohte wegen der Forderung Ungarns ein ungarisch-rumänischer Krieg auszubrechen, der den Sowjets möglicherweise Gelegenheit zur Weiterverfolgung ihrer Ziele bieten konnte. Deshalb beendeten die beiden »Ordnungsmächte« Deutschland und Italien diesen Konflikt am 30. August 1940 durch den »zweiten Wiener Schiedsspruch«, der Nordsiebenbürgen an Ungarn zurückgab, und garantierten anschließend die Unverletzlichkeit des restlichen rumänischen Staatsgebietes, ohne die Sowjetunion vorher davon zu benachrichtigen.

Die Sowjets sahen in diesen beiden Schritten, die durchaus ihre »Interessen berührten«, eine weitere Verletzung des Konsultationsartikels des Nichtangriffsvertrages vom August 1939 und betrachteten die Garantie – die ihnen den Erwerb der Südbukowina von Rumänien endgültig verwehrte – als gegen sich gerichtet. In den folgenden zwei Monaten mußten sie darüber hinaus hinnehmen, daß sich Rumänien enger an die Achsenmächte anschloß und deutsche Truppen ins Land verlegt wurden: Die außenpolitischen Mißerfolge der rumänischen Regierung führten am 6. September zur Abdankung König Carols II. zugunsten seines Sohnes Michael und zur Errichtung einer autoritären Regierung unter dem »Conducator« (Staatsführer) General Antonescu, der um die Entsendung einer deutschen Militärmission zur Reorganisation des rumänischen Heeres bat. Hitler schickte ab Oktober »Lehrtruppen« einschließlich Flak- und Jagdverbände der Luftwaffe mit der Aufgabe ins Land, das rumänische Ölgebiet zu schützen, rumänische Streitkräfte auszubilden und »für den Fall eines uns aufgezwungenen Krieges mit Sowjetrußland den Einsatz deutscher und rumänischer Kräfte von Rumänien aus vorzubereiten«[34].

[34] Vgl. Bericht des OKW an das Auswärtige Amt v. 20. 9. 1940, in: ADAP, Serie D, Bd. 11/1, Dok. Nr. 84, S. 123.

Bei dieser Entwicklung der deutsch-sowjetischen Beziehungen stand Hitlers Bemühen, die Sowjets bei den Berliner Gesprächen mit Molotow im November 1940 für einen »Kontinentalblock« gegen England zu gewinnen, unter keinem guten Vorzeichen. Vergebens suchte er die Sowjetunion an der Aufteilung der »gigantischen Weltkonkursmasse« des bereits als besiegt hingestellten britischen Weltreiches zu interessieren, um die sowjetischen Aspirationen von Nord- und Südosteuropa weg auf die britischen Positionen südlich ihres Staatsgebietes »in Richtung des Indischen Ozeans« zu lenken und ihr dort den erstrebten eisfreien Zugang zu den Weltmeeren zu verschaffen. Doch die Sowjets machten den zwischen ihnen und den Staaten des Dreimächtepaktes vorgeschlagenen Vertrag (»Viermächtepakt«) von ganz konkreten Vorbedingungen abhängig: Sie forderten den Abzug deutscher Truppen aus Finnland, ferner die deutsche Zustimmung zu einem sowjetisch-bulgarischen Beistandspakt – durch den sie die Barriere zu überspringen suchten, die das unter deutschem Einfluß stehende Rumänien auf ihrem Weg zu den Meerengen bildete – und zur Einrichtung sowjetischer Stützpunkte am Bosporus und den Dardanellen. Die Berliner Gespräche und die am 25. November übermittelten sowjetischen Gegenvorschläge überzeugten Hitler, daß sich die Sowjetunion gegen England nicht einspannen ließ und mit ihr keine Abgrenzung der Interessengebiete zu erreichen war, die ihm gleichzeitig eine günstige Ausgangsstellung für einen späteren Angriff gegen sie sicherte. Diese Erfahrung trug zu seinem Entschluß bei, diesen Angriff nunmehr noch während des Kampfes mit England im Frühjahr 1941 zu führen, um diesen englischen »Festlanddegen« zu zerschlagen. Deshalb ließ er auch die sowjetischen Gegenvorschläge trotz Anmahnens aus Moskau bis zum Beginn des Ostfeldzuges unbeantwortet.

Die einzigen Erfolge, die Hitler beim Aufbau einer Kontinentalfront gegen England Ende November 1940 noch erzielte, war der Beitritt der Satellitenstaaten Ungarn, Rumänien und der Slowakei zum Dreimächtepakt. Sowohl Bulgarien, das die Bindung an eine der Großmächte so lange wie möglich vermeiden wollte und deshalb im November auch dem sowjetischen Angebot eines Beistandspaktes auswich, wie auch Jugoslawien konnten sich dem Beitritt bis zum militärischen Aufmarsch Deutschlands gegen Griechenland im März 1941 entziehen.

Wie die deutsche, so wies auch die militärische Kriegführung des italienischen Verbündeten gegen England im Jahre 1940 keine entscheidenden Erfolge auf. Mussolini führte seinen »Parallelkrieg« im Mittelmeer und in Nord- bzw. Ostafrika zur Wiedererrichtung eines »Römischen Mittelmeerreiches« völlig getrennt, »nicht mit Deutschland, nicht für Deutschland, sondern für Italien an der Seite Deutschlands«[35]. Hitler, der auf seine kontinentalen Hegemonialziele im Raum nördlich der Alpen fixiert war, ließ den Achsenpartner nach dem Prinzip einer »Politik der getrennten Räume« im Süden ohne operative – oder auch nur ausreichend informative – Zusammenarbeit völlig selbständig gewähren.

Die englische Seeherrschaft über das Mittelmeer vermochten die Italiener nicht zu brechen, obwohl ihre Flotte zumal bei Kriegsbeginn dort zahlenmäßig den britischen Seestreitkräften an Schlachtschiffen fast ebenbürtig, bei den übrigen Schiffstypen und vor allem bei den U-Booten weit überlegen war. Ihr Einsatz war jedoch von Brennstoffknappheit, dem Fehlen von Flugzeugträgern – das Operationen außerhalb des Aktionsradius der eigenen landgestützten Flugzeuge unratsam machte – und von der Scheu vor größeren Risiken bestimmt, da Schiffsverluste wegen des Rohstoffmangels schwer zu ersetzen waren. Die italienische U-Bootwaffe erzielte 1940 nur geringe Erfolge. Auch die italienische Luftwaffe, die 1940 den in Ägypten und Palästina stationierten englischen Luftstreitkräften zahlenmäßig überlegen war, jedoch technisch, ausbildungsmäßig und in der Einsatzführung den Stand der Royal Air Force nicht erreichte, konnte der englischen Flotte keine wesentlichen Verluste beibringen. Immerhin führte die häufige Bombardierung Maltas dazu, daß die Engländer die Insel zunächst nicht mehr als Flottenstützpunkt zur Bekämpfung der italienischen Nachschubroute nach Nordafrika benutzen konnten.

Zu Lande wurden die Italiener in Ostafrika aktiv und besetzten im August 1940 das von ihren Besitzungen Eritrea, Abessinien und Somaliland umschlossene Britisch-Somaliland, dessen weit unterlegene Besatzung über den Golf von Aden evakuiert wurde. Da die Engländer mit dem gegenüberliegenden Hafen Aden den Zugang zum Roten Meer kontrollierten, blieb ihr Nachschubweg um Afrika herum nach Ägypten trotzdem weiterhin offen. Dagegen waren die Italiener in Ostafrika ohne eine Landverbindung nach Libyen von der Versorgung abgeschnit-

[35] Mussolinis Ausspruch, überliefert durch General Soddu, italienisch zitiert bei G. Bocca, Storia d'Italia nella Guerra Fascista 1940–1943. Bari 1969, S. 156.

ten und ihr Schicksal auf die Dauer vom Erfolg der italienischen Offensive gegen Ägypten abhängig. Sie begann von Libyen aus am 13. September, kam jedoch fünf Tage später nach der Einnahme von Sollum und Sidi Barrani wegen Nachschubschwierigkeiten zum Stehen.

Mussolini, der den Balkan als italienisches Interessengebiet ansah, hatte die eigenmächtige Verlegung deutscher Truppen nach Rumänien – zu dessen Garantiemächten Italien gemäß dem Wiener Schiedsspruch gehörte – mit Mißfallen und Verstimmung betrachtet. Er hielt es für einen persönlichen Prestigeverlust beim italienischen Volk, von Hitler abermals vor vollendete Tatsachen gestellt worden zu sein. Daher entschloß er sich, nunmehr seinen lange gehegten Plan zu verwirklichen und von Albanien aus – dessen Annexion im April 1939 auch schon eine Reaktion auf Hitlers unangekündigten Einmarsch in Prag gewesen war – einen eigenen »Blitzkrieg« gegen Griechenland zu führen: »Diesmal werde ich ihm (Hitler) in der gleichen Münze heimzahlen: er wird aus den Zeitungen erfahren, daß ich in Griechenland einmarschiert bin. So wird das Gleichgewicht wieder hergestellt sein.«[36] Hitler, der die erste Nachricht von dem beabsichtigten italienischen Angriff am 25. Oktober auf der Rückreise von seinen Zusammenkünften mit Franco und Pétain nach Berlin erhielt, arrangierte sofort ein Treffen mit Mussolini, um ihn noch rechtzeitig von diesem Unternehmen abzuhalten. Er befürchtete, daß die Engländer einen solchen Krieg dazu benützen würden, sich erneut auf dem europäischen Kontinent festzusetzen. Als sich die beiden Diktatoren am 28. Oktober in Florenz trafen, war jedoch der italienische Angriff schon seit den Morgenstunden im Gange. Hitler, der die italienischen Kräfte zu diesem Zeitpunkt noch überschätzte, machte seinem Verbündeten keine Vorwürfe. Er bot aber »für die militärischen Operationen gegen Griechenland, besonders zum Schutz Kretas gegen eine Besetzung durch die Engländer«[37] Luftlande- und Fallschirmtruppen in Stärke von zwei Divisionen an, auf die Mussolini aus den erwähnten Motiven verzichtete. Die italienische Offensive blieb bereits Mitte November im unwegsamen Gebirge und bei starken herbstlichen Regenfällen stecken. Da die Bulgaren der italienischen Anre-

[36] Vgl. G. Ciano, Tagebücher 1939–1943. Bern 1947, Eintrag v. 12. 10. 1940, S. 278.

[37] Vgl. Aufzeichnung über die Unterredung Hitlers mit Mussolini am 28. 10. 1940, in: ADAP, Serie D, Bd. 11/1, Dok. Nr. 246, S. 348.

gung widerstanden, durch eine Beteiligung am Kriege ihre Revisionsforderungen gegenüber Griechenland auf das 1919 verlorene Westthrazien und den Zugang zum Ägäischen Meer zu erfüllen, konnten die Griechen ihre Kräfte auf die albanische Front konzentrieren und im November zum Gegenangriff übergehen, der sie bis Jahresende tief in albanisches Gebiet führte.

Bei Beginn des italienischen Überfalles hatte sich der griechische Ministerpräsident Metaxas unter Berufung auf die britische Garantie vom April 1939 an die Engländer um Hilfe gewandt, die Luft- und Seestreitkräfte schickten und zunächst nur auf der Insel Kreta auch Truppen landeten. Damit hatte sich Hitlers Befürchtung erfüllt: Mitte November befahl er, Vorbereitungen zu treffen, »um im Bedarfsfall aus Bulgarien heraus das griechische Festland nördlich des Ägäischen Meeres« zu besetzen und »gegen diejenigen englischen Luftstützpunkte, die das rumänische Erdöl bedrohen«, Flugzeuge einsetzen zu können[38]. In einem Schreiben an Mussolini legte er am 20. November die »sehr schweren psychologischen und militärischen Auswirkungen« des verunglückten italienischen Griechenlandunternehmens dar. Die von den Achsenmächten als Verbündete umworbenen Staaten würden nun erst recht bewogen, abzuwarten und sich »nicht vorzeitig zu unseren Gunsten festzulegen«. Militärisch lägen die Häfen in Süditalien und Albanien in Reichweite englischer Bomber. Da eine Zerstörung der englischen Flugplätze allein aus der Luft »nach den Erfahrungen des bisherigen Luftkrieges« unmöglich sei, sei die Lage, »soweit es sich um das rumänische Erdöl handelt, geradezu unheimlich«. Er teilte Mussolini mit, daß er sich daher zu einem militärischen Vorgehen gegen Griechenland entschlossen habe, das aber wegen der Witterungsbedingungen auf dem Balkan frühestens im März 1941 beginnen könne und »spätestens bis Anfang Mai« abgeschlossen sein müsse, da er die eingesetzten Kräfte bis dahin zurückerhalten müsse – wozu, verschwieg Hitler: Er wollte die aufgetretene Flankenbedrohung vom Balkan her beseitigen, bevor er den Angriff auf die Sowjetunion unternahm, der nach der mißlungenen Einbindung Moskaus in einen »Kontinentalblock« in seinen Plänen immer konkretere Gestalt gewann. Er mahnte Mussolini, in Ägypten baldigst die Offensive gegen

[38] Vgl. Hitlers Weisung Nr. 18 an die Oberbefehlshaber der Wehrmachtteile v. 12. 11. 1940, in: Hubatsch (Hrsg.), Hitlers Weisungen, S. 70.

Marsa Matruh fortzusetzen, von wo aus deutsche Sturzkampfflugzeuge mit Jagdschutz die britische Flotte in Alexandria angreifen und Bomber den Suezkanal durch Minen sperren könnten[39].

Eine Wiederaufnahme der Offensive in Nordafrika überstieg jedoch die Kräfte der Italiener. Sie mußten im Gegenteil auch hier den Rückzug antreten, als General Wavell – durch Truppen aus England, den Dominions und Indien verstärkt und mit neuen Panzern ausgestattet – am 9. Dezember in Ägypten zum Gegenangriff (Operation »Compass«) überging. Die Briten eroberten Sidi Barrani zurück, überschritten die Grenze nach Libyen, schnitten nach der Einschließung der befestigten Häfen Bardia und Tobruk – die am 5. bzw. 22. Januar fielen – durch ihren Vorstoß bis El Agheila Anfang Februar 1941 die Masse der italienischen Verbände im Cyrenaika-Küstenvorsprung ein und zwangen sie zur Kapitulation. Die Italiener verloren durch die britische Offensive fast acht Divisionen, 130000 Gefangene, 470 Panzer und 1300 Geschütze. Daß das nahezu ungeschützte Tripolis – zu dessen Verteidigung Graziani noch vier Divisionen ohne Artillerie übrigblieben – und damit ganz Italienisch-Nordafrika für die Achsenmächte nicht verlorenging, war lediglich dem Umstand zu verdanken, daß Wavell seinen Nachschub organisieren und vor allem Kräfte an den griechischen Kriegsschauplatz abgeben mußte, der nach der Entscheidung Churchills Vorrang genoß.

Als Mussolini angesichts der katastrophalen militärischen Entwicklung die deutsche Führung am 20. Dezember 1940 bat, »durch militärisch und politisch verstärkte Tätigkeit im Balkansektor Druck auf Griechenland auszuüben«, und »um Übersendung einer großen Pz(Panzer)-Einheit, 1 bis 2 Divisionen nach Libyen« nachsuchte[40], war die Illusion vom italienischen »Parallelkrieg« endgültig zerstört. Obwohl die Fassade des gleichberechtigten Partners nach außen hin weiter gewahrt blieb, wurde Italien von nun an völlig von Deutschland abhängig und seine Kriegführung in die deutsche Grundstrategie eingefügt: auch der Krieg im Mittelmeer wurde ab 1941 primär zu einer Auseinandersetzung zwischen Deutschland und England.

[39] Hitlers Schreiben an Mussolini v. 20. 11. 1940, in: ADAP, Serie D, Bd. 11/2, Dok. Nr. 369, S. 535f.

[40] Vgl. Telegramm des deutschen Militärattachés und deutschen Generals beim Hauptquartier der italienischen Wehrmacht in Rom, v. Rintelen, an das Auswärtige Amt und OKW v. 20. 10. 1940, in: ebenda, Dok. Nr. 541, S. 764f.

Am 13. Dezember 1940 erteilte Hitler die Weisung, von Bulgarien aus einen Blitzfeldzug »zur Besitznahme der Ägäischen Nordküste und – sollte es erforderlich sein – des ganzen griechischen Festlandes« vorzubereiten (Unternehmen »Marita«)[41]. Neben der Entlastung des italienischen Bundesgenossen beabsichtigte Hitler damit, eine Bombardierung des rumänischen Erdölgebiets von britischen Luftstützpunkten im Mittelmeer aus zu verhindern und den Engländern vor allem die Möglichkeit zu nehmen, sich in Griechenland mit Landstreitkräften festzusetzen und eine neue Front auf dem Kontinent aufzubauen. Hitler war entschlossen, diese Gefahr einer »zweiten Front« auszuschalten, ehe er im Frühjahr 1941 den Angriff auf die Sowjetunion begann, zu dem er sich angesichts der militärisch und politisch stagnierenden Kriegführung gegen England nunmehr entschlossen hatte. Da sich Jugoslawien aus dem Konflikt herauszuhalten wünschte und einem Durchmarsch deutscher Truppen ablehnend gegenüberstand, wurden die Kräfte für das Griechenlandunternehmen ab Januar 1941 durch Ungarn – das wie Rumänien im November 1940 dem Dreimächtepakt beigetreten war – nach Südrumänien verlegt, um zu gegebener Zeit über die Donaugrenze in Bulgarien aufzumarschieren. Zar Boris III. hatte sich trotz des deutschen Versprechens, Bulgarien auf Kosten Griechenlands einen Zugang zum Ägäischen Meer zu verschaffen, nur zögernd bereit erklärt, sein Land für den deutschen Aufmarsch zur Verfügung zu stellen und dem Dreimächtepakt beizutreten: aus Furcht vor Reaktionen der Sowjetunion, der Türkei und der Griechen sollten diese Zusagen wegen der mangelhaften bulgarischen Rüstung geheim bleiben, bis die Ankunft der deutschen Truppen Schutz gewährte. Bulgarien brauchte am Kriege nicht aktiv teilzunehmen, verpflichtete sich aber, sechs Divisionen an die türkische Grenze zu verlegen, um einer überraschenden Reaktion der Türkei entgegentreten zu können. Am 1. März 1941 – einen Tag vor Beginn des deutschen Einmarsches – trat Bulgarien dem Dreimächtepakt bei; gegen Ende des Monats war der deutsche Aufmarsch gegen Griechenland beendet. Die Sowjetunion, die dadurch die Einbeziehung Bulgariens in ihren Einflußbereich endgültig als ge-

[41] Vgl. Hitlers Weisung Nr. 20 an die Oberbefehlshaber der Wehrmachtteile und den Chef der deutschen Wehrmachtmission in Rumänien v. 13. 12. 1940, in: Hubatsch (Hrsg.), Hitlers Weisungen, S. 81 ff.

scheitert ansah, erklärte diese Maßnahmen als Verletzung ihrer Sicherheitsinteressen und teilte der deutschen Regierung mit, daß sie auf eine sowjetische Unterstützung ihrer Handlungen in Bulgarien nicht rechnen könne.

Die griechische Regierung, die von ihrem Territorium aus bislang nur englische Luftunterstützung gegen die Italiener zugelassen hatte, um Deutschland nicht zu provozieren, bat nunmehr die Engländer, auch Landstreitkräfte aufs griechische Festland zu entsenden. Am 5. März begann die Überführung von drei britischen Divisionen und einer Panzerbrigade aus Nordafrika (Operation »Lustre«) unter dem Schutz der Alexandria-Flotte. Ein Vorstoß der italienischen Marine gegen die englischen Griechenland-Konvois endete mit einer Niederlage, als ihre Flotte am 18. März bei Kap Matapan von der englischen Mittelmeerflotte abgefangen wurde und außer der Beschädigung eines Schlachtschiffes den Verlust dreier schwerer Kreuzer hinnehmen mußte.

Neben militärischen Maßnahmen erneuerten die Engländer ihre Anstrengungen, sowohl die Türkei – die sich durch die deutsche Besetzung Bulgariens und Griechenlands sowie die Schließung der Ägäis bedroht fühlen mußte – wie auch Jugoslawien – das nunmehr bis auf Griechenland von den Achsenmächten und deren Verbündeten umgeben war, die gegen den jugoslawischen Vielvölkerstaat territoriale Revisionsansprüche hegten – für eine Balkanfront zu gewinnen. Diese Front hätte sich vom Schwarzen Meer bis zur nördlichen Adria und an die Südgrenze des Deutschen Reiches erstreckt. Doch durch die schriftliche Erklärung Hitlers vom 1. März beruhigt, daß die getroffenen Maßnahmen nicht gegen die Türkei gerichtet seien, blieb die türkische Regierung bei ihrem Entschluß, sich aus dem Konflikt herauszuhalten. Sie versagte sich den Engländern, obwohl sie mit ihnen seit Oktober 1939 als Folge der italienischen Aggression gegen Albanien durch einen Beistandspakt verbunden war. Sie hatte schon am 17. Februar 1941, als sich der deutsche Truppenaufmarsch in Rumänien abzeichnete, mit ihrem bulgarischen Nachbarn gegenseitige Freundschafts- und Nichtangriffserklärungen ausgetauscht. Auch Jugoslawien widersetzte sich der Anregung Churchills, die Italiener in Albanien überraschend anzugreifen und gemeinsam vom Balkan zu vertreiben. Während Jugoslawien weiterhin bestrebt war, sich zwischen den verfeindeten Mächten durchzumanövrieren, wollte Hitler eine mögliche Gefährdung seines Griechenlandunternehmens von der langgestreckten jugoslawischen Flanke her durch eine eindeutige Option Jugoslawiens für Deutschland ausschalten. In Zusammenkünften mit Ministerpräsident Cvetković und Prinzregent Paul bedrängte er die Jugoslawen massiv, dem Dreimächtepakt beizutreten. Schließlich erklärten sie sich unter den Bedingungen bereit, daß ihre territoriale Integrität garantiert würde, daß sie keinen Durchmarsch für Truppen und keine militärische Hilfe gegen Griechenland gewähren brauchten und Deutschland ihren Anspruch auf Saloniki unterstützen würde. Die Regierung Cvetković faßte den Beschluß gegen die Stimmung im Lande – drei opponierende Kabinettsmitglieder traten deswegen zurück – und paraphierte das Beitrittsprotokoll zum Dreimächtepakt am 25. März in Wien. Glaubte Hitler damit den letzten Unsicherheitsfaktor für den Blitzkrieg gegen Griechenland beseitigt zu haben, so sollte er arg enttäuscht werden: Nach seiner Rückkehr aus Wien wurden Cvetković und seine Regierung am 27. März durch einen Putsch prowestlicher, nationalistischer serbischer Offiziere unter dem Fliegergeneral Simović gestürzt, Prinzregent Paul ins Exil vertrieben und der minderjährige König Peter II. auf den Thron gehoben. Der Umsturz wurde in Belgrad durch Demonstrationen und Ausschreitungen gegen deutsche Einrichtungen begleitet. Dennoch lehnte auch die neue Regierung Simović ein Zusammengehen mit England ab und erklärte, die bisherige neutrale und deutschfreundliche Politik fortsetzen zu wollen. Aber Hitler, der die Vorgänge als Brüskierung und Prestigeverlust empfand, faßte noch am 27. März den Entschluß, »ohne mögliche Loyalitätserklärungen abzuwarten, ... Jugoslawien militärisch und als Staatsgebilde zu zerschlagen«[42]. Dabei spielte sicher eine Rolle, daß ihm wegen der termingebundenen Vorbereitungen zum Rußlandfeldzug für neuerliche langwierige Verhandlungen mit Belgrad keine Zeit mehr blieb: der vorgesehene Angriffstermin im Osten mußte durch den vorübergehenden Einsatz zusätzlicher Kräfte für den Blitzfeldzug auf dem Balkan ohnehin um vier Wochen verschoben werden. Außer der Verstärkung der in Bulgarien aufmarschierten Kräfte, die nun gleichzeitig gegen das südliche Jugoslawien vorgehen sollten, wurde eine zweite Angriffsgruppe in Österreich und Ungarn bereitgestellt, um –

[42] Vgl. Niederschrift »Besprechung über Lage Jugoslawien« bei Hitler v. 27. 3. 1941. In: Der Prozeß gegen die Hauptkriegsverbrecher vor dem Internationalen Gerichtshof (IMG), Bd. 38. Nürnberg 1948, S. 21 ff.

durch italienische Kräfte von Friaul her unterstützt – in den Nordteil des Landes einzumarschieren. Während sich die Bulgaren auch weiterhin eine militärische Mitwirkung ablehnten, obwohl ihnen Hitler jugoslawische Gebiete in Mazedonien versprach, erklärte sich Ungarns Reichsverweser Horthy dazu bereit, weil er die 1919 an Jugoslawien abgetretenen ungarischen Gebiete zurückgewinnen wollte.

Unterdessen suchte die Regierung Simović bei der Sowjetunion als der einzigen neutralen europäischen Großmacht Rückhalt. Am 5. April – in der Nacht vor dem deutschen Angriff – unterzeichneten die Jugoslawen in Moskau einen Nichtangriffs- und Freundschaftspakt, der zur Aufrechterhaltung freundschaftlicher Beziehungen verpflichtete, falls einer der beiden Partner angegriffen würde. Wenngleich die Sowjetunion keine militärische Verpflichtung eingegangen war, rückte sie damit demonstrativ von dem deutschen Vorgehen auf dem Balkan ab.

Der Blitzkrieg gegen Jugoslawien wurde am 6. April ohne Kriegserklärung oder Ultimatum durch Bombenangriffe der Luftflotte 4 (General Löhr) auf das zur offenen Stadt erklärte Belgrad, auf Flugplätze und das jugoslawische Verkehrsnetz eröffnet. Aus Kärnten, der Steiermark und Ungarn drangen die Kräfte der 2. Armee (Generaloberst Frhr. v. Weichs), aus Bulgarien die Truppen der 12. Armee (Feldmarschall List) in Jugoslawien ein. Am 10. April wurde Agram besetzt – wo die kroatische nationalistische Ustascha-Bewegung mit deutscher und italienischer Unterstützung den unabhängigen Staat Kroatien ausrief –, am 12. April ohne Kampf Belgrad. Während die ungarischen Truppen in die Batschka einrückten, marschierten die Italiener von Ljubljana aus entlang der dalmatischen Küste bis Dubrovnik sowie von Albanien aus nach Norden vor. Da sich die jugoslawischen Armeeführung nicht mehr in der Lage sah, ihre ohnehin unterlegenen und ohne Panzerabwehrwaffen ausgestatteten Truppen geordnet in eine neue Verteidigungsstellung zurückzuführen – die kroatischen Truppenteile stellten bereits den Kampf ein –, mußte sie am 17. April bedingungslos kapitulieren: 334000 Mann gingen in deutsche Gefangenschaft. König Peter und die Regierung Simović flohen nach London ins Exil. Innerhalb von zwölf Tagen hatte Deutschland erneut einen Blitzkrieg gewonnen.

Am 6. April war die 12. Armee von Bulgarien aus auch nach Süden gegen die stark befestigte griechische »Metaxas-Linie« in Ostmazedonien zum Angriff angetreten, die trotz heftiger

Bombardierung und Artilleriebeschuß zunächst standhielt. Als jedoch deutsche Panzerkräfte mit einem Stoß über jugoslawisches Gebiet diese Befestigungslinie westlich umgingen und am 9. April in Saloniki einrückten, war die in Ostmazedonien stehende griechische Armee eingeschlossen und kapitulierte mit 60000 Mann.

Nachdem die in Südjugoslawien operierenden Truppen der 12. Armee mit den Italienern in Albanien Verbindung aufgenommen und damit eine Zusammenarbeit der jugoslawischen und der griechisch-britischen Streitkräfte von vornherein verhindert hatten, schwenkten sie nach Süden ein. Sie durchbrachen die griechische Front zwischen dem englischen Expeditionskorps unter General Wilson – das zusammen mit der Zentralmazedonischen Armee in der »Aliakmon-Linie« zwischen dem Berg Kajmakčalan und dem Ägäischen Meer stand – und den beiden in Albanien kämpfenden griechischen Armeen. Die Engländer vermieden jedoch ihre Einschließung, indem sie rechtzeitig auf eine neue Stellung am Olymp zurückgingen. Dagegen wurden die beiden griechischen Armeen, die sich nunmehr aus Albanien zurückzogen, hinter das Pindos-Gebirge im Raum Joánnina zusammengedrängt. In der Flanke und im Rükken bedroht, kapitulierten am 21. April 16 Divisionen vor der 12. Armee. Da sich Mussolini bei Hitler über die Eigenmächtigkeit des deutschen Armee-Oberbefehlshabers Feldmarschall List beschwerte, mußte die Unterzeichnung der endgültigen Kapitulation unter Beteiligung der Italiener zwei Tage später in Saloniki wiederholt werden. Die von den Griechen getrennten Engländer beschlossen am 15. April im Einvernehmen mit der griechischen Regierung, ihr Expeditionskorps abzuziehen (Operation »Demon«). In einer vorbereiteten Verteidigungslinie am historischen Engpaß der Thermopylen deckten australische und neuseeländische Nachhuten in zähem Kampf den Rückzug, bis die Evakuierung am 24. April begann. Da der Hafen von Piräus von der deutschen Luftwaffe zerstört worden war, wurden die Truppen am offenen Strand Attikas und des Peloponnes eingeschifft. Den Briten gelang es, sich den Umfassungsversuchen der nachdrängenden Deutschen – deren Panzerverbände am 27. April in Athen einrollten und über den Isthmus von Korinth setzten, der am Vortage durch Fallschirmtruppen eingenommen worden war – zu entziehen und in den Nächten bis zum 29. April 50000 Mann, d.h. 80 Prozent ihres Expeditionskorps unter Verlust sämtlichen Materials nach Kreta und Ägypten zu retten. König Georg II. und die griechische Regierung gingen nach London ins Exil. Als die deutschen Truppen bis zum 3. Mai 1941 außer Kreta alle größeren Inseln Griechenlands besetzt hatten, war der letzte deutsche Blitzkrieg beendet. 218000 Griechen und 12000 Engländer gingen in deutsche Gefangenschaft.

Bereits durch Weisung vom 25. April hatte Hitler als Abschluß des Balkanunternehmens die Besetzung Kretas durch ein Luftlandeunternehmen (»Merkur«) befohlen, um die Bedrohung des rumänischen Erdölgebiets und des italienischen Versorgungsweges, der vom Schwarzen Meer durch den Bosporus und die Ägäis lief, durch englische Luftangriffe endgültig zu beseitigen. Nach dem Rückzug der Engländer vom griechischen Festland standen 30000 englische, australische und neuseeländische sowie 10000 griechische Soldaten unter dem neuseeländischen General Freyberg auf der Insel. Die Verteidiger hatten jedoch wenig Artillerie, kaum Panzer und keine Kampfflugzeuge. Im Raum Kreta besaßen die Deutschen eindeutig die Luftherrschaft, während die englische Alexandria-Flotte zwar das Meer beherrschte, wegen der deutschen Flugzeuge jedoch nur nachts operieren konnte. Für das in der Kriegsgeschichte bis dahin einzigartige Luftlandeunternehmen standen der Luftflotte 4 (Generaloberst Löhr) – außer einem Fliegerkorps mit Bomben- und Jagdflugzeugen und Teilen einer Gebirgsjägerdivision als Reserve – eine Luftlandedivision, eine verstärkte Gebirgsjägerdivision sowie 500 Transportflugzeuge vom Typ Ju 52 und achtzig Lastensegler zur Verfügung, während alle schweren Waffen durch Schiffe nachgeführt werden sollten. Nach vorangegangener Bombardierung mißlang am 20. Mai die überraschende Eroberung der drei vorhandenen Flugplätze, da die Angreifer teilweise mitten in den Stellungen des abwehrbereiten Gegners landeten und aufgerieben wurden: durch die Entzifferung des deutschen Funkverkehrs (»Ultra«) waren die Engländer über Ziele und Termin des deutschen Angriffs genauestens informiert. Nach Zuführung weiterer Verstärkung gelang es am nächsten Tag, das im Westen gelegene Flugfeld von Maleme soweit freizukämpfen, daß die Transportmaschinen mit den Gebirgsjägern – wenngleich noch unter feindlichem Artilleriebeschuß – landen konnten. Dagegen wurden die Geleitzüge mit dem Materialnachschub von der englischen Flotte gestellt und teils versenkt, teils zur Umkehr gezwungen. Dennoch konnten die nur leicht bewaffeneten deutschen Kräfte von Maleme aus die Hauptstadt Chania und die Suda-Bucht mit dem wichtigsten Hafen der Insel nehmen und im weiteren Vordringen nach Osten bis Monatsende die bei den Flugplätzen Réthymnon und Heraklion eingeschlossenen deutschen Luftlandetruppen entsetzen. Am 28. Mai landeten auch die Italiener am Ostteil der Insel und verhinderten damit, daß sich die Engländer dorthin zurückzogen. In der Nacht zum 29. Mai begannen die Engländer die Insel unter dem Schutz ihrer Mittelmeer-Flotte zu räumen. Die ersten »See-Luftschlachten« des Zweiten Weltkrieges, die sich zwischen der deutschen Luftwaffe und der Royal Navy sowohl bei der Bekämpfung des deutschen Nachschubs für Kreta wie auch bei der britischen Evakuierung der Insel entwickelten, kosteten die Engländer empfindliche Verluste – zahlreiche Schiffe, darunter Schlachtschiffe und ein Flugzeugträger, wurden beschädigt, drei Kreuzer und sechs Zerstörer sanken –, erschütterten jedoch ihre Seeherrschaft im östlichen Mittelmeer nicht. Es gelang ihnen, bis zum 1. Juni 17000 Mann, d.h. über die Hälfte der Besatzung Kretas, nach Ägypten zu bringen. Auf deutscher Seite verursachte das Luftlandeunternehmen höhere Verluste, als die Eroberung Jugoslawiens und des griechischen Festlandes: kostete der Balkanfeldzug 1206 Gefallene, 3901 Verwundete und 538 Vermißte, so forderte Kreta 2071 Tote, 2594 Verwundete und 1880 Vermißte. Diese hohen Verluste an Menschen und Flugzeugen – von den Transportmaschinen war weit über die Hälfte zerstört oder beschädigt worden – beeinflußte Hitlers Entscheidung, größere Luftlandeoperationen, etwa gegen Malta, nicht mehr zu unternehmen.

Gleich nach Beendigung des Feldzuges gingen die Achsenmächte an die »Neuordnung« des Balkans unter Aufteilung des jugoslawischen Staates. Die nordslowenischen Gebiete Untersteiermark, Kärnten und Krain kamen zu Deutschland, Südslowenien mit Laibach (Ljubljana), zahlreiche adriatische Küsteninseln, die dalmatinische Küste zwischen Zara und Split sowie das »unabhängige« Montenegro zu Italien. Die Ungarn erhielten die Gebiete zwischen Theiß und Drau (Batschka und Baranja-Dreieck) sowie das Mur-Gebiet nördlich der Donau. Kroatien – um Bosnien und die Herzegowina erweitert – wurde ein »souveräner« Staat unter dem Führer (»Poglavnik«) der faschistischen Ustascha-Bewegung, de facto aber ein Satellitenstaat unter getrennter deutscher und italienischer Besatzung, der im Juni 1941 dem Dreimächtepakt beitrat. Das Westbanat, auf das

Ungarn und Rumänien gleichzeitig Anspruch erhoben, und »Altserbien« in den Grenzen von 1912 blieben unter deutscher Militärverwaltung mit einer einheimischen Marionettenregierung des Generals Nedić in Belgrad. Albanien wurde um südserbisches und westmazedonisches Gebiet vergrößert, während Bulgarien ostmazedonisches Gebiet mit der Stadt Skopje bis zum Ochrida-See zugesprochen bekam. Von Griechenland fielen die Ionischen Inseln an Italien, die ostmazedonischen und westthrazischen Gebiete zwischen Struma und Maritza an Bulgarien, das dadurch einen Zugang zum Ägäischen Meer bekam. Griechenland mit einer Marionettenregierung unter General Tsolákoglou in Athen wurde von den Italienern besetzt; nur strategisch wichtige Gebiete wie Saloniki mit seinem Hinterland, der Hafen von Piräus, eine Pufferzone an der türkischen Grenze und einige westägäische Inseln nebst dem Westteil von Kreta blieben deutsche Besatzungszonen. Aber Hitlers militärischer Sieg und die politisch-territoriale »Neuordnung« brachten auf dem Balkan keine Ruhe: Bald entwickelte sich ein Partisanenkrieg, der sich von Serbien aus ausbreitete, später auch in Griechenland begann und von den Engländern durch Waffenlieferungen gefördert wurde.

Die deutsche Unterstützung des italienischen Achsenpartners auf dem nordafrikanischen Kriegsschauplatz begann mit der Verlegung des X. Fliegerkorps (General Geisler) nach Sizilien im Dezember 1940, um die britischen Flughäfen in Ägypten und der Cyrenaika anzugreifen, die Seetransporte nach Libyen zu sichern und den britischen Stützpunkt Malta niederzukämpfen. Trotz guter Erfolge der deutschen Sturzkampfflieger gegen die britische Flotte – im Januar versenkten sie einen schweren Kreuzer und beschädigten einen Flugzeugträger so schwer, daß er vom Mittelmeer abgezogen werden mußte – gelang es nicht, die Verstärkung Maltas durch britische Geleitzüge zu unterbinden, diesen Stützpunkt für Flugzeuge, U-Boote und Zerstörer unbenutzbar zu machen und damit die Bedrohung des Achsennachschubs nach Nordafrika auf die Dauer abzuwenden.

Um den Italienern gegen die in Libyen vordringenden Engländer zu helfen, befahl Hitler am 1. Januar 1941, einen Panzersperrverband nach Tripolis zu überführen (Unternehmen »Sonnenblume«). Das »Deutsche Afrika-Korps« bestand zunächst aus einer leichten Division, der im Mai eine Panzerdivision folgte, und wurde von Generalleutnant Rommel befehligt, der durch seine unorthodoxe und bewegliche Kriegführung bald von sich Reden machte. Entgegen der Weisung des OKW, zunächst nicht offensiv zu werden, und den Bedenken des neuen italienischen Oberbefehlshabers in Libyen, General Gariboldi, griff Rommel am 31. März mit den bis dahin eingetroffenen deutschen Kräften die Engländer unter General Wavell an, die durch die Überführung von Heeres- und Luftwaffenverbänden nach Griechenland stark geschwächt waren. Von den Italienern unterstützt, eroberte Rommel die Cyrenaika zurück, überschritt die ägyptische Grenze, nahm Sollum und am 27. April den strategisch wichtigen Halfaya-Paß. Da es ihm jedoch nicht gelungen war, dem Gegner den Rückweg abzuschneiden, konnten sich starke englische Kräfte in den Hafen Tobruk zurückziehen und dort am 1. April einschließen lassen. Die Belagerung der von See her mit Verstärkung versehenen Festung, die mehreren Erstürmungsversuchen standhielt, band in der Folge erhebliche Kräfte des Afrika-Korps. Nachdem die Engländer einen Geleitzug mit modernen Panzern und Jagdflugzeugen durch das Mittelmeer nach Ägypten gebracht hatten, führten sie im Mai und im Juni an der Sollum-Front zum Entsatz von Tobruk zwei Offensiven (»Brevity« und »Battle-axe«), die Rommel mit Hilfe der unterdessen eingetroffenen Panzerdivision in wechselvollen Kämpfen abwehrte.

Konnte die Krise für die Italiener in Nordafrika durch deutsche Unterstützung behoben werden, so ging das vom Mutterland abgeschnittene Italienisch-Ostafrika, das die Briten im Januar 1941 vom Sudan und von Kenia her angriffen, dagegen endgültig verloren: Am 5. Mai kehrte der seit 1936 im Exil lebende Kaiser Haile Selassi in die Hauptstadt Addis Abeba zurück; zwei Wochen später kapitulierten die italienischen Verteidiger unter ihrem Oberbefehlshaber, Herzog von Aosta, im schwer zugänglichen Gebirgsmassiv von Amba Aladji.

An der Ägyptenfront konnte Rommel durch den Beginn des Rußlandfeldzuges nur wenig Verstärkung zugeführt werden. Außerdem verschlechterte sich seine Nachschublage, nachdem das X. Fliegerkorps ab Mai 1941 von Sizilien nach Griechenland verlegt worden war, um anstelle der nach Rußland gehenden Luftwaffenverbände den Schutz der Ägäis zu übernehmen: Malta konnte wieder als Stützpunkt für englische Kreuzer benutzt werden, die im Verein mit U-Booten und Flugzeugen im August über 30, im November sogar über 70 Prozent des für die Achsenstreitkräfte in Nordafrika bestimmten Nachschubs versenkten. Zu diesen Erfolgen der Engländer trug maßgeblich bei, daß sie seit dem Sommer den die Seetransporte betreffenden italienischen Funkverkehr entziffern konnten.

Anders als Rommel konnte der neue britische Oberbefehlshaber in Kairo, General Auchinleck, seiner Ägyptenarmee erhebliche Verstärkungen zuführen. Mit doppelt soviel Panzern wie das Afrika-Korps und eindeutiger Luftüberlegenheit trat diese Armee am 18. November 1941 überraschend zur Offensive (Operation »Crusader«) an. Sie konnte nach wechselvollen Kämpfen Tobruk entsetzen und Rommel zwingen, im Laufe des Dezember die Cyrenaika – unter Zurücklassung deutscher und italienischer Kräfte in Bardia und am Halfaya-Paß, die erst im Januar kapitulierten – zu räumen, um einer Einschließung zu entgehen. Die Deutschen und Italiener bezogen Mitte Januar eine günstige Stellung bei Marsa el Bregha an der Großen Syrte. Die Rückzugskämpfe hatten die Achsenmächte 38300 Gefangene, Tote und Verwundete gekostet. Aber auch die Engländer, bei denen diese Ausfälle 17700 Mann betrugen und die erhebliche Verluste an Panzern und Material erlitten hatten, waren zu erschöpft, um die Offensive fortsetzen zu können, zumal sie nunmehr durch die lange Nachschublinie benachteiligt waren.

Um die Lage der Achsenstreitkräfte in Nordafrika zu verbessern, wurden ab November 1941 deutsche U-Boote ins Mittelmeer und ab Dezember deutsche Luftstreitkräfte von der Rußlandfront nach Süditalien und Libyen verlegt und als Luftflotte 2 unter dem zum »Oberbefehlshaber Süd« ernannten Generalfeldmarschall Kesselring eingesetzt. Bis Jahresende erlitten die Engländer so schwere Schiffsverluste – die deutschen U-Boote versenkten einen Flugzeugträger, ein Schlachtschiff und einen Kreuzer; italienische Zwerg-U-Boote beschädigten im Hafen von Alexandria zwei Schlachtschiffe schwer –, daß die britische Alexandria-Flotte nur noch einige einsatzbereite leichte Kreuzer und Zerstörer besaß. Der Ausfall an schweren Schiffen konnte wegen des japanischen Überfalls auf die britischen Besitzungen in Ostasien nicht ersetzt werden, der die Engländer schon in den ersten Kampftagen zwei Schlachtschiffe kostete. Durch die Ende Dezember beginnende pausenlose Bombardierung Maltas mußten die Engländer die Insel als Flottenstützpunkt aufgeben. Daraufhin verbesserte sich die Nachschublage der Achsenstreitkräfte in Libyen so, daß Rommel Anfang des Jahres daran denken konnte, mit seinen aufgefrischten Kräften wieder offensiv zu werden.

Diese Ereignisse lassen erkennen, welche Erfolge gegen England bei einer Verlegung des Schwerpunktes der Kriegführung in den Mittelmeerraum nach dem Balkanfeldzug 1941 hätten erzielt werden können, als die Hilfe der USA noch keinen maßgeblichen Umfang angenommen hatte. Aber für Hitler, der glaubte, die Engländer in der Sowjetunion schlagen zu können, war das Mittelmeer 1941 nur Nebenkriegsschauplatz, auf dem selbst die zur Stützung des italienischen Verbündeten ergriffenen offensiven Maßnahmen im Grunde nur defensiven Charakter trugen. Eine geschlossene strategische Offensive im Mittelmeer und den angrenzenden Räumen war erst nach der Niederwerfung der Sowjetunion »für den Spätherbst 1941 und den Winter 1941/42« (!) vorgesehen[43]. Die nicht wahrgenommenen Gelegenheiten zur Verfolgung weitgesteckter militärischer Ziele im Mittelmeer und im Nahen und Mittleren Osten – zu denen im Frühjahr und Sommer 1941 auch eine Ausnutzung der antibritischen Revolte im Irak und des bewaffneten Konflikts zwischen Vichy-Truppen und Engländern in Syrien gehörte – sollten nicht wiederkehren, da sich Hitler in der Widerstandskraft der Sowjetunion verrechnete.

2. Die Ausweitung des europäischen Konflikts zum Weltkrieg 1941

Hitlers Weltanschauungskrieg gegen die Sowjetunion

Nach dem Scheitern der Luftschlacht über England und dem erzwungenen Verzicht auf eine Invasion der britischen Inseln sah Hitler in der schnellen Niederwerfung der Sowjetunion als der allein übriggebliebenen kontinentaleuropäischen Großmacht und möglichem »Festlanddegen« Englands das einzige Mittel, um England zur Aufgabe des Kampfes und zur Anerkennung der deutschen Vorherrschaft auf dem europäischen Kontinent zu zwingen, bevor die USA in den europäischen Konflikt eingreifen konnten. Da sich die vom Abschluß des Dreimächtepaktes erwartete hemmende Wirkung auf die amerikanische Politik nicht einstellte – der im November 1940 wie-

[43] Vgl. Entwurf der »Weisung Nr. 32. Vorbereitungen für die Zeit nach Barbarossa« an die Oberkommandos des Heeres, der Kriegsmarine und den Oberbefehlshaber der Luftwaffe v. 11. 6. 1941, in: Hubatsch (Hrsg.), Hitlers Weisungen, S. 129ff.

dergewählte Präsident Roosevelt ging mit Energie daran, die USA zum »Arsenal der Demokratie«[1] zu machen und rüstungsmäßig auf einen Krieg vorzubereiten –, rechnete Hitler mit einem aktiven Eingreifen der Amerikaner im Jahre 1942. Dabei war er sich völlig darüber im klaren, daß die territoriale und wehrwirtschaftliche Basis, die Deutschland durch seine bisherigen Erfolge gewonnen hatte, zu schmal war, um gegen das Kräftepotential der beiden angelsächsischen Mächte einen jahrelangen Abnützungskrieg bestehen zu können. Wollte er in einer solchen Situation nicht noch stärker vom Wohlwollen und von Rohstofflieferungen bzw. der Transitgewährung der Sowjetunion abhängig und damit möglicherweise hinsichtlich sowjetischer Forderungen in Osteuropa »erpreßbar« werden, sah Hitler nur eine Lösung: das europäische Rußland noch im Jahre 1941 durch einen Blitzkrieg zu erobern, um dadurch wirtschaftlich autark und blockadefest zu werden, wehrgeographisch eine weiträumige Verteidigung führen zu können und machtpolitisch Unabhängigkeit zu erringen, d.h. Weltpolitik betreiben zu können. Gleichzeitig sollte damit den Japanern der Rücken für die Auseinandersetzung mit den angelsächsischen Mächten frei gemacht werden. Das bedeutete, daß Hitler sein weltanschaulich-programmatisches Fernziel der Eroberung von deutschem »Lebensraum« im Osten, der Ausrottung des »jüdischen Bolschewismus« und der Errichtung eines auf rassischer Überlegenheit über die Slawen begründeten Kontinentalreiches im europäischen Rußland – das er ursprünglich mit Rückenfreiheit im Westen verwirklichen wollte – aus strategischen Notwendigkeiten nunmehr zu einem Zeitpunkt anging, in dem er mit England im Kriege stand: das weltanschaulich-programmatische Ziel wurde in diesem Dilemma zum politisch-strategischen Mittel. Da Hitler von einem militärischen Zusammenbruch der Sowjetunion innerhalb weniger Monate ausging, war dieses Unternehmen ein ausgesprochenes Hasardspiel, das entweder eine Wendung des Gesamtkrieges zugunsten Deutschlands oder aber eine Wiederholung der Feindkoalition von 1917 herbeiführen konnte, die zu einem Zermürbungskrieg an mehreren Fronten und zur Niederlage Deutschlands führen mußte.

[1] Vgl. Roosevelt's fireside chat on national security v. 29. 12. 1940. In: S. J. Rosenman (Hrsg.), The public papers and addresses of Franklin D. Roosevelt, Bd. für 1940: War and aid to democracies. New York 1941, S. 643, deutsch: Roosevelt spricht. Die Kriegsreden des Präsidenten. Stockholm 1947, S. 107ff.

Hitlers Überfall auf die Sowjetunion im Jahre 1941 war daher kein Präventivkrieg, der durch eine unmittelbare Bedrohung seitens der Sowjets ausgelöst wurde. Im Gegenteil war die sowjetische Führung zu diesem Zeitpunkt aus militärischen wie aus politischen Gründen bestrebt, auf keiner der beiden Seiten in den Krieg hineingezogen zu werden. Zwar hatte die Sowjetunion an ihrer Westgrenze zwischen Ostsee und Schwarzem Meer starke Kräfte konzentriert, um die 1939/40 annektierten finnischen, baltischen, polnischen und rumänischen Gebiete unter Kontrolle zu halten und den deutschen Truppenaufmärschen in Rumänien, Bulgarien, im Generalgouvernement und in Ostpreußen im Ernstfall entgegentreten zu können. Gemäß der sowjetischen Verteidigungskonzeption, die Grenzlinie bis zur Heranziehung starker operativer Kräfte zu halten – also nicht in der Tiefe des eigenen Landes zu operieren –, handelte es sich dabei um defensive sowjetische Truppenaufstellungen, wie die deutschen Generäle nach dem Einmarsch übereinstimmend feststellten. Für einen militärischen Angriff hielt sich die Rote Armee, die durch die »große Säuberung« von 1937/38 erheblich geschwächt worden war, im Jahre 1941 nicht ausreichend gerüstet: Sie war erst dabei, ihre Panzerwaffe zu modernisieren und ab Juli 1940 nach deutschem Vorbild kombinierte Panzer- und motorisierte Infanterieverbände – »mechanisierte Korps« – aufzustellen, die Luftwaffe auf neue Flugzeugtypen umzurüsten und jenseits des Urals dem feindlichen Zugriff weitgehend entzogene neue Rüstungszentren aufzubauen. Stalin, der von der axiomatischen Vorstellung ausging, daß der »erste sozialistische Staat« eines Tages unweigerlich von seiner »kapitalistischen Umwelt« mit Krieg überzogen werden würde – eine Gefahr, die er nach der Verständigung der europäischen Großmächte in München 1938 für einige Zeit in bedrohliche Nähe gerückt sah –, verfolgte das außenpolitische Ziel, den gegenwärtigen Krieg zwischen den »imperialistischen Mächten« dazu auszunutzen, eine möglichst große strategische Sicherheitszone in Ost- und Südosteuropa zu gewinnen und die Rüstung voranzutreiben, um für die erwartete Endauseinandersetzung gewappnet zu sein. Er sah daher keine Veranlassung, 1941 die bisherige nutzbringende Zusammenarbeit mit Deutschland, die ihm beträchtliche territoriale Gewinne eingebracht hatte, aufzugeben und sich in kriegerische Abenteuer zu stürzen. Wenngleich die Sowjets in diplomatischen Verhandlungen ihre Interessen gegenüber Deutschland hartnäckig vertraten und ihre Möglichkeiten maximal auszuloten suchten, gaben sie im Handeln doch stets nach, um keinen militärischen Konflikt heraufzubeschwören. Das schließt nicht aus, daß die Sowjetführung möglicherweise daran dachte, sich in der letzten Phase des »imperialistischen Krieges« – nach Verwirklichung ihrer Rüstungspläne und bei einem bevorstehenden Zusammenbruch Deutschlands – ohne größeres Risiko diejenigen Gebiete militärisch anzueignen, die sie für die »Sicherheit« der Sowjetunion gegenüber den siegreichen angelsächsischen Seemächten als notwendig ansah: das analoge sowjetische Vorgehen gegen Japan im August 1945 steht hier vor Augen. Im Sommer 1941 jedoch war ein sowjetisches Eingreifen in den Krieg weder von Stalin beabsichtigt, noch wurde es von Hitler erwartet.

Hitler gab schon Ende Juli 1940 die Weisung, für einen möglichen Feldzug gegen die Sowjetunion im nächsten Frühjahr Operationspläne auszuarbeiten und die notwendigen Kräfte aufzustellen. Im September befahl daher das OKW, das Heer bis Mai 1941 auf 180 Divisionen mit einer Gesamtstärke von 4,9 Millionen Mann zu vergrößern. Daß diese Angriffsvorbereitungen völlig unabhängig von der konkreten Entwicklung des deutsch-sowjetischen Verhältnisses vorangetrieben wurden, verdeutlicht Hitlers – unmittelbar vor den Berliner Gesprächen mit Molotow vom November gegebene – Weisung, daß sie fortzusetzen seien, »gleichgültig, welches Ergebnis diese Besprechungen haben werden«[2]. Spätestens der für Hitler unbefriedigende Ausgang dieser Gespräche scheint dann seinen endgültigen Entschluß herbeigeführt zu haben, den vorbereiteten Feldzug im Frühjahr 1941 zu unternehmen.

Die verschiedenen Operationsstudien, deren Fazit Hitler am 5. Dezember von Generalstabschef Halder vorgetragen wurde, schlugen sich in seiner Weisung vom 18. Dezember 1940 nieder: Die Wehrmacht sollte bis zum 15. Mai 1941 bereit sein, »auch vor Beendigung des Krieges gegen England Sowjetrußland in einem schnellen Feldzug niederzuwerfen« (Unternehmen »Barbarossa«). Das Ziel der in großen Zügen festgelegten Operationen war, die Masse des sowjetischen Heeres durch Umfassungsbewegungen noch im westlichen Rußland zu vernichten und die Linie Wolga–Archangelsk zu erreichen, aus der

[2] Vgl. Hitlers Weisung Nr. 18 an die Oberbefehlshaber der Wehrmachtteile v. 12. 11. 1940. In: Hitlers Weisungen für die Kriegführung 1939–1945. hrsg. v. W. Hubatsch. Frankfurt a. M. 1967, S. 67ff.

die sowjetische Luftwaffe reichsdeutsches Gebiet nicht mehr erreichen, die deutsche Luftwaffe hingegen »das letzte Rußland verbleibende Industriegebiet am Ural« ausschalten konnte[3].

In den Monaten bis zum Angriffsbeginn wurden neben den Vorbereitungen zur Eroberung, Verwaltung und wirtschaftlichen Ausbeutung des europäischen Teils der Sowjetunion von Hitler auch Maßnahmen getroffen, um die weltanschaulichen Zielsetzungen seines Programms zu verwirklichen: die Vernichtung des »jüdischen Bolschewismus« und die rassenideologisch fundierte deutsche Herrschaft über den eroberten Lebensraum. In einer Ansprache machte Hitler den Wehrmachtbefehlshabern am 30. März 1941 klar, daß der beabsichtigte Feldzug einen kompromißlosen »Kampf zweier Weltanschauungen gegeneinander« darstelle, in dem es um die Vernichtung des »Bolschewismus, ist gleich asoziales Verbrechertum« und die physische Ausrottung seiner Träger, »der bolschewistischen Kommissare und der kommunistischen Intelligenz« gehe[4].

Rund zwei Wochen zuvor hatte das OKW in besonderen Richtlinien bestimmt, daß der Reichsführer SS Himmler im Operationsgebiet des Heeres »selbständig und in eigener Verantwortung« Sonderaufgaben durchführen werde, »die sich aus dem endgültig auszutragenden Kampf zweier entgegengesetzter politischer Systeme ergeben«[5]. Ähnlich wie schon in Polen wurde damit die Basis für die Betätigung von »Einsatzgruppen« der Sicherheitspolizei und des SD geschaffen, die rassisch und politisch »unerwünschte Elemente« – d.h. Juden und aktive kommunistische Führer – massenweise liquidierten. Um das völkerrechtswidrige Vorgehen gegen die sowjetische Zivilbevölkerung abzusichern, wurde angeordnet, daß Straftaten von Zivilpersonen gegen die Wehrmacht nicht von den deutschen Kriegsgerichten, sondern von der Truppe selbst geahndet, ferner Straftaten von Wehrmachtsangehörigen gegen Landeseinwohner nur dann kriegsgerichtlich verfolgt werden sollten, »wenn es die Mannszucht oder die Sicherung der Truppe erfor-

[3] Vgl. Hitlers Weisung Nr. 21 (Fall Barbarossa) an die Oberbefehlshaber der Wehrmachtteile v. 18. 12. 1940, in: ebenda, S. 84ff.

[4] Vgl. Eintrag über die Besprechung v. 30. 3. 1941. In: Generaloberst Halder, Kriegstagebuch, bearb. v. H.-A. Jacobsen, Bd. 2. Stuttgart 1963, S. 335ff. (S. auch Dok. 4, S. 244f.).

[5] Vgl. Richtlinien auf Sondergebieten zur Weisung Nr. 21 (Fall Barbarossa) an die Oberbefehlshaber der Wehrmachtteile v. 13. 3. 1941, in: Hubatsch (Hrsg.), Hitlers Weisungen, S. 88ff.

dert«[6]. Schließlich bestimmte Hitlers berüchtigter »Kommissar-Befehl« vom 6. Juni, daß politische Kommissare von den Kriegsgefangenen sofort abzusondern und »zu erledigen« seien[7]. Von der Mitverantwortung für die Ausprägung des Ostfeldzuges zum rassenideologischen Vernichtungskrieg ist daher die Wehrmachtführung nicht freizusprechen. Es wurden auch schon künftige Schritte überlegt, wie aus dem gewonnenen Territorium »deutsches Siedlungsgebiet der Zukunft unter Assimilierung der rassisch Geeignetsten« und unter »Aussiedlung rassisch minderwertiger, größerer Bevölkerungsgruppen« geschaffen werden könne[8]. Durch die ergriffenen Maßnahmen und durch die Auffassung der nationalsozialistischen Führung, daß die Sowjetunion »nicht mehr als Subjekt der europäischen Politik«[9], sondern nur als Lebensraum-Beute anzusehen sei, nahm der Krieg, der bis Sommer 1941 prinzipiell noch unter Anerkennung der völkerrechtlichen Kriegsregeln geführt worden war, im Osten – wo beide Seiten ohnehin mit besonderer Verbitterung kämpften – eine spezifische Qualität der Rechtlosigkeit und moralischen Bedenkenlosigkeit an.

Während der Aufmarsch gegen die Sowjetunion im Gange war, traten verschiedentlich Mahner auf wie z.B. Großadmiral Raeder – der gegenüber dem Ostfeldzug die maritime Mittelmeerstrategie verfocht –, der Staatssekretär im Auswärtigen Amt, Frhr. v. Weizsäcker, der Botschafter und der Militärattaché in Moskau, Graf von der Schulenburg, und General Köstring, die vergebens davor warnten, daß die Eröffnung einer zweiten Front im Osten den Krieg gegen England nicht verkürzen, sondern erschweren würde. In diese Zeit fällt auch der Flug des »Stellvertreters des Führers«, Rudolf Heß, in einer zweimotorigen Jagdmaschine nach England mit der wirklichkeitsfremden Absicht, von den Engländern gegen Garantie des

[6] Vgl. Erlaß Hitlers über die Ausübung der Kriegsgerichtsbarkeit im Gebiet »Barbarossa« und über besondere Maßnahmen der Truppe v. 13. 5. 1941, von Keitel i. A. unterschrieben. In: Der Prozeß gegen die Hauptkriegsverbrecher vor dem Internationalen Gerichtshof, (IMG) Bd. 34. Nürnberg 1949, S. 250ff.

[7] Vgl. Richtlinien des OKW für die Behandlung politischer Kommissare v. 6. 6. 1941. In: H.-A. Jacobsen, 1939–1945. Der Zweite Weltkrieg in Chronik und Dokumenten, 5. Aufl. Darmstadt 1961, S. 571ff. (S. auch Dok. 5, S. 245f.).

[8] Vgl. Denkschrift Rosenbergs über die Ziele und Methoden einer künftigen deutschen Besetzung weiter Teile der Sowjetunion v. 2. 4. 1941, in: IMG, Bd. 26, S. 547ff.

[9] Rede Rosenbergs vor den engsten Beteiligten am Ostproblem v. 20. 6. 1941, in: ebenda, S. 613.

britischen Weltreiches außer der Rückgabe der deutschen Kolonien doch noch freie Hand auf dem Kontinent zu erhalten. Hitler, der von dem Alleingang völlig überrascht war und befürchtete, daß dieser Verhandlungsversuch als Zeichen deutscher Schwäche ausgelegt wurde, ließ Heß sofort für geisteskrank erklären.

Der deutsche Aufmarsch im Osten – laut Hitler »in Ausdehnung und Umfang der größte ..., den die Welt bisher gesehen hat«[10] – vollzog sich etappenweise und verzögerte sich wegen des Balkanfeldzuges um folgenschwere fünf Wochen. Schließlich standen 153 Divisionen einschließlich 19 Panzer- und 15 motorisierter Divisionen, d.h. 75 Prozent des Feldheeres, mit 3648 Panzern und Sturmgeschützen sowie 2500 Kriegsflugzeugen bereit. Zu den über 3 Millionen Mann der deutschen Wehrmacht traten wenig später 600000 Finnen, Ungarn und Rumänen nebst 900 meist zweitklassigen Flugzeugen. Dieser Offensivstreitmacht standen in den westlichen Grenzbezirken der Sowjetunion 149 Divisionen, die vierfache Zahl an – überwiegend älteren – Panzern und die dreifache Anzahl an Flugzeugen gegenüber.

War der Ostfeldzug trotz seiner späteren propagandistischen Charakterisierung als »Kreuzzug Europas gegen den Bolschewismus« nicht als Koalitionskrieg geplant, so konnte sich Hitler der aus strategischen Gründen erwünschten Beteiligung Finnlands und Rumäniens an der Nord- und Südflanke sicher sein, da sich beide Staaten mit dem Verlust ihrer 1940 an die Sowjets abgetretenen Gebiete nicht abgefunden hatten. Ungarn und die Slowakei, die für den Feldzug nur als Auf- und Durchmarschgebiete von Interesse waren, beteiligten sich nach Beginn ohne deutsche Aufforderung aktiv mit eigenen Verbänden: Ungarn, um den rumänischen Beitrag aufzuwiegen und sich in Berlin gegen eine rumänische Revision des Wiener Schiedsspruchs abzusichern; die Slowakei, um in Berlin eine Stütze gegen weitere ungarische Gebietsansprüche zu finden. Aus Geheimhaltungsgründen verschwieg Hitler sowohl Mussolini wie auch den verbündeten Japanern seine Angriffsabsicht, vor allem auch deshalb, weil er die japanischen Expansionsbestrebungen nicht auf die Sowjetunion, sondern auf das britische Singapur lenken

[10] Vgl. Aufruf Hitlers an das deutsche Volk v. 22. 6. 1941, von Goebbels um 5.30 Uhr im Rundfunk verlesen, abgedruckt im Völkischen Beobachter, Münchener Ausgabe v. 23. 6. 1941, S. 1f.

wollte. Da die Japaner andererseits ihre Beziehungen zu Moskau auch nicht verbessern sollten, um auch künftig sowjetische Kräfte zu binden, wurde der japanische Außenminister Matsuoka bei seinem Berlin-Besuch im März/April 1941 dahingehend informiert, daß ein deutsch-sowjetischer »Konflikt, wenn er auch nicht wahrscheinlich wäre, doch als möglich bezeichnet werden müsse«[11]. Als Folge dieser unbestimmten Unterrichtung schloß Matsuoka auf seiner Rückreise am 13. April 1941 mit Moskau einen Vertrag, in dem sich beide Partner gegenseitig Freundschaft, territoriale Integrität und Neutralität zusicherten, falls einer von ihnen mit einer dritten Macht in einen Krieg gerate. Mit dieser Entscheidung hielt sich Japan bei einem Krieg mit den angelsächsischen Mächten den Rücken frei, während sie den Sowjets im Herbst 1941 ermöglichte, Streitkräfte aus ihren fernöstlichen Gebieten zur Verteidigung Moskaus heranzuziehen.

Den Sowjets blieb der deutsche Aufmarsch an ihrer Westgrenze nicht verborgen. Sie baten, die seit März 1941 zunehmenden Verletzungen ihres Luftraumes durch deutsche Fernaufklärer abzustellen, hielten aber den Befehl aufrecht, auf diese Flugzeuge nicht zu schießen. Die Engländer warnten Stalin aufgrund von Informationen, die sie durch die Entzifferung des deutschen Funkverkehrs (»Ultra«) gewonnen hatten, vor einem bevorstehenden deutschen Angriff und suchten ihn zu Präventivmaßnahmen zu veranlassen. Aber Stalin, der offenbar an einen deutschen Angriff nicht glauben wollte, solange Deutschland mit England Krieg führte, sah in diesen Warnungen nur ein Manöver der Engländer, ihn gegen Deutschland in den Krieg zu treiben. Er hielt die deutsche Truppenkonzentration für das Vorspiel zur Erpressung weiterer wirtschaftlicher oder anderweitiger Zugeständnisse von der Sowjetunion – etwa des Durchmarschrechts durch Südrußland und den Kaukasus zum Angriff auf die britischen Positionen im Nahen Osten – und wollte Hitler durch militärische Gegenmaßnahmen auf keinen Fall provozieren. In dieser kritischen Lage übernahm Stalin als Generalsekretär der Kommunistischen Partei am 6. Mai den Vorsitz im Rat der Volkskommissare und trat damit auch im staatlichen Bereich an die Spitze der Regierung, um alle Fäden

[11] Vgl. Aufzeichnung über die Unterredung zwischen Ribbentrop und Matsuoka in Berlin am 29. 3. 1941. In: Akten zur deutschen Auswärtigen Politik 1939–1945 (ADAP), Serie D, Bd. 12/1, Dok. Nr. 233, S. 340ff.

selbst in der Hand zu haben. Durch verschiedene außenpolitische Schritte suchte er das deutsch-sowjetische Verhältnis zu verbessern und Hitler jeden Vorwand für einen militärischen Angriff zu nehmen. Während er die diplomatische Anerkennung der norwegischen, belgischen, jugoslawischen, später auch der griechischen Exilregierungen zurückzog, erkannte er die von Deutschland unterstützte antibritische Regierung Raschid Ali im Irak an. Bei der Erfüllung des für den deutschen Rohstoff- und Ernährungsbedarf wichtigen Wirtschaftsabkommens vom 10. Januar 1941 zeigten sich die Sowjets trotz zunehmenden Ausbleibens der deutschen Gegenlieferungen äußerst entgegenkommend: die Einfuhren aus der Sowjetunion, die für das Jahr 1940 den Wert von 391 Millionen Reichsmark betragen hatten, erreichten allein in den knapp sechs Monaten des Jahres 1941 327 Millionen. Die Transportzüge mit den sowjetischen Lieferungen rollten auch noch pünktlich über die Grenze, als die deutschen Truppen sie bereits überschritten.

Als die Anzeichen für einen deutschen Angriff immer bedrohlicher wurden, versuchte die sowjetische Regierung, das deutsche Schweigen durch eine dementierende Meldung ihrer Nachrichtenagentur TASS zu brechen, daß alle Gerüchte über unannehmbare deutsche Forderungen und über eine deutsche Angriffsabsicht »völlig grundlos« und »eine plump zusammengebraute Propaganda« jener Kräfte sei, die eine Ausweitung des Krieges betrieben[12]. Da die deutsche Regierung diese Meldung ohne Reaktion einfach totschwieg, erkundigte sich Molotow am Vorabend des Überfalls beim deutschen Botschafter in Moskau, welche Gründe die »erkennbare deutsche Unzufriedenheit« mit der Sowjetregierung verursacht hätten. Der von Hitlers Absicht nicht informierte Botschafter konnte diese Frage nicht beantworten; er wurde erst in der Nacht telegrafisch angewiesen, Molotow sofort und ohne weitere Erörterungen mitzuteilen, daß sich die Reichsregierung entschlossen habe, der zunehmend deutschfeindlichen Politik und der Truppenkonzentration der Sowjetunion an der deutschen Grenze »mit allen zur Verfügung stehenden Machtmitteln entgegenzutreten«[13]. Als dem sowjetischen Botschafter Dekanosow in Berlin am 22. Juni 1941 um 4 Uhr morgens von Ribbentrop die gleichen

[12] Vgl. Telegramm des deutschen Botschafters in Moskau v. 14. 6. 1941, ADAP, Serie D, Bd. 12/2, Dok. Nr. 628, S. 855f.

[13] Funktelegramm des Reichsaußenministers an die Botschaft in Moskau v. 21. 6. 1941, ebenda, Dok. Nr. 659, S. 886f.

Eröffnungen gemacht wurden, hatten die deutschen Truppen um 3.15 Uhr ohne Kriegserklärung die Grenze bereits überschritten und die Luftwaffe mit ihren Angriffen auf sowjetische Ziele begonnen.

Nach gelungener taktischer Überraschung – die Luftwaffe vernichtete bereits am ersten Tag über 1800 sowjetische Flugzeuge, die meisten von ihnen friedensmäßig aufgestellt am Boden – drangen die deutschen Armeen schnell vorwärts. In den ersten Julitagen erreichten die drei Heeresgruppen Nord (Generalfeldmarschall Ritter v. Leeb), Mitte (Generalfeldmarschall v. Bock) und Süd (Generalfeldmarschall v. Rundstedt) eine Linie, die von Riga zur Südspitze des Peipus-Sees, von dort über Polozk und Rogatschew bis zu den Pripjet-Sümpfen und südlich davon entlang der Flüsse Slutsch und Zbrutsch zum Dnjestr verlief und hinter der sowjetischen Grenze von 1939 ungefähr mit der »Stalin-Linie« identisch war, die eine teilweise mit Panzersperren und Betonbunkern verstärkte Feldbefestigungslinie darstellte. Bis zu diesem Zeitpunkt hatte jedoch nur die Heeresgruppe Mitte stärkere Kräfte des zurückweichenden Gegners in zwei Kesselschlachten bei Bialystok und Minsk einschließen und dabei 324 000 Gefangene sowie 330 erbeutete Panzer und 1800 Geschütze einbringen können. Dennoch war sich die deutsche Führung des Sieges völlig sicher: Am 3. Juli schrieb Generalstabschef Halder in sein Tagebuch, der Feldzug sei »innerhalb 14 Tagen gewonnen« worden, und nur die Zähigkeit der Sowjets und die Weite des Raumes würden die deutschen Kräfte »noch viele Wochen beanspruchen«[14].

Eine weitere Umfassungsschlacht, die 100 000 Gefangene, 300 Panzer und 850 Geschütze einbrachte, gelang der Heeresgruppe Süd im August bei Uman, nachdem sie die »Stalin-Linie« durchbrochen hatte und in Richtung auf den Dnjeprbogen vorgedrungen war, den sie bis zum 26. August von Tscherkassy bis zur Mündung ins Schwarze Meer besetzte. An der Küste dieses Meeres waren unterdessen die Rumänen vorgerückt und hatten Odessa eingeschlossen. Auch die Heeresgruppe Mitte schlug nach ihrem Durchbruch durch die »Stalin-Linie« mehrere erfolgreiche Einschließungsschlachten, von denen die von Smolensk und Roslawl zusammen wiederum 348 000 Gefangene, 3200 Panzer und eben so viele Geschütze einbrachten. Durch ihren Stoß nach Südosten auf Gomel zwang sie die Sowjets, den

[14] Halder, Kriegstagebuch, Bd. 3, S. 38, Eintrag v. 3. 7. 1941.

noch zwischen ihr und der Heeresgruppe Süd stehenden Keil aufzugeben, so daß die beiden bislang nördlich und südlich der Pripjetsümpfe getrennt vorgehenden Heeresgruppen am Dnjepr eine zusammenhängende Front bilden konnten. Die Heeresgruppe Nord besetzte bis Ende August das Baltikum, nahm Reval und schob sich bis an den westlichen Verteidigungsring von Leningrad heran, ohne dabei allerdings größere sowjetische Kräfte durch Einkesselung vernichten zu können. Die Finnen, die am 31. Juli auf der Karelischen Landenge zum Angriff angetreten waren, eroberten Wiborg und erreichten ihre alte Landesgrenze nördlich von Leningrad; in Ostkarelien drangen sie bis zum Swir vor. Die in Nord- und Mittelfinnland eingesetzten schwächeren Kräfte des Armee-Oberkommandos Norwegen (Generaloberst v. Falkenhorst) kamen indessen nur langsam voran und sollten ihre Ziele Murmansk (Operation »Platinfuchs«) und die Murmanbahn im Raum Kandalakscha (Operation »Polarfuchs«) nie erreichen.

Bereits im August 1941 mußte sich die deutsche Führung eingestehen, daß es sich bei diesem Krieg keineswegs um einen – lediglich in vergrößertem Maßstab geführten – »Blitzfeldzug« nach bewährtem Muster handelte, da »der Russe ... mit operativen Erfolgen nicht zu schlagen (sei), weil er sie einfach nicht anerkenne«[15]: Die Sowjets kämpften zwischen den vorgetriebenen Panzerkeilen auch in aussichtsloser Lage weiter und zwangen die deutschen schnellen Verbände zu verlustreichen Kämpfen nach zwei Seiten. Es zeigte sich, daß die Rote Armee trotz der hohen Verluste immer wieder in der Lage war, aus den Menschenreserven des Landes neue, wenn auch teilweise unzureichend ausgerüstete Verbände aufzustellen. Hinzu kam, daß Stalin – der am 1. Juli den Vorsitz im neugebildeten Staatlichen Verteidigungskomitee übernommen hatte, das die gesamte Staatsmacht bei sich konzentrierte – die sowjetische Bevölkerung im »Vaterländischen Volkskrieg« nicht nur zur bedingungslosen Unterstützung der Roten Armee, sondern auch zum Partisanenkrieg hinter den deutschen Linien aufgerufen hatte, der sich durch die Aufstellung eines zentralen Partisanenstabes militärisch als äußerst wirksam erwies. Vor allem im unwegsamen Pripjet-Gebiet fesselte dieser Kampf, für den die deutschen Truppen weder ausgebildet noch ausgerüstet waren, in nicht vorhergesehenem Maße Kräfte. Darüber hinaus verur-

[15] Ebenda, S. 123, Eintrag v. 26. 7. 1941.

sachten der ununterbrochene Einsatz und die Überwindung enormer Entfernungen durch Staub und Schlamm einen ungewöhnlichen Materialverschleiß und Ausfall von Panzern und Fahrzeugen. Als äußerst hinderlich erwies sich ferner, daß die ohnehin meist zerstörten Eisenbahnlinien durch die notwendige Umnagelung der russischen Spurweite für Transporte zunächst weitgehend ausfielen.

Über den Schwerpunkt, an dem die schnellen Verbände nach einer Überholungspause für die militärische Entscheidung bis zum Winter angesetzt werden sollten, waren Hitler und das OKH unterschiedlicher Meinung. Der Oberbefehlshaber des Heeres, Generalfeldmarschall v. Brauchitsch, und Generalstabschef Halder traten für einen Angriff an der Frontmitte gegen Moskau ein, um die dort zum Schutz der Hauptstadt konzentrierte Masse der Roten Armee zu zerschlagen, das Moskauer Industriezentrum und vor allem den zentralen Verkehrsknotenpunkt im europäischen Teil der Sowjetunion in Besitz zu nehmen, durch dessen Verlust die sowjetische Verteidigung verkehrsmäßig in zwei Operationsräume getrennt worden wäre. Demgegenüber suchte Hitler, der kriegswirtschaftliche und politische Ziele verfolgte, die Entscheidung an den beiden Flügeln der Front: Im Norden sollte Leningrad – Symbol des Sowjetregimes und wichtige Produktionsstätte für Panzer – genommen werden, um eine direkte Land- und Eisenbahnverbindung zu Finnland herzustellen, die sowjetische Flotte ihres Stützpunktes zu berauben und in der Ostsee auszuschalten. Damit sollten die kriegswichtigen Erztransporte und die deutschfreundliche Haltung Schwedens gesichert werden. Im Süden sollten die Krim besetzt werden, um die rumänischen Ölfelder vor der Bedrohung aus der Luft zu schützen, die Getreidegebiete der Ukraine, das Industrie- und Kohlerevier im Donezbekken erobert, die sowjetische Ölzufuhr aus dem Kaukasus abgeschnürt und den Iranern Aussicht auf deutsche Hilfe gegen die drohende britisch-sowjetische Besetzung gewährt werden. Hitlers Weisung vom 21. August besagte daher, daß die Heeresgruppe Mitte vor Moskau zumindest so lange zur Verteidigung übergehen und die benachbarten beiden Heeresgruppen mit ihren schnellen Verbänden unterstützen sollte, bis Leningrad eingeschlossen und die starken, im Raum Kiew stehenden Feindkräfte vernichtet waren, um der südlichen Heeresgruppe das weitere Vorgehen auf Charkow und Rostow zu ermöglichen. Das OKH beugte sich widerstrebend diesem Befehl, obwohl es befürchtete, daß die Sowjets unterdessen die Verteidigung vor Moskau so stark ausbauen würden, daß das als entscheidend angesehene Unternehmen gegen die Stadt vor Winteranbruch nicht mehr gelang.

In Ausführung von Hitlers Operationsbefehl vernichteten die beiden Heeresgruppen Mitte und Süd durch eine gemeinsame Zangenbewegung östlich von Kiew starke sowjetische Kräfte und brachten 665000 Gefangene, 880 erbeutete Panzer und 3700 Geschütze ein. Nach Abschluß dieser Kämpfe begann nunmehr am 2. Oktober der so lange verzögerte Angriff der Heeresgruppe Mitte auf Moskau, ohne daß allerdings die Operationen an den Flügeln der Ostfront eingestellt wurden. In seiner Proklamation an die Soldaten der Ostfront sprach Hitler von »der letzten großen Entscheidungsschlacht«, vom »letzten gewaltigen Hieb, der noch vor Einbruch des Winters diesen Gegner zerschmettern soll«[16]. Am nächsten Tag verkündete er im Berliner Sportpalast unter dem Jubel seiner Zuhörer: »Ich spreche das erst heute aus, weil ich es heute sagen darf, daß dieser Gegner bereits gebrochen und sich nie mehr erheben wird.«[17]

Die Offensive gegen Moskau (Unternehmen »Taifun«) begann mit zwei erfolgreichen Umfassungsschlachten bei Wjasma und Brjansk, die Mitte Oktober beendet waren und weitere 670000 Gefangene, 1240 erbeutete Panzer und 5400 Geschütze einbrachten. Damit war die Gesamtzahl der sowjetischen Kriegsgefangenen auf über 3 Millionen angestiegen. Sie erlitten ein furchtbares Schicksal, das keineswegs nur durch die objektiven Schwierigkeiten bei der Isolierung und Versorgung derartiger Massen, sondern durch eine bewußte Dezimierungspolitik verursacht wurde: Da ihre Rationen in voller Absicht unter dem Existenzminimum festgesetzt wurden, kamen von den insgesamt 5,7 Millionen sowjetischen Kriegsgefangenen des Zweiten Weltkrieges 3,3 Millionen durch Hunger und Seuchen um, ferner durch Massenerschießungen, die die SS hinter der Front oder in Konzentrationslagern durchführte. Die Behandlung der Gefangenen, die zu dem sich versteifenden Widerstand der Rotarmisten beitrug, änderte sich erst 1942, als ihr Einsatz als Ar-

[16] Diese Proklamation wurde der Truppe in der Nacht zum 2. 10. 1941 verlesen, veröffentlicht im Völkischen Beobachter, Norddeutsche Ausgabe v. 10. 10. 1941, S. 3.

[17] Vgl. Hitlers Rede zur Eröffnung des Winterhilfswerks v. 3. 10. 1941, in: Völkischer Beobachter, Norddeutsche Ausgabe v. 5. 10. 1941, S. 3f.

beitskräfte in der deutschen Kriegswirtschaft erforderlich wurde.

Während die Sowjetregierung und das diplomatische Korps bei der Annäherung der deutschen Truppen von Moskau nach Kuibyschew an die Wolga auswichen, rüstete sich die sowjetische Hauptstadt unter Stalin – der mit einem verkleinerten Regierungsapparat in der Stadt geblieben war – zur Abwehrschlacht: unter Einsatz der Zivilbevölkerung wurde ein Verteidigungsring gebaut, aus Betriebsbelegschaften wurden Kampfgruppen gebildet und aus Sibirien per Eisenbahn für den Winterkampf ausgerüstete Truppen herangeführt. Als Hitler am 7. Oktober die Annahme einer Kapitulation Moskaus verbot – die Stadt sollte wie auch Leningrad dem Erdboden gleichgemacht werden, um die Zentren des Bolschewismus und des »Moskowitertums« für immer auszulöschen –, setzte mit Regen und erstem Schneefall die herbstliche Schlammperiode ein. Sie ließ schließlich nur noch die Bewegung von Kettenfahrzeugen und Pferdegespannen zu, so daß Nachschub und Treibstoff knapp wurden und der Einsatz der Luftwaffe behindert war. Die seit Juni eingesetzten Panzerdivisionen wiesen teilweise nur noch 35 Prozent ihrer Gefechtskraft auf. Bis Ende Oktober kämpfte sich die Heeresgruppe langsam und beschwerlich bis zur Linie Kalinin – Moshaisk – Kaluga – Tula an die sowjetische Hauptstadt heran. Dennoch war das Überlegenheitsgefühl der deutschen Truppen gegenüber der Roten Armee nicht gewichen. In dem Glauben, »daß es bei beiden Gegnern um die letzte Kraftanstrengung geht und der härtere Wille recht behält«[18], ließ Generalfeldmarschall v. Bock seine Heeresgruppe nach Abklingen der Schlammperiode und Übergang zu leichtem, schneefreiem Frostwetter Mitte November erneut angreifen: Sie erreichte im Süden Wenew, kam von Westen her bis auf fünfzig Kilometer, im Norden nach Überschreiten des Moskwa-Wolchow-Kanals bis auf dreißig Kilometer an die sowjetische Hauptstadt heran. Da wurden die für den Winter unzureichend ausgerüsteten Angreifer plötzlich vom winterlichen Kälteeinbruch mit einer Temperatur von 30 Grad minus überrascht: Motoren und automatische Waffen versagten, die Erfrierungen überstiegen die Kampfverluste. Die durch die sträfliche Unterschätzung des Gegners unterbliebene Beschaffung von Winterbekleidung für das Heer konnte auch durch die

[18] Halder, Kriegstagebuch, S. 294, Eintrag v. 18. 11. 1941.

Sammlung von Wintersachen bei der Heimatbevölkerung nur unzureichend wettgemacht werden. Anfang Dezember mußte der Angriff auf Moskau als gescheitert angesehen werden.

Durch den vorrangigen Einsatz der deutschen Kräfte in der Mitte der Ostfront hatten auch die beiden anderen Heeresgruppen die ihnen gesteckten Ziele nicht erreichen können. Im Norden wurde Leningrad zwar zu Lande eingeschlossen, konnte aber von den Sowjets über den Ladogasee – nach seiner Einfrierung über eine »Eisstraße« – weiter versorgt werden. Im Süden konnten nach der »Schlacht am Asowschen Meer« in der ersten Oktoberhälfte, die wiederum 100000 Gefangene, 210 Panzer und 670 Geschütze einbrachte, im Laufe des November die Krim bis auf die Festung Sewastopol, ferner die Ukraine bis zur Linie östlich Charkow–Rostow eingenommen werden. Damit waren auch die Kräfte der südlichen Heeresgruppe durch Schlamm, Ausfälle von Fahrzeugen, Nachschub- und Treibstoffmangel bei weitem zu erschöpft, um ihre strategischen Ziele – die Donlinie und Stalingrad – angehen zu können. Als die Sowjets mit frischen, aus dem Kaukasus herangeführten Kräften die bei Rostow vorgeschobenen deutschen Truppen abzuschneiden drohten, mußte die Stadt am 28. November wieder geräumt und die Front an den Mius zurückverlegt werden. Da der Oberbefehlshaber der Heeresgruppe, Generalfeldmarschall v. Rundstedt, diesen Rückzug gegen den Einspruch Hitlers befahl, wurde er durch Generalfeldmarschall v. Reichenau ersetzt.

Nachdem die Sowjets in den ersten Dezembertagen auch vor Moskau zum Gegenangriff angetreten waren, mußte Hitler am 8. Dezember an der gesamten Ostfront den Übergang zur Verteidigung befehlen. Es zeigte sich, daß die bereits geschlagen geglaubte Rote Armee in den Wintermonaten zu Offensiven fähig war, die zu tiefen Einbrüchen in die deutsche Front und teilweise – so bei Demjansk und Cholm – zu monatelanger Einschließung deutscher Kräfte führten, die durch die Luft versorgt werden mußten. Diese Einschließungen waren eine Folge der Weigerung Hitlers, die Truppe auf vorzubereitende rückwärtige Stellungen zurückzunehmen. Im Gegenteil befahl er durch seinen »Halte-Befehl« vom 16. Dezember, die erreichte Linie in »Igelstellungen« starr zu verteidigen. Vielleicht nicht zu Unrecht befürchtete er, daß Rückzugsbewegungen nicht mehr rechtzeitig zum Stehen gebracht werden könnten und unter den extremen Bedingungen des russischen Winters weit größere personelle und materielle Verluste verursachen würden.

Da er nunmehr selbst taktische Bewegungen von seiner Entscheidung abhängig machte und dem OKH keine selbständige operative Führung mehr ermöglichte, legte der herzkranke Generalfeldmarschall v. Brauchitsch sein Amt nieder; Hitler übernahm den Oberbefehl über das Heer am 19. Dezember selbst. »Aus gesundheitlichen Gründen« ersetzte er am selben Tag Generalfeldmarschall v. Bock als Oberbefehlshaber der Heeresgruppe Mitte durch Generalfeldmarschall v. Kluge. Sein Mißtrauen gegen die Generalität des Heeres ließ Hitler bei eigenmächtigen Verstößen gegen den »Halte-Befehl« rücksichtslos durchgreifen; verschiedene Generäle – so die verdienten Befehlshaber zweier Panzerarmeen, Guderian und Hoepner – wurden kurzerhand abberufen. Hitlers rigorose Maßnahmen trugen sicher dazu bei, daß die Ostfront im Winter 1941/42 ohne allzu großen Raumverlust hielt. Sie entsprangen seinem Bestreben, um jeden Preis die gewonnenen Ausgangsbasen für die Wiederaufnahme weiträumiger Operationen im Sommerhalbjahr 1942 zu sichern, durch die doch noch erreicht werden sollte, was 1941 mißlungen war: die Wehrkraft der Sowjetunion zu zerschlagen und Deutschland in den Besitz der sowjetischen Öl-, Rohstoff- und Nahrungsquellen zu bringen, um den Kampf gegen die angelsächsischen Seemächte mit Aussicht auf Erfolg bestehen zu können.

Mit dem Scheitern des »Blitzkrieges« gegen die Sowjetunion, der die Wehrmacht bis Jahresende mit 173722 Gefallenen, 621308 Verwundeten und 35875 Vermißten weit höhere Verluste gekostet hatte als die bisherigen Feldzüge, hatte Hitler das im Juni 1941 begonnene, gewagte Spiel verloren: Der dauernde Zweifrontenkrieg mit mehreren Großmächten wurde Wirklichkeit. Diese für die Gesamtkriegführung katastrophale Tatsache wurde zunächst durch die spektakulären Erfolge überdeckt, die das verbündete Japan nach seinem überraschenden Überfall vom 7. Dezember gegen die angelsächsischen Mächte errang, der Deutschland jedoch den Krieg mit einer dritten Großmacht – den USA – einbrachte. Nun wurde deutlich, daß Deutschland eben keine Weltmacht, sondern nur eine europäisch-kontinentale Großmacht war, deren Leistungsfähigkeit und Möglichkeit für einen Weltkrieg mit zwei künftigen Supermächten von Hitler in realitätsfremdem Wunschdenken überschätzt wurden. Keine noch so fanatischen, vom Glauben an einen »Endsieg« getriebenen Anstrengungen konnten diese Tatsache ändern.

Japans Überfall auf die angelsächsischen Mächte im Kampf um die »Neue Ordnung« in Ostasien

Als der Krieg in Europa begann, war der Krieg, den die Japaner seit Juli 1937 gegen China unter der Regierung Tschiang Kaischek führten, in eine Phase der Stagnation getreten. Um seine Übervölkerung und seine wirtschaftlichen Schwierigkeiten zu bewältigen, hatte Japan 1931 den Weg kriegerischer Expansion auf dem ostasiatischen Festland beschritten, wo es Siedlungsland, Rohstoffquellen und Absatzgebiete für seine Industrie zu gewinnen suchte. Aus den eroberten mandschurischen Provinzen Chinas hatte es im März 1932 den Marionettenstaat Mandschukuo errichtet. Vom Völkerbund wegen dieser Aggression gerügt – zu ernsthaften Sanktionen hatte sich keine der Großmächte aufraffen können –, trat Japan im März 1933 aus dieser internationalen Organisation aus. In den folgenden Jahren befreite es sich durch Vertragskündigungen von weiteren Fesseln kollektiver Sicherheit und Rüstungsbeschränkung und näherte sich den europäischen Achsenmächten, die gleichfalls eine gewaltsame Änderung des Status quo anstrebten. Im November 1936 schloß es mit dem gleichfalls aus dem Völkerbund ausgetretenen Deutschland den Antikominternpakt ab, der die gemeinsame Bekämpfung der Kommunistischen Internationale vorsah, in einem geheimen Zusatzprotokoll die Partner aber bei einem nicht provozierten Zusammenstoß mit der Sowjetunion gegenseitig zu wohlwollender Neutralität verpflichtete und ihnen verbot, ohne gegenseitige Zustimmung mit Moskau freundschaftliche Verträge abzuschließen. Der Pakt wurde im folgenden Jahr durch den Beitritt Italiens, das durch sein Abessinien-Unternehmen in Gegensatz zu den Westmächten geraten war und wenige Wochen nach dem Paktbeitritt ebenfalls den Völkerbund verließ, zum »weltpolitischen Dreieck« Berlin – Rom – Tokio erweitert. Der Versuch der Japaner, den Antikominternpakt zu einem militärischen Beistandspakt gegen die Sowjets auszubauen, mit denen sie an der mandschurischen Grenze in größere bewaffnete Konflikte geraten waren, scheiterte 1939 an Hitlers Absicht, den Pakt nur mit Frontstellung gegen die Westmächte abzuschließen. Durch den Hitler-Stalin-Pakt vom August 1939 irritiert, normalisierte die japanische Regierung daraufhin ihre Beziehungen zur Sowjetunion und konzentrierte sich auf die Ausnutzung des europäischen Krieges für ihre Expansionspolitik gegen China und Südostasien.

Die Japaner verfolgten dabei das Ziel, unter dem Schlagwort »Asien den Asiaten« eine »Neue Ordnung« in Ostasien aufzurichten, deren Kernstück ein politischer, wirtschaftlicher und kultureller Block Japan–Mandschukuo–China unter der Führung Tokios abgeben sollte. Der japanische Herrschaftsanspruch wurde dabei mit ideologischen Zielen begründet, die jedoch mit der in der Realität ausgeübten imperialistischen Politik nicht im Einklang standen: Die hinsichtlich Rasse, Religion und politisch-ökonomischem Entwicklungsstand sehr unterschiedlichen ostasiatischen Völker sollten von der kolonialen Ausbeutung der weißen Rasse befreit und angeblich einer panasiatischen Solidarität entgegengeführt werden, die ihnen eigenständige Entwicklung, Frieden und Wohlstand garantierte. Die europäischen Westmächte, die durch das gewaltsame japanische Vorgehen in China ihre Wirtschafts- und Handelsinteressen beeinträchtigt, durch vorauszusehende weitergehende Ambitionen Japans auch ihre ostasiatischen Besitzungen gefährdet sahen, konnten wegen der Bindung ihrer Kräfte in Europa nur mit Protesten reagieren. Auch der amerikanischen Regierung, deren traditionelle Politik der Offenhaltung Chinas für den Welthandel bei Wahrung der chinesischen Integrität (»Open-Door-Policy«) von den Japanern durchkreuzt wurde, waren durch den Isolationismus im eigenen Lande zunächst die Hände gebunden.

Nachdem die Japaner bis Mitte 1939 fünf chinesische Provinzen und die chinesische Küste samt ihren Haupthäfen erobert hatten, errichteten sie im März 1940 in Nanking eine chinesische Marionettenregierung und erpreßten im Juni von England eine dreimonatige Sperrung der Burmastraße sowie im September von der Vichy-Regierung die Zustimmung zur japanischen Besetzung Nord-Indochinas, um die Regierung Tschiang Kaischek von ihren letzten überseeischen Zufahrtswegen für Waffen und Munition abzuschneiden. Da sich die USA bei einer Niederlage Englands und der Inbesitznahme der europäischen Kolonialgebiete durch Japan, die den Zusammenbruch Chinas herbeiführen konnte, einer Bedrohung durch die antidemokratischen aggressiven Mächte an zwei Fronten gegenübergesehen hätten, wurde neben der Unterstützung Englands »short of war« nunmehr die Eindämmung der japanischen Expansion durch Wirtschaftsmaßnahmen vordringliches Ziel der amerikanischen Regierung. Sie erkannte die Marionettenregierung in Nanking nicht an und verhängte am 26. September 1940 – einen

Tag vor der Unterzeichnung des Dreimächtepaktes in Berlin, durch den sich die »Ordnungsmächte« in Europa und Ostasien eine Fernhaltung der USA von ihren Interessensphären versprachen[19] – ein Exportverbot für Eisen- und Stahlschrott nach Japan.

Nachdem der Krieg gegen England 1940 keine Fortschritte machte, war es Hitlers Bestreben, »Japan so bald wie möglich zum aktiven Handeln im Fernen Osten«, d.h. zu einem Überraschungsangriff auf die britische Schlüsselstellung von Singapur zu bewegen, um »England rasch niederzuzwingen und USA dadurch aus dem Kriege herauszuhalten«[20]. Schuf der Abschluß des japanisch-sowjetischen Neutralitätspaktes vom 13. April 1941[21] dafür bereits günstige Voraussetzungen, so glaubte Hitler durch seinen Angriff auf die Sowjetunion im Juni den Japanern endgültig den Rücken für einen Kriegseintritt gegen England frei gemacht zu haben. Obwohl Ribbentrop die Japaner nunmehr drängte, sich noch vor einem Vorgehen gegen Singapur – für das sie offensichtlich noch nicht vorbereitet seien – an der schnellen Niederwerfung der Sowjetunion zu beteiligen, beschloß der japanische Kronrat am 2. Juli 1941, den Vertrag mit Moskau einzuhalten und als nächste Schritte das südliche Französisch-Indochina und Thailand zu besetzen, um dadurch die Ausgangsstellung für ein späteres Vorgehen gegen Singapur und Niederländisch-Indien zu gewinnen.

Als die Japaner in Süd-Indochina einmarschierten, verfügte die amerikanische Regierung am 26. Juli 1941 die Einfrierung der japanischen Guthaben in den USA und verhängte damit praktisch ein Exportembargo – vor allem von Erdöl – nach Japan. Da sich England, seine Dominions und Niederländisch-Indien mit ähnlichen Maßnahmen anschlossen, mußten sich die Japaner nunmehr entscheiden, entweder auf ihre gewaltsamen Hegemonialpläne zu verzichten oder Erdölgebiete zu erobern, solange sie die dafür notwendigen Treibstoffvorräte noch besaßen. Diese Entscheidung schloß jedoch zugleich die Entscheidung über einen Krieg mit den USA ein, da die japanischen Marinestrategen die Ausschaltung der amerikanischen Flotte und ihrer Stützpunkte auf den Philippinen als unabdingbare Voraussetzung für eine »Südoperation« gegen die britischen

[19] Vgl. dazu S. 87.

[20] Vgl. Hitlers Weisung Nr. 24 über Zusammenarbeit mit Japan v. 5. 3. 1941, in: Hubatsch (Hrsg.), Hitlers Weisungen, S. 103ff.

[21] Vgl. dazu S. 115.

und niederländischen Besitzungen ansahen. Nachdem Ministerpräsident Fürst Konoye, der seit Frühjahr 1941 durch Verhandlungen des japanischen Botschafters Nomura in Washington einen Interessenausgleich mit den USA zu erreichen suchte, am 16. Oktober 1941 zurücktreten mußte, beschloß die neue Regierung unter dem bisherigen Kriegsminister General Tojo am 5. November im Beisein des Kaisers, den unaufschiebbaren Eroberungskrieg zu führen, falls bis zum 25. November über letzte japanische Vorschläge in Washington keine Einigung erzielt wurde. Diese Vorschläge liefen darauf hinaus, daß die Japaner auf eine militärische Expansion nach Südostasien verzichteten, wenn ihnen die USA die Unterwerfung Chinas ermöglichten. Da die amerikanische Antwort vom 26. November, die die Voraussetzungen für einen dauerhaften Frieden aus amerikanischer Sicht zusammenfaßte und u.a. günstige Bedingungen für den künftigen japanischen Außenhandel vorsah, die Preisgabe Chinas verweigerte, war sie für die japanische Führung unannehmbar.

Die Amerikaner, die den japanischen Diplomaten-Code geknackt hatten – die »Magic«-messages waren das amerikanische Pendant zu den »Ultra«-Informationen der Engländer –, wußten aus einem Telegramm an Nomura, daß sich nach dem 29. November im Falle einer Nichteinigung »die Dinge automatisch entwickeln«[22], d.h. die Japaner militärisch vorgehen würden. Anzeichen für eine bevorstehende Offensive in südliche Richtung lagen seit der letzten Novemberwoche vor; ob sie außer auf Thailand, Malaya und Borneo auch auf die Philippinen abzielte, war ungewiß. Den Amerikanern blieb nichts anderes übrig, als Ort und Zeit eines möglichen Angriffs auf ihr Territorium abzuwarten, wenn sie nicht durch Präventivmaßnahmen das Odium des Angreifers auf sich laden wollten. Sie standen vor dem Problem, wie sie die Japaner »in die Lage bringen konnten, daß sie den ersten Schuß abgaben, ohne uns selbst zu großem Schaden auszusetzen«, – wie Kriegsminister Stimson das Thema einer Sitzung Roosevelts mit ihm, dem Außenminister, dem Marineminister und den beiden Stabschefs von Armee und Flotte am 25. November in seinem Tagebuch formulierte[23].

[22] USA, Congress: Hearings before the Joint Committee on the investigation of the Pearl Harbor attack. Washington 1946, Teil 12, S. 165.

[23] Henry L. Stimson, Diary, 25. 11. 1941, zit. nach ebenda, Teil 11, S. 543.

Nachdem das japanische Kabinett unter Vorsitz des Kaisers am 1. Dezember den Angriff definitiv beschlossen hatte, lag Roosevelt am Abend des 6. Dezembers die aufgefangene und entschlüsselte japanische Antwort auf die amerikanischen Vorschläge vom 26. November vor, aus der der Abbruch der Verhandlungen und damit indirekt die Absicht zum Krieg hervorging. Als Botschafter Nomura die erwähnte Antwortnote am 7. Dezember um 14.20 Uhr überreichte, war die Nachricht von der eine Stunde vorher erfolgten Bombardierung Pearl Harbors bereits in Washington eingetroffen.

Diesen Luftangriff am frühen Sonntagmorgen des 7. Dezember 1941 (Honolulu-Zeit) führte ein Flottenverband mit sechs Flugzeugträgern unter Vizeadmiral Nagumo aus, der bereits am 25. November von den Kurilen ausgelaufen war und unter absoluter Funkstille unentdeckt seine Position nördlich der Hawaii-Insel Oahu erreicht hatte. Da die Amerikaner Pearl Harbor im Gegensatz zu den Philippinen nicht für unmittelbar gefährdet hielten – einigen indirekten und vagen Hinweisen auf einen bevorstehenden Angriff, wie sie auch für andere Punkte im pazifischen Raum vorlagen, wurde erst nachträglich Bedeutung beigemessen – kam der Angriff für die Besatzung der Insel völlig überraschend. Er schaltete mit einem Schlage die Schlachtflotte der Amerikaner im Pazifik aus: Fünf Schlachtschiffe wurden versenkt, drei weitere sowie drei Kreuzer und andere Schiffe beschädigt, außerdem die Hälfte der auf der Insel stationierten Flugzeuge zerstört. Die beiden amerikanischen Flugzeugträger entgingen der Vernichtung nur, weil sie sich zusammen mit einigen Kreuzern auf einer Übungsfahrt befanden.

Der strategische Vorteil, den die Japaner durch den Angriff auf die Flotte und die philippinischen Besitzungen der USA für ihre Hauptoperation nach Süden gewannen, wurde durch den Nachteil mehr als aufgewogen, daß sie sich nunmehr unwiderruflich mit dieser ihnen an Potential weit überlegenen Großmacht im Kriege befanden. Bei einer Beschränkung ihrer Aggression auf die nichtamerikanischen Besitzungen wäre ein baldiges militärisches Eingreifen der Amerikaner bei der starken isolationistischen Strömung in den USA keineswegs sicher gewesen: Roosevelt hätte den Kriegseintritt erst nach heftigen innenpolitischen Kämpfen sowie durch militärisch-taktische Winkelzüge erreicht, die wie im Atlantik eine allmähliche Beteiligung der eigenen See- und Luftstreitkräfte am Konflikt bewirkt hätten. Noch im August 1941 hatte er Churchills Vorschlag verwerfen müssen, die Japaner wenigstens gemeinsam vor einem Überfall auf Britisch-Malaya oder Niederländisch-Indien zu warnen, aus Furcht vor der Ablehnung durch den amerikanischen Kongreß, die Japan erst recht zur Aggression ermutigt hätte. Aus diesem Dilemma wurde Roosevelt durch den japanischen Angriff befreit: Er einigte die amerikanische Nation gegen Japan und ermöglichte es, das amerikanische Kriegspotential voll in die Waagschale der angegriffenen Staaten zu werfen, deren Verteidigung die USA als eine grundlegende Voraussetzung für ihre eigene Sicherheit betrachteten. Aber immer noch stand Roosevelt vor dem Problem, wie er England gegen den gefährlichsten Gegner auf dem europäisch-afrikanischen Kriegsschauplatz unmittelbar militärische Hilfe leisten konnte: Der Krieg mit Japan hatte die USA keineswegs »durch die Hintertür« und automatisch mit Deutschland in Kriegszustand gebracht. Aus diesem Dilemma befreite ihn Hitlers Entscheidung.

Auch für die Achsenmächte kam der japanische Angriff auf die USA am 7. Dezember völlig überraschend. Hitler hatte die monatelangen, vertraulich geführten amerikanisch-japanischen Verhandlungen mit Mißtrauen beobachtet und befürchtet, daß die Japaner den USA durch einen Ausgleich den Kriegseintritt in Europa erleichtern und sie dort fesseln wollten, um dann ihre Hegemonialpolitik in Ostasien ohne offenen Krieg mit den Westmächten fortsetzen zu können. Als jedoch gegen Ende November Anzeichen für ein Scheitern dieser Ausgleichsverhandlungen vorlagen und sich die Japaner in den ersten Dezembertagen bei den Achsenmächten um die Zusage für eine militärische Unterstützung im Falle eines amerikanisch-japanischen Krieges bemühten, mußte Hitler die bisher verfolgte Politik der Heraushaltung der USA aus dem Kriege aufgeben: Da sich Deutschland im Atlantik zu dieser Zeit schon in einem unerklärten »Schießkrieg« mit Amerika befand und ein offener Kriegszustand früher oder später abzusehen war[24], schien es besser, daß Japan auf jeden Fall in diesen Krieg eintrat, als daß es – wie Hitler in Unkenntnis des bereits feststehenden japanischen Entschlusses zum Angriff befürchtete – womöglich als aktiver Verbündeter verlorenging. Zu der von den Japanern gewünschten Zusage und einem gleichfalls von ihnen vorge-

[24] Vgl. dazu das folgende Kapitel.

schlagenen Vertrag, daß im Falle eines gemeinsamen Krieges keiner der drei Partner weder mit den USA noch mit England einen Sonderfrieden schließen werde, erklärte er sich unter der Bedingung bereit, daß sich auch die Japaner zum Kriegseintritt verpflichteten, »falls zwischen Deutschland und Italien einerseits und den Vereinigten Staaten andererseits der Kriegszustand eintritt«[25]. Während Mussolini den Japanern am 3. Dezember den italienischen Kriegseintritt gegen die USA vorbehaltlich der Abstimmung mit Berlin sofort zusagte, erhielten sie den ergänzten Vertragsentwurf und die entsprechende Zusage Deutschlands erst am 5. Dezember – zwei Tage vor Pearl Harbor –, da Hitler wegen der sowjetischen Gegenoffensive für drei Tage an die südliche Ostfront geflogen war. Als Botschafter Oshima am 8. Dezember in Berlin den Angriff auf die USA bestätigte – Ribbentrop hatte die Meldung über Pearl Harbor am Vorabend nur aus dem englischen Rundfunk erfahren –, teilte ihm der Reichsaußenminister mit, daß Hitler bereits am Morgen der Kriegsmarine den Angriff auf alle amerikanischen Schiffe freigegeben habe. Am frühen Nachmittag des 11. Dezember überreichte Ribbentrop dem amerikanischen Geschäftsträger in Berlin die Kriegserklärung, die ohne Bezugnahme auf irgendwelche Verpflichtungen gegenüber Japan mit amerikanischen Neutralitätsverletzungen und militärischen Maßnahmen im Atlantik begründet wurde. Kurz darauf gab Hitler in einer Reichstagsrede die Kriegserklärung bekannt und beschimpfte Roosevelt »mit seinem jüdischen Anhang« als »Hauptschuldigen an diesem Kriege«[26]. Am selben Tag unterzeichneten die Dreierpaktmächte ein Abkommen, das statt des obsolet gewordenen gegenseitigen Versprechens zum Kriegseintritt die Verpflichtung enthielt, den ihnen von den angelsächsischen Mächten »aufgezwungenen Krieg mit allen ihnen zu Gebote stehenden Machtmitteln gemeinsam zum siegreichen Ende« zu führen und »ohne volles gegenseitiges Einverständnis« keinen Waffenstillstand oder Frieden zu schließen[27].

Hitlers entschlossene Geste der Kriegserklärung an die USA

[25] Vgl. Telegramm Ribbentrops an den deutschen Botschafter in Rom v. 5. 12. 1941, dem der Vertragsentwurf für die Zustimmung Mussolinis übermittelt wurde, ADAP, Serie D, Bd. 13/2, Dok. Nr. 546, S. 779f.

[26] Vgl. Verhandlungen des Reichstags, Bd. 460: Stenographische Berichte 1939–1942, 7. Sitzung, Donnerstag, den 11. Dezember 1941, S. 93ff.

[27] Vgl. Abkommen zwischen Deutschland, Italien und Japan v. 11. 12. 1941. In: Reichsgesetzblatt 1942, Teil 2, S. 132.

verdeckte nach außen hin, daß ihm der offene Kriegszustand mit dieser Großmacht während des Kampfes mit den anderen beiden Großmächten England und Sowjetunion äußerst ungelegen kam. Sie war keine freie und selbständige Entscheidung Hitlers, die etwa mit dem Entschluß zum Ostfeldzug vergleichbar war, sondern eine von der Situation erzwungene »Flucht nach vorn«, die der psychologisch entmutigenden Wirkung einer möglichen späteren Kriegserklärung der USA an Deutschland zuvorkommen und den Eindruck erwecken sollte, als habe er auch diesen Schritt von vornherein einkalkuliert. Mit dem japanischen Angriff auf die angelsächsischen Mächte und der Kriegserklärung der Achsenmächte an die USA schlugen die bisher getrennt lodernden Flammen des asiatischen und des europäischen Krieges ineinander: Der Krieg wurde im Dezember 1941 zu einem globalen Kampf, zum eigentlichen zweiten »Weltkrieg«.

Kriegseintritt der Vereinigten Staaten von Amerika und Bildung der Anti-Hitler-Koalition

Beim Ausbruch des europäischen Krieges im September 1939, in dem sich die USA für neutral erklärten, war die Mehrheit der Amerikaner von zwei Hoffnungen bewegt: daß sich die USA aus dem Kriege heraushalten und daß die Westmächte siegen würden. Die Amerikaner fühlten sich mit der politischen Gedankenwelt der beiden europäischen Demokratien verbunden und lehnten das totalitäre NS-Regime ab, das sich durch die politischen und rassischen Verfolgungen im Innern und die Aggressivität seiner Außenpolitik alle Sympathien verscherzt hatte.

Auch die amerikanischen Militärs gingen bei ihren ersten strategischen Rahmenstudien zur Verteidigung der westlichen Hemisphäre vom Sommer 1939 (»Rainbow«) davon aus, daß die ungeschmälerte Existenz Englands und Frankreichs – und ihrer Flotten – eine wesentliche Voraussetzung für die Sicherheit der USA darstelle. Roosevelt hatte bereits in der Zeit der internationalen Spannungen vor dem Kriege kein Hehl daraus gemacht, daß die USA aus realpolitischen Gründen die Westmächte im Falle ihrer Erschöpfung in einem Krieg mit Hitlerdeutschland unterstützen würden. Er hatte aber zugleich deutlich gemacht, daß diese Feststellung keinesfalls als bindende Zusage für die Intervention in einen europäischen Krieg verstanden werden dürfe.

Als Hitler im Sommer 1939 den Kampf um die deutsche Hegemonie in Europa begann – den er sich als eine Reihe aufeinanderfolgender »Blitzkriege« vorstellte – glaubte er, mit den USA nicht rechnen zu müssen, da sie seiner Ansicht nach mehrere Jahre benötigten, um politisch den Isolationismus zu überwinden und technisch ihre Rüstungsproduktion so zu erhöhen, daß sie Deutschlands Gegner ausreichend beliefern und gleichzeitig eine eigene, zum Kampf auf anderen Kontinenten taugliche Wehrmacht aufbauen konnten.

Hitlers Auffassung schien durch die Tatsache bestätigt zu werden, daß es Roosevelt im Juli 1939 nicht gelang, die amerikanischen Neutralitätsgesetze von 1935 bzw. 1937 – die die isolationistische Mehrheit geschaffen hatte, um einer abermaligen Verwicklung der USA in einen europäischen Krieg durch Waffenlieferungen und Kreditgewährung vorzubeugen – abzuändern, d.h. das Ausfuhrverbot für Waffen und Kriegsmaterial an kriegführende Staaten zu beseitigen, um den Westmächten den Kauf von amerikanischem Material zu ermöglichen. Das Waffenembargo wurde erst nach der Niederlage Polens aufgehoben und in einem neuen Neutralitätsgesetz vom 4. November 1939 bestimmt, daß der Verkauf nur bei »cash and carry«, d.h. gegen sofortige Bezahlung und Transport auf nicht-amerikanischen Schiffen erfolgen dürfe. Damit wurde praktisch nur den seebeherrschenden Westmächten der Einkauf amerikanischen Kriegsmaterials ermöglicht. Da amerikanischen Schiffen durch das Gesetz verboten wurde, vom Präsidenten bezeichnete gefährdete Gewässer (»combat zones«) zu befahren, d.h. die Häfen kriegführender Staaten anzulaufen, konnte Deutschland auch den neutralen Schiffsraum der USA für den Transport amerikanischer Waren nicht nutzen.

Die Besetzung der neutralen Staaten in Nord- und Westeuropa durch Deutschland, der Zusammenbruch Frankreichs, der Kriegseintritt Italiens, die drohende Invasion Englands, die Ausnutzung dieser Entwicklung durch Japan in Ostasien und der Abschluß des gegen die USA gerichteten Dreimächtepaktes führte den Amerikanern die gleichzeitige Bedrohung durch die totalitären Mächte vom Atlantik und Pazifik her vor Augen. Ab Sommer 1940 ergriff Roosevelt daher eine Reihe von Maßnahmen, um die Verteidigung der USA zu stärken, ihre Streitkräfte aufzurüsten und England materiell zu unterstützen: Am 19. Juli beschloß der amerikanische Kongreß den Bau einer »Zwei-Ozean-Flotte« innerhalb von sechs Jahren. Gleichfalls im Juli wurde mit der britischen Regierung vereinbart, daß ungefähr die Hälfte des amerikanischen Flugzeugbauprogramms an die Engländer verkauft werden sollte. Bis die Rüstungsproduktion anlief, wurden die amerikanischen Arsenale von allem entbehrlichen – meist veralteten – Kriegsmaterial geräumt und über Privatfirmen nach England verkauft, wo es die Waffen ersetzen half, die in Dünkirchen verlorengegangen waren. Am 3. September überließ Roosevelt den Engländern durch den »Destroyer-Base Deal« fünfzig veraltete, aber für die U-Bootbekämpfung noch taugliche Zerstörer gegen die Verpachtung einer Reihe britischer Stützpunkte von Neufundland bis Britisch-Guayana, die für die Verteidigung der westlichen Hemisphäre wertvoll waren. Mit diesen Maßnahmen, bei denen Roosevelt wegen der mangelnden Bereitschaft des Kongresses den Weg der Regierungsabkommen (»executive agreements«) ohne Beteiligung der Legislative beschreiten mußte, waren die USA ohne öffentliche Erklärung von der Neutralität zur Stufe der »Nichtkriegführung« zugunsten Englands übergegangen. Schließlich wurde am 15. September in den USA – zum ersten Mal in Friedenszeiten – die Wehrpflicht eingeführt.

Nach seiner Wiederwahl im November 1940 intensivierte Roosevelt seine Politik, die USA zum »Arsenal der Demokratie«[28] zu machen. Um der Erschöpfung der britischen Dollarreserven zuvorzukommen, die sich seit Kriegsbeginn um mehr als die Hälfte verringert hatten, verabschiedete der Kongreß auf Roosevelts Vorschlag das Leih- und Pachtgesetz (»Lend-Lease-Act«) vom 11. März 1941, das den Präsidenten ermächtigte, jedem Staat Waffen und Kriegsmaterial zu »leihen« oder zu überlassen, »dessen Verteidigung der Präsident für die Verteidigung der Vereinigten Staaten für lebenswichtig erachtet«[29]. Das Gesetz bekam im Kongreß eine überzeugende Mehrheit, da die Amerikaner gerade durch eine wirksame Hilfe an England hofften, dem Kriege fernbleiben zu können. Dieser Wunsch fand auch in einer ergänzenden Bestimmung Ausdruck, wonach die Regierung bei der Ausführung des Gesetzes keinesfalls ermächtigt sei, amerikanische Kriegsschiffe für den Schutz von Geleit-

[28] Vgl. Roosevelts Rundfunkrede v. 29. 12. 1940, in: Rosenman (Hrsg.), Public papers and addresses, Bd. für 1940, S. 643.

[29] Vgl. Documents on American foreign relations, Bd. 3: July 1940 – June 1941, hrsg. v. S. S. Jones und D. P. Myers. Boston 1941, S. 712ff., deutsch: H.-A. Jacobsen, 1939–1945. Der Zweite Weltkrieg in Chronik und Dokumenten. Darmstadt 1961, S. 222ff.

zügen einzusetzen oder amerikanische Schiffe in die Kampfzonen fahren zu lassen, die aufgrund des Neutralitätsgesetzes vom November 1939 festgelegt worden waren. Aber Roosevelt fand Wege, um die amerikanische Marine dennoch am Schutz der lebenswichtigen Route über den Atlantik zu beteiligen: Ihr wurde befohlen, bei den »Neutralitäts-Patrouillen« innerhalb der amerikanischen Sicherheitszone die Bewegungen deutscher und italienischer Schiffe zu verfolgen und auf internationaler Funkfrequenz zu melden, um die Engländer zu warnen bzw. herbeizurufen.

Von deutscher Seite wurden amerikanische Rechte, die ein Abgehen der USA von der Neutralität rechtfertigten, erstmals durch die Versenkung des amerikanischen Handelsschiffes ›Robin Moor‹ am 21. Mai 1941 verletzt. Sie erfolgte im Südatlantik außerhalb der uneingeschränkten Blockadezone und unter Nichtachtung der Weisungen Hitlers zur Schonung amerikanischer Schiffe. Roosevelt reagierte im Juni mit der Einfrierung aller Guthaben der Achsenmächte und der Schließung ihrer Konsulate in den USA wegen »subversiver Tätigkeit«.

Nach einer Vereinbarung mit der Regierung Islands besetzten am 7. Juli 1941 amerikanische Marinetruppen die Insel und lösten die seit Mai 1940 stationierte englische Besatzung schrittweise ab. Roosevelt begründete diese Maßnahme in seiner Botschaft an den Kongreß offen mit der Notwendigkeit, den »ununterbrochenen Strom von Kriegsmaterial nach Britannien« zu sichern, und teilte mit, er habe befohlen, alle amerikanischen und isländischen Schiffe, die die in Island stationierten US-Truppen versorgten, »gegen feindlichen Angriff oder Angriffsdrohung« zu verteidigen[30]. Mit der Einbeziehung britischer und anderer Schiffe in die amerikanischen Konvois übernahm die amerikanische Kriegsmarine für die Engländer den Geleitschutz von der amerikanisch-kanadischen Küste bis Island. Da die Insel im deutschen Operationsgebiet für den uneingeschränkten U-Bootkrieg lag, das am 25. März 1941 bis an die Ostküste Grönlands ausgedehnt worden war, waren Zusammenstöße mit amerikanischen Geleitschiffen früher oder später selbst dann nicht zu vermeiden, wenn sich die U-Bootkommandanten bemühten, Hitlers Weisung zur Vermeidung von Zwischenfällen mit amerikanischen Schiffen zu befolgen. Am 4. September

[30] Vgl. S. J. Rosenman (Hrsg.), The public papers and addresses of Franklin D. Roosevelt, Bd. für 1941: The call to battle stations. New York 1950, S. 256f.

wurde der amerikanische Zerstörer ›Greer‹ von einem U-Boot, das er mehrere Stunden beschattet und dessen Position er durch Funk gemeldet hatte, mit zwei fehlgehenden Torpedos angegriffen und verteidigte sich mit Wasserbomben. Daraufhin erklärte Roosevelt am 11. September öffentlich, daß die amerikanische Marine nunmehr auf jedes Kriegsschiff der Achsenmächte in Seegebieten, »deren Schutz für die Verteidigung Amerikas notwendig« sei, schießen werden, ohne einen Angriff abzuwarten[31]. Mit diesem »Schießbefehl« (»shoot-on-sight-order«) sowie durch die im selben Monat erfolgende Übernahme des operativen Kommandos im Westatlantik auch über Konvois, die von englischen, kanadischen und freifranzösischen Kriegsschiffen begleitet wurden, waren die USA vom Status der »Nichtkriegführung« zum unerklärten De-facto-Kriegszustand mit Deutschland übergegangen. Die von Roosevelt beabsichtigten bewaffneten Zusammenstöße blieben nicht aus: Im Oktober wurden der amerikanische Geleitzerstörer ›Kearney‹ beschädigt und der Zerstörer ›Reuben James‹ versenkt. Diese Zwischenfälle bewogen den Kongreß im November, Roosevelts Antrag auf Abänderung des Neutralitätsgesetzes von 1939 zuzustimmen. Amerikanischen Handelsschiffen wurde nunmehr erlaubt, sich zu bewaffnen und – auch in Konvois – die Häfen kriegführender Staaten anzulaufen, um das zeitraubende Umladen auf britische und andere Schiffe zu vermeiden. Auf den Routen nach England und Archangelsk wurden amerikanische Frachter vor der deutschen Kriegserklärung allerdings nicht mehr eingesetzt.

Hitler blieb selbst nach Roosevelts »Schießbefehl« bei seiner Weisung, amerikanische Schiffe nur in der ursprünglichen Operationszone um England vom August 1940 anzugreifen. Gerade während der Bindung seiner Kräfte im Rußlandfeldzug, den er in Kürze erfolgreich zu beenden hoffte, wollte er Roosevelt keinen Vorwand liefern, mit dem dieser das amerikanische Volk von der Notwendigkeit einer Kriegserklärung an Deutschland überzeugen konnte. Dafür nahm er Nachteile bei der »Schlacht im Atlantik« in Kauf, in deren dritter Phase (April bis Dezember 1941) die amerikanischen Entlastungsmaßnahmen zugunsten Englands deutlich spürbar wurden: Die britischen Konvois konnten nunmehr soweit gesichert werden, daß einzeln operierende U-Boote gegen sie wenig Chancen hatten. Die deutsche U-Bootführung setzte daher Suchgruppen mit jeweils rund 15

[31] Ebenda, S. 384 ff.

Booten ein, die mit dieser Taktik mehrmals Erfolg hatten und im September in einem dreitägigen, bisher größten Geleitzuggefecht vor Grönland sechzehn Schiffe torpedierten. In dieser Phase der Atlantikschlacht vernichteten die U-Boote 1,5 Millionen, die Hilfskreuzer und Fernbomber 200 000 Bruttoregistertonnen Schiffsraum, während die Beteiligung der schweren Überwasserstreitkräfte am Handelskrieg völlig zum Erliegen kam: Durch weitere Fortschritte bei der Entschlüsselung des deutschen Funkverkehrs gelang es den Engländern nicht nur, öfters den Aufstellungen deutscher U-Boote auszuweichen, sondern auch das deutsche System von Tank- und Versorgungsschiffen im Atlantik aufzurollen, auf das die schweren Einheiten bei ihren Operationen angewiesen waren. Ferner wirkte sich die zunehmende Kontrolle der Oberfläche des Atlantik durch englische und amerikanische Seepatrouillen, Flugzeuge und Radarbeobachtung aus. Mit der Vernichtung des neuen und größten deutschen Schlachtschiffes ›Bismarck‹ am 27. Mai, das von englischen Seestreitkräften gestellt wurde und dabei das britische Schlachtschiff ›Hood‹ versenkte, endete die letzte Atlantik-Operation der deutschen Hochseeflotte.

Der gemeinsame Kampf der angelsächsischen Mächte im Atlantik machte auch eine Abklärung der Kriegsziele notwendig. Die »Atlantikkonferenz«, zu der sich Roosevelt und Churchill vom 9. bis 12. August 1941 auf Kriegsschiffen vor der Bucht von Placentia (Neufundland) trafen, diente daher neben der Besprechung unmittelbarer Probleme der materiellen Englandhilfe auch der Erörterung strategischer und politischer Fragen. Ohne bindende amerikanische Verpflichtung wurde die in den geheimen Stabsgesprächen vom Frühjahr vereinbarte Strategie bekräftigt, im Falle einer Verwicklung der USA in einen Krieg gegen alle Dreierpaktmächte Deutschland als den gefährlichsten Gegner zuerst niederzuwerfen (»Plan Dog«), da eine Konzentration der Kriegführung gegen Japan Hitlers Chancen vergrößert hätte, sich unterdessen durch die Unterwerfung Europas, Nord- und Westafrikas sowie die mögliche Entwicklung neuer Waffen gegen eine angelsächsische Invasion auf dem europäischen Kontinent zu wappnen. Als Kriegs- und Friedensziele wurde in einer gemeinsamen Erklärung – der nicht formal unterzeichneten »Atlantik-Charta« vom 14. August 1941 – festgelegt, daß die angelsächsischen Mächte »keine territoriale oder sonstige Vergrößerung« und keine Gebietsänderungen anstreben, »die nicht mit den frei geäußerten Wünschen der betroffenen Völker übereinstimmen«. Außerdem sollten das Selbstbestimmungsrecht der Völker in Europa wiederhergestellt, für alle Nationen gleicher Zugang zu den Rohstoffen der Welt, die Freiheit der Meere und eine Rüstungsverminderung verwirklicht werden sowie bis zur Errichtung eines »umfassenderen und dauernden Systems der allgemeinen Sicherheit« – der späteren UN-Organisation – die Aggressorstaaten entwaffnet werden. Mit der Formel, daß »nach der endgültigen Vernichtung der nationalsozialistischen Tyrannei« eine stabile Friedensordnung mit einem Leben »frei von Furcht und Not« angestrebt werden sollte[32], identifizierten sich die USA eindeutig mit dem Ziel der militärischen Niederwerfung Deutschlands. Mit der gemeinsamen Botschaft, die Roosevelt und Churchill am 12. August an Stalin richteten und in der sie Verhandlungen über eine materielle Unterstützung der Sowjetunion vorschlugen, begannen sich die USA ferner an die Anti-Hitler-Koalition anzuschließen – an jenes »unnatürliche« Bündnis, das sich durch Hitlers Überfall auf die Sowjetunion zwischen London und Moskau gebildet hatte.

Das Verhältnis zwischen England und der Sowjetunion, die Hitlerdeutschland durch Rohstofflieferungen sowie durch ihre Propaganda gegen die westlichen »imperialistischen Kriegstreiber« unterstützt und sich an der Aufteilung Osteuropas mit territorialen Gewinnen beteiligt hatte, änderte sich durch Hitlers Angriff auf Rußland mit einem Schlage. Schon am 22. Juni schob Churchill mit einer Rundfunkrede alle politischen und ideologischen Gegensätze zu Moskau zugunsten des gemeinsamen Kampfes gegen Hitler beiseite und sagte der Sowjetunion jede nur mögliche Hilfe zu: Falls Hitler glaube, durch seinen Angriff gegen die Sowjets bei den demokratischen Mächten »auch nur die geringste Schwankung in der Zielsetzung« zu bewirken, das NS-Regime zu beseitigen, habe »er sich erheblich geirrt«, denn für Hitler sei schließlich die Niederwerfung Rußlands »nichts anderes als ein Auftakt zur Invasion der britischen Inseln«[33]. Der Realpolitiker Churchill hielt es für wichtiger, zunächst die unmittelbare und gefährlichere Bedrohung Englands und der demokratischen Lebensform zu bekämpfen. Trotz dringenden Eigenbedarfs begannen die Engländer kriegs-

[32] Vgl. The Department of State Bulletin v. 16. 8. 1941, Bd. 5, Nr. 112, Publication 1632, deutsch: Jacobsen, 1939–1945, S. 264f.

[33] Vgl. W. S. Churchill, Der Zweite Weltkrieg, Bd. 3/1. Bern 1950, S. 442ff.

wichtiges Material zu liefern und schafften bis Anfang Oktober u.a. 450 Jagdflugzeuge nach Rußland. Im Vertrag vom 12. Juli 1941 verpflichteten sich beide Partner, »einander in dem gegenwärtigen Kriege gegen Hitler-Deutschland Hilfe und Unterstützung jeder Art zu leisten« und ohne gegenseitiges Einverständnis keinen Waffenstillstand oder Frieden zu schließen[34]. Der Vertrag war Ausdruck eines auch später nie ausgeräumten Mißtrauens, daß der andere Partner durch Separatverhandlungen mit Hitler einen Frontwechsel vornehmen könnte.

Auch Roosevelt lehnte die Vorstellung amerikanischer Antikommunisten und Isolationisten ab – die schon bei der Beratung des Leih- und Pachtgesetzes vom März versucht hatten, die Sowjetunion durch eine Zusatzbestimmung von vornherein als möglichen Hilfeempfänger auszuschließen –, daß die USA unbeteiligt zuschauen sollten, wie sich die beiden totalitären Diktaturen gegenseitig zerfleischten. Schon die Meinung der amerikanischen Militärexperten, daß die Sowjetunion den motorisierten Armeen Hitlers innerhalb weniger Wochen unterliegen würde, machte eine solche passive Haltung für Roosevelt unannehmbar: Sein Problem war vielmehr, ob eine Hilfe für die Sowjets zeitlich überhaupt noch von Nutzen sein konnte.

Bereits zwei Tage nach dem deutschen Überfall wurden die eingefrorenen sowjetischen Guthaben in den USA freigegeben und in der Folgezeit eine ansehnliche Menge von Kriegsmaterial zum Kauf verfügbar gemacht. Am 25. Juni verkündete Roosevelt, daß es nicht im Interesse der Sicherheit der USA liege, im deutsch-sowjetischen Konflikt eine Neutralitätserklärung nach dem Neutralitätsgesetz von 1939 abzugeben und damit dessen Bestimmungen auf die Sowjetunion anzuwenden. Damit ermöglichte er den Sowjets, Material auf dem pazifischen Seeweg über Wladiwostok zu beziehen. Ein Präzedenzfall für diese Entscheidung Roosevelts war der japanisch-chinesische Kriegsausbruch 1937, bei dem sich Roosevelt die japanische Version zunutze gemacht hatte, daß es sich beim japanischen Einmarsch lediglich um einen »Zwischenfall« (»China-Incident«) und nicht um einen Krieg handele, der das Neutralitätsgesetz von 1937 zur Anwendung gebracht und die Versorgung Tschiang Kai-scheks mit amerikanischem Kriegsmaterial unmöglich gemacht hätte.

Nachdem sich Roosevelt durch die Entsendung seines Ver-

[34] Vgl. Jacobsen, 1939–1945, S. 254f.

trauten Harry Hopkins nach Moskau Ende Juli 1941 über die militärische Widerstandskraft und den dringenden Materialbedarf der Sowjetunion informiert hatte, vereinbarte eine amerikanisch-englische Mission unter Averell Harriman und Lord Beaverbrook durch Verhandlungen in Moskau vom 28. September bis 1. Oktober mit den Sowjets Lieferungen von Lend-Lease-Material bis Juni 1942 in Höhe von einer Milliarde Dollar. Politische Bedingungen wurden an die Hilfe nicht geknüpft; auch die vereinbarten Rückzahlungsmodalitäten wurden am Ende dieser Frist schließlich gestrichen. Am 7. November 1941 wurde die Sowjetunion offiziell in das Leih- und Pachtprogramm einbezogen, durch das sie bis Kriegsende Lieferungen im Wert von 11 Milliarden Dollar – rund ein Drittel der Lend-Lease-Hilfe an England – erhalten sollte. Die Transporte gingen über Wladiwostok und Archangelsk sowie über den Persischen Golf durch den Iran, den die Engländer und die Sowjets Ende August gemeinsam besetzt hatten, um die unter deutschem Einfluß stehende Regierung in Teheran durch eine England-freundliche zu ersetzen. Die englisch-sowjetische Kampfgemeinschaft wurde ferner dadurch gefestigt, daß die Engländer den als Verbündete Hitlers gegen die Sowjetunion kämpfenden Staaten Finnland, Ungarn und Rumänien im Dezember den Krieg erklärten.

Die Lösung des Problems, ob und wie die USA vom Kriegsmateriallieferanten zum aktiven Kriegführenden in der Anti-Hitler-Koalition werden sollten, wurde Roosevelt nach dem japanischen Überfall auf Pearl Harbor durch die Kriegserklärung Hitlers vom 11. Dezember[35] abgenommen: Im Kongreß hätte er – zumindest in absehbarer Zeit – keine Kriegserklärung an die Achsenmächte durchgebracht. Hitlers Befürchtung, daß ihm Roosevelt seinerseits mit einer auf die Stimmung des deutschen Volkes ungünstig wirkenden amerikanischen Kriegserklärung zuvorkommen könnte – die Befürchtung kam in der ursprünglichen Fassung der Instruktion an den deutschen Geschäftsträger in Washington vom 10. Dezember zur Übergabe der deutschen Kriegserklärung deutlich zum Ausdruck[36] – war daher unbegründet.

Nachdem die USA in den Krieg eingetreten waren, entwikkelte sich zwischen ihnen und England rasch eine wirkungsvol-

[35] Vgl. dazu S. 130f.

[36] Vgl. Telegramm Ribbentrops an den deutschen Geschäftsträger in Washington v. 10. 12. 1941, ADAP, Serie D, Bd. 13/2, Dok. Nr. 572, S. 812f., Anm. 6.

le Koalitionskriegführung: auf ihrer ersten Kriegskonferenz vom 22. Dezember 1941 bis 14. Januar 1942 in Washington (»Arcadia«) beschlossen beide Regierungen, die »Germany-First«-Strategie durchzuführen, für die strategische Planung einen gemeinsamen Generalstab – das »Combined Chiefs of Staff Committee« – zu errichten und für jeden Kriegsschauplatz einen gemeinsamen Oberbefehlshaber zu ernennen. Durch ein im September 1942 vereinbartes Abkommen sollten amerikanische Streitkräfte ohne besondere Gegenleistung militärische Einrichtungen und Material in England und seinen Dominions beanspruchen können.

Demgegenüber beschränkte sich die militärische Zusammenarbeit mit dem »unnatürlichen« Verbündeten Sowjetunion auf allgemeine gegenseitige Informationen über Umfang und Zeitpunkt beabsichtigter Operationen. Auch im Rahmen des Leih- und Pachtprogramms kam es nie zu einer wirklichen Planung wie mit den Briten, da die Sowjets genauere Angaben über ihre Produktion und die Stärke ihrer Streitkräfte verweigerten. Der Grund lag darin, daß die sowjetische Führung in den Westmächten auch nach einem gemeinsamen Sieg über Hitler den kapitalistischen Feind sah, dem sie keinen tieferen Einblick in das Potential und die Organisation ihrer Verteidigung geben wollte. Aus demselben Grund wollte sie auch für die Zeit nach dem gegenwärtigen Krieg nicht auf ihre seit 1939 erzielten Gebietserweiterungen verzichten. Zwar unterzeichnete die Sowjetführung am 1. Januar 1942 zusammen mit den anderen kriegführenden alliierten Staaten die »Deklaration der Vereinten Nationen« und bekannte sich dadurch zu den Grundsätzen der Atlantik-Charta mit ihrem Verzicht auf Territorialgewinne gegen den Willen der betroffenen Völker. Auch hatte sie schon Ende Juli 1941 in einem Abkommen mit der polnischen Exilregierung Sikorski – das u.a. die Entlassung der polnischen Kriegsgefangenen und ihre Zusammenfassung in einer eigenen Exilarmee unter dem polnischen General Anders vorsah – die deutsch-sowjetischen Verträge über Polen für ungültig erklärt, sich aber hinsichtlich der Grenzen eines wiederzuerrichtenden polnischen Staates nicht festgelegt. Als Molotow im Mai 1942 in London über einen neuen Bündnisvertrag mit England verhandelte, der das Juliabkommen ersetzen und zum Abbau des gegenseitigen Mißtrauens seine Geltung in die Nachkriegszeit erstrecken sollte, war Churchill bereit, den Sowjets wenigstens die ehemaligen zaristischen Baltenstaaten zuzugestehen. Aber die Amerikaner warnten, daß sie sich von jedem Vertrag ausdrücklich distanzieren würden, der durch territoriale Abmachungen die Atlantik-Charta verletze. Sie hatten die sowjetische Annexion dieser Staaten 1940 nicht anerkannt und wollten alle territorialen Fragen einer zukünftigen Friedenskonferenz überlassen. Daraufhin verzichteten die beiden Partner des neuen englisch-sowjetischen Bündnisvertrages vom 26. Mai 1942 auf alle territorialen Abmachungen. Der Vertrag, der zunächst für 20 Jahre gelten sollte, sah neben dem Verzicht auf einen Separatfrieden im gegenwärtigen Kriege den gegenseitigen militärischen Beistand auch gegen einen deutschen Angriff »in der Nachkriegszeit« vor. Die Partner verpflichteten sich, auch nach Wiederherstellung des Friedens freundschaftlich zusammenzuarbeiten und dabei »weder nach territorialen Erweiterungen für sich selbst zu streben noch sich in die inneren Angelegenheiten anderer Staaten einzumischen«[37]. Roosevelt suchte das sowjetische Mißtrauen im Vertrag vom 11. Juni 1942 durch die Fortsetzung der materiellen Hilfeleistung unter Verschiebung einer Festlegung von Gegenleistungen zu beseitigen – vor allem aber durch die im Januar 1943 in Casablanca gemeinsam mit Churchill proklamierte Forderung nach »bedingungsloser Kapitulation« der Feindmächte: Sie sollte den Sowjets die Gewähr geben, daß die Westmächte entschlossen waren, den Kampf an der Seite ihres Verbündeten bis zum Ende zu führen, ohne einen Sonderfrieden mit einer wie immer gearteten deutschen Regierung zu erwägen. Roosevelt glaubte, Stalin für eine gemeinsame demokratische Friedensordnung dadurch gewinnen zu können, daß er ihn vom ehrlichen Willen der Westmächte zur Zusammenarbeit überzeugte.

Obwohl somit die Anti-Hitler-Koalition wegen ihrer kontroversen politischen Zielsetzungen ein »unnatürliches«, lediglich kriegsbedingtes Zweckbündnis war, stellte sie gegenüber den Achsenmächten militärisch-rüstungsmäßig ein Potential von erdrückendem Ausmaß dar. Die USA begannen erst nach ihrem Kriegseintritt, ihr überlegenes Wirtschafts- und Industriepotential für sich und ihre Verbündeten voll zu mobilisieren: Ende 1942 erreichte die Gesamtproduktion der USA die gemeinsame Produktion der Dreierpaktmächte, im Jahre 1944 das Doppelte. Während z.B. die deutsche Flugzeugproduktion 1944 auf 40000 Maschinen gestiegen war, produzierten die USA 96000.

[37] Vgl. Jacobsen, 1939–1945, S. 303ff.

Die amerikanische Panzerproduktion, die 1943 die Zahl von 29000 Stück (Deutschland 22000) erreichte, konnte bereits im nächsten Jahr wieder auf 17500 Panzer gedrosselt werden, da der amerikanisch-englische Bedarf gedeckt war und auch die sowjetische Produktion ausreichte. Den Sowjets lieferten die Amerikaner bis Ende Mai 1945 u.a. 13000 Panzer, 15000 Flugzeuge, 427000 Lastwagen, 50000 Jeeps, mehr als 2 Millionen Tonnen Stahl und 420000 Tonnen Aluminium. Das Heer der USA, das 1939 nur 338000 und 1941 rund 1,5 Millionen Mann zählte, wurde 1942 auf 3 Millionen, 1943 auf 7 Millionen und bis Kriegsende 1945 auf 8,3 Millionen Mann gebracht. Die volle Ausrüstung der amerikanischen Streitkräfte war bereits im Herbst 1943 erreicht: Von diesem Zeitpunkt an wurden der laufende Ersatz, verbesserte Waffentypen und besonderer Bedarf produziert.

Mit seinem Überfall auf die Sowjetunion hatte Hitler bereits die Feindschaft einer Macht auf sich gezogen, die gerade durch Hitlers Herausforderung und die Anstrengungen für ihre Selbstbehauptung eine der beiden künftigen Supermächte werden sollte. Mit seiner Kriegserklärung an die USA hatte er eine weitere künftige Supermacht endgültig in die Koalition seiner Gegner eingefügt. Der europäische Krieg nahm damit 1941 globalen Charakter an: die Zeit der »Blitzkriege« war vorüber. Gleichzeitig trat sein Charakter als totaler Krieg deutlich in den Vordergrund, bei dem auf beiden Seiten ein Kompromißfriede ausgeschlossen und als Kriegsziel nur der Sieg über den Gegner übrigblieb, für den nunmehr alle Kräfte mobilisiert wurden.

3. Der totale Krieg 1942–1945

Radikale Mobilisierung im deutschen Machtbereich und Résistance gegen die Besatzungsherrschaft

Angesichts der Wende zum totalen Krieg setzte in Deutschland 1942 der Übergang zur vollen Kriegswirtschaft ein, die bislang noch nicht genutzte Reserven an Arbeitskräften, Produktionsmitteln und Rohstoffen mobilisierte. Am 8. Februar 1942 ernannte Hitler den organisatorisch begabten Architekten Albert Speer anstelle des tödlich verunglückten Fritz Todt zum »Reichsminister für Bewaffnung und Munition« und verlieh ihm weitreichende Vollmachten. Speer, der im September 1943 als »Reichsminister für Rüstung und Kriegsproduktion« die Leitung der gesamten, auch zivilen Produktion übernahm, gelang es, die Rüstungsproduktion von 1943 gegenüber dem Jahre 1941 zu verdoppeln und trotz zunehmender alliierter Luftangriffe bis Mitte 1944 ständig zu steigern. Neben Rationalisierungsmaßnahmen, Typenvereinfachung, Spezialisierung, Einschränkung des zivilen Bedarfs und langfristiger Planung war an diesem Erfolg auch die verstärkte Heranziehung der Industrien der besetzten Länder beteiligt, in denen Speer besondere Rüstungsinspekteure einsetzte. Um die Industrie in Deutschland überwiegend auf die eigentliche Rüstungsproduktion umstellen zu können und zu diesem Zweck Arbeitskräfte freizubekommen, wurde die Erzeugung von Konsumgütern des militärischen und zivilen Bedarfs weitgehend auf die Industrien Westeuropas verlagert. Die Bedürfnisse der Bevölkerung in den besetzten Ländern wurden dabei allerdings kaum berücksichtigt: Bei Rohstoffmangel wurde die Produktion eingestellt, ebenso wie grundsätzlich alle Einschränkungen – vor allem bei der Lebensmittelzuteilung – dort vorgenommen wurden, um sie im Reich zu vermeiden. Außer in Dänemark lagen die Rationen unter denen im Reich und in manchen Gebieten – z.B. in den ost- und südosteuropäischen Städten – lange Zeit unter dem Existenzminimum: im Winter 1941/42 forderte eine Hungersnot in Südgriechenland Tausende von Opfern und konnte nur durch amerikanische und kanadische Lebensmittel behoben werden, die das Internationale Rote Kreuz mit deutscher Genehmigung verteilte.

Besondere Bedeutung für die deutsche Kriegswirtschaft gewann die Ausnutzung der Arbeitskräfte in den besetzten Gebieten. Der bereits bei Kriegsausbruch bestehende Mangel auf diesem Sektor konnte durch den Einsatz von Kriegsgefangenen und die Verbringung polnischer und sowjetischer Zivilarbeiter ins Reich nicht behoben werden, zumal der Rußlandfeldzug immer mehr Einberufungen deutscher Arbeitskräfte zur Wehrmacht notwendig machte. Der am 21. März 1942 zum »Generalbevollmächtigten für den Arbeitseinsatz« ernannte thüringische Gauleiter Fritz Sauckel suchte das Problem durch Zwangsrekrutierung in den Ostgebieten zu lösen, die dort teilweise mit Hilfe regelrechter Razzien durchgeführt wurde und in der gemilderten Form der Dienstverpflichtung auch in den besetzten westeuropäischen Gebieten praktiziert wurde: Laut Sauckel waren von den im März 1944 im Reich arbeitenden 5 Millionen Fremdarbeitern höchstens 200000 freiwillig gekommen; die Zahl dieser Arbeiter erhöhte sich bis Jahresende auf 7,5 Millionen.

Im Reich ließ Sauckel im Januar 1943 alle Männer vom 16. bis zum 65. Lebensjahr und alle Frauen vom 17. bis zum 45. Lebensjahr durch die Arbeitsämter für »Aufgaben der Reichsverteidigung« erfassen. Zur psychologischen Vorbereitung der Radikalisierung des Krieges auf allen Gebieten hielt Goebbels am 18. Februar 1943 seine berühmte Sportpalast-Rede. Seine Frage an die eingeladene Zuhörerschaft – die »die Nation repräsentieren« sollte –, ob sie bereit sei, »wenn nötig vierzehn und sechzehn Stunden täglich zu arbeiten und das Letzte herzugeben für den Sieg«, vor allem aber seine Frage: »Wollt ihr den totalen Krieg? Wollt ihr ihn, wenn nötig, totaler und radikaler, als wir ihn uns heute überhaupt noch vorstellen können?«[1], wurde mit frenetischer Zustimmung beantwortet. Da der Rüstung ständig kriegsverwendungsfähige Männer entzogen werden mußten, gelang es nicht, den Arbeitskräftemangel zu beheben, zumal die Durchführung der Frauendienstpflicht durch stimmungspolitische und ideologisch begründete Widerstände gehemmt wurde: die deutsche Frau sollte in erster Linie Mutter und nicht Fabrikarbeiterin sein. Als Goebbels am 25. Juli 1944 zum »Reichsbevollmächtigten für den totalen Kriegseinsatz« bestellt wurde, unternahm er daher weitere Schritte, um die Heimat nach Kräften für Front und Rüstung »durchzukämmen«.

Um die »innere Front« gegen Defätisten und »Wehrkraftzersetzer« zu festigen, die Existenz des NS-Regimes zu sichern und eine Wiederholung revolutionärer Vorgänge wie 1918 auszuschließen, wurden scharfe Maßnahmen ergriffen. Am 26. April 1942 ließ sich Hitler durch einen Reichstagsbeschluß die – angesichts seiner Omnipotenz überflüssige – Vollmacht geben, als »oberster Gerichtsherr« der Nation jeden pflichtvergessenen Deutschen ohne Beachtung bestehender Rechtsvorschriften zu bestrafen und von seinem Posten zu entfernen. Die Strafgerichte verschärften ihre Urteile nicht nur gegen kriminelle Straftäter, sondern auch gegen jegliche Äußerung von Opposition; sie wurden dabei durch Lenkungsmaßnahmen beeinflußt, die die Unabhängigkeit der Richter erheblich beeinträch-

[1] Völkischer Beobachter, Münchener Ausgabe v. 19. 2. 1943, S. 1ff. (S. auch Dok. 7, S. 247ff.).

tigten. Die Zahl der Todesurteile des Volksgerichtshofs, der seit August 1942 unter Roland Freisler arbeitete, erhöhte sich allein in diesem Jahr sprunghaft auf 1192 (1941 = 102). Von der Justiz unkontrolliert verstärkte sich der Gestapoterror durch Einweisungen ins Konzentrationslager, aber auch durch öffentlich plakatierte Exekutionen ohne Gerichtsurteil. Durch den »Nacht-und-Nebel-Erlaß« vom 7. Dezember 1941 wurden diese Verfolgungsmethoden auch auf die besetzten nord- und westeuropäischen Länder (mit Ausnahme Dänemarks) ausgedehnt: Soweit ein Todesurteil durch ein Wehrmachtgericht nicht sicher zu erwarten war, wurden die einer Straftat gegen das Reich Beschuldigten heimlich nach Deutschland verschleppt, vor Sondergerichten abgeurteilt und – selbst wenn sie für unschuldig befunden wurden – ins Konzentrationslager gebracht, um die Bevölkerung der besetzten Gebiete über ihr Schicksal im ungewissen zu lassen. Der »Terror- und Sabotage-Erlaß« vom 30. Juli 1944 schaltete die Wehrmachtgerichtsbarkeit in dieser Hinsicht schließlich ganz aus: Widerstandskämpfer waren an Ort und Stelle niederzumachen oder der Sicherheitspolizei zu übergeben. In den besetzten Ostgebieten, wo die Kriegsgerichte von vornherein unzuständig waren, konnten Himmlers Sicherheitskräfte ihre Terrorherrschaft von Anfang an uneingeschränkt entfalten: auf sowjetischem Gebiet töteten vier »Einsatzgruppen« der Sicherheitspolizei und des Sicherheitsdienstes der SS über eine Million kommunistische Funktionäre, Juden und andere »unerwünschte Elemente«.

Anders als in den »germanischen« Ländern, die einmal an das »Großgermanischen Reich« als dem Kern angeschlossen werden sollten, um den sich das künftige Europa gruppierte, und anders als in den südosteuropäischen Ländern, die abhängige Satelliten mit Eigenstaatlichkeit bleiben sollten, war – ähnlich wie in Polen[2] – die Besatzungsherrschaft in der Sowjetunion als dem künftigen »deutschen Lebens- und Siedlungsraum« auf ständige Unterwerfung und Ausbeutung abgestellt. Die ehemaligen Baltenstaaten Estland, Lettland und Litauen wurden als Generalkommissariate mit einer lediglich partiellen landeseigenen Verwaltung zusammen mit Weißruthenien als viertem Generalkommissariat zum deutschen »Reichskommissariat Ostland« unter Gauleiter Hinrich Lohse zusammengefaßt. Es sollte

[2] Zur Besatzungsherrschaft in Polen, Nord- und Westeuropa sowie auf dem Balkan vgl. auch S. 51f., 61f., 75f., 104f.

künftig deutsch besiedelt werden. Nach der Überlassung Bessarabiens und Transnistriens mit Odessa an Rumänien wurde die Ukraine – in sechs Generalkommissariate eingeteilt – ein weiteres deutsches Reichskommissariat unter dem Gauleiter von Ostpreußen, Erich Koch, der durch seine »Herrenmenschen«- und rigorose Ausbeutungspolitik zugunsten der Ernährung und Rohstoffversorgung Deutschlands die anfänglichen Sympathien der Ukrainer für die deutschen »Befreier« restlos zerstörte. Obwohl der »Reichsminister für die besetzten Ostgebiete«, Alfred Rosenberg, der eine Aufteilung der Sowjetunion in politisch autonome Völkerschaften befürwortete, die radikale Politik Kochs aus Gründen der Zweckmäßigkeit mißbilligte, konnte er sich gegenüber den Reichskommissaren nicht durchsetzen, da ihre Auffassung von Hitler geteilt wurde.

Die politischen, ideologischen und wirtschaftlichen Folgen der deutschen Besatzungsherrschaft verbitterten die betroffenen europäischen Völker und riefen in den besetzten Ländern passiven und aktiven Widerstand hervor, der in Osteuropa und auf dem Balkan – d.h. in Gebieten mit geeigneten geographischen Bedingungen, geringer Bevölkerungsdichte und unausgebautem Verkehrsnetz – schon zeitig die Form bewaffneter Aktionen annahm. In den unwegsamen und bewaldeten Gebieten hinter der deutschen Rußlandfront arbeiteten die Partisanen zunehmend operativ mit der Roten Armee zusammen: So wurden z.B. bei der sowjetischen Sommeroffensive im Juni 1944 die Eisenbahnverbindungen der deutschen Heeresgruppe Mitte schlagartig durch 10000 Sprengungen unterbrochen.

In Polen, wo der Untergrundkampf eine lange Tradition hatte, bildete sich ein regelrechter »Untergrundstaat«, dessen Haupt die Exilregierung in London war. Neben der zivilen Widerstandsorganisation »Politisches Koordinations-Komitee« (Polityczny Komitet Porozumiewawczy – PKP) mit einem ausgedehnten regionalen Unterbau entstand eine militärische Organisation, die sich schließlich zur »Heimatarmee« (Armia Krajowa – AK) mit rund 350000 Mann formierte. Die 1942 neu gegründeten kommunistischen Organisationen – die »Polnische Arbeiterpartei« (PPR) und die moskauhörige »Polnische Arbeitersozialistische Partei« (RPPS) – bauten hingegen eine eigene geheime »Volksarmee« (Armia Ludowa – AL) auf. Die polnischen Untergrundbewegungen unterstützten den Kampf der vordringenden Sowjetarmee durch Spionage, Sabotage und örtliche Aufstände. Bei Annäherung der Roten Armee organisierte die »Heimatarmee« unter ihrem General Komorowski (»Bor«) am 1. August 1944 in Warschau einen Aufstand, um die polnische Hauptstadt aus eigener Kraft zu befreien. Der Kampf endete jedoch nach 60 Tagen mit einer Kapitulation vor den SS- und Polizeieinheiten unter SS-Obergruppenführer von dem Bach-Zelewski, nachdem die Sowjets durch einen deutschen Gegenangriff aufgehalten worden waren und Maßnahmen für die Unterstützung der als politische Konkurrenten angesehenen Nationalpolen trotz der Appelle der Westmächte verzögerten[3]. Mit der fortschreitenden sowjetischen Besetzung Polens bereitete Moskau der nationalpolnischen »Heimatarmee« ein schnelles Ende: Ihre Angehörigen verschwanden in sowjetischen Lagern.

Warschau war schon im Jahre 1943 Schauplatz eines Aufstandes gewesen, als sich die Bewohner des jüdischen Ghettos – von der polnischen Untergrundarmee mit Waffen versorgt – erhoben. Nachdem Heydrich auf der berühmten »Wannseekonferenz« am 20. Januar 1942 sein Programm für die »Endlösung« der Judenfrage im deutschen Einflußbereich dargelegt hatte, rollten die Deportationszüge aus den besetzten westeuropäischen Gebieten und aus dem Reich in die Ostgebiete. Nur die Dänen konnten ihrer kleinen jüdischen Minderheit zur Flucht nach Schweden verhelfen, während Vichy-Frankreich, das verbündete Italien und die südosteuropäischen Satelliten – zumindest bis zu ihrer Besetzung durch Deutschland – ihre jüdischen Bürger mit unterschiedlichen Anstrengungen und Erfolg vor der Auslieferung zu bewahren suchten. Als die überfüllten polnischen Ghettos, in denen die Juden seit Jahren hinter Mauern und Stacheldraht zusammengepfercht leben mußten, geräumt und ihre Bewohner in die Vernichtungslager gebracht wurden, widersetzten sich im Warschauer Ghetto nach dem Abtransport von 300 000 Juden die restlichen 70 000 Bewohner im April 1943 in ihren Häuserblocks und im unterirdischen Kanalsystem mit Waffengewalt. In den bis zum 16. Mai dauernden erbitterten Kämpfen, bei denen die SS- und Polizeiverbände unter SS-Brigadeführer Stroop das Ghetto systematisch niederbrannten, wurden die jüdischen Bewohner fast alle getötet.

In den jugoslawischen Landesteilen Serbien und Montenegro wurden die deutschen Truppen schon kurz nach der Besetzung in Kämpfe mit der Partisanenarmee der Tschetniks (ćeta = Ban-

[3] Vgl. dazu auch S. 206.

de, Schar) verwickelt, die ihre Basis in den bäuerlichen Dorfgemeinschaften hatte. Sie wurde von dem nationalserbischen Oberst Mihailović geführt, der Anfang 1942 von der jugoslawischen Exilregierung in London zum Kriegsminister und Oberbefehlshaber der Streitkräfte in der Heimat ernannt wurde. Die Tschetniks gerieten jedoch bald mit der kommunistischen Partisanenbewegung unter dem kroatischen Generalsekretär der illegalen Kommunistischen Partei Jugoslawiens, Josip Broz (»Tito«), in bewaffneten Konflikt, die sich nach dem deutschen Überfall auf die Sowjetunion aus Männern aller Landesteile organisiert hatte und trotz deutscher Repressalien und Geiselerschießungen dank ihrer beweglicheren Kampfführung bald weite Teile des Landes beherrschte. Da sich Titos Partisanen als militärisch wirksamer erwiesen – 1943 entzogen sie sich in Bosnien und Montenegro mehreren Umfassungsoperation der Deutschen und Italiener in regelrechten Durchbruchschlachten – entschlossen sich die Westmächte schließlich, nur noch Titos Kräfte aus der Luft mit Waffen zu versorgen, zumal Mihailović seine Tschetniks bis zur Niederlage der Achsenmächte schonen wollte und teilweise sogar mit den Italienern gegen Tito kollaborierte. Am 29. November 1943 gründete Tito in der bosnischen Stadt Jajce eine provisorische Gegenregierung, die auf Grund der zugkräftigen Idee einer künftigen Konföderation aller jugoslawischen Nationalitäten starken Rückhalt im Lande fand. Schließlich mußte auch die Exilregierung Titos Streitkräfte als die alleinige Heimatarmee anerkennen und Mihailović fallenlassen. Nach dem Übertritt Rumäniens und Bulgariens zu den Alliierten bekam Titos Partisanenarmee 1944 regelrechte strategische Aufgaben übertragen.

Auch in Griechenland, wo die Partisanentätigkeit 1942 aufflammte, bekämpften sich die bewaffneten Kräfte des »National-Republikanischen Bundes« (EDES) unter Oberst Zervas und die kommunistische »Nationale Befreiungsarmee« (ELAS) untereinander. Erst durch die Vermittlung der zu ihrer Unterstützung eingeschleusten alliierten Militärmission schlossen die beiden Gruppen 1944 einen Waffenstillstand und unterstellten ihre Kräfte gemeinsam der Exilregierung, die durch die Aufnahme von Kommunisten umgebildet worden war. Rigorose deutsche Repressalien – im Dezember 1943 wurden bei Kalávrita (Peloponnes) erstmals bei einer Massenexekution 700 Geiseln erschossen und vierundzwanzig Dörfer zerstört – konnten nicht verhindern, daß die Partisanen nach der Kapitulation der

Italiener fast zwei Drittel des Landes beherrschten und deutsche Kräfte in der Stärke von sechs Divisionen banden, bis sich die Deutschen wegen der militärischen Entwicklung an der Südostfront im Herbst 1944 aus Griechenland zurückzogen, um nicht abgeschnitten zu werden.

In der Tschechoslowakei konnte sich eine Partisanentätigkeit nur im Karpatengebirge entfalten, das dem slowakischen Landesteil – d.h. dem im März 1939 gegründeten slowakischen Satellitenstaat – zugehörte. Dort rief der »Slowakische Nationalrat« (SNR), der mit der Exilregierung Beneš in Verbindung stand und an dem auch die Kommunisten beteiligt waren, im August 1944 bei Annäherung der Roten Armee zum Aufstand auf, dem sich auch Teile der regulären slowakischen Armee anschlossen. Unter ausgedehnten Kämpfen im Raum Neusohl (Banská Bystrica) und Sillein (Žilina) wurde der Aufstand Ende Oktober von den Deutschen niedergeworfen, nachdem die Sowjets bei ihrem Versuch, die Karpaten am Dukla-Paß zu überschreiten, aufgehalten worden waren. Im verkehrsmäßig erschlossenen und dichtbesiedelten tschechoslowakischen Landesteil, d.h. im Protektorat, beschränkte sich die Aktivität der Beneš-treuen »Zentralen Führung des Widerstands in der Heimat« (ÚVOD) und der illegalen Kommunistischen Partei (KSČ) im wesentlichen auf passiven Widerstand, Propaganda, Fluchthilfe, Spionage und einzelne Sabotageakte. Wegen seiner Verstrickung in den Widerstand wurde der Ministerpräsident der tschechischen Protektoratsregierung Eliáš 1941 vom Volksgerichtshof zum Tode verurteilt. Als der im September 1941 zum stellvertretenden Reichsprotektor ernannte Heydrich am 27. Mai 1942 in Prag durch zwei in England ausgebildete tschechische Fallschirmagenten tödlich verletzt wurde, brannten die Deutschen am 10. Juni das Dorf Lidice nieder, erschossen seine männlichen Einwohner und verschleppten Frauen und Kinder, da sich einer der Täter vorher angeblich dort aufgehalten hatte. Bewaffnete Aktionen unternahm die aus ehemaligen Armeeangehörigen gebildete »Nationale Abwehr« (ON) im Protektorat erst kurz vor dem alliierten Einmarsch, als der »Tschechische Nationalrat« (ČNR), dem auch die Kommunisten angehörten, am 5. Mai 1945 in Prag den Aufstand auslöste.

In Nord- und Westeuropa wurde die Résistance von der englischen »Special Operations Executive« (SOE) besonders nachhaltig unterstützt, die Churchill schon Ende Juli 1940 ins Leben gerufen hatte, um in den besetzten Ländern Nachrichtenverbindungen zu knüpfen, sie geheim mit Waffen zu versorgen und Sabotageakte zu organisieren. Außer in den Bergen Norwegens und Südfrankreichs machten sich militärische Aktivitäten in diesen Teilen Europas allerdings erst nach der alliierten Landung in Frankreich bemerkbar. Bis dahin konzentrierte sich die Widerstandstätigkeit auf die Beschaffung von Informationen, die Herausgabe von Untergrundzeitungen, die Unterstützung von Verfolgten, die Fluchthilfe für abgeschossene alliierte Piloten, einzelne Attentate und Sabotagehandlungen sowie auf die Organisation von Streiks. In Norwegen und den Niederlanden, wo der kommunistische Widerstand keine wesentliche Rolle spielte, handelte die Résistance dabei in engem Einvernehmen mit ihren Exilregierungen; mit Ausnahme der starken kommunistischen »Front de l'Indépendance« (F.I.) galt das auch für die Widerstandsgruppen in Belgien.

Die norwegische »Heimatfront« unter Führung des ehemaligen Präsidenten des Obersten Gerichtshofes, Paal Berg, die von der protestantischen Staatskirche unter Bischof Berggrav unterstützt wurde, organisierte 1943 vor allem die Massenflucht zwangsrekrutierter Arbeitskräfte nach Schweden. In Erwartung einer alliierten Landung baute sie die militärische Abteilung »Milorg« auf, die kräftemäßig anwuchs, als die Deutschen 1943 die erneute Internierung der aus Kriegsgefangenschaft entlassenen norwegischen Offiziere anordnete. In ihr fanden auch die meisten Jugendlichen jener drei Jahrgänge Unterschlupf, die Quisling im Mai 1944 zum Arbeitseinsatz für Deutschland einberief. Durch die SOE mit Waffen beliefert, verzögerte die »Milorg« im Spätherbst 1944 den Transport der aus Finnland ins Reich abziehenden deutschen Truppen durch systematische Zerstörung von Eisenbahn- und Verkehrslinien, Treibstofflagern und Schiffen.

In den Niederlanden äußerte sich der Widerstand unter anderem in zwei Streiks: im Februar 1941 in Amsterdam, als die ersten Judendeportationen erfolgten, und im April 1943 landesweit, als sich alle entlassenen Kriegsgefangenen erneut zur Internierung stellen sollten. Durch Verhängung des Standrechts, Massenverhaftungen und Erschießungen wurden die Streiks von Reichskommissar Seyß-Inquart rigoros unterdrückt. Die aktiven Widerstandsgruppen erlitten 1942/43 Verluste an Menschen und Waffen, als sich die Deutschen anderthalb Jahre lang unbemerkt in den Funkverkehr mit der SOE einschalten konnten (»Englandspiel«). Die Gruppen wurden im September 1944 zur »Binnenlandse Strijdkrachten« (B.S.) zusammengefaßt und dem Oberbefehl von Prinz Bernhard unterstellt. Im selben Monat begann auf Weisung der Exilregierung ein Eisenbahnerstreik, um den deutschen Aufmarsch gegen die alliierten Operationen zu stören, der bis zur Befreiung des Landes aufrechterhalten wurde. Als die Besatzungsmacht mit einem Lebensmittelembargo gegen die großen westholländischen Städte antwortete, kamen dort im »Hungerwinter« 1944/45 über 10000 Menschen um.

In Belgien forderten einzelne Aktionen der regierungstreuen Widerstandsgruppen und der erwähnten kommunistischen F.I. gegen die Besatzung und ihre einheimischen Kollaborateure ebenfalls Sühnemaßnahmen und Geiselerschießungen heraus. Bei der zwangsweisen Verbringung von Arbeitskräften nach Deutschland kam es 1943 in den belgischen Industriezentren zu Streiks. Die aktiven nichtkommunistischen Gruppen, u.a. die aus ehemaligen Offizieren gebildete »Légion Belge«, wurden Anfang 1943 zur »Armée Secrète« zusammengefaßt, um den Alliierten im Falle einer Landung zu helfen, aber auch, um bis zur Rückkehr der Regierung Pierlot einen Staatsstreich der Linken zu vereiteln. Am 4. September 1944 besetzten die »Armèe Secrète« und die F.I. den Hafen von Antwerpen, verteidigten ihn bis zum Eintreffen der Alliierten und verhinderten dadurch die Zerstörung seiner Anlagen durch die Deutschen.

Die dänische Résistance stand dem besonderen Problem gegenüber, daß sich ihre Tätigkeit zugleich gegen die eigene legale und »neutrale« Regierung richtete, die wiederholt an die Bevölkerung appellierte, die ohnehin schwierige Situation des Landes gegenüber der Besatzungsmacht nicht durch Provokationen zu verschlimmern. Trotzdem nahmen seit der Wende des Krieges 1942/43 die von der SOE gesteuerten Sabotageakte gegen Eisenbahnen und militärisch wichtige Anlagen zu. Als die dänische Regierung die ultimative deutsche Forderung nach Verhängung des Belagerungszustandes und Einrichtung von Ausnahmegerichten ablehnte und die deutsche Besatzungsmacht am 29. August 1943 die Regierungsgewalt übernahm, bildete sich noch am selben Tag ein geheimer dänischer »Frihedsraad«, der die Widerstandstätigkeit koordinierte und verschiedenen deutschen Maßnahmen mit organisierten Streiks entgegentrat. Die durch die SOE bewaffneten dänischen Gruppen verzögerten im Winter 1944/45 durch ihre Aktionen den Rücktransport deutscher Truppen aus dem Norden ins Reich.

In Frankreich machte sich die Résistance nach Beginn des Rußlandfeldzuges zunächst durch die Aktivität der Kommunisten bemerkbar, die auch von den Polizeiorganen der Vichy-Regierung verfolgt wurden und mit den »Franc-Tireurs et Partisans« (F.T.P.) die erste aktive Widerstandsgruppe gebildet hatten. Attentate auf Wehrmachtsangehörige und Sabotageakte lösten Geiselerschießungen und andere deutsche Gegenmaßnahmen aus, die wiederum die französische Bevölkerung gegen die Besatzungsmacht aufbrachten. Die aktiven Widerstandsgruppen, die sich im besetzten und unbesetzten Gebiet aus Angehörigen der verschiedensten politischen Richtungen organisierten – die Gruppe »Combat« aus Christdemokraten und Militärs, die »Libération« aus Sozialisten und Gewerkschaftlern u.a. –, wurden einschließlich der F.T.P. im Mai 1943 durch de Gaulles Beauftragten Jean Moulin im »Conseil National de la Résistance« zusammengeschlossen. Während der »Maquis« – die im Buschwald versteckten Partisanen – im bergigen Massif Central schon seit Frühjahr 1944 Guerillakrieg führte, begann der militärische Einsatz der Résistance in großem Maßstab erst mit der Landung der Alliierten in der Normandie, als sie zur Unterbrechung der deutschen Nachrichten- und Nachschubverbindungen eingesetzt wurde. Eine der bekanntesten deutschen Vergeltungsaktionen war die Zerstörung des Dorfes Oradour-sur-Glane durch die Waffen-SS am 10. Juni 1944, bei der die männlichen Einwohner exekutiert und die in der Kirche zusammengetriebenen Frauen und Kinder teils erschossen, teils lebend verbrannt wurden. Im August 1944 konnten Kräfte der Résistance Paris durch eine Erhebung befreien und die deutsche Besatzung bis zum Eintreffen amerikanischer und freifranzösischer Truppen zum Einhalten eines Waffenstillstandes zwingen.

Da die nationalsozialistische Führung den unterworfenen Völkern kein erstrebenswertes gemeinsames Ziel anbieten konnte, sahen sie ihre Zukunft auf die Dauer nur durch einen Sieg der Anti-Hitler-Koalition gesichert und im Widerstand gegen die deutsche Herrschaft das einzige Mittel, die Sache der Alliierten wirksam zu unterstützen. Auch nach dem Beginn der militärischen Rückschläge 1942/43 verschloß sich Hitler dem Vorschlag einiger seiner engsten Mitarbeiter, der Atlantik-Charta – wenigstens aus taktischen Gründen – ein eigenes »Europa-Programm« entgegenzustellen, um die Mobilisierung der gesamteuropäischen Kraftreserven für die eigene Sache zu erleichtern. Obwohl er seine Ablehnung damit begründete, ein solcher Schritt würde von den Gegnern in der gegenwärtigen Situation nur als Schwäche ausgelegt werden, war für ihn im Grunde eine Neuordnung Europas auf der Basis von Gleichberechtigung und echter Kooperation einfach undenkbar, weil sie seiner Vorstellung einer rassisch begründeten Herrschaft des deutschen »Herrenvolkes« widersprach. Der Versuch der NS-Propaganda, Hitlers Raub- und Vernichtungskrieg gegen die Sowjetunion als im gesamteuropäischen Interesse geführten präventiven »Kreuzzug« zur Rettung des christlichen Abendlandes vor dem Bolschewismus und den deutschen Hegemonialkrieg als Kampf für eine gerechte »Neue Ordnung« zum Wohle aller europäischen Nationen hinzustellen, wirkte nach der bisherigen Politik und vor allem in einer Zeit deutscher militärischer Krisen unglaubwürdig. Er verfing nur bei einer verschwindenden Minderheit der Europäer: So zählten die Freiwilligen für den Einsatz an der Rußlandfront aus den »germanischen Ländern« sowie aus Finnland – die in geschlossenen nationalen Formationen unterschiedlicher Stärke innerhalb der Waffen-SS dienten – Ende 1941 rund 12000 Mann, dazu kamen 6200 freiwillige Volksdeutsche aus West- und Südosteuropa. Rund 24000 »nicht-germanische« Freiwillige kämpften im Verband der Wehrmacht, darunter ca. 3000 Franzosen in der »Légion des Volontaires Français contre le Bolchevisme« und 17900 Spanier in der von Franco gestellten »Blauen Division«.

Ebensowenig wie die nationalsozialistische Gewaltherrschaft und ihre »Europaideologie« vermochte die Résistance als europäische Gegenbewegung die politische Einigung Europas zu fördern. Obwohl vor allem bei den nichtkommunistischen Widerstandsgruppen Nord- und Westeuropas – aber auch Ostmitteleuropas – die Überzeugung Boden gewann, daß das Vorkriegsstaatensystem mit seiner nationalstaatlichen Zersplitterung versagt habe und sich als Ergebnis des gemeinsamen Kampfes die europäischen Völker nach der Beseitigung der nationalsozialistischen Diktatur enger zusammenschließen und auf volle nationalstaatliche Souveränität verzichten sollten, und obwohl alle besetzten Gebiete Europas von der Widerstandsbewegung erfaßt wurden, gab es keine »europäische Résistance«, die einheitliche politische Vorstellungen vertreten hätte. Dafür verfolgten die verschiedenen Widerstandsgruppen zu unterschiedliche nationale, politische und soziale Ziele, die von der Restauration angestammter Monarchien mit konservativer Gesellschaftsordnung bis zur Errichtung sozialistischer Volksrepubliken reichten.

Wende in der Atlantikschlacht und Gewinnung der Luftüberlegenheit durch die Alliierten: Entwicklung des See- und Luftkrieges ab 1942

Im Laufe der Jahre 1942 und 1943 gelang es den Westalliierten, zur See und zur Luft die Voraussetzungen für eine erfolgreiche Invasion des europäischen Festlandes zu schaffen: Sie erzwangen die Wende im atlantischen Zufuhrkrieg und gewannen die Luftüberlegenheit im Raum der »Festung Europa«.

In der vierten Phase der Schlacht im Atlantik[4] (Januar bis Juli 1942), die mit der Eröffnung des U-Bootkrieges gegen die USA begann, konnten die deutschen U-Boote vor der amerikanischen Ostküste, wo die in der Abwehr unerfahrenen Amerikaner einen fast friedensmäßigen Schiffsverkehr aufrechterhielten, zunächst gute Erfolge erzielen: Allein im Juni 1942 wurden im Atlantik 122 Schiffe mit rund 600000 Bruttoregistertonnen (BRT) versenkt. Der gleichzeitige Einsatz von durchschnittlich 54 U-Booten über so große Entfernungen wurde seit März 1942 durch die Verwendung von U-Tankern (»Milchkühen«) erleichtert, die die Boote versorgten und ihre Einsatzzeit verlängerten. In dieser Phase der Atlantikschlacht – die im Juli 1942 endete, als die Amerikaner im Westatlantik ein geschlossenes Konvoisystem mit starker Überwachung aus der Luft eingeführt hatten – versenkten die U-Boote bei 22 eigenen Verlusten rund 3 Millionen BRT.

Mit der abermaligen Verlegung des Schwerpunktes für den U-Booteinsatz in den Nordatlantik außerhalb der landgestützten Luftsicherung begann im August 1942 eine neue Phase der Atlantikschlacht. Für die Geleitzugbekämpfung formierten sich die in Gruppen operierenden Boote nunmehr jeweils zu weit ausgedehnten Streifen, mit denen sie den Atlantik in beiden Richtungen »abharkten«, um entdeckte Konvois im Rudel anzugreifen. Im November 1942 erreichten sie durch die Versenkung von 105 Schiffen mit 650000 BRT die höchsten Monatserfolge des Krieges. Da dank des erweiterten Bauprogramms Anfang 1943 erstmals durchschnittlich 102 U-Boote gleichzeitig im Einsatz stehen konnten, schien die U-Bootwaffe zu diesem

[4] Zu den vorausgegangenen Phasen der Atlantikschlacht vgl. S. 80, 85f., 135f.

Zeitpunkt ihrem Ziel, die gegnerische Zufuhr über den Atlantik zu unterbinden, greifbar nahe. Aber schon Ende März trat die Wende ein, die zunächst durch geringe Erfolge und dann durch hohe Verluste gekennzeichnet war: Im Mai fielen die Versenkungsziffern auf 205000 BRT, während von 118 eingesetzten Booten 38 nicht zurückkehrten. Diese Entwicklung zwang Dönitz, die Gruppenoperationen abzubrechen und beendete im Mai 1943 die fünfte Phase der Atlantikschlacht, in der die U-Bootwaffe innerhalb von zehn Monaten über 3,8 Millionen BRT vernichtete, dabei aber 123 Boote verlor.

Ursache für die Wende war eine Reihe von Maßnahmen der Alliierten, die sich im Frühjahr 1943 voll auswirkten: die Ausrüstung von Geleitfahrzeugen und Flugzeugen mit neuen Radar-Ortungsgeräten, die Schließung der »Luftlücken« über dem Nordatlantik durch den Einsatz von Geleitflugzeugträgern und Langstreckenflugzeugen sowie die Einrichtung selbständiger U-Boot-Jagdgruppen, die nicht als Eskorten an die Konvois gebunden waren.

Trotz der eingetretenen Wende entschloß sich die deutsche Seekriegsleitung zur Fortsetzung des Tonnagekrieges, da er erhebliche gegnerische Kräfte band. In der sechsten Phase der Atlantikschlacht vom Juni bis September 1943, in der technische Neuerungen entwickelt und die Boote unterdessen in weniger dicht überwachte Randgebiete des Atlantik geschickt wurden, versenkten sie bei 70 eigenen Verlusten 328000 BRT feindlichen Schiffsraum. Während in der vorangegangenen Zeit 1942/43 die alliierte Entzifferung des U-Bootfunkverkehrs durch Änderungen des deutschen Schlüssels mehrmals für einige Zeit ausgefallen war, wurde sie seit August 1943 bis Kriegsende laufend verbessert, da die Alliierten dafür den ersten elektronischen Computer (»Colossus«) einsetzen konnten.

In der siebenten Phase der Atlantikschlacht (September 1943 bis Mai 1944) schlug eine mit neuentwickelten Hilfsmitteln – auf Schraubengeräusche reagierenden Torpedos und die gegnerische Radarortung anzeigenden Geräten – ausgerüstete U-Bootgruppe eine erfolgreiche Geleitzugschlacht, die vom 20. bis 23. September dauerte und in der bei nur zwei Eigenverlusten 36244 BRT Handelstonnage und mehrere Sicherungsschiffe versenkt wurden. In den anschließenden Monaten nahmen jedoch die Erfolge bei zunehmenden Verlusten wieder ab, da sich erwies, daß die Boote gegen Überraschungsangriffe aus der Luft immer noch ungenügend gewappnet waren. In dieser Phase gingen 199 Boote verloren, 411216 BRT wurden versenkt; die durchschnittliche Zahl der gleichzeitig im Einsatz befindlichen Boote war auf 68 gesunken und fiel bis Kriegsende laufend weiter.

Um die U-Boote der Entdeckung durch Radar zu entziehen, wurden sie ab Frühjahr 1944 mit einem Luftmast (»Schnorchel«) ausgestattet, der vom Gegner nicht geortet werden konnte und ihnen eine unbegrenzte Unterwasserfahrt sowie das Aufladen der Batterien mit Hilfe ihrer Dieselmotoren in getauchtem Zustand ermöglichte. Trotz dieser Neuerungen vermochten sie gegen das am 6. Juni beginnende, außerordentlich stark gesicherte alliierte Landungsunternehmen in der Normandie keine entscheidenden Erfolge zu erringen; auch der Einsatz deutscher Zerstörer, Torpedo- und Schnellboote konnte dem Unternehmen keinen ernsthaften Schaden zufügen und führte nur zu hohen eigenen Verlusten. In dieser letzten – achten – Phase des Tonnagekrieges vom Juni 1944 bis zum Kriegsende im Mai 1945, in der die U-Boote nach dem Verlust ihrer Stützpunkte an der französischen Atlantikküste nach Norwegen verlegt wurden, versenkten sie in Einzelunternehmungen 544526 BRT; 151 Boote gingen verloren.

Seit dem Sommer 1943 hatte die deutsche Seekriegführung große Erwartungen in die Neuentwicklung von Elektro-U-Booten gesetzt, die fast unbegrenzt getaucht operieren konnten und gegenüber den bisherigen Booten mehr als die doppelte Unterwassergeschwindigkeit aufwiesen. Aber die erhoffte »Revolutionierung« des U-Bootkrieges kam zu spät: Die ersten acht der neuen Boote konnten erst im Februar 1945 eingesetzt werden und vor der englischen Ostküste bei keinem einzigen Eigenverlust ausgezeichnete Erfolge erzielen, während sich bei Kriegsende das Gros der rund 180 fertiggestellten schnellen Dauer-U-Boote noch in der Erprobung und Ausbildung befand. Im Verlauf des Krieges hatte die deutsche U-Bootwaffe außerordentlich hohe Verluste erlitten. Laut Dönitz gingen von insgesamt 1170 in Dienst gestellten Booten 753 durch Feindeinwirkung und Unfälle verloren, 27143 Besatzungsmitglieder waren gefallen oder vermißt, die meisten von ihnen nach dem Mai 1943.

Die kräftemäßig ohnehin schwache deutsche Hochseeflotte war bereits 1942 von der französischen Atlantikküste abgezogen worden, um sie nicht der Vernichtung aus der Luft auszusetzen. In einem den Gegner überraschenden Unternehmen

(»Cerberus«) wurden die beiden in Brest stationierten Schlachtschiffe ›Scharnhorst‹ und ›Gneisenau‹ sowie der schwere Kreuzer ›Prinz Eugen‹ nebst Begleitschiffen am Mittag des 12. Februar 1942 durch den Ärmelkanal in die Nordsee zurückgebracht, die ›Gneisenau‹ allerdings schon zwei Wochen später in Kiel durch einen schweren Bombentreffer außer Gefecht gesetzt. Die schweren Einheiten wurden nunmehr in Norwegen konzentriert, wo sie – mehr durch ihre Existenz als durch Erfolge bei gelegentlichen Vorstößen ins Nordmeer – den alliierten Nachschub für die Sowjetunion von Island nach Murmansk bedrohten und erhebliche britische Flottenkräfte banden. Ihre geringen Erfolge bei der Geleitzugbekämpfung, die Hitler mangelndem Kampfgeist der Flotte zuschrieb, veranlaßten ihn im Januar 1943 zu dem Befehl, alle schweren Überwasserstreitkräfte außer Dienst zu stellen und ihre Geschütze zur Verteidigung der Küsten zu verwenden. Der wegen dieser Kritik als Oberbefehlshaber der Kriegsmarine zurücktretende Großadmiral Raeder wurde durch den zum Großadmiral ernannten Befehlshaber der U-Boote, Dönitz, ersetzt. Wenngleich Dönitz die Beibehaltung der Hochseeflotte bei Hitler durchsetzte, war ihre Agonie nicht mehr aufzuhalten. Bis Ende 1944 gingen die verbliebenen zwei Schlachtschiffe durch Feindeinwirkung verloren: Die ›Scharnhorst‹ wurde am 26. Dezember 1943 bei einer Geleitzugoperation im Nordmeer von einem überlegenen englischen Flottenverband versenkt, die ›Tirpitz‹ – das Schwesterschiff der im Mai 1941 im Atlantik verlorengegangenen ›Bismarck‹ – nach mehrmaliger Beschädigung durch britische Klein-U-Boote und Flugzeuge am 12. November 1944 im Tromsö-Fjord durch einen Luftangriff mit Spezialbomben vernichtet. Auch die meisten Kreuzer fielen in den letzten Kriegsmonaten feindlichen Bomben zum Opfer. Bei der Kapitulation waren nur noch der schwere Kreuzer ›Prinz Eugen‹ und der leichte Kreuzer ›Nürnberg‹ einsatzfähig.

Wie zur See gewannen die Westmächte 1942/43 auch im Luftkrieg endgültig die Überlegenheit. Die deutsche Luftwaffe verlor mit dem Einsatz des Gros ihrer Kräfte zur Unterstützung des Heeres im Ostfeldzug im Westen schon 1941 die Initiative. Aber auch die Royal Air Force (RAF) baute 1941 erst ihre strategische Bomberwaffe auf und flog zunächst wenig planvolle Angriffe auf Hafen- und Industriestädte in Nord- und Westdeutschland – teilweise schon mit den ersten Typen viermotoriger Fernbomber.

Am 14. Februar 1942 beschloß das englische Kabinett eine ursprünglich für sechs Monate geplante Bomberoffensive, die sich weniger gegen militärische und industrielle Objekte richtete, sondern durch Zerstörung von Wohnvierteln die Moral der deutschen Zivilbevölkerung, insbesondere der Industriearbeiterschaft, brechen sollte. Diese ebenso unmenschliche wie für die Entscheidung des Krieges unwirksame strategische Konzeption ging auf Churchills Berater in technischen Fragen, den Physikprofessor Frederick Lindemann, zurück. Sie wurde von dem eine Woche nach diesem Beschluß zum Oberbefehlshaber des Bomberkommandos der RAF ernannten Luftmarschall Arthur Harris (»Bomber-Harris«) durch nächtliche Flächenbombardements aus großer Höhe (»Target Area Bombing«) in die Tat umgesetzt und angesichts der vorangegangenen großen deutschen Nachtangriffe auf englische Städte 1940/41 auch ohne moralische Hemmungen durchgeführt: Erstes Opfer eines Bombenteppichs von Spreng- und Brandbomben wurde die Stadt Lübeck in der Nacht zum 29. März 1942, ihr folgten in den kommenden Monaten Rostock, Köln – das den ersten »1000-Bomber-Angriff« über sich ergehen lassen mußte –, Essen, Bremen und bei zahlenmäßig geringerem Bombereinsatz viele andere Großstädte. Neben diesen Angriffen, die wegen des noch begrenzten Aktionsradius der englischen Jagdflugzeuge nachts erfolgten, führte die RAF auch einige verlustreiche und ziemlich erfolglose Tagesangriffe ohne Jagdschutz durch, so am 17. April gegen die MAN-Werke in Augsburg, die U-Bootmotoren herstellte, und am 11. Juli gegen die U-Bootwerften in Danzig.

Die deutschen Bomberverbände im Westen konnten den englischen Luftangriffen nichts Vergleichbares entgegensetzen: Vom April bis Oktober 1942 unternahmen sie mit 25 bis maximal 90 Flugzeugen nächtliche »Vergeltungsangriffe« auf kaum verteidigte, kulturhistorisch wertvolle englische Städte ohne militärische Bedeutung – die »Baedekerangriffe« u. a. gegen Exeter, Bath, Norwich, Canterbury und York.

Der Kriegseintritt der USA wirkte sich im Luftkrieg vor allem durch die Massenproduktion von Flugzeugen aus: im Jahre 1942 stellten die Amerikaner fast 48000 Maschinen fertig, darunter neben circa 10000 Bombern rund 2600 viermotorige »Fliegende Festungen«. Mit ihnen baute die US-Army Air Force (USAAF) auf der englischen Insel eine eigene strategische Luftflotte auf. Diese Langstreckenbomber vom Typ Boeing B

17 E »Fortress II« und B 24 D »Liberator« flogen ab August 1942 zunächst Tagesangriffe auf militärische Ziele in Holland und Frankreich. Nachdem sich die Westmächte auf der Casablanca-Konferenz im Januar 1943 über eine »Combined Bomber Offensive« gegen das Reich geeinigt hatten, die die nächtlichen Flächenbombardements der Engländer mit amerikanischen Tagesangriffen zum »round-the-clock-bombing« zusammenfassen sollte, begann Ende des Monats auch die USAAF ihre Luftoffensive auf deutsches Gebiet mit einem Angriff auf Wilhelmshaven. Vom März bis Juni konzentrierte sich die Offensive der Engländer auf Städte im Ruhrgebiet, ohne daß diese viermonatige »Battle of the Ruhr« trotz gewaltiger Zerstörungen die deutsche Rüstungsproduktion ernsthaft beeinträchtigen konnte. Opfer einer Bombardierung »rund um die Uhr« wurde Hamburg durch die »Operation Gomorrha«: Sie begann mit einem Großangriff der RAF in der Nacht zum 25. Juli, wurde am 25. und 26. Juli durch Tagesangriffe der USAAF fortgesetzt und fand durch englische Großangriffe in den Nächten des 27. und 29. Juli und des 3. August ihren Abschluß. Durch den wechselnden Einsatz von Brand- und Sprengbomben, der die Arbeit der Feuerwehren behinderte, wurden durch ausgedehnte Flächenbrände mit orkanartigen Feuerstürmen ganze Stadtteile vernichtet; über 30000 Menschen fanden den Tod. Die verhältnismäßig geringen Verluste von 57 Flugzeugen – 2,4 Prozent der eingesetzten Maschinen –, die die Engländer bei den ersten drei dieser Nachtangriffe erlitten, waren auf den erstmals angewandten Abwurf von Millionen Stanniolstreifen (»Windows«) zurückzuführen, die die Ortungs- und Feuerleitgeräte der deutschen Flak störten und durch den Ausfall der Funkmeßgeräte den Jägerleitstellen das Heranführen der Nachtjäger unmöglich machte.

Neben ihren Terrorangriffen auf »Flächenziele« führten die Engländer 1943 auch nächtliche Präzisionsangriffe durch: so wurde in der Nacht zum 17. Mai durch die Zerstörung der Eder- und Möhnetalsperren die Energie- und Wasserversorgung des Ruhrgebiets getroffen und in der Nacht zum 18. August durch Bombardierung der Raketen-Versuchsstation in Peenemünde die Produktion der V-Waffen verzögert.

Die Amerikaner, die auf der Casablanca-Konferenz statt für nächtliche Flächenbombardements für gezielte Tagesangriffe auf Häfen, Rüstungswerke und Schlüsselindustrien eingetreten waren, mußten bei ihrem Vorhaben wegen der ungenügenden

Reichweite der Jagdflugzeuge auf deren Schutz verzichten. Obwohl die »Fliegenden Festungen« erhebliche Feuerkraft und Beschußfestigkeit besaßen, erlitten sie im Sommer und Herbst 1943 starke Verluste: Beim Angriff auf die Schweinfurter Kugellagerfabriken und die Regensburger Messerschmitt-Werke am 17. August gingen 60 (= 16 Prozent) der 376 eingesetzten Bomber verloren, bei der Wiederholung des Angriffs auf Schweinfurt am 14. Oktober 77 Maschinen (= 20,6 Prozent). Die hohen Verluste zwangen die Amerikaner, vorübergehend auf näherliegende Ziele in den besetzten westeuropäischen Gebieten auszuweichen, bis ihnen gegen Jahresende eine ausreichende Zahl der neu entwickelten Langstreckenjäger zur Verfügung standen. Diese Jäger vom Typ P 47 »Thunderbolt« und P 51 »Mustang«, mit deren Einsatz gleichzeitig das Ziel verfolgt wurde, den Luftraum von der deutschen Tagjagd freizukämpfen, bedeuteten eine zusätzliche Belastung für die an allen Fronten angespannt kämpfende deutsche Jagdwaffe. Ihre Lage begann trotz ausreichenden Ersatzes an Flugzeugen – sie verlor allein im Westen monatlich 400 bis 800 Maschinen – durch die steigenden personellen Verluste und die sinkende Treibstoffversorgung kritisch zu werden.

Das Jahr 1943 endete mit der englischen Luftoffensive gegen Berlin (»Battle of Berlin«), die in der Nacht zum 19. November mit dem Ziel begann, der Reichshauptstadt als Regierungszentrale und Sitz kriegswichtiger Werke der Maschinen- und Elektroindustrie das Schicksal von Hamburg zu bereiten. Als diese Offensive Ende März abgebrochen wurde, weil sich das Bomberkommando der RAF auf seine Mitwirkung bei der Invasion in der Normandie vorbereiten mußte, hatten die Engländer trotz 16 Großangriffen und dreier zusätzlicher amerikanischer Tagesangriffe ihre Absicht nicht erreicht: Berlin hatte zwar über 6000 Tote zu beklagen und wies 9,5 Quadratkilometer zerstörter Fläche auf, aber die Moral der Bevölkerung und die Funktion der zentralen Verwaltungen blieben intakt, auch die Industrie war nur in begrenztem Ausmaß geschädigt worden.

Diese britische Luftoffensive überschnitt sich zeitlich mit der »Big Week« vom 20. bis 25. Februar 1944, in der sich die USAAF auf die Zerstörung von Flugzeug- und Motorenwerken in Mittel- und Süddeutschland (Österreich) konzentrierte. Bei ihr wirkte von Süden her die im Herbst 1943 in Italien aufgebaute amerikanische Luftflotte mit, ferner durch Nachtangriffe die RAF. Mit der Ausrichtung der Angriffe auf die deutsche

Flugzeugindustrie, die sich im April gleichzeitig auf Eisenbahnknotenpunkte und ab Mai auf Ölraffinerien und Hydrierwerke erstreckte, trat der strategische Luftkrieg der Alliierten in eine entscheidende Phase ein. Durch die regelmäßig wiederholte Bombardierung der Hydrierwerke sank die monatliche Produktion an Vergaser-Treibstoff von 125000 Tonnen im April auf 56000 Tonnen im August, an Diesel-Kraftstoff von 88900 auf 62000 Tonnen. Der katastrophale Rückgang der Flugbenzinerzeugung – sie betrug vom Juni 1944 bis Kriegsende insgesamt nur noch 197000 Tonnen, d.h. etwas mehr als eine Monatsproduktion vor Beginn der Angriffe – wirkte sich nach Verbrauch der Reserven zum Jahresende auf die Ausbildung und den Einsatz der Luftwaffe ganz entschieden aus. Die Angriffe auf die Treibstoffwerke und auf das Verkehrsnetz, die durch Unterbrechung der Zulieferungen auch die Produktion der vor Bomben geschützten unterirdischen und der ausgelagerten Fabriken empfindlich störten, waren das einzige wirksame Mittel, das die deutsche Rüstungsproduktion ab Mitte 1944 entscheidend schwächte. Demgegenüber erreichten die immer noch fortgesetzten Flächenangriffe, durch die Ende 1944 schließlich vier Fünftel aller deutschen Städte mit mehr als 100000 Einwohnern zerstört waren, weder eine wesentliche Minderung der Produktion noch den Zusammenbruch der Kampfmoral.

Die deutsche Bomberwaffe hatte 1943 gegen England nur Störangriffe mit schwachen Kräften geflogen, wobei sie teilweise auf Jagdbomber, d.h. auf einmotorige Jäger zurückgriff, die zum Tragen einer geringen Bombenlast ausgerüstet worden waren. Auf Hitlers Befehl wurde sie jedoch Ende Januar 1944 wieder offensiv und führte trotz aller Personal- und Materialschwierigkeiten einige größere Nachtangriffe auf London und Städte in Südengland durch. Diese Luftoffensive, die Ende Mai aus Kräftemangel eingestellt wurde, vermochte mit ihren vergleichsweise bescheidenen Mitteln nicht, den »Terror durch Terror zu brechen«. Zu einer wirksamen Störung der Vorbereitung und Durchführung der alliierten Invasion im Juni war die deutsche Luftwaffe nicht mehr fähig.

Zum Verlust der deutschen Luftüberlegenheit trug eine Reihe von Unzuträglichkeiten und Fehlentscheidungen in der Aufrüstung bei, die den Generalluftzeugmeister, Generaloberst Udet, im November 1941 in den Selbstmord getrieben hatten. Das »Blitzkriegdenken« der deutschen Führung hatte Göring im Februar 1940 zu dem Befehl veranlaßt – der im Oktober 1941 angesichts der Rüstungsanforderungen für den Ostfeldzug vom OKW wiederholt worden war –, daß alle technischen Neuentwicklungen zurückgestellt werden sollten, die nicht bis Ende des Jahres 1941 zur praktischen Auswirkung kamen. Auf dem Flugzeugsektor sollten statt dessen Produktionssteigerungen und Leistungsverbesserungen bei den vorhandenen und bewährten Typen vorgenommen werden. Diese Konzeption hatte zur Folge, daß die wenigen doch als notwendig erkannten Neuentwicklungen verspätet begonnen und unter Zeitdruck unausgereift in die Serienproduktion gegeben wurden, bei der die Beseitigung von »Kinderkrankheiten« nun erst recht Verzögerungen verursachte. So wurde der Bau des seit 1938 in der Entwicklung befindlichen viermotorigen Fernbombers He 177 angesichts des Sieges über Frankreich verschoben, nach den Erfahrungen der Luftschlacht über England jedoch seine Serienfertigung übereilt befohlen, obwohl die ungenügende Betriebssicherheit zahlreiche Abstürze verursachte. Als die Mängel 1943 schließlich behoben waren, erzwang die Treibstoffknappheit den Verzicht auf die seit Jahren benötigte strategische Bomberwaffe: das Gros der 1146 fertiggestellten Maschinen gelangte nicht mehr zum Einsatz. Ebenso mußte im Frühjahr 1942 die im Juli 1941 angelaufene Serienproduktion des zweimotorigen Jägers Me 210, der gleichzeitig als Bomber und Sturzkampfflieger gedacht war, wegen Konstruktionsmängeln wieder eingestellt werden. Durch diese Fehlleistung gingen der Luftwaffe zwischen ein- und zweitausend Maschinen verloren, die in dieser Zeit dringend benötigt wurden.

Gemäß der ursprünglich erfolgreichen »Blitzkriegskonzeption«, die gegnerischen Luftstreitkräfte durch überraschende Offensivschläge zu reduzieren und dadurch zugleich die Gefährdung der Heimat durch feindliche Luftangriffe zu verringern, war die deutsche Luftwaffenführung von der Grundvorstellung beherrscht, daß die Luftwaffe primär der Offensive zu dienen habe. Auch nach dem Beginn der alliierten Großoffensive zur Luft hielt sie wie Hitler am »Angriffsgedanken« fest und entschloß sich nicht rechtzeitig, die Luftrüstung auf die Defensive umzustellen und die Jagdwaffe als einzig wirksame Abwehr zuungunsten der Bomben- und Kampfflugzeuge vorrangig auszubauen. Als der Generalstabschef der Luftwaffe, Generaloberst Jeschonnek, diese Fehlentscheidung nach dem Versagen der Luftverteidigung bei den verheerenden Angriffen auf Hamburg und beim Präzisionsangriff auf Peenemünde erkannte, verübte er am 18. August 1943 Selbstmord. Obgleich nun auch Göring bereit schien, der Defensive zur Luft Vorrang einzuräumen, um die Produktionsstätten als Voraussetzung für eine mögliche spätere Offensive zu bewahren, lehnte Hitler diesen Gedanken ab und befahl statt dessen die erwähnte Wiederaufnahme der Luftoffensive gegen England. Sein Festhalten am Offensivgedanken zeigte sich auch in der Weisung, den 1943 produktionsreifen überschnellen Jäger mit Strahltriebwerk Me 262 zum »Blitzbomber« weiterzuentwickeln, statt dem Luftkrieg durch eine schnelle Serienproduktion dieses allen gegnerischen Maschinen technisch überlegenen Flugzeugs eine Wendung zu geben. Die Serienerzeugung verzögerte sich dadurch um Monate, ohne daß der gewünschte »Blitzbomber« zu Beginn der alliierten Invasion verfügbar war. Die Erfolge der in den letzten Kriegsmonaten in geringer Zahl doch noch als Jäger eingesetzten und mit Raketengeschossen ausgestatteten Me 262 – gegen den die feindliche Abwehr nahezu machtlos war – lassen vermuten, daß ihr rechtzeitiger Fronteinsatz Anfang 1944 die Fortführung der alliierten Luftoffensive in der bisherigen Form in Frage gestellt hätte.

Immerhin wurde die Produktion von Jagdflugzeugen durch den im März 1944 errichteten und mit Speers Rüstungsministerium gekoppelten »Jägerstab«, der dem Luftwaffenstab die Flugzeugfertigung aus der Hand nahm, auf Rekordhöhe gebracht, ohne dabei die für den Land- und Seekrieg erforderliche Produktion von Bombern zu vernachlässigen: von den 1944 insgesamt fast 40000 fertiggestellten Flugzeugen waren rund 25000 Jäger. Diese Produktionsleistung wirkte sich aber für die Luftverteidigung insofern nicht aus, als die Jagdverbände wiederholt und unter hohen Verlusten für offensive Aufgaben zur Unterstützung des Heeres eingesetzt wurden und unter Treibstoffmangel litten.

Ebensowenig wie die »Vergeltungsangriffe« der Luftwaffe vermochten die 1944 gegen England eingesetzten Vergeltungswaffen (»V-Waffen«), die der deutschen Bevölkerung als kriegsentscheidende Wunderwaffen angekündigt worden waren, die Entwicklung des Bombenkrieges zu beeinflussen. Die sechs Tage nach Beginn der alliierten Invasion bis zum Verlust ihrer Abschußrampen an der Kanalküste Anfang September eingesetzte rückstoßgetriebene Flugbombe Fi 103 (V 1) und die mit Überschallgeschwindigkeit fliegende Flüssigkeitsrakete A 4 (V 2), die seit dem 8. September gestartet wurde, waren wegen ihrer starken Streuung zur Bekämpfung militärischer Objekte ungeeignet und konnten nur auf große Flächenziele ausgerichtet werden. Obwohl sie in London und Umgebung, später in Antwerpen, Lüttich und Brüssel erhebliche Verluste und materielle Schäden anrichteten – allein in England wurden durch sie fast 9000 Menschen getötet –, stand der Aufwand an Arbeit und Material für die Entwicklung und Fertigung dieser offensiven Fernwaffen in keinem Verhältnis zu ihrer Auswirkung auf das militärische Geschehen. Von den insgesamt 32600 produzierten Flugbomben konnten ohnehin nur 68 Prozent verschossen werden, 40 Prozent schlugen tatsächlich auf feindlichem Gebiet ein; bei den 6500 Raketen lauteten die entsprechenden Anteile 48 Prozent und 37 Prozent.

Während in den letzten Kriegsmonaten 1945 die Kraft der deutschen Luftwaffe erlahmte, schien sich der ständig steigernde alliierte Bombenkrieg von allen militärischen Notwendigkeiten zu lösen und zum Selbstzweck zu werden: Auch zahlreiche kulturell wertvolle Kleinstädte wurden nunmehr als »militärische Objekte« in Trümmer gelegt, nur weil ihre Eisenbahnanlagen auf dem Wege zur näherrückenden Front der Alliierten lagen. Zum Symbol für die Unmenschlichkeit des Bombenkrieges wurde Dresden, das nach einem doppelten Angriff der RAF in der Nacht zum 14. Februar und zwei Tagesangriffen der USAAF am 14. und 15. Februar mit seinen weltbekannten Baudenkmälern im Feuersturm unterging und dabei 35000 Todesopfer zu beklagen hatte. In den letzten Wochen vor der Kapitulation wurde das noch unbesetzte Reichsgebiet außerdem von der taktischen Luftwaffe der Alliierten beherrscht, die durch die Tieffliegerangriffe ihrer Jagdbomber das Aufsteigen der deutschen Jäger behinderte und den Eisenbahn- und Straßenverkehr, die Industrieproduktion und teilweise sogar die landwirtschaftliche Feldarbeit lahmlegte.

Offensive der Westmächte im Mittelmeerraum und Zusammenbruch Italiens 1942–1944

Im ersten Halbjahr 1942 hatte die deutsch-italienische Panzerarmee unter Rommel in Nordafrika zunächst noch Erfolge zu verzeichnen, nachdem die dortigen englischen Kräfte durch Abgaben an den ostasiatischen Kriegsschauplatz geschwächt worden waren. Da der britische Stützpunkt Malta durch pausenlose deutsche und italienische Luftangriffe niedergehalten und Rommel dadurch ausreichend mit Nachschub versorgt werden konnte, trat er am 21. Januar aus seiner Stellung bei Marsa el-Bregha überraschend zum Angriff an und eroberte innerhalb von zwei Wochen die Cyrenaika bis westlich Gazala zurück. Die Italiener wirkten an dieser Offensive nicht mit: Vor einem weiteren Vordringen wollten sie Malta in ihren Besitz bringen, um die ständige Bedrohung des Nachschubs für Nordafrika endgültig zu beseitigen. Da sie jedoch die Vorbereitungen dazu nicht vor Ende Juli abschließen konnten, fanden sie sich schließlich bereit, an einer im Mai beginnenden Offensive gegen Tobruk mitzuwirken – unter der Bedingung, daß Malta im Juli vor einem Einfall in Ägypten unter Beteiligung deutscher Luftlandetruppen erobert werden sollte (Unternehmen »Herkules«).

Bei seinem Angriff am 26. Mai 1942 auf die Gazala-Stellung, hinter der die britischen Kräfte unterdessen zur Vorbereitung einer eigenen Offensive verstärkt worden waren, umging Rommel die gegnerische Front im Süden beim Stützpunkt Bir Hacheim – der von freifranzösischen Kräften bis 10. Juni gehalten werden konnte – und stieß in den Rücken der Engländer. In mehrwöchigen beweglichen Wüstenkämpfen wurde die britische Armee unter General Ritchie aufgespalten und Tobruk am 21. Juni erobert: 32 000 Engländer und wertvolle Lebensmittel- und Treibstoffvorräte fielen den Achsenstreitkräften in die Hände. Angesichts dieses Sieges gelang es Hitler, Mussolini zum Verzicht auf die Eroberung Maltas zu bewegen und statt dessen für eine gemeinsame Verfolgung und Vernichtung des geschlagenen Feindes zu gewinnen, zumal nunmehr der Nachschub zum Teil über Griechenland – von Kreta aus gedeckt – nach Tobruk geleitet werden konnte. Am 23. Juni überschritten die deutsch-italienischen Kräfte unter dem am Vortage zum Generalfeldmarschall ernannten Rommel die ägyptische Grenze mit dem Ziel, Kairo einzunehmen. Nach der Besetzung von Marsa Matruk am 28. Juni stießen sie jedoch zwei Tage später vor El-Alamein, einhundert Kilometer vor Alexandria, auf erbitterten Widerstand. Rommels Versuch, diese letzte Abwehrstellung des Gegners vor dem Nildelta zu durchbrechen, mußte nach drei Tagen wegen völliger Erschöpfung seiner Kräfte aufgegeben werden. Unter Ausnutzung ihrer örtlichen Luftüberlegenheit – die deutschen Flugplätze lagen nun weit hinter der Front zurück – unternahmen die Engländer im Laufe des Juli mehrere vergebliche Gegenangriffe, bis auch ihre Kräfte erlahmten und die Front Ende des Monats erstarrte. Mussolini, der sich Ende Juni nach Libyen begeben hatte, um mit seinen Truppen in Kairo einzuziehen, kehrte am 20. Juli enttäuscht nach Rom zurück.

Da das Gros der deutschen Luftstreitkräfte im Mittelmeerraum zur Unterstützung der Landoperationen Rommels eingesetzt worden war, hatte sich der britische Stützpunkt Malta wieder erholen können: Er wurde durch die Verlegung von Flugzeugen und U-Booten verstärkt und im Juni und August durch Geleitzüge von Alexandria und Gibraltar aus – wenn auch unter dem Verlust von 24 der dabei ausgelaufenen 31 Frachter und Tanker – versorgt. Als Folge der Wiedererstarkung Maltas stiegen die Verluste der deutsch-italienischen Transporte über das Mittelmeer erneut an und übertrafen im August 1942 die Höchstzahlen vom November 1941. Dabei kamen den Engländern die aus der Entzifferung des italienischen Funkverkehrs durch »Ultra« gewonnenen Kenntnisse sowohl über die Abfahrtszeiten der Konvois wie über das unversehrt in Nordafrika eintreffende Material in einem Ausmaß zugute, daß von deutscher Seite gelegentlich »italienischer Verrat« vermutet wurde und das Verhältnis zwischen den Achsenpartnern darunter zu leiden drohte. Da sich das Stärkeverhältnis an der nordafrikanischen Front bei weiterem Zuwarten nur zugunsten der Briten verschieben konnte, die auf dem Weg um das Kap der Guten Hoffnung relativ ungehindert versorgt wurden, griff Rommel in der Vollmondnacht zum 31. August erneut an. Generalleutnant Montgomery, der die britische Armee in Nordafrika seit dem 13. August führte und durch »Ultra« über Rommels Absichten und Kräfte informiert war, traf sorgfältige Verteidigungsmaßnahmen. Statt der beabsichtigten Durchbruchs- und Umfassungsschlacht entwickelte sich daher eine Frontalschlacht, die Rommel angesichts der feindlichen Luftüberlegenheit und des ausbleibenden Nachschubs an Treibstoff am 3. September unter erheblichen Verlusten an Fahrzeugen und Waffen abbrechen mußte: Wie kurz darauf an der Ostfront zeichnete sich deutlich ab, daß die Expansionskraft der Achsenmächte nunmehr überspannt war und die Initiative endgültig an den Gegner überging.

Montgomerys Gegenoffensive kündigte sich ab 9. Oktober durch anhaltende Luftangriffe auf deutsche Flugplätze, Nachschubhäfen und Transportkolonnen seitens der RAF an, die nun auch im Mittelmeerraum eine erdrückende Überlegenheit gewann. Die von Feldmarschall Kesselring am nächsten Tag improvisierte deutsch-italienische Luftoffensive gegen den Flugstützpunkt Malta mußte wegen hoher Verluste nach neun Tagen abgebrochen werden. Nach starker Artillerievorbereitung griff Montgomery am 23. Oktober mit überlegenen Panzerkräften an: Seinen über 11000 Panzern, darunter schweren amerikanischen vom Typ »Sherman«, hatten die Achsentruppen nur die Hälfte an Panzern entgegenzustellen. Unter gelungener Vortäuschung eines Angriffs am Südflügel der deutschen El-Alamein-Stellung konnten die Engländer an ihrem nördlichen Abschnitt Einbrüche erzielen. Rommel, der zu einer Erholungskur in Deutschland weilte, übernahm am 25. Oktober wieder den Oberbefehl und riegelte die Fronteinbrüche durch Gegenangriffe, die auf beiden Seiten starke Verluste verursachten, zunächst ab. Als Montgomery nach Umgruppierung seiner Kräfte am 2. November mit 800 verbliebenen Panzern zum Durchbruch (Operation »Supercharge«) ansetzte, leitete Rommel den Rückzug seiner Truppen auf die Fuka-Stellung ein, um die nichtmotorisierten italienischen Infanteriedivisionen nicht der Abschnürung und Vernichtung preiszugeben. Doch Hitler befahl ihm, »keinen Schritt zu weichen« und seinen Truppen »keinen anderen Weg (zu) zeigen als den zum Siege oder zum Tode«[5]. Dieser Befehl, den Rommel durch Widerruf seiner Absetzbewegung befolgte, trug maßgeblich zum Untergang der deutsch-italienischen Afrika-Armee bei. Als der Durchbruch der Briten trotz verzweifelten Widerstandes nicht verhindert werden konnte und Rommel den Rückzug in eigener Verantwortung doch anordnen mußte, verlor die Armee ihre gesamte Infanterie sowie zahlreiche Fahrzeuge und Geschütze, so daß auch ihre angeschlagenen beweglichen Verbände dem Vormarsch der Engländer nirgends mehr organisierten Widerstand entgegensetzen konnten. Nur der methodischen, Risiken vermeidenden Führung Montgomerys und dem durch schwere Regenfälle aufgeweichten Boden war es zu verdanken, daß die auf der Küstenstraße zurückgehende Afrika-Armee nicht überholt und abgeschnitten wurde. Am 13. November zogen die Engländer in das kampflos geräumte Tobruk ein, sieben Tage

[5] Funkspruch Hitlers an Generalfeldmarschall Rommel v. 3. 11. 1942. In: Kriegstagebuch des Oberkommandos der Wehrmacht (Wehrmachtführungsstab), Band 2: 1. Januar 1942 – 31. Dezember 1942, zus.gest. u. erl. von A. Hillgruber. Frankfurt a.M. 1963, S. 896. (S. auch Dok. 6, S. 246f.).

später besetzten sie Bengasi und machten anschließend vor der von den Italienern eilig vorbereiteten Marsa el-Bregha-Stellung halt, um ihre Streitkräfte aufschließen zu lassen und den Nachschub zu organisieren. Am 11. Dezember setzte Montgomery seinen Vormarsch fort und nahm am 23. Januar 1943 Tripolis: Mit der Hauptstadt Libyens hatten die Italiener die letzte Ecke ihres Kolonialreiches verloren. Die Entwicklung auf diesem Kriegsschauplatz war in den vorausgegangenen drei Monaten entscheidend durch die Vorgänge beeinflußt worden, die sich im Rücken der deutsch-italienischen Afrika-Armee abspielten: durch die Landung der Engländer und Amerikaner am 7./8. November 1942 in Marokko und Algerien.

Den Plan einer Landung in Französisch-Nordafrika hatte Churchill bereits auf der Konferenz mit Roosevelt in Washington zum Jahreswechsel 1941/42 vorgebracht. Das für das Frühjahr 1942 unter dem Decknamen »Super-Gymnast« beschlossene Unternehmen sollte die derzeit erfolgreich verlaufende britische Offensive in Libyen (Operation »Crusader«) ergänzen. Aber Rommels kurz darauf beginnende Gegenoffensive und die durch die deutschen U-Booterfolge verursachte Tonnagekrise machten eine Verstärkung der vorgesehenen alliierten Landungskräfte und eine zeitliche Verschiebung des Unternehmens notwendig. Nach schwierigen Auseinandersetzungen mit den Amerikanern, die unter dem Eindruck der erfolgreichen deutschen Sommeroffensive in Rußland 1942 statt dessen eine begrenzte Landungsoperation an der französischen Kanalküste (Operation »Sledgehammer«) befürworteten, erreichte Churchill Ende Juli 1942 die Entscheidung zugunsten der weniger risikoreichen Landung in Nordwestafrika, die jetzt den Decknamen »Torch« erhielt.

Die unter dem Oberbefehl General Eisenhowers stehenden alliierten Truppen in Stärke von rund 110000 Mann, die teils von der amerikanischen Ostküste, teils von den Britischen Inseln herangeschafft wurden, trafen bei ihren Landungen am frühen Morgen des 8. November 1942 bei Casablanca und Oran auf den Widerstand der französischen Vichy-Streitkräfte, während sie bei Algier zwar von der französischen Marine, aber kaum von den Heeresverbänden unter General Mast bekämpft wurden, der mit den Amerikanern und Engländern konspirierte. In Vichy befahl Marschall Pétain aus Furcht vor deutschen Repressalien, die nordafrikanischen Besitzungen zu verteidigen, gab jedoch insgeheim dem in Algier weilenden Oberbefehlshaber der französischen Wehrmacht, Admiral Darlan, freie Hand, den Kampf einzustellen. Am 22. November schloß Darlan mit Eisenhowers Stab ein Abkommen, das als gemeinsame Ziele die Vertreibung der Achsenmächte aus Nordafrika, die Befreiung Frankreichs und die Wiederherstellung seines Kolonialreiches beinhaltete.

Noch am Tage der alliierten Landung erzwang Hitler durch ein Ultimatum die Zustimmung der Vichy-Regierung zur Überführung deutscher Truppen nach Tunesien und ließ bei ihr anfragen, ob Frankreich gewillt sei, an der Seite Deutschlands gegen England und die USA in den Krieg einzutreten. Als seine Unterredung mit Ministerpräsident Laval am nächsten Tag in München ergab, daß Vichy lediglich zum Abbruch der diplomatischen Beziehungen zu den USA bereit war, befahl er für den 11. November den schon seit Dezember 1940 vorsorglich vorbereiteten Einmarsch in das unbesetzte Frankreich (Unternehmen »Attila«, ab Mai 1942 »Anton«), an dem sich die Italiener durch die Besetzung der Gebiete westlich der Rhône und der Insel Korsika beteiligten. Am 27. November wurden trotz vorangegangener gegenteiliger Versicherungen schlagartig die Vichy-Streitkräfte entwaffnet und der Kriegshafen Toulon besetzt, wo sich die französische Flotte einschließlich dreier Schlachtschiffe und eines Flugzeugträgers dem deutschen Zugriff durch Selbstversenkung entzog.

Für Hitler, der die gemeldeten alliierten Seetransporte für eine bevorstehende Operation gegen Tripolis und Bengasi oder gegen Korsika und Sardinien hielt, kam die Landung in Französisch-Nordafrika völlig überraschend. Am 10. November befahl er die Bildung eines Brückenkopfes in Tunesien, wo die französischen Truppen die Häfen Tunis und Bizerta auf Befehl der Vichy-Regierung übergaben und sich nach Westen zurückzogen. Die durch Luft- und Seetransporte nach Tunesien gebrachten Achsenstreitkräfte konnten die aus Algerien eindringenden alliierten Vorausabteilungen zur Umkehr zwingen und eine Abwehrfront aufbauen, die im Süden bis zum Schott el-Fedjedj reichte. Sie vereinigten sich mit den notdürftig ergänzten Kräften Rommels, der nach seinem Rückzug aus Libyen die nachdrängenden Engländer unter Montgomery im Februar 1943 an der Mareth-Linie auf tunesischem Boden zunächst aufhalten konnte. Rommel, der nunmehr mit dem Oberbefehl der gesamten Achsenstreitkräfte in Tunesien betraut wurde, versuchte vergeblich, die alliierte Tunisfront durch einen Angriff von Süden her aufzurollen: Nach anfänglichen Erfolgen gegen die noch kampfunerprobten Amerikaner und der Einnahme des Kasserine-Passes mußte er sich Ende Februar vor den herangeführten überlegenen Kräften auf seine Ausgangsstellung zurückziehen. Als am 6. März auch sein Angriff gegen die vor der Mareth-Linie aufmarschierenden Engländer fehlschlug, war Rommel überzeugt, daß Tunesien angesichts der erdrückenden feindlichen Übermacht und der zunehmenden Unterbindung des eigenen Nachschubs über das Mittelmeer nicht gehalten werden konnte. Die Vorhersage Rommels, der am 9. März – offiziell aus gesundheitlichen Gründen – als Oberbefehlshaber in Tunesien durch Generaloberst v. Arnim ersetzt wurde, erfüllte sich innerhalb weniger Wochen. Montgomerys am 20. März beginnende, erfolgreiche Offensive gegen die Mareth-Stellung führte am 7. April zur Vereinigung seiner Truppen mit den von Gafsa aus entgegenstoßenden Amerikanern. Unter der gemeinsamen Umklammerung wurden die deutsch-italienischen Streitkräfte immer weiter nach Norden und Osten zusammengedrückt. Am 7. Mai gingen die Häfen Tunis und Bizerta verloren, sechs Tage später war der letzte Widerstand erloschen: v. Arnim, 250000 Deutsche und Italiener gingen in alliierte Gefangenschaft, das Material von acht deutschen und sechs italienischen Divisionen war verloren. Die Achsenmächte waren aus Afrika vertrieben und hatten dabei eine Niederlage einstecken müssen, die bislang nur von der Katastrophe in Stalingrad übertroffen worden war.

Bei der Erörterung der militärischen Ausnutzung einer erfolgreich abgeschlossenen Besetzung der nordafrikanischen Mittelmeerküste, die auf der Konferenz von Casablanca im Januar 1943 stattfand, hatten sich Roosevelt und die amerikanischen Militärs lediglich zu einer Landung in Sizilien bereit erklärt, um die Seeverbindung durchs Mittelmeer zu sichern und Italien stärker unter Druck zu setzen. Für die Amerikaner hatte der Aufbau einer alliierten Streitmacht in England für die Invasion in Frankreich nach wie vor Vorrang. Nachdem die erheblich verzögerte Eroberung Tunesiens Kräfte wie Schiffsraum länger als vorgesehen gebunden hatte und von einem auch nur begrenzten Frankreich-Unternehmen 1943 keine Rede mehr sein konnte, kamen Roosevelt und Churchill auf der Washingtoner Konferenz vom 12. bis 25. Mai (Deckname »Trident«) überein, die Invasion Frankreichs nunmehr auf den Mai 1944 festzusetzen und bis dahin Zeit und Kräfte über die in Casablanca bereits beschlossene Sizilienoperation hinaus für eine Landung im Süden Italiens auszunutzen, das bereits deutliche Erschöpfungserscheinungen zeigte und zum Austritt aus dem Kriege bewogen werden sollte. Nach Churchills Vorstellungen sollte dadurch zugleich der Zugang zur Adria geöffnet, der Partisanenkrieg gegen die Achsenstreitkräfte in Griechenland und Jugoslawien durch materielle Hilfe belebt und eventuell die türkische Unterstützung für ein alliiertes Ablenkungsmanöver auf dem Balkan gewonnen werden. Mit der Verfolgung dieser weitergehenden Absichten, die auf das Mißtrauen der Amerikaner gegenüber den britischen imperialen Interessen im Mittelmeerraum stießen, wollte Churchill zusätzlich gegnerische Kräfte binden und damit die deutsche Verteidigung gegen die geplante Frankreich-Invasion schwächen, aber auch dem künftigen sowjetischen Einfluß auf dem Balkan durch militärische Präsenz entgegenwirken.

Das alliierte Landungsunternehmen in Sizilien (Operation »Husky«) wurde ab Mai 1943 durch die Bombardierung der deutschen und italienischen Flughäfen auf dieser Insel, auf Sardinien, Korsika und dem süditalienischen Festland eingeleitet, die die Verlegung der deutschen Bomberverbände aus Sizilien erzwang und den Angreifern in diesem Raum die Luftüberlegenheit verschaffte. Am 10. Juli landete eine englische Armee unter Montgomery an der Südostecke Siziliens, eine amerikanische unter General Patton westlich davon im Golf von Gela. Da die deutsche Wehrmachtführung aufgrund alliierter Täuschungsmanöver (Operation »Mincemeat«) eine Landung auf Sardinien oder dem Peloponnes vermutet hatte, waren auf Sizilien neben meist nichtmotorisierten italienischen Kräften nur zwei deutsche Divisionen stationiert. Während die Amerikaner rasch vorankamen, am 22. Juli Palermo nahmen und den Westteil der Insel von den sich kaum zur Wehr setztenden italienischen Truppen säuberten, stießen die Engländer nach der Einnahme von Syrakus auf ihrem Weg entlang der Küste nach Norden auf die deutschen Kräfte, die – durch zwei weitere Divisionen verstärkt und von italienischen Verbänden unterstützt – zunächst südlich und dann beiderseits des Ätna zähen Widerstand leisteten. Erst als in ihrem Rücken die Amerikaner entlang der Nordküste in Richtung auf Messina vorgingen, mußte der Rückzug eingeleitet werden: unter starker Massierung von Flak-Artillerie beiderseits der Straße von Messina gelang es, die deutschen Divisionen in Staffeln und ohne größere

Materialverluste aufs Festland zu überführen. Mit dem Einzug der Amerikaner in Messina am 17. August war Sizilien in alliierter Hand.

Noch während der Kämpfe auf Sizilien hatte sich in Italien ein innenpolitischer Umschwung vollzogen. Unter dem Eindruck der militärischen Niederlagen der Achsenmächte und der alliierten Luftangriffe auf italienische Großstädte im Sommer 1943 bemächtigte sich weiter Teile der italienischen Bevölkerung der Wunsch nach einem baldigen Austritt Italiens aus dem als verloren angesehenen Krieg. Auch innerhalb der faschistischen Bewegung wuchs die Erkenntnis von der Notwendigkeit, als Vorstufe dazu Mussolini, der sich vom Banne Hitlers nicht zu lösen vermochte, zu entmachten: Im Großen Faschistischen Rat setzten Mussolinis Opponenten, zu denen u. a. seine alten Kampfgefährten und sein Schwiegersohn Graf Ciano gehörten, am 24. Juli einen Mehrheitsbeschluß durch, daß die beim Duce konzentrierte Macht wieder von den verfassungsmäßigen Institutionen Krone, Regierung, Parlament und Korporationen mitgetragen werden sollte. Damit löste die innerfaschistische Opposition gegen den Duce unbeabsichtigt die Aktivität des Hofes aus, der rechtzeitig handeln mußte, wenn nicht gleichzeitig mit einem Zusammenbruch des faschistischen Staates auch die Monarchie untergehen sollte: Am 25. Juli wurde Mussolini bei seiner regelmäßigen Audienz vom König überraschend zum Rücktritt veranlaßt und anschließend verhaftet. Der zum neuen Regierungschef ernannte Marschall Badoglio, der gegen den Kriegseintritt Italiens gewesen und im Dezember 1940 als Chef des Comando Supremo verabschiedet worden war, erklärte den Ausnahmezustand, löste die faschistische Partei auf, verbot aber zur Enttäuschung der antifaschistisch-demokratischen Kräfte auch die Bildung anderer Parteien. Da an einen überraschenden Frontwechsel gegen Deutschland ohne vorher vereinbarte militärische Unterstützung durch die Alliierten nicht zu denken war – in Italien standen nur 18 kaum motorisierte italienische Divisionen, während sich 38 Divisionen als Besatzungstruppen zerstreut in Südfrankreich, auf Korsika und dem Balkan befanden –, gaben der König und Badoglio öffentliche Erklärungen ab, daß Italien ungeachtet des Regierungswechsels den Kampf an der Seite Deutschlands fortsetze. Nach geheimen Sondierungen über Lissabon nahm dort der italienische Unterhändler General Castellano am 19. August die Waffenstillstandsbedingungen entgegen. Sie waren von Roosevelt und Churchill auf der vom 14. bis 24. August tagenden Konferenz von Quebec (Deckname »Quadrant«) vereinbart worden und sahen die sofortige Einstellung der Kampfhandlungen, Übergabe des italienischen Territoriums an die alliierten Streitkräfte, Verlegung der Flotte und Luftstreitkräfte an noch festzusetzende Orte zur Demobilisierung, Abzug der italienischen Truppen aus den von ihnen besetzten Gebieten und die Auslieferung der alliierten Kriegsgefangenen vor. Nach Ablehnung eines erneuten italienischen Ansuchens, den Waffenstillstand wegen der zu erwartenden deutschen Gegenmaßnahmen erst nach einer Landung starker alliierter Kräfte – möglichst nördlich von Rom – zu proklamieren, wurde der Waffenstillstand am 3. September in Cassibile auf Sizilien unterzeichnet. Er wurde am 8. September, fünf Tage nach der ersten Landung der Alliierten auf dem italienischen Festland, über den Rundfunk verkündet.

Hitler, der der Regierung Badoglio mißtraute, ließ seit Ende Juli ohne vorherige italienische Genehmigung deutsche Kräfte mit der Begründung nach Oberitalien verlegen, daß einer möglichen alliierten Landung an der ligurischen Küste begegnet und die Alpenpässe gegen Luftlandungen gesichert werden müßten. In Wirklichkeit sollten diese Truppen bei einem Abfall des italienischen Verbündeten (Fall »Alarich«, später »Achse«) Rom und andere wichtige Positionen, darunter den Kriegshafen La Spezia besetzen, in dem das Gros der italienischen Hochseeflotte lag. Auch für die Entwaffnung der italienischen Besatzungstruppen in Südfrankreich und auf dem Balkan wurden Vorkehrungen getroffen. Als die deutschen Gegenmaßnahmen am 8. September anliefen, gelang es König Viktor Emanuel III. und der Regierung rechtzeitig, Rom – das zwei Tage gegen die Deutschen verteidigt werden konnte – zu verlassen und sich hinter die alliierten Linien nach Brindisi zu begeben. Die italienische Flotte, die aus La Spezia und Genua auslief, um sich gemäß den Waffenstillstandsbedingungen in Malta den Alliierten zu übergeben, wurde unterwegs von deutschen Flugzeugen angegriffen und das Schlachtschiff ›Roma‹ durch ferngelenkte Gleitbomben versenkt.

Mussolini wurde am 12. September von einem Kommando deutscher Fallschirmjäger unter SS-Hauptsturmführer Skorzeny aus italienischer Gefangenschaft befreit und errichtete wenige Tage später eine faschistische Republik, deren Regierung mit Sitz in Salò am Gardasee völlig von der deutschen Besatzungsmacht abhängig war. Auf ihrem Territorium gründeten die Partisanen der Resistenza, die mit der Badoglio-Regierung in Verbindung trat, in Rom und anderen deutschbesetzten Städten »Nationale Befreiungskomitees«.

Die Operationspläne Eisenhowers für die Landung auf dem italienischen Festland waren von Roosevelt und Churchill auf der Konferenz von Quebec im August 1943 gebilligt worden. Ihre Ausführung begann am 3. September mit dem Übersetzen der Engländer unter Montgomery über die Straße von Messina nach Kalabrien (Operation »Baytown«). Dem Vormarsch Montgomerys konnten die deutschen Kräfte vor allem nach dem Ausfall der italienischen Verbündeten nur hinhaltenden Widerstand entgegensetzen, um Zeit für den Aufbau einer Verteidigungsfront in Mittelitalien zu gewinnen. Im Rücken der zurückweichenden Verteidiger brachten die Engländer am 9. September in Tarent weitere Kräfte an Land, während die Amerikaner unter General Clark in der Bucht von Salerno die Hauptlandung (Operation »Avalanche«) unternahmen. Deutsche Gegenangriffe gegen den Landekopf von Salerno blieben nach anfänglichen Erfolgen im Bombenhagel der feindlichen Luftwaffe und Schiffsartillerie stecken und konnten die Vereinigung der von Süden herankommenden Engländer mit den Amerikanern nicht verhindern. Als die Engländer am 22. September auch bei Bari an der Adriaseite landeten, bildeten die deutschen Kräfte unter General v. Vietinghoff nördlich von Salerno nunmehr eine quer über das italienische Festland verlaufende zusammenhängende Verteidigungslinie. Nach dem Verlust der Flugplätze um Foggia an der Ostflanke, die für die Alliierten die Basis für künftige Luftangriffe auf die rumänischen Ölfelder und die Industrie im östlichen deutschen Machtbereich abgaben, und der Räumung von Neapel an der Westküste, wo sich die italienischen Partisanen erhoben und die Stadt vier Tage bis zum Einzug der Alliierten verteidigten, bezogen die deutschen Verteidiger Anfang November die vorbereitete »Gustav-Stellung«, die von der Mündung des Garigliano am Tyrrhenischen Meer bis zur Sangro-Mündung an der Adria verlief. An der Flanke des italienischen Festlandes waren unterdessen die Inseln Sardinien und Korsika von deutschen Truppen geräumt worden.

Gegen die nunmehr mit Energie verteidigte »Gustav-Stellung« erzielten alliierte Angriffe im November und Dezember trotz schwerer Luftangriffe und Artillerieeinsatzes nur örtliche Erfolge. Die Amerikaner neigten dazu, die Italienfront nicht mehr durch Truppen zu verstärken, sondern hier nur noch deutsche Kräfte zu fesseln und die Offensivkraft voll auf die für das Frühjahr 1944 geplante Frankreich-Invasion zu konzentrieren. Zu ihrer Vorbereitung wurden Eisenhower und Montgomery zum Jahresende nach London versetzt und als alliierter Oberbefehlshaber im Mittelmeer der britische General Wilson ernannt, unter dem sein Landsmann, General Alexander, die englisch-amerikanischen Streitkräfte an der italienischen Front führte. Churchill erreichte, daß die in Italien kämpfenden Kräfte offensiv blieben und zu einer neuerlichen Landungsoperation im Rücken der Deutschen eingesetzt wurden, um die erstarrte Front in Bewegung zu bringen und Rom noch vor der Invasion in Frankreich zu befreien: In der Nacht zum 22. Januar 1944 landeten alliierte Truppen unter dem amerikanischen General Lucas überraschend an der Westküste bei Anzio und Nettuno (Operation »Shingle«). Da Lucas den Angriff durch systematischen Ausbau des Landekopfes verzögerte, konnte er gegen die unterdessen aus Norditalien, Südfrankreich, Deutschland und dem Balkan herangeführten deutschen Kräfte keinen Erfolg mehr erzielen. Aber auch den durch Panzer und Artillerie verstärkten deutschen Einschließungskräften unter General v. Mackensen gelang es in zwei Offensiven bis Ende Februar nicht, die Alliierten wieder ins Meer zu werfen.

Auch an der »Gustav-Stellung«, wo der Monte Cassino mit seinem Kloster und der vorgelagerten Stadt Cassino den Eingang zum Liri-Tal und die Straßen nach Rom beherrschte, kamen die Alliierten in den ersten Monaten des neuen Jahres nicht voran. Trotz mehrerer Offensiven, die von einem gewaltigen Einsatz von Bomben und Artillerie begleitet waren, gelang es nicht, den von deutschen Fallschirmjägern verteidigten Berg und die Klosterruine mit ihren bombensicheren Gewölben zu erobern: die hier eingesetzten amerikanischen Verbände erlitten so starke Verluste, daß sie von neuseeländischen Truppen abgelöst werden mußten. Erst Mitte Mai 1944 konnten die Alliierten – u.a. durch freifranzösische und exilpolnische Divisionen verstärkt – die Front durchstoßen und am 18. Mai den Monte Cassino einnehmen, der von den Deutschen wegen der drohenden Umfassung geräumt wurde. Fünf Tage später brachen die Alliierten auch aus dem Landekopf von Anzio-Nettuno aus und vereinigten sich am 25. Mai mit ihren von Westen herandrängenden Kräften. Damit war der gesamte Südflügel der deutschen Italienfront aufgerissen und ihre Rücknahme nach Norden unvermeidlich geworden: am 4. Juni – zwei Tage vor Beginn der Landung in der Normandie – rückten die Alliierten in das kampflos geräumte Rom ein. Bis Ende August zogen sich die Deutschen – von Sprengungen der Verkehrswege und Überfällen durch die italienischen Partisanen behindert – kämpfend auf die unterdessen einigermaßen ausgebaute etruskische Apennin-Stellung (»Grüne Linie«) zurück, die südöstlich von La Spezia am Ligurischen Meer bis südlich Rimini an der Adria verlief. Während die Alliierten am Westflügel dieser Verteidigungslinie, der durch das Hochgebirge geschützt war, verharrten, griffen sie im September gleichzeitig an der Adriaküste und über die Pässe in Richtung auf Bologna an, um in die Po-Ebene durchzubrechen. Aber nach der Einnahme von Rimini und Forli mußte die Offensive im November eingestellt werden, da anhaltende Regenfälle mit schwierigen Bodenverhältnissen und ein anschließend für Italien ungewöhnlich strenger Winter mit Schnee keine größeren Operationen mehr zuließen. Damit war die »dritte Front« im Süden Europas vor den Toren des Reiches zum Stehen gekommen: die deutsche Führung hatte es geschafft, daß der Stoß in den »weichen Unterleib« der Achse 1943 nicht tödlich verlief und sich die Alliierten auf dem italienischen Festland Schritt für Schritt vorankämpfen mußten. Allerdings war die Italienfront von beiden kriegführenden Parteien nur als Nebenkriegsschauplatz angesehen worden, auf dem es galt, gegnerische Kräfte zu binden. Die Entscheidung für den Kriegsausgang fiel an den Fronten im Osten und Westen Europas.

Kriegswende im Osten und der Vormarsch der Roten Armee 1942–1944

Die Ostfront stand im Jahre 1942 ganz im Zeichen von Hitlers Versuch, die Sowjetunion doch noch militärisch zu schlagen und ihre Rohstoffquellen in deutschen Besitz zu bringen, ehe sich das amerikanische Potential auf dem europäischen Kriegsschauplatz voll auswirken konnte. Nachdem die Einbrüche der sowjetischen Winteroffensive beseitigt waren und die Front sich wieder stabilisiert hatte, eroberten deutsche Kräfte unter Generaloberst v. Manstein im Mai die verlorengegangene Halbinsel Kertsch auf der Krim zurück. Am 1. Juli konnte auch die Festung Sewastopol nach starkem Bombardement durch Luftwaffe und Artillerie – hier wurde das schwerste Geschütz dieses

Krieges mit 80-cm-Kaliber (»Dora«) eingesetzt – genommen werden, die im Vorjahr allen Angriffen widerstanden hatte. Die endgültige Eroberung der Krim 1942, für die v. Manstein zum Generalfeldmarschall ernannt wurde, erhöhte die Zahl der sowjetischen Kriegsgefangenen um weitere 250000; 1750 Geschütze und 280 Panzer wurden erbeutet. Gleichfalls im Mai mußten für die deutsche Sommeroffensive bereitgestellte Kräfte zunächst gegen einen sowjetischen Zangenangriff unter Marschall Timoschenko auf Charkow eingesetzt werden. Es gelang, die Sowjets über den Donez zurückzuwerfen, ihren südlichen Umfassungsarm westlich von Isjum einzuschließen und zu vernichten. Der erneute sowjetische Verlust von 240000 Gefangenen und 1250 Panzern trug zum Anfangserfolg der deutschen Sommeroffensive von 1942 bei.

Ziel dieser Offensive sollte laut Hitlers Weisung vom 5. April 1942 sein, »die den Sowjets noch verbliebene lebendige Wehrkraft endgültig zu vernichten und ihnen die wichtigsten kriegswirtschaftlichen Kraftquellen so weit als möglich zu entziehen«. Dafür sollte neben der Einnahme Leningrads im Norden die Hauptoperation im Süden der Ostfront mit der Absicht geführt werden, »den Feind vorwärts des Don zu vernichten, um sodann die Ölgebiete im kaukasischen Raum und den Übergang über den Kaukasus selbst zu gewinnen«[6].

Am 28. Juni setzten sich die deutschen Armeen am südlichen Frontabschnitt zwischen Kursk und Taganrog auf einer Breite von 800 Kilometern in Bewegung (Operation »Blau«, später »Braunschweig«). Nach Erreichung des Don bei Woronesch ging ihr Nordflügel (Heeresgruppe B) unter Generaloberst v. Weichs entlang des Stromes nach Südosten vor, während ihm der Südflügel (Heeresgruppe A) unter Feldmarschall List nach Nordosten entgegenstieß: durch diese Zangenbewegung in Richtung auf Stalingrad sollten möglichst starke sowjetische Kräfte durch Einschließung vernichtet und anschließend dieses wichtige Rüstungs- und Verkehrszentrum genommen werden. Nach dieser ersten Operationsphase sollte in einer zweiten der Vormarsch auf breiter Front nach Süden in den Kaukasus beginnen. Als sich jedoch die beiden Heeresgruppen vereinigt hatten, ohne die Einschließung und Vernichtung der sowjetischen Kräfte westlich des Dons erreicht zu haben, befahl Hitler, der

[6] Vgl. Hitlers Weisung Nr. 41 v. 5. 4. 1942. In: Hitlers Weisungen für die Kriegführung 1939–1945, hrsg. v. W. Hubatsch. Frankfurt a. M. 1967, S. 183ff.

den zurückweichenden Gegner für vernichtet hielt, durch eine neue Weisung vom 23. Juli zwei gleichzeitig zu führende, richtungsmäßig auseinanderstrebende Offensiven: Die Heeresgruppe B sollte nunmehr allein nach Osten gegen Stalingrad vorgehen, die Stadt einnehmen, »die Landbrücke zwischen Don und Wolga sowie den Strom selbst« sperren und anschließend entlang der Wolga bis zu ihrer Mündung am Kaspischen Meer nach Astrachan vorstoßen (Operation »Fischreiher«). Unterdessen sollte die Heeresgruppe A nach Süden über den Don angreifen und nach Überwindung des Kuban und des westlichen Kaukasus »die gesamte Ostküste des Schwarzen Meeres in Besitz« nehmen, gleichzeitig auf das Ölgebiet von Grosny vorgehen und anschließend »im Vorstoß entlang des Kaspischen Meeres den Raum um Baku in Besitz nehmen« (Operation »Edelweiß«)[7]. Wie der Generalstabschef des Heeres, Generaloberst Halder, am selben Tage in seinem Tagebuch vermerkte, nahm damit »die immer schon vorhandene Unterschätzung der feindlichen Möglichkeiten« bei Hitler »allmählich groteske Formen an« und wurde »gefährlich«[8]. Da zur Erfüllung der gestellten Aufgaben kaum Reserven verfügbar waren, sollte Hitlers Weisung zur Überdehnung der deutschen Front und zur Katastrophe von Stalingrad führen.

Die Heeresgruppe A kam gegen den auf den Kaukasus ausweichenden Gegner zunächst schnell voran, konnte aber das Gebirge nirgends überschreiten: Im westlichen Kaukasus nahm sie das von den abziehenden Sowjets zerstörte Ölgebiet von Maikop in Besitz; auf dem Elbrus, dem höchsten Berg des Kaukasus, hißten deutsche Gebirgsjäger die Reichskriegsflagge. An der Schwarzmeerküste wurde mit Hilfe von der Halbinsel Kertsch übergeführter Kräfte am 6. September die Hafenstadt Noworossisk besetzt. An der östlichen Kaukasusfront endete der Vormarsch am 1. September bei Mosdok: Das Ölgebiet von Grosny und das Kaspische Meer konnten nicht erreicht werden. Als der Nachschub über die ungeheuren Entfernungen nahezu zusammenbrach, kam die Offensive gegen den sich versteifenden Widerstand der Sowjets zum Stillstand. Der unzufriedene Hitler enthob Feldmarschall List am 9. September seines Postens und führte die Heeresgruppe zunächst vom Führer-

[7] Vgl. Hitlers Weisung Nr. 45 für die Fortsetzung der Operation »Braunschweig« v. 23. 7. 1942, ebenda, S. 169ff.

[8] Generaloberst Halder, Kriegstagebuch, bearb. v. H.-A. Jacobsen, Bd. 3. Stuttgart 1963, S. 489, Eintrag v. 23. 7. 1942.

hauptquartier aus selbst. Da der Chef des Wehrmachtführungsstabes, General Jodl, nach einem Besuch der Heeresgruppe die Lagebeurteilung Lists geteilt hatte, brach auch zwischen Hitler und dem OKW eine schwere Vertrauenskrise aus: Hitler erwog sogar, Jodl und den Chef des OKW, Generalfeldmarschall Keitel, zu ersetzen.

Die Heeresgruppe B hatte unterdessen am 21. August den Don überschritten, die Wolga nördlich und südlich von Stalingrad erreicht und drang im September in die Stadt ein, in der der erbitterte Häuserkampf um Wohnviertel und Fabrikanlagen die Kräfte der 6. Armee unter General Paulus zunehmend aufzehrte. Generalstabschef Halder, der ständig vor dem Verschleiß der Kräfte durch den Frontalangriff in die Stadt und vor der ungenügenden Sicherung der Flanken des vorgetriebenen Angriffskeiles warnte, wurde schließlich am 24. September durch General Zeitzler ersetzt. Obwohl das völlig zerstörte Stalingrad Ende September als Verkehrs- und Rüstungszentrum ausgeschaltet und auch der Schiffsverkehr auf der Wolga unterbrochen war, lehnte Hitler alle Vorschläge zur Einstellung des Angriffes in die Stadt ab: Ihre Eroberung, die er in öffentlichen Reden prophezeite, war für ihn zu einer Prestigefrage geworden. Bis Mitte November wurden immer mehr deutsche Kräfte nach Stalingrad – in das »Verdun des Zweiten Weltkrieges« – hineingeworfen. Dennoch hielten die Sowjets im Stadtkern einen langgestreckten Brückenkopf am westlichen Wolgaufer. Nach Eintritt der Frostperiode begannen sie am 19. November ihre Gegenoffensive, durchbrachen im Nordwesten und Süden Stalingrads die Front der dort eingesetzten rumänischen Armeen und schlossen am 22. November die Masse der 6. Armee nebst einigen rumänischen Verbänden – rund 250000 Mann – ein. Das von Zeitzler und Heeresgruppenchef v. Weichs befürwortete Gesuch Paulus', ihm Handlungsfreiheit für einen Ausbruch aus der Umklammerung zu geben, lehnte Hitler ab und versprach baldigen Entsatz. In seiner Entscheidung unterstützt wurde Hitler durch die Zusage Görings, daß die Luftwaffe die Versorgung des Kessels übernehmen könne. Zwar konnte die westlich und südlich von Stalingrad aufgerissene deutsche Front durch die – aus zusammengerafften Verbänden – neugebildete Heeresgruppe Don unter Feldmarschall v. Manstein wieder notdürftig geschlossen werden. Aber der am 12. Dezember beginnende Angriff zum Entsatz Stalingrads (Unternehmen »Wintergewitter«) unter Generaloberst Hoth, für den nur unzureichende

Kräfte aufgeboten werden konnten, blieb fünfzig Kilometer vor der Stadt liegen. Als Hitler am 23. Dezember den Ausbruch der 6. Armee unter Preisgabe Stalingrads (Unternehmen »Donnerschlag«) abermals ablehnte, war das Schicksal der eingeschlossenen Kräfte besiegelt: nach aussichtslosem Kampf mußten die durch Hunger, Kälte und Munitionsmangel erschöpften Verteidiger unter Paulus, die auf dem Luftwege nur ungenügend hatten versorgt werden können, am 31. Januar (letzter Teilkessel am 2. Februar) 1943 kapitulieren. Von den ursprünglich 20 deutschen und 2 rumänischen eingeschlossenen Divisionen gingen noch 91 000 Mann in sowjetische Gefangenschaft, die nur einige Tausende überleben sollten; 42 000 Verwundete und Spezialkräfte hatten ausgeflogen werden können, der Rest war gefallen oder umgekommen. Die Luftwaffe hatte durch die Versorgungsflüge 1000 Mann fliegendes Personal und 488 Flugzeuge verloren.

Immerhin hatten die eingeschlossenen Verteidiger durch ihr Ausharren beträchtliche feindliche Kräfte gebunden, die den Sowjets bei ihrem Versuch fehlten, die gesamte deutsche Südfront zum Einsturz zu bringen. Am 16. Dezember hatten sie nordwestlich von Stalingrad den Don an seinem Knie bei Kalitwa überschritten, nach vier Tagen die dort eingesetzte italienische Armee durchbrochen und stießen in Richtung auf das Asowsche Meer bei Rostow vor, um die deutsche Heeresgruppe Don und die im Kaukasus stehende Heeresgruppe A abzuschneiden. Es gelang, die zum Teil schon über den Donez gelangten Angreifer durch Gegenangriffe an diesem Fluß zum Stehen zu bringen und den Flaschenhals bei Rostow so lange offenzuhalten, bis Teile der Heeresgruppe A (nun unter Generaloberst v. Kleist) – deren Rückzug aus dem Kaukasus Hitler erst Ende Dezember genehmigte – nach Norden über den unteren Don zurückgenommen waren. Das Gros dieser Heeresgruppe zog sich nach Westen an die Kuban-Mündung zurück, um gegenüber der Halbinsel Kertsch einen Brückenkopf zu bilden, von dem aus Hitler im nächsten Sommer den Vorstoß gegen den Kaukasus zu erneuern hoffte. Bei Eintritt der Frühjahrsschlammperiode standen die deutschen Truppen im Süden der Ostfront – nach der Aufgabe Rostows, der Zurücknahme der Front an den Mius und nach der Wiedereroberung der von den Sowjets eingenommenen Städte Charkow und Bjelgorod – im März 1943 ungefähr wieder in der Linie, aus der sie 1942 zur Sommeroffensive aufgebrochen waren. Nur im Raum von

Kursk, das im Februar verlorenging, wies die vorjährige Front eine tiefe Einbuchtung aus. Auch im Norden war die Einnahme Leningrads (Unternehmen »Nordlicht«) als Ziel der Sommeroffensive nicht verwirklicht worden; im Gegenteil hatten die Sowjets im Januar Schlüsselburg zurückerobert und eine Landverbindung nach Leningrad freigekämpft. Bei der Heeresgruppe Mitte hatten sie im Laufe ihrer Winteroffensive Welikije-Luki einschließen und der 7000köpfigen Besatzung der von Hitler zum »festen Platz« erklärten Stadt im Januar das gleiche Schicksal wie Stalingrad bereiten können. Nach der Räumung der gefährdeten Frontvorsprünge von Demjansk und Rshew hatten Ende März 1943 aber auch die Heeresgruppen Nord und Mitte wieder eine festgefügte Front gewonnen.

War im Frühjahr 1943 die Krise im Osten, die Hitler durch seine überspannte Zielsetzung verursacht hatte, äußerlich überwunden, so hatten sich doch das Kräfteverhältnis der beiden Gegner und die Gesamtkriegslage zuungunsten Deutschlands verändert. Das deutsche Heer hatte in den vergangenen Monaten erhebliche, nur schwer ersetzbare Verluste erlitten und sollte im Mai 1943 in Tunis weitere erleiden. Ihm stand im Osten nunmehr ein Feind gegenüber, dessen schier unerschöpfliche Menschenreserven durch eine seit 1942 ansteigende Rüstungsproduktion auch besser mit Waffen und Material ausgestattet werden konnten: während Deutschland z.B. in diesem Jahr 14100 Panzer und gepanzerte Fahrzeuge herstellte, betrug die sowjetische Produktion bereits 24400 Panzer. Hinzu kam, daß die Führung der Roten Armee aus den Erfahrungen der anfänglichen Niederlagen gelernt und eine entschieden beweglichere Operationsführung entwickelt hatte. Unter diesen Umständen war an eine Niederwerfung der Sowjetunion durch eine Offensive nicht mehr zu denken: Nachdem dieses Ziel in zwei Sommerfeldzügen nicht erreicht worden war, war zugleich auch die Frist abgelaufen, innerhalb der mit einer Invasion des europäischen Festlandes durch die Westmächte nicht gerechnet zu werden brauchte. Für Hitler konnte es von jetzt ab nur noch darum gehen, gegen die Rote Armee im Rahmen einer grundsätzlichen defensiven »Haltestrategie« offensive Teilschläge zu führen, um ihr möglichst hohe Verluste zuzufügen und damit ihren Vormarsch nach Westen zu verzögern. Die Möglichkeit, ein eventuelles militärisches Remis für einen politischen Ausgleich mit der Sowjetunion zu nutzen, war bei Hitler von vornherein nicht gegeben. Als die Sowjets 1943 auf dem Tiefpunkt der Beziehungen zu ihren westlichen Verbündeten – mit der Überlegung, daß sie womöglich »über der Leiche des vernichteten Deutschlands«, selbst ausgeblutet und erschöpft, »den blanken, von keinem Hieb abgestumpften Waffen der Westmächte entgegentreten« müßten[9] – über Stockholm vorsichtige Friedensfühler ausstreckten und dabei u.a. die deutsch-russischen Grenzen von 1914 und freie Hand in der Meerengenfrage forderten, lehnte Hitler die Aufnahme von Verhandlungen ab.

Als begrenzte Offensive, die der Wehrmacht im Osten »die Initiative für dieses Frühjahr und Sommer in die Hand geben« sollte[10], befahl Hitler für Mai 1943 einen Zangenangriff gegen den sowjetischen Frontbogen von Kursk (Unternehmen »Zitadelle«). Da die Offensive von ihm verschoben wurde, um durch weitere Verstärkung der Panzerkräfte und den Einsatz neuer schwerer und mittlerer Panzer vom Typ »Tiger« und »Panther« eine örtliche Überlegenheit zu erreichen, kam der Angriff am 5. Juli für die Sowjets nicht mehr überraschend. Er lief sich in einem tiefgestaffelten Stellungssystem fest und wurde von der Roten Armee am 12. Juli mit einer erfolgreichen eigenen Offensive gegen die Basis des nördlichen Angriffskeils im deutschen Orelbogen erwidert. Am 13. Juli brach Hitler das Unternehmen ab, zumal die alliierte Landung in Sizilien eine Abgabe von Kräften nach Italien erzwang. Im August mußte daraufhin auch der Orel-Frontbogen auf eine Sehnenstellung östlich Brjansk zurückgenommen werden.

Nach dem Scheitern der Operation »Zitadelle« war das Gesetz des Handelns an der Ostfront endgültig an die Sowjetunion übergegangen. Bei ihren ohne größere Unterbrechung aufeinanderfolgenden Offensiven führten die Sowjets trotz ihrer zahlenmäßigen Überlegenheit an Panzern jedoch zunächst kaum weiträumige Umfassungsoperationen durch, sondern griffen nach starker Artillerievorbereitung und unter rücksichtslosem Einsatz von Menschen jeweils an einem Schwerpunkt an, um ihn an eine andere Stelle der Front zu verlegen, sobald die knappen deutschen Reserven in die Schlacht geworfen und gebunden waren. Durch eine Reihe derart gestaffelter Offensiven gelang

[9] Äußerung des Mittelsmanns, des Deutschrussen Edgar Clauß, zit. bei P. Kleist, Zwischen Hitler und Stalin 1939–1945. Bonn 1950, S. 286.

[10] Vgl. Operationsbefehl Nr. 6 (Zitadelle) v. 15. 4. 1943. In: Kriegstagebuch des Oberkommandos der Wehrmacht (Wehrmachtführungsstab), Band 3: 1. Januar 1943 – 31. Dezember 1943, zusgest. u. erl. v. W. Hubatsch. Frankfurt a.M. 1963, S. 1425ff.

es ihnen, die deutschen Armeen bis Ende September 1943 auf ihre vorbereitete »Panther-Stellung« (Witebsk – Gomel – Dnjepr – Melitopol – Asowsches Meer) zurückzudrängen und die Räumung des Kuban-Brückenkopfes zu erzwingen. Beim Rückzug wandten die Deutschen die Taktik der »verbrannten Erde« an: sie zerstörten alle Verkehrs- und Versorgungseinrichtungen sowie Unterkünfte und zwangsevakuierten den arbeits- und wehrfähigen Teil der Bevölkerung.

Die Kampfkraft der deutschen Infanteriedivisionen war im Herbst 1943 auf die Hälfte bis ein Drittel gesunken; die Panzerverbände, die nach dem verlustreichen Unternehmen von Kursk ohne Auffrischungspause von einem Brennpunkt zum anderen geworfen worden waren, konnten den 8400 feindlichen Panzern nur noch 2300 entgegensetzen. Der Bestand der drei an der Ostfront eingesetzten Luftflotten war auf 840 einsatzbereite Flugzeuge gesunken. Obwohl die deutsche Rüstungsindustrie 1943 ihre bisher höchsten Produktionszahlen aufwies – allein die Herstellung von Panzern war auf 22000 gestiegen –, wurde der Bedarf für alle Fronten nicht mehr ausreichend gedeckt. Hitler, der die für 1944 erwartete Invasion in Westeuropa abzuwehren hoffte, um anschließend im Osten wieder anzugreifen, befahl durch eine Weisung vom 3. November, den Westen personell und materiell bevorzugt auszustatten. Die unzureichenden Reserven, die im Herbst an die Ostfront gelangten, waren in Kürze verbraucht, während die zweifellos auch stark mitgenommenen Verbände des Gegners durch frei verfügbare Reserven in ständigem Turnus ausgewechselt werden konnten.

Unter diesen Umständen war es nicht verwunderlich, daß die Rote Armee bis Jahresende 1943 tiefe Einbrüche in die »Panther-Stellung« erzielte: am Asowschen Meer nahm die »4. Ukrainische Front« unter General Tolbuchin am 24. Oktober Melitopol, warf die Deutschen auf den Unterlauf des Dnjepr zurück und schnitt dadurch die Landverbindung zur Krim ab. Von anderen sowjetischen »Fronten« (Heeresgruppen) wurden der Dnjepr überquert und jenseits des Flusses drei tiefe Brükkenköpfe als Ausgangspositionen für künftige Offensiven erkämpft: südöstlich Krementschug, zwischen Kiew und der Pripjet-Mündung – dabei ging Kiew am 5. November verloren – und südwestlich von Gomel. Ferner erzielten die Sowjets an der Nahtstelle zwischen den Heeresgruppen Mitte und Nord bei Newel einen tiefen Einbruch in die deutsche Front. Schließlich konnten sie an der Ostküste der Krim durch eine Landung bei Kertsch einen Brückenkopf errichten.

Immerhin war der Roten Armee bis in die letzten Tage des Dezember durch örtliche deutsche Gegenangriffe der entscheidende operative Durchbruch noch verwehrt worden. Doch am 24. Dezember begann die sowjetische Winteroffensive gegen die deutsche Heeresgruppe Süd (vormals Don, Feldmarschall v. Manstein) mit dem Ausbruch der 1. Ukrainischen Front unter General Watutin aus dem großen Brückenkopf von Kiew. Watutins Kräfte drangen nach Westen über die ehemalige polnisch-sowjetische Grenze bis Kowel und Luzk vor und trieben damit südlich der Pripjet-Sümpfe einen 300 Kilometer langen Keil zwischen die Heeresgruppen Süd und Mitte. Nach Süden zu erreichten sie den Raum nördlich von Winniza und Uman und bedrohten die rückwärtigen Verbindungen der deutschen Truppen im Dnjepr-Frontbogen, dessen Räumung Hitler wegen der Erzgruben von Nikopol und Kriwoi Rog verweigerte. Im Verein mit der aus dem Brückenkopf von Krementschug vorgehenden 2. Ukrainischen Front unter General Konjew schlossen sie Ende Januar 1944 bei Tscherkassy am Dnjepr rund 54000 Deutsche ein. Nach vergeblichen Entsatzversuchen ließ v. Manstein die Eingeschlossenen in der Nacht zum 17. Februar unter Zurücklassung der Verwundeten und schweren Waffen nach Südwesten ausbrechen: 30000 von ihnen erreichten die deutschen Linien. Unterdessen hatte im Februar auch der vorgestaffelte Dnjepr-Frontbogen samt Nikopol und Kriwoi Rog vor einem sowjetischen Zangenangriff der 3. Ukrainischen Front unter General Malinowski aufgegeben werden müssen.

Auch am Nordflügel der Ostfront war die sowjetische Winteroffensive erfolgreich gewesen und hatte die deutsch-finnische Bedrohung Leningrads endgültig beseitigt. Vergebens hatte Feldmarschall v. Küchler bei Hitler die rechtzeitige Rücknahme seiner durch Abgabe von Kräften an die südliche Ostfront geschwächten Heeresgruppe – die in einer gewundenen Front südlich von Leningrad, am Wolchow und am Ilmensee stand – auf die vorbereitete kürzere »Panther-Stellung« (Narwa – Peipussee – Opatschka – westlich Newel) beantragt, um Reserven für die Verteidigung zu gewinnen. Unter dem im Januar 1944 einsetzenden Ansturm dreier sowjetischer »Fronten« brach die Heeresgruppe Nord zusammen und fand Ende Februar erst in der »Panther-Stellung« wieder einen festen Halt. Zwar waren die Sowjets dadurch an den Grenzen Estlands und

Lettlands aufgehalten worden; der Rückschlag bewog jedoch die Finnen, die ersten Fühler für einen Sonderfrieden nach Moskau auszustrecken, die wegen der sowjetischen Bedingungen zunächst allerdings ohne Ergebnis blieben.

Nach einer kurzen Operationspause begann die sowjetische Frühjahrsoffensive am 4. März mit weiteren Angriffen im südlichen Frontabschnitt. Die 1. Ukrainische Front, die nach der tödlichen Verwundung Watutins durch ukrainische Nationalisten nunmehr von Marschall Schukow geführt wurde, stieß im Laufe des März zwischen Tarnopol – das sich auf Hitlers Befehl als »fester Platz« einschließen lassen mußte – und Proskurow nach Süden in den Rücken der deutschen Front, überschritt den Dnjestr, erreichte bei Tschernowitz den Pruth und näherte sich anschließend den Osthängen der Karpaten. Dabei schloß sie im Raum Kamenez-Podolsk eine deutsche Panzerarmee mit zehn Divisionen ein. Die 2. Ukrainische Front eroberte Uman, überquerte den Bug bei Gaiworon, den Dnjestr bei Jampol, den Pruth nördlich von Jassy und drang auf altrumänisches Territorium vor. Sie gelangte dadurch in den Rücken einer Armee der deutschen Heeresgruppe A – die anderen Kräfte dieser Heeresgruppe befanden sich noch auf der Krim –, die am Schwarzen Meer bis Cherson an der Dnjepr-Mündung vorgestaffelt stand. Diese Armee war durch die Märzoffensive der 3. Ukrainischen Front unter General Malinowski aus dem Raum Kriwoi Rog nach Süden schon einmal abgeschnitten worden und nach Westen durchgebrochen, um hinter dem Bug Stellung zu beziehen, wo sie nun durch Konjews Truppen erneut im Rücken bedroht war. Feldmarschall v. Kleists Vorschlag, die Armee für den Aufbau einer Verteidigungsfront zum Schutze Rumäniens hinter den Dnjestr zurückzunehmen – und dafür auch die Kräfte auf der Krim zu verwenden – wurde von Hitler abgelehnt: er genehmigte nur den Rückzug bis zum Tiligul, um den für die Versorgung der Krim wichtigen Hafen Odessa nicht zu verlieren. Als v. Manstein am 25. März in einer persönlichen Auseinandersetzung mit Hitler auf dem Obersalzberg den Ausbruch der bei Kamenez-Podolsk eingeschlossenen Panzerarmee nach Westen durchsetzte, um sie für den notwendigen Aufbau einer neuen Front zwischen den Karpaten und den Pripjet-Sümpfen verwenden zu können, warf Hitler den Generälen vor, daß sie unter der Devise operativer Bewegungsfreiheit nur immer weiter zurückwichen: am 30. März wurden v. Manstein und v. Kleist ihrer Posten enthoben und durch Männer ersetzt, von denen Hitler mehr »Stehvermögen« erwartete. Oberbefehlshaber der Heeresgruppe Süd, die nunmehr die Bezeichnung Heeresgruppe »Nordukraine« erhielt, wurde der gleichzeitig zum Generalfeldmarschall beförderte Generaloberst Model, die Heeresgruppe A – nunmehr »Südukraine« – bekam General Schörner. Aber auch Schörner mußte seine Kräfte vom Tiligul hinter den Dnjestr zurücknehmen und das von der Einschließung bedrohte Odessa am 10. April räumen.

Nach dem vollen Eintritt der Frühjahrsschlammperiode und dem Nachlassen des sowjetischen Druckes hatte die südliche Ostfront Ende April 1944 wieder feste Gestalt gewonnen: sie verlief vom Dnjestr über Jassy und die Karpatenzugänge bei Kolomea nach Norden bis Kowel. Dort hatte die Heeresgruppe Nordukraine die Verbindung zur Heeresgruppe Mitte wieder hergestellt, die im Vorjahr 400 Kilometer weiter östlich vor den Pripjet-Sümpfen verlorengegangen war. Der seit Mitte März eingeschlossene »feste Platz« Kowel hatte – im Gegensatz zu Tarnopol, das Mitte April fiel – im Gegenangriff wieder befreit werden können. Der Einrichtung von »festen Plätzen« lag ein Befehl Hitlers vom März 1944 zugrunde, der die rechtzeitige Bevorratung und Vorbereitung zur Verteidigung wichtiger Verkehrsstützpunkte vorsah, die sich als »Wellenbrecher« einschließen lassen sollten: ihr Kommandant wurde durch den Oberbefehlshaber der zuständigen Heeresgruppe persönlich verpflichtet und haftete »mit seiner Soldatenehre für die Erfüllung seiner Aufgaben bis zum letzten«[11]. Diese Methode forderte erhebliche Verluste, ohne den Gegner durch ausreichende Bindung von Kräften am Vormarsch hindern zu können.

Die sowjetische Frühjahrsoffensive 1944 wurde mit der Rückeroberung der Krim abgeschlossen, auf der noch fünf deutsche und sieben rumänische Divisionen der Heeresgruppe Südukraine (vormals A) standen, und um deren geordnete Räumung die verantwortlichen Militärs einschließlich Marschall Antonescus seit Monaten mit Hitler gerungen hatten. Hitler hatte die Aufgabe der Halbinsel mit den Argumenten abgelehnt, daß bei ihrem Verlust eine Änderung der neutralen Haltung der Türkei und sowjetische Luftangriffe auf die rumänischen Ölfelder zu erwarten seien – die jedoch ab 5. April 1944 durch die Amerikaner von Süditalien aus ohnehin erfolgten. Als

[11] Vgl. Führerbefehl Nr. 11 (Kommandanten der festen Plätze und Kampfkommandanten) v. 8. 3. 1943, in: Hubatsch (Hrsg.), Hitlers Weisungen, S. 243f.

die 4. Ukrainische Front unter General Tolbuchin am 8. April über die nördlichen Landengen der Krim nach Süden vorstieß und sowjetische Kräfte auch aus dem Brückenkopf von Kertsch nach Westen angriffen, traten die deutschen und rumänischen Truppen unter schweren Verlusten den Rückzug in die Festung Sewastopol an. Entgegen seiner ursprünglichen Forderung, Sewastopol als Brückenkopf so lange zu halten, bis die Abwehr der erwarteten Invasion im Westen die Rückeroberung der Krim gestattete, mußte Hitler am 8. Mai – drei Tage nach Beginn des sowjetischen Endsturmes – die Einschiffung der Verteidiger nach dem rumänischen Hafen Konstanza befehlen, die unter ständigem Artilleriebeschuß und Luftangriffen am Strand der Halbinsel Chersones vor sich ging. Der Kampf um die Krim, der mit der Waffenstreckung der letzten Truppen am 12. Mai endete, kostete die Deutschen und Rumänen über 60000 Soldaten, fast die gesamte Ausrüstung der eingesetzten Divisionen und rund 60 Schiffe; 150000 Mann hatten seit Mitte April über See und auf dem Luftwege noch evakuiert werden können.

Angesichts der Rückschläge an der Ostfront, die den Gegner an die Grenzen Ungarns und auf das Territorium Rumäniens führten, suchten diese Verbündeten Deutschlands – wie zuvor schon die Finnen zur Sowjetunion – Kontakte zu den Westmächten, um ihre Länder aus dem Krieg zu führen. Durch die Erfahrungen mit Italien gewitzigt, hatte Hitler als Gegenmaßnahme rechtzeitig Pläne für eine vollständige Besetzung Ungarns (»Margarethe I«) und Rumäniens (»Margarethe II«) ausarbeiten lassen. Als sich die Anzeichen für eine Fühlungnahme der ungarischen Regierung Kállay mit den Alliierten verdichteten, preßte Hitler dem ungarischen Staatsverweser Horthy, der die Heimberufung seiner Truppen zur selbständigen Verteidigung der ungarischen Karpatengrenze gefordert hatte, in einer Unterredung auf Schloß Kleßheim bei Salzburg am 18. März 1944 die Duldung der Besetzung seines Landes durch deutsche Truppen und die Zustimmung zur Bildung einer zuverlässigen »nationalen« Regierung ab. Am nächsten Morgen marschierten die Deutschen in Ungarn ein. Am 23. März bildete der bisherige Gesandte in Berlin, Sztójay, eine neue Regierung und unterstellte die ungarischen Verbände in den Karpaten der dortigen deutschen Heeresgruppe.

Der rumänische Staatsführer Antonescu, der Hitler nach Stalingrad vergebens nahegelegt hatte, mit den Westmächten Frieden zu schließen, um im Krieg gegen die Sowjetunion eine Entscheidung herbeiführen zu können, ließ im März 1944 geheime Verhandlungen der rumänischen Oppositionsparteien unter Expremier Prinz Stirbey mit den Feindmächten in Kairo zu, nachdem die Westmächte auf der Kapitulation Rumäniens gegenüber allen drei Koalitionspartnern bestanden hatten. Da Antonescu die alliierten Bedingungen jedoch als unannehmbar ansah – andernfalls wäre er zum Rücktritt bereit gewesen –, setzte er den Kampf an der Seite Deutschlands fort. Hitler verzichtete daraufhin im Frühjahr 1944 auf eine totale Besetzung Rumäniens, zumal dort ohnehin zwei deutsche Armeen an der Front standen und deutsche Luftwaffen- und Flakkräfte das rumänische Ölgebiet bewachten. Das Ausscheiden Rumäniens aus dem Krieg sollte erst durch den Zusammenbruch der Heeresgruppe Südukraine im August des Jahres ausgelöst werden. Diese sowjetische Sommeroffensive 1944, die die Rote Armee bis vor die Tore Ostpreußens, an die Weichsel und an die Donau brachte, traf auf einen Gegner, dessen Kräfte durch die Landung der Westalliierten in der Normandie bereits an einer zusätzlichen Hauptfront gebunden waren.

Konzentrischer Sturm auf die »Festung Europa« 1944

Errichtung der »zweiten Front« in der Normandie und Vormarsch der Westalliierten an die deutsche Grenze

Seit sich Roosevelt und Churchill auf der Washingtoner Konferenz zum Jahreswechsel 1941/42 auf die »Germany First«-Strategie geeinigt hatten, nahm der Plan einer Landung an der französischen Kanalküste in den englisch-amerikanischen Überlegungen einen zentralen Platz ein. Obwohl beide Partner eine solche Invasion grundsätzlich bejahten, verbanden sie mit ihr unterschiedliche Vorstellungen. Während die Engländer diese Landung als letzten, tödlichen Stoß gegen ein durch Luftoffensive, Wirtschaftsblockade und periphäre Abnutzungsoperationen geschwächtes Deutschland unternehmen wollten, sahen die Amerikaner in ihr den möglichst bald und massiv zu führenden Hauptschlag zur militärischen Niederwerfung Deutschlands: Hier konnten die englisch-amerikanischen Kräfte konzentriert angesetzt werden, ohne Teile zur Sicherung der britischen Inseln abzweigen zu müssen; die geringe Entfernung über den Kanal ermöglichte eine maximale Ausnutzung des vorhandenen

Schiffsraums und der Luftstreitkräfte für die Abschirmung und Unterstützung des Unternehmens, und der kürzeste Weg durch Belgien und Holland versprach einen raschen Vorstoß in das industrielle Herz Deutschlands, ins Ruhrgebiet. Schon im März 1942 befürwortete die Operationsabteilung des amerikanischen War Department unter General Eisenhower den Aufbau einer amerikanischen Invasionsstreitmacht von einer Million Mann in England (Operation »Bolero«) für eine Landung an der französischen Kanalküste, die im Frühjahr 1943 durchgeführt werden sollte (Operation »Round-up«). Für den Fall eines drohenden Zusammenbruchs der Sowjetunion – oder einer überraschenden Schwächung Deutschlands – wurde ein begrenztes Unternehmen schon für den Herbst 1942 vorgesehen (Operation »Sledgehammer«). Diese von Roosevelt und dem Heeresgeneralstabschef General Marshall gebilligten Pläne wurden im April 1942 von Churchill »im Prinzip« angenommen, obwohl sich die englischen Militärs gegen eine Operation schon im Jahre 1942 – die überwiegend von britischen Landstreitkräften hätte unternommen werden müssen – aussprachen, und auch Churchill mit den verfügbaren Kräften 1942 eine Landungsoperation in Französisch-Nordafrika oder in Nordnorwegen vorzog.

Als Churchill im Mai von Molotow, der sich auf dem Wege nach Washington befand, in London auf die Errichtung einer zweiten Front zur Entlastung der Sowjetunion angesprochen wurde, erläuterte er die alliierten Invasionspläne, vermied aber jegliche Zusage für 1942: Es könne schließlich auch nicht im Interesse der Sowjets liegen, wenn ihre Verbündeten überstürzt eine von vornherein zum Scheitern verurteilte Operation unternähmen. In Washington machte Roosevelt – nach Rücksprache mit General Marshall – Molotow jedoch für eine Landung noch in diesem Jahr Hoffnung. Obwohl Molotow vor dem Obersten Sowjet über seine Reiseergebnisse in vorsichtigen Formulierungen berichtete und keine Termine nannte, glaubte die sowjetische Öffentlichkeit an ein Versprechen der Westmächte zur Eröffnung der zweiten Front im Jahre 1942.

Im Juni 1942 legte Churchill auf der zweiten Washingtoner Konferenz dem amerikanischen Präsidenten seine Bedenken gegen die Operation »Sledgehammer« dar und suchte ihn statt dessen für ein Landungsunternehmen in Französisch-Nordafrika zu gewinnen, um der deutsch-italienischen Panzerarmee unter Rommel in den Rücken zu fallen, die gerade in diesen Tagen

Tobruk eroberte und in Ägypten vorrückte. Da die Washingtoner Besprechungen wegen der kritischen Lage in Nordafrika und Churchills vorzeitiger Abreise abgebrochen werden mußten, kam es zu keiner Entscheidung.

Im Juli gewann der zum Oberbefehlshaber der amerikanischen Streitkräfte auf dem europäischen Kriegsschauplatz ernannte General Eisenhower in London nach Prüfung der konkreten Umstände die Überzeugung, daß die große Invasion »Round-up« nicht im Frühjahr, sondern frühestens im Herbst 1943 durchgeführt werden konnte. Dennoch befürwortete er für 1942 das Unternehmen »Sledgehammer« zur Gewinnung eines Brückenkopfes in Frankreich, da er befürchtete, daß die Bindung von Kräften für eine statt dessen unternommene Landung in Französisch-Nordafrika die Engländer 1943 veranlassen könnte, »Round-up« abermals zu verschleppen. Schon machte sich in den amerikanischen Stäben die Tendenz bemerkbar, das Schwergewicht der Kriegführung in den Pazifik zu verlegen, solange es auf dem europäischen Kriegsschauplatz nicht voranging: am 10. Juli empfahlen die Joint Chiefs of Staff dem Präsidenten, 1942 lieber eine Offensive im Pazifik – etwa zur Rückeroberung der Salomonen – als anderswo zu unternehmen, falls »Sledgehammer« nicht durchgeführt werden könne. Roosevelt lehnte diesen Vorschlag ab, da seine Verwirklichung die Zusammenarbeit mit England und der Sowjetunion ernsthaft erschüttert hätte. Als die in der zweiten Junihälfte in London geführten Gespräche seines Vertrauten Harry Hopkins, General Marshalls und des US-Marinechefs Admiral King die unverrückbare Entschlossenheit der Engländer offenbarten, einer Invasion in Frankreich erst dann zuzustimmen, wenn dafür Kräfte in erfolgversprechender Stärke bereitstünden, fiel die Entscheidung, 1942 statt dessen die Landung in Französisch-Nordafrika (»Torch«) durchzuführen, um die bereits verfügbaren Truppen in diesem Jahr nicht untätig zu lassen.

Churchill übernahm es, Stalin bei einem Besuch in Moskau vom 12. bis 15. August 1942 – zu einer Zeit, als die Deutschen vor dem Kaukasus und vor Stalingrad standen – den Verzicht auf die Eröffnung einer zweiten Front auf dem europäischen Kontinent in diesem Jahr nahezubringen. Stalin warf den Westmächten Mangel an Wagemut und gutem Willen vor und führte aus, daß diese Entscheidung die öffentliche Meinung in der Sowjetunion »tödlich« treffe. Auch durch die Unterstreichung des Vorteils, daß die Westmächte nach der Eroberung Nordafrikas 1943 gleichzeitig »den weichen Bauch und die harte Schnauze«[12] Hitlerdeutschlands angreifen könnten, gelang es Churchill nicht, die Enttäuschung und das Mißtrauen der Sowjets zu beseitigen und Stalins Verdacht zu entkräften, daß die Westmächte ihre Kräfte zurückhielten, um der erschöpften Sowjetunion bei Kriegsende den Frieden diktieren zu können.

Zur Fesselung deutscher Kräfte in Frankreich zugunsten der Roten Armee wurde am 19. August 1942 lediglich ein Kommandounternehmen durch 5000 Kanadier bei Dieppe ausgeführt mit dem begrenzten Ziel, den Hafen mit seinen Verteidigungsanlagen zu zerstören und die dort liegenden Schiffe nach England zu bringen. Das Mißlingen dieses englischen Unternehmens, bei dem neben einer Anzahl von Schiffen 4350 Mann verloren gingen, ohne daß die gelandeten Truppen und Panzer in die Stadt eindringen konnten, bestätigte die Ansicht der englischen Militärs, daß für eine erfolgreiche Invasion ein erhebliches personelles und materielles Aufgebot notwendig war. Immerhin gewannen die Angreifer wertvolle Erfahrungen bei der Verwendung neu konstruierter Landungsfahrzeuge und die Erkenntnis, daß eine Landung am offenen Strand erfolgversprechender war als das Eindringen in Häfen. Hitler ließ die Meldung von der gelungenen Abwehr einer »groß angelegten Landung«[13] verbreiten und befahl am 25. August den Bau des »Atlantikwalls« unter vorrangiger Befestigung der Häfen.

Obgleich sich General Marshall auf der Casablanca-Konferenz im Januar 1943 nachdrücklich für die Durchführung der Invasion noch im Herbst einsetzte, mußte sie von der Entwicklung der laufenden Offensive in Tunesien und des anschließend geplanten Unternehmens gegen Sizilien abhängig gemacht werden, die auf eine endgültige Sicherung des Mittelmeeres für die alliierte Schiffahrt und die Gewinnung zusätzlicher Basen für die Luftoffensive gegen Deutschland abzielten. Das in Casablanca verkündete alliierte Kriegsziel einer bedingungslosen Kapitulation (»unconditional surrender«) der Achsenmächte und Japans war daher auch dazu bestimmt, den Sowjets angesichts der sich möglicherweise weiter verzögernden Invasion in Frankreich wenigstens die Gewähr zu geben, daß die Westmächte diesen Krieg an ihrer Seite zu beenden beabsichtigten,

[12] Vgl. W. S. Churchill, Der Zweite Weltkrieg, Bd. 4/2. Bern 1951, S. 84.

[13] Vgl. Wehrmachtsbericht v. 19. 8. 1942. In: Die Wehrmachtberichte 1939 bis 1945, Bd. 2: 1. Januar 1942 bis 31. Dezember 1943, unveränderter photomechanischer Nachdruck. München 1985, S. 252.

ohne den Gedanken an einen Sonderfrieden mit einer wie immer gearteten deutschen Regierung aufkommen zu lassen. Churchills Absicht, die Türkei zum Kriegseintritt zu bewegen und so noch vor der Frankreich-Invasion eine weitere Front auf dem Balkan zu errichten – der Roosevelt in Casablanca nur widerstrebend zustimmte, da sie eine neuerliche Verzögerung der entscheidenden Invasion verursachen konnte –, stellte sich zur Erleichterung der Amerikaner als nicht realisierbar heraus: Bei seinen Gesprächen mit Churchill Ende Januar in Aden lehnte der türkische Staatspräsident Inonü ein solches Ansinnen ab. Mit seinem wiederholt bekundeten Bestreben, auch auf dem Balkan militärisch aktiv zu werden, wollte Churchill den künftigen politischen Einfluß der Sowjets von den Küsten der Adria, der Ägäis und den Dardanellen fernhalten, um die traditionelle Lebenslinie des britischen Empires durchs Mittelmeer zu schützen.

Stalin schloß sich der Forderung nach bedingungsloser Kapitulation in seinem Tagesbefehl an die Rote Armee vom 1. Mai 1943 an, ließ jedoch die geplante Sizilien-Operation keinesfalls als Ersatz für die Frankreich-Invasion gelten und bestand auf deren Durchführung im Jahre 1943. Angesichts der Verzögerung des Tunesienfeldzuges und der Weiterverfolgung des Zieles, Italien durch eine Landung auf Sizilien zum Kriegsaustritt zu bewegen, gelangten jedoch die Westmächte auf der Washingtoner Konferenz vom Mai (»Trident«) endgültig zu der Feststellung, daß die Invasion vor Eintritt der Schlechtwetterperiode 1943 nicht mehr unternommen werden konnte; immerhin legten sich aber nunmehr auch die Engländer auf den Stichtag 1. Mai 1944 für die Landung fest. Diese Entscheidung führte zu einem Tiefpunkt in den Beziehungen zwischen den Westmächten und der Sowjetunion: Stalin warf seinen Verbündeten angesichts der wiederholten Zusagen Unehrlichkeit und absichtliche Verschleppung der zweiten Front vor und warnte, daß diese ohne ihn getroffene Entscheidung »schwerwiegende Folgen für den weiteren Verlauf des Krieges haben« könne.[14] Er sagte die für Juli in Alaska oder Sibirien vorgesehene Begegnung mit Roosevelt ab und berief demonstrativ die sowjetischen Botschafter aus Washington und London zurück. In diese Monate fielen auch die erwähnten sowjetischen Friedensfühler gegen-

[14] Vgl. Stalins Botschaft an Roosevelt v. 11. 6. 1943. In: J. V. Stalin, Briefwechsel mit Churchill, Attlee, Roosevelt und Truman 1941–1945. Berlin (Ost) 1961, S. 166f.

über Deutschland[15] sowie die Gründung des »Nationalkomitees Freies Deutschland« aus deutschen Emigranten und Kriegsgefangenen in der Sowjetunion, die bei den Westmächten den Anschein erwecken konnte, daß die Sowjets eine Marionettenregierung für das besiegte Deutschland vorbereiteten und sich von dem Grundsatz einer »bedingungslosen Kapitulation« Deutschlands lossagten.

Churchills Balkanpläne bekamen neuen Auftrieb, als die Sowjets auf der Moskauer Konferenz der Außenminister im Oktober 1943 – die als Ersatz für das durch Stalins »Unabkömmlichkeit« verhinderte Gipfeltreffen abgehalten wurde – vorschlugen, die Türkei durch gemeinsame Schritte doch noch zum Kriegseintritt zu bewegen. Auf dem ersten Treffen der »Großen Drei«, das schließlich Ende November 1943 in Teheran stattfand (Deckname »Eureka«), vertrat er daher neben der weiteren Vorbereitung von »Overlord« abermals militärische Operationen im östlichen Mittelmeer und der Ägäis: Hier sollten die aus Mangel an Schiffsraum ohnehin im Mittelmeerraum verbleibenden Truppen eingesetzt werden, um weitere deutsche Kräfte von der Verteidigung Frankreichs abzuziehen – selbst wenn sich dadurch »Overlord« wegen der Knappheit von Landungsfahrzeugen um ein bis zwei Monate verzögern sollte. Doch Stalin hielt den Kriegseintritt der Türkei nicht mehr für erreichbar und daher außer der geplanten Landung in Südfrankreich zur unmittelbaren Unterstützung von »Overlord« alle anderen Operationen im Mittelmeer für eine nachteilige Zersplitterung der alliierten Kräfte. Roosevelt – dem an Stalins Zusage gelegen war, sich nach dem Sieg in Europa am Krieg gegen Japan zu beteiligen – fiel es angesichts der sowjetischen Haltung nunmehr leicht, die Ansichten seiner eigenen Militärs gegenüber dem enttäuschten Churchill entschieden zu vertreten: Stalin wurden in Teheran die Invasion für Mai 1944 und eine ergänzende Landung in Südfrankreich zugesagt. Er versprach seinerseits, sie durch eine eigene Großoffensive gegen die deutsche Ostfront zu unterstützen. Damit waren die strategischen Hauptentscheidungen als Voraussetzung für den Sieg über Deutschland gefallen. Dennoch sollte Churchill im Sommer 1944 – als die zweite Front in der Normandie bereits errichtet war – nochmals versuchen, statt der ergänzenden Landung in Südfrankreich (Operation »Anvil«) eine gleichfalls deutsche

[15] Siehe S. 181f.

Kräfte von der Normandie abziehende Landung in Istrien und Triest durchzusetzen, um durch die Laibacher Senke in die ungarische Tiefebene und nach Österreich vorzustoßen. Aber die Amerikaner lehnten einen aus politischen Erwägungen zu führenden »Feldzug auf dem Balkan« – für den auch die bereitgestellten freifranzösischen Divisionen nicht zur Verfügung gestanden hätten – entschieden ab.

Der normannische Küstenstreifen zwischen der Halbinsel Cotentin und der Ornemündung, den der alliierte Planungsstab »Chief of Staff to the Supreme Allied Commander« (COSSAC) für die Landung vorgesehen hatte, war von den Deutschen nur schwach befestigt worden, da es hier keine Häfen gab und deshalb mit einer feindlichen Großlandung nicht gerechnet wurde. Aufgrund operativer und logistischer Überlegungen erwarteten Hitler und der Oberbefehlshaber West, Feldmarschall v. Rundstedt, den alliierten Hauptschlag am Pas-de-Calais, wo der längst nicht fertige »Atlantikwall« am besten ausgebaut worden war. Bestärkt wurden sie in ihrer Auffassung durch die vermutete Existenz einer starken amerikanischen Heeresgruppe in Südostengland, die die Alliierten durch simulierten Funkverkehr vortäuschten (Operation »Fortitude South«).

Im Frühjahr 1944 stand dem »Supreme Headquarter of Allied Expeditionary Forces« (SHAEF) unter General Eisenhower in England schließlich eine Invasionsstreitmacht von siebenunddreißig Divisionen zur Verfügung, weitere vierzig sollten aus den USA nachgeführt werden. Nach einer mehrwöchigen Luftoffensive gegen das nordfranzösische Eisenbahnnetz und die Brücken über die Seine und die Loire, die den Invasionsraum verkehrsmäßig abschotten sollte, setzte sich in der Nacht zum 6. Juni die erste Welle mit 3100 Landungsfahrzeugen unter der Bedeckung von über 1200 Kriegsschiffen – darunter sieben Schlachtschiffe, 23 Kreuzer und 105 Zerstörer – in Bewegung. An den beiden Flanken des Invasionsraumes durch Luftlandungen gesichert, gingen hinter einem dichten Feuerschirm von Bomben und Schiffsgranaten die Amerikaner unter General Bradley an der Ostküste der Cotentin-Halbinsel und bei Vierville an Land, die Engländer und Kanadier unter Generalleutnant Dempsey an drei Stellen östlich davon bis zur Orne-Mündung. Die deutsche Kriegsmarine, die an den französischen Küsten nur einige Zerstörer, Torpedoboote und Schnellbootflottillen besaß, und ihre U-Bootwaffe konnten der stark gedeckten Invasionsflotte nur Nadelstiche versetzen. Auch die hoffnungslos unterlegene Luftwaffe wurde meist schon in Luftkämpfe verwickelt, ehe sie ihre Zielräume erreichte. Da die gelandeten Kräfte den überraschten Verteidigern – meist bodenständigen Infanteriedivisionen – an Zahl, Panzern und Artillerieunterstützung örtlich überlegen waren, hing die erfolgreiche Abwehr der Invasion von der schnellen Heranführung mobiler, zum Gegenangriff geeigneter deutscher Verbände ab. Hierbei erwies es sich als nachteilig, daß Hitler und v. Rundstedt dem Vorschlag Feldmarschall Rommels – dessen Heeresgruppe B die Verteidigung der Küste von Nordholland bis zur Loire-Mündung oblag – nicht gefolgt waren, alle verfügbaren Panzerdivisionen und Reserven in Küstennähe aufzustellen, wo sie sofort eingreifen und den Gegner in seiner taktisch schwächsten Phase am Strand bekämpfen konnten. Da v. Rundstedt diese Zersplitterung der Reserven ablehnte, um den Gegner – dessen vorübergehende Festsetzung er bei der Schwäche des »Atlantikwalls« als unvermeidbar ansah – durch eine Operation mit zentral bereitgestellten mobilen Kräften zurückwerfen zu können, mußten die Reserven nunmehr aus größerer Entfernung und wegen Treibstoffmangels mit der Bahn herangebracht werden. Wie von Rommel aufgrund seiner Erfahrungen im Afrikafeldzug vorausgesehen, konnten die Bewegungen wegen der alliierten Luftherrschaft nur nachts und wegen der Zerstörung der Verkehrswege nur auf zeitraubenden Umwegen erfolgen. Hinzu kam, daß die Reserven vom OKW mit Verzögerung freigegeben und die Herbeiziehung von Kräften aus dem Raum nördlich der Seine nur allmählich genehmigt wurde, da Hitler noch bis in den Juli hinein die Auffassung vertrat, daß eine zweite alliierte Landung an der Kanalküste bevorstehe. Die Folge war, daß die tropfenweise und verspätet eintreffenden motorisierten und Panzerverbände nicht für einen entscheidenden Offensivschlag zusammengefaßt werden konnten, sondern jeweils sofort in den Verteidigungsring eingefügt werden mußten, um den ständig erstarkenden Gegner im Landekopf festzuhalten und ihn am Übergang zum Bewegungskrieg zu hindern. Örtliche Gegenangriffe blieben im Feuer feindlicher Panzer, Jagdbomber und ferngeleiteter Schiffsartillerie liegen. Immerhin konnte so im Ostteil des Landekopfes zunächst der Durchbruchversuch der Briten auf Caen vereitelt werden, der ihnen den kürzesten Weg nach Paris geöffnet hätte.

Über ihre beiden künstlichen Häfen (»Mulberries«), die aus versenkten Schiffen und Betoncaissons zusammengesetzt waren und mit deren Errichtung die Deutschen nicht gerechnet hatten, brachten die Alliierten schon bis zum 12. Juni 326000 Soldaten, 54000 Fahrzeuge und 104000 Tonnen Material an Land und errichteten mit diesen Kräften einen zusammenhängenden Landekopf von 100 Kilometern Länge und 30 Kilometern Tiefe. Aus ihm brachen die Amerikaner am 14. Juni nach Westen aus, riegelten die Halbinsel Cotentin an der Basis ab und nahmen am 26. Juni den eingeschlossenen Hafen Cherbourg, den die Deutschen allerdings so weit unbrauchbar gemacht hatten, daß schweres Material dort erst Ende August ausgeladen werden konnte. Anfang Juli griff die unterdessen auf 13 Divisionen angewachsene amerikanische Armee nach Süden an, nahm am 19. Juli St. Lô und bereitete sich für den entscheidenden Durchbruch vor, während an diesem Tage die Engländer am Ostflügel nach massiven Flächenbombardements den hartnäckig verteidigten Eckpfeiler Caen eroberten.

Als v. Rundstedt und Rommel Anfang Juli vorschlugen, unter Räumung Caens hinter die Orne zurückzugehen, um das taktische Flickwerk zu beenden und durch Herauslösen der Panzerverbände aus der Verteidigungsfront wenigstens zeitweise die Initiative wiederzuerlangen, ersetzte Hitler v. Rundstedt durch Feldmarschall v. Kluge. Am 15. Juli berichtete Rommel, daß der sich laufend und ungestört verstärkende Gegner »in absehbarer Zeit ... in die Weite des französischen Raumes« durchbrechen werde: »Die Truppe kämpft allerorts heldenmütig, jedoch der ungleiche Kampf neigt sich dem Ende entgegen. Es ist m. E. nötig, die Folgerungen aus dieser Lage zu ziehen.«[16] Zwei Tage später erlitt Rommel auf einer Frontfahrt bei einem Tieffliegerangriff einen Schädelbasisbruch.

Mit der Verwundung Rommels war der wichtigste Frontbefehlshaber im Westen ausgefallen, von dem die Verschwörer des militärischen Widerstandes bei ihrem Versuch vom 20. Juli, Hitler zu beseitigen und durch die Übertragung der vollziehenden Gewalt auf die Befehlshaber des Heeres in der Heimat und in den besetzten Gebieten einen Staatsstreich durchzuführen, aktive Unterstützung hätten erwarten können. Rommel hatte zwar eine Tötung Hitlers abgelehnt und war für dessen Verhaftung und gerichtliche Aburteilung eingetreten, hatte aber jedenfalls seine Beteiligung zugesagt, falls Hitler eine letzte, ultimati-

[16] Vgl. Lagebeurteilung Rommels v. 15. 7. 1944. In: Dieter Ose, Entscheidung im Westen. Der Oberbefehlshaber West und die Abwehr der alliierten Invasion. Stuttgart 1982, S. 334 f.

ve Aufforderung zur Beendigung des Krieges verweigerte. Der Mittelpunkt und Motor des zivilen Widerstandes, der ehemalige Leipziger Oberbürgermeister Carl Goerdeler, hatte die Militäropposition unter Generaloberst a.D. Beck wiederholt zum Handeln gedrängt, solange Deutschland noch ein Potential darstelle und Aussicht auf einen Verhandlungsfrieden bestehe. Doch die Generäle entschlossen sich erst angesichts der aussichtslosen militärischen Lage im Westen und im Osten – wo Ende Juni 1944 die Front der Heeresgruppe Mitte zusammenbrach – zum Handeln, obwohl die Kontakte der zivilen Opposition mit den Westalliierten erwiesen hatten, daß angesichts der Casablanca-Formel von der »bedingungslosen Kapitulation« nunmehr keine erträglichen Friedensbedingungen mehr zu erhoffen waren: Deutschland sollten wenigstens weitere sinnlose Opfer erspart und der Welt offenbart werden, daß Deutsche aus Gewissensgründen gegen das Regime aufstanden. Als sich herausstellte, daß Hitler das Sprengstoffattentat des Obersten Schenk Graf v. Stauffenberg im Führerhauptquartier überlebt hatte, versagte sich v. Kluge – der als Oberbefehlshaber West seit Rommels Verwundung gleichzeitig dessen Heeresgruppe führte – dem Drängen der Verschwörer, mit den Alliierten wegen der Einstellung des Kampfes im Westen Verbindung aufzunehmen; vielmehr enthob er den Militärbefehlshaber Frankreich, General v. Stülpnagel, seines Postens, der in Paris die Unterkünfte von SS, Gestapo und SD hatte besetzen und deren Angehörige verhaften lassen. Feldmarschall v. Kluge nahm sich unmittelbar nach seiner Abberufung Mitte August das Leben, da seine Mitwisserschaft an der militärischen Verschwörung aufgedeckt worden war. Vor die Wahl gestellt, vom Volksgerichtshof abgeurteilt zu werden oder sich zu vergiften, beging Mitte Oktober auch der genesende Rommel Selbstmord.

Wie von Rommel vorausgesehen, durchbrachen die Amerikaner am 25. Juli westlich von St. Lô die deutsche Front (Operation »Cobra«) und gingen zum Bewegungskrieg über: Nach fünf Tagen erreichten sie Avranches und stießen unter General Patton fächerförmig nach Westen in die Bretagne, nach Süden in Richtung auf die Loire, nach Südosten auf Le Mans und nach Osten bis Mortain vor. Da der zertrümmerte Westflügel der Heeresgruppe B unaufhaltsam zurückwich, hing Anfang August ihre Front – die im Norden östlich Caen an die Kanalküste angelehnt war – im Süden bei Mortain ungedeckt in der Luft und drohte umfaßt zu werden. Um dieser Gefahr zu entgehen, schlug v. Kluge den rechtzeitigen Rückzug hinter die Seine – d.h. die Räumung Frankreichs – vor, um zusammen mit den aus Südfrankreich herausgezogenen Kräften eine geschlossene Verteidigung bis zur Schweizer Grenze aufzubauen. Aber Hitler befahl, sich in den Häfen der Bretagne zu verschanzen, aus der Normandiefront alle Panzerdivisionen ersatzlos herauszuziehen und mit ihnen einen Gegenstoß von Mortain auf Avranches zu führen, um den Südflügel wieder ans Meer vorzureißen und die nach Süden durchgebrochenen Amerikaner abzuschneiden. Während dieser Gegenangriff am 8. August im Feuer feindlicher Jagdbomber liegenblieb, stieß Patton von Le Mans aus nach Norden in den Rücken der deutschen Kräfte. Durch den gleichzeitigen Angriff kanadischer Kräfte aus dem Raum Caen nach Süden (Operation »Totalize«) drohten nahezu zwei deutsche Armeen eingeschlossen zu werden. Kluge, der in eigener Verantwortung den Rückzug durch den noch offengehaltenen Korridor nach Osten befahl, wurde daraufhin am 17. August durch Feldmarschall Model ersetzt. Trotz Models Gegenbefehl fluteten die Truppen unter pausenlosen Luftangriffen durch die sich ständig verengende Öffnung zurück. Als sich am 19. August die Zange durch die Vereinigung der Amerikaner und Kanadier bei Chambois schloß, mußte sich das Gros der Eingeschlossenen den Durchbruch erkämpfen; 45000 Mann blieben im Kessel, schwere Verluste an Panzern und wertvollem Material waren zu verzeichnen.

Während die Engländer die aus dem Kessel entkommenen, schwer angeschlagenen deutschen Kräfte frontal an die Seine zurückdrückten, erreichten die Amerikaner über Chartres den Fluß von Süden her. Am 25. August zog eine zu Pattons Armee gehörende französische Panzerdivision in Paris ein, unter dem Jubel der Bevölkerung auch General de Gaulle. Der deutsche Kommandant, General v. Choltitz, hatte Hitlers Befehl, die Stadt »in ein Trümmerfeld zu verwandeln«[17], nicht befolgt und mit der Résistance – deren bewaffnete Kräfte sich am 19. August in Paris erhoben hatten – bis zum Eintreffen der Alliierten eine Art Waffenstillstand vereinbart. Bis zum 28. August zogen sich die deutschen Truppen hinter die Seine zurück, waren aber personell und materiell so geschwächt, daß sie den Fluß nicht mehr verteidigen konnten; Model mußte seine Heeresgruppe an die Somme-Marne-Linie zurücknehmen.

[17] D. v. Choltitz, Soldat unter Soldaten. Konstanz 1951, S. 256.

Unterdessen vollzog sich am 15. August die Landung amerikanischer und französischer Kräfte unter Generalleutnant Patch zwischen Toulon und Cannes in Südfrankreich (Deckname ab 1. August Operation »Dragoon«). Angesichts der militärischen Gesamtlage befahl Hitler der dort stehenden Heeresgruppe G unter Generaloberst Blaskowitz, sich kämpfend nach Norden zurückzuziehen, um zwischen Models Heeresgruppe und der Schweizer Grenze eine neue Front aufzubauen. Nur die Häfen Toulon und Marseille sowie La Rochelle und die befestigte Girondemündung am Atlantik sollten als »Festungen« so lange wie möglich gehalten werden. Im Rhônetal und parallel dazu vorstoßend, zogen die Alliierten am 24. August in Grenoble, zehn Tage später in Lyon ein. Am 11. September nahmen die Franzosen unter General de Lattre de Tassigny westlich von Dijon Verbindung mit Pattons Panzerverbänden auf und schnitten damit in Südwestfrankreich 20000 deutsche Soldaten ab. Sie ergaben sich den bewaffneten Kräften der Resistance, die sich überall gegen die zurückweichenden deutschen Truppen erhoben.

General Eisenhower übernahm am 1. September den Oberbefehl über die alliierten Landstreitkräfte in Frankreich, den bislang in seinem Auftrag Montgomery ausgeübt hatte. Der zum Feldmarschall beförderte Montgomery, der nunmehr die englisch-kanadische Heeresgruppe am linken Flügel der alliierten Front führte, befürwortete einen konzentrierten Stoß entweder an seinem Flügel durch Holland und Belgien, um noch vor Wintereinbruch das Ruhrgebiet zu erobern, oder aber bei den Amerikanern am rechten Flügel, um ins Saargebiet einzufallen. Doch Eisenhower hielt die Nachschubkapazität für eine solche Großoffensive mit einem Schwerpunkt noch nicht für ausreichend, da sich die eingeschlossenen Häfen Brest, Lorient, St. Nazaire und Bordeaux weiterhin in deutscher Hand befanden und das französische Eisenbahnnetz stark zerstört war. Er befahl daher, durch aufeinanderfolgende Stöße auf der ganzen Breite der Front an den Rhein vorzugehen, bis die verbesserte Organisation des Nachschubs den Einsatz der in den USA bereitstehenden Divisionen für den Endstoß ermöglichten. Die von ihm als vordringlich angesehene Eroberung des nahegelegenen und leistungsfähigen Hafens Antwerpen erfolgte zwar durch Montgomerys Truppen am 4. September, einen Tag nach der Befreiung der belgischen Hauptstadt Brüssel. Der Hafen blieb jedoch für die alliierte Schiffahrt weiterhin unbenutzbar, da sich die Deutschen wie in Boulogne, Calais und Dünkirchen so auch an der Scheldemündung unter dem Schutz starker Batterien des Atlantikwalles verschanzten und die Einfahrt blokkierten. Nach der Einnahme von Lüttich am 6. September versuchten die Amerikaner – die auf ihrem Vormarsch im Raum von St. Quentin die Reste einiger deutscher Panzerdivisionen in Stärke von 25000 Mann einschlossen und gefangennahmen – Mitte September als erste deutsche Großstadt das stark verteidigte Aachen durch Umfassung zu erobern, mußten aber die dabei besetzten Städte Eschweiler und Stolberg wieder räumen. Südlich davon wurden sie nach der Befreiung Luxemburgs vor Trier am Westwall und an der Mosel aufgehalten, ebenso vor Metz und vor Belfort in Lothringen an der Burgundischen Pforte.

In der zweiten Septemberhälfte mißlang Montgomerys Vorhaben, durch eine großangelegte Luftlandeoperation bei Arnheim einen Brückenkopf über den Rhein zu bilden (Operation »Market Garden«), aus dem das Ruhrgebiet von Norden her umfaßt werden konnte. Während am 17. September durch vier Luftlandungen der Übergang über zwei Kanäle sowie die Maas und die Waal erzwungen wurde und die britischen Panzerkräfte bis nördlich von Nimwegen durchstießen, wurden die 10000 nördlich des Niederrheins bei Arnheim gelandeten Engländer durch deutsche Panzerkräfte aufgerieben, die dort zufällig zur Auffrischung lagen: 2000 Engländer konnten sich in der Nacht zum 26. September auf das Südufer retten, 6500 gerieten in deutsche Gefangenschaft. War damit zugleich Montgomerys Hoffnung gescheitert, Eisenhower doch noch für ein rasches Vorgehen gegen das Ruhrgebiet zu gewinnen, so eröffnete der erkämpfte Brückenkopf von Nimwegen immerhin die Möglichkeit, zwischen Maas und Rhein nach Südosten ins Rheinland vorzugehen. Um diese geplante Offensive durch einen Stoß von Süden her ergänzen zu können, griffen die Amerikaner beiderseits der eingeschlossenen und am 21. Oktober eroberten Stadt Aachen an und gewannen nach wochenlangen schweren Kämpfen Anfang Dezember als Ausgangsstellung die Rur (Roer). Bis zu diesem Zeitpunkt hatten sie im südlichen Abschnitt der Front im Verein mit den Franzosen Elsaß-Lothringen nebst Straßburg besetzt und standen von der Schweizer Grenze bis Trier an der Linie des Oberrheins und des Westwalles, der rasch wieder in Verteidigungszustand gebracht worden war. Nur bei Kolmar hielten die Deutschen im Schutze der Vogesen noch einen ausgedehnten Brückenkopf am Westufer des Oberrheins. Für die kommenden alliierten Operationen war von wesentlicher Bedeutung, daß die Engländer und Kanadier am 8. November nach langen verlustreichen Kämpfen die stark befestigte Scheldemündung erobert und damit die Zufahrt zum Nachschubhafen Antwerpen geöffnet hatten: nach einer ausgedehnten Minenräumaktion konnte dort Ende November der erste alliierte Geleitzug einlaufen. Doch ehe die Alliierten ihre weiteren Operationsabsichten verwirklichen konnten, wurden sie von Hitlers Gegenoffensive in den Ardennen überrascht.

Um die seit der Invasion erlittenen starken Verluste zu ersetzen und im Westen die Initiative zurückzugewinnen, hatte Hitler von Himmler, den er nach dem Attentat vom 20. Juli 1944 zum Befehlshaber des Ersatzheeres ernannt hatte, neue »Volksgrenadierdivisionen« aufstellen lassen. Sie wurden aus frisch Einberufenen und fronterfahrenen Kadern zusammengesetzt und mit modernen Waffen sowie – allerdings meist pferdebespannter – Artillerie bevorzugt ausgerüstet. Darüber hinaus wurden alle waffenfähigen Männer zwischen 16 und 60 Jahren für die Verteidigung ihres unmittelbaren Heimatgebiets zum »Volkssturm« herangezogen. Mit einer ausreichenden »operativen Reserve« von neuen Infanteriedivisionen und einer neu aufgestellten SS-Panzerarmee – die u.a. mit Panzern vom Typ »Panther« ausgerüstet wurde, die dem amerikanischen Sherman-Panzer technisch überlegen waren – beabsichtigte Hitler, dem Krieg im Westen durch eine Offensive eine »entscheidende« Wende zu geben. Durch das schon länger anhaltende, ausnehmend schlechte Herbstwetter vor den Auswirkungen der alliierten Luftüberlegenheit geschützt, sollten deutsche Panzerverbände der Heeresgruppe B überraschend durch die von den Amerikanern nur schwach besetzten Ardennen stoßen, die Maas überqueren und bis nach Antwerpen an die Küste vorgehen, um alle nördlich dieses Stoßkeiles stehenden alliierten Streitkräfte abzuschneiden und zu vernichten (Unternehmen »Wacht am Rhein«). Die zuständigen Frontbefehlshaber – ab 4. September wieder Generalfeldmarschall v. Rundstedt als Oberbefehlshaber West und Model (Heeresgruppe B) – schlugen demgegenüber eine realistischere »kleine Lösung« vor, die ein Vorgehen nur bis zur Maas und die Einschließung der östlich dieses Flusses stehenden Feindkräfte vorsah. Doch Hitler bestand darauf, alles auf eine Karte zu setzen, da er mit dieser Offensive zugleich politische Ziele verfolgte: Ihr Erfolg sollte den Glauben der Westmächte an ein baldiges Kriegsende erschüttern und damit die »künstlich aufrechterhaltene gemeinsame Front« der Gegner auseinanderbrechen lassen, »die in ihrer Zielsetzung schon jetzt Tag für Tag aneinandergeraten«[18].

Die für November geplante Ardennenoffensive (Deckname ab 19. November »Herbstnebel«) konnte erst am 16. Dezember beginnen, da ein Teil der dafür bereitgestellten Kräfte zunächst zur Abwehr des amerikanischen Angriffs im benachbarten Rur-Abschnitt eingesetzt werden mußte. Die drei aus dem Raum zwischen Monschau und Echternach angreifenden deutschen Armeen trafen auf einen völlig überraschten Gegner. Dennoch gelangte im Nordabschnitt die 6. SS-Panzerarmee (Generaloberst der Waffen-SS Sepp Dietrich), die den Stoß auf Antwerpen zu führen hatte, nur bis vor Malmedy; auch die zur Dekkung der Südflanke vorgehende Armee kam nur entlang der Sauer voran. Den angestrebten Durchbruch erzielte lediglich die in der Mitte angesetzte 5. Panzerarmee (General v. Manteuffel). Nach Westen vorstoßend, schloß sie den wichtigen Verkehrsknotenpunkt Bastogne sein, überquerte die Ourthe, blieb aber wenige Kilometer vor Dinant an der Maas stecken: mit der Wetterbesserung griff ab 24. Dezember die alliierte Luftwaffe in die Kämpfe ein, und die Treibstoffversorgung wurde knapp. Am 26. Dezember konnte Pattons Panzerarmee Bastogne im Rücken der Angreifer durch einen Angriff von Süden her entsetzen, und am nächsten Tag mußten die Deutschen überall zur Verteidigung übergehen. Da das Unternehmen gescheitert war, beschworen v. Rundstedt, Model und v. Manteuffel Hitler vergebens, Truppen und Material durch rechtzeitige Rückführung zu retten. Als die Alliierten – die an der gesamten Westfront ihre Operationen eingestellt und alle verfügbaren Kräfte in den bedrohten Abschnitt geworfen hatten – am 3. Januar die Frontausbuchtung (»The Bulge«) von Norden und Süden angriffen und sich die Zange am 16. Januar schloß, mußten die Deutschen beim Rückzug mehr Panzer und Sturmgeschütze zurücklassen als die Angriffsschlacht gekostet hatte.

Im Januar 1945 scheiterte auch Hitlers Versuch, durch gleichzeitige Angriffe aus dem saarländischen und pfälzischen Raum

[18] Ansprache Hitlers vor den an der Offensive beteiligten Oberbefehlshabern und Divisionskommandeuren am 12. 12. 1944 im Hauptquartier »Adlerhorst« in Ziegenberg bei Bad Nauheim. In: Hitlers Lagebesprechungen. Die Protokollfragmente seiner militärischen Konferenzen 1942–1945. Hrsg. v. H. Heiber. Stuttgart 1962, S. 722. (S. auch Dok. 10, S. 252f.).

nach Süden und aus dem linksrheinischen Brückenkopf von Kolmar nach Norden das Elsaß zurückzuerobern (Unternehmen »Nordwind«). Zwar erwogen die Amerikaner, die hier durch die Abgabe von Kräften an die Ardennenfront geschwächt waren, sich vorübergehend vom Oberrhein auf die Vogesen zurückzuziehen. Als jedoch de Gaulle gegen eine kampflose Räumung Straßburgs protestierte, entschlossen sie sich zur Verteidigung und brachten die deutschen Angriffe zum Stehen, ohne Kräfte aus den Ardennen abziehen zu müssen.

Wie das Heer, so hatte auch die Luftwaffe – die für die Ardennenoffensive rund 1800 Jäger, Bomber und Schlachtflieger aufgeboten hatte – in den letzten Dezembertagen bei dem Bemühen, die Bodentruppen zu unterstützen, schwere Verluste hinnehmen müssen. Bei ihrem überraschenden Großangriff mit rund 1000 Jägern und Schnellbombern auf alliierte Flughäfen in Nordfrankreich, Belgien und Südholland am 1. Januar 1945 (Unternehmen »Bodenplatte«) zerstörten sie zwar 480 Feindflugzeuge, verloren dabei aber selbst 280 Maschinen mit einer beträchtlichen Anzahl kaum mehr ersetzbarer, erfahrener Piloten – die meisten beim Rückflug durch die eigene Flak, die über das Unternehmen nicht informiert worden war.

Die Winteroffensiven im Westen 1944/45 hatten Hitlers noch einmal zusammengeraffte Streitkräfte und Reserven abermals zu einem guten Teil verbraucht, ohne einen wirklich entscheidenden Erfolg einzubringen: Sie hatten lediglich bewirkt, daß die westlichen Alliierten ihre Offensivpläne um einige Wochen verschieben mußten.

Sowjetische Sommer- und Herbstoffensiven und Abfall der deutschen Verbündeten im Osten

Während Hitler im Herbst und Winter 1944/45 die mit Mühe aus dem Boden gestampften Divisionen für überspannte offensive Ziele im Westen bereitstellte und verbrauchte, fehlten an der Ostfront die notwendigen Kräfte, um den Vormarsch der Roten Armee aufzuhalten. Die Aufstellung neuer Divisionen in der Heimat ließ eine ausreichende Auffüllung der ausgebrannten Verbände im Osten nicht mehr zu. Seit Beginn der Invasion in der Normandie war auch mit Aushilfen aus dem Westen nicht mehr zu rechnen. Der einzig verbliebenen Möglichkeit, unter Preisgabe von Gelände mit den eigenen Kräften hauszuhalten und dem Feind wenigstens die größeren Verluste beizubringen, stand Hitlers starre Weisung entgegen, jeden Fußbreit Boden unter allen Umständen zu behaupten.

Drei Tage nach der Invasion hatten die Sowjets zunächst die Finnen an der Karelischen Landenge angegriffen, am 20. Juni Wiborg erobert und anschließend die Verteidiger zwischen Ladoga- und Onegasee sowie nördlich davon in Richtung auf die alte Landesgrenze von 1940 zurückgedrängt. Nur die überraschende Einstellung der Offensive am 18. Juli, die durch die Konzentration der sowjetischen Kräfte an der deutschen Front bedingt war, bewahrte die Finnen davor, schon jetzt um Waffenstillstand nachsuchen zu müssen.

Die eigentliche sowjetische Sommeroffensive begann am 22. Juni 1944 – dem Jahrestag von »Barbarossa« – mit einem konzentrischen Angriff gegen die deutsche Heeresgruppe Mitte, die für die Verteidigung ihres über 1000 Kilometer langen, weit nach Osten vorspringenden Frontbogens nur vierzig Divisionen zur Verfügung hatte. Da die zugehörige deutsche Luftflotte zu Beginn der Schlacht nur vierzig einsatzbereite Kampfflugzeuge besaß, nutzten die Sowjets ihre nahezu uneingeschränkte Luftherrschaft erstmals zu massiven Angriffen von Schlachtfliegern aus. Zwischen den auf Befehl Hitlers als »feste Plätze« verteidigten Städten Witebsk, Orsha, Mogilew und Bobruisk, in denen mehrere Divisionen gebunden blieben, erzielten die Sowjets sofort tiefe Einbrüche: beiderseits Witebsk zerschlugen sie eine deutsche Panzerarmee und zerrissen dadurch die Verbindung zur Heeresgruppe Nord; in den Räumen von Bobruisk und Minsk schlossen sie je eine deutsche Armee ein. Feldmarschall Busch, der schon im Mai die Zurücknahme seiner – nunmehr völlig zerschlagenen – Heeresgruppe auf die Sehnenstellung der Beresina vorgeschlagen hatte, wurde am 28. Juni durch Feldmarschall Model ersetzt, der gleichzeitig die Führung der südlich anschließenden Heeresgruppe Nordukraine beibehielt. Model, der auf einige Reserven dieser Heeresgruppe zurückgreifen konnte, versuchte vergeblich, dem Gegner das Vordringen durch das sumpfige Nalibocka-Waldgebiet über die beiden Landbrücken von Molodetschno und Baranowitschi nach Westen zu verwehren. Während aus dem Kessel von Bobruisk noch Teile der deutschen Kräfte nach Westen ausbrechen konnten, wurde die südöstlich von Minsk eingeschlossene Armee von den Sowjets bis zum 8. Juli aufgerieben. Als Model den Angreifer in der zweiten Julihälfte auf der Linie Kowno – Brest-Litowsk zunächst aufhalten konnte, hatte die

Heeresgruppe Mitte 28 Divisionen mit 350000 Mann eingebüßt und damit größere Verluste erlitten, als die Katastrophe von Stalingrad gefordert hatte.

Der Zusammenbruch der mittleren Heeresgruppe gefährdete die Südflanke der Heeresgruppe Nord aufs äußerste. Der Chef des Heeresgeneralstabes, Zeitzler, hatte deshalb rechtzeitig vorgeschlagen, Estland und Ostlettland zu räumen, um mit den freiwerdenden Kräften die Heeresgruppe Mitte abzustützen: Nach fruchtlosen und aufreibenden Auseinandersetzungen mit Hitler hatte er sich krank gemeldet und wurde am 21. Juli durch Generaloberst Guderian ersetzt. Als der Oberbefehlshaber der Heeresgruppe, Generaloberst Frießner, den Vorschlag wiederholte, mußte er am 23. Juli den Oberbefehl mit Generaloberst Schörner tauschen, der bislang die Heeresgruppe Südukraine geführt hatte. Aber die Krise war nicht mehr aufzuhalten: Die südlich von Dünaburg – das am 27. Juli fiel – in die Lücke zwischen den beiden Heeresgruppen vorstoßende 1. Baltische Front unter General Bagramjan erreichte am 29. Juli bei Tukkum den Rigaer Meerbusen und schnitt damit die Landverbindung zur Heeresgruppe Nord im Baltikum ab.

Am 13. Juli hatte auch der sowjetische Angriff gegen die Heeresgruppe Nordukraine begonnen, bei der die deutsche Führung irrtümlicherweise den ersten Stoß der feindlichen Sommeroffensive 1944 erwartet hatte, die aber unterdessen durch die Abgabe von Panzerkräften an die mittlere Heeresgruppe stark geschwächt worden war. Die 1. Ukrainische Front unter Marschall Konjew durchbrach bei Brody die Front, ging beiderseits Jaroslawl über den San und bildete am 29. Juli bei Baranow einen Brückenkopf über die Weichsel. Nach der Einnahme Lembergs drängte sie den Südflügel der deutschen Heeresgruppe an die Nordkarpaten (Beskiden) zurück. Die 1. Weißrussische Front unter Marschall Rokossowski griff aus dem Raum Kowel an, überschritt den Bug, nahm am 24. Juli Lublin und ging nordwestlich auf Warschau vor. Model gelang es, die Sowjets 25 Kilometer vor Warschau bei Radzymin durch einen Gegenstoß aufzufangen und dabei bis zum 3. August ein vorgeprelltes sowjetisches Panzerkorps zu vernichten. Im August konnte er auch verhindern, daß die Sowjets ihre beiden südlich von Warschau bei Magnuszew und Pultawy am Westufer der Weichsel gewonnenen Brückenköpfe ausweiteten. Auch nördlich von Warschau wurden die Angreifer bei dem Versuch aufgehalten, aus ihrem bei Putulsk über den Narew gebildeten

Brückenkopf nach Ostpreußen durchzubrechen. Zwischen den Karpaten und Ostpreußen ließ die Angriffskraft der Sowjets im September allmählich nach, und die Front konnte sich stabilisieren.

Der Aufstand der nationalpolnischen Untergrundarmee in Warschau, der am 1. August bei der Annäherung der Sowjets begonnen worden war[19], brach durch das Ausbleiben der Roten Armee nach mehrwöchigen Häuserkämpfen zusammen. Stalin sah in den Nationalpolen politische Gegner, die der Errichtung eines kommunistischen Satellitenregimes in Polen im Wege standen, und war erst nach eindringlichen Appellen Churchills und Roosevelts bereit, den Aufständischen zu helfen: Am 10. September begann Rokossowski den Angriff gegen den deutschen Brückenkopf östlich der Weichsel und warf die Deutschen in viertägigen Kämpfen aus der Vorstadt Praga über den Fluß. Aber mehrere Versuche der sowjetisch kontrollierten polnischen Exilarmee unter General Berling, die Weichsel im Stadtgebiet zu überqueren, scheiterten. Auch der Versorgungsflug von 110 amerikanischen »Fliegenden Festungen« aus England, der nach der verzögert gegebenen Landeerlaubnis auf sowjetischen Flugplätzen die Aufständischen am 18. September durch Abwurf mit Waffen und Material versah, konnte deren Kapitulation am 2. Oktober nicht mehr verhindern.

Am 20. August setzten die 2. und 3. Ukrainische Front unter den Generälen Malinowski und Tolbuchin die Reihe der sowjetischen Sommeroffensiven mit einem Angriff gegen die am Ostrand der Karpaten und am unteren Dnjestr stehende deutsche Heeresgruppe Südukraine (Generaloberst Frießner) fort; sein Erfolg sollte zum Abfall der deutschen Verbündeten Rumänien und Bulgarien und schließlich zur Räumung des Balkans führen. Als die in die Front der Heeresgruppe eingestreuten rumänischen Verbände den Angreifern kaum mehr Widerstand entgegensetzten, erzielten die Sowjets bei Jassy und südlich Tiraspol sofort tiefe Einbrüche: Bei Kischinew wurde eine deutsche Armee, an der Küste des Schwarzen Meeres eine rumänische Armee eingeschlossen. Da im allgemeinen Chaos des Rückzugs die Sprengung der Brücken über Pruth und Donau unterblieb, stand der Roten Armee der Weg nach Bukarest und in die Dobrudscha offen. Am 23. August wurden Marschall Antonescu, der angesichts der aussichtslosen Lage nunmehr einen Waf-

[19] Vgl. dazu S. 146f.

fenstillstand befürwortete, von König Michael I. abgesetzt und die alliierten Waffenstillstandsbedingungen von der neuen Regierung Sanatescu angenommen. Obwohl den deutschen Truppen der ungehinderte Abzug aus dem Lande angeboten wurde, ließ Hitler einen Luftangriff und militärische Operationen gegen Bukarest durchführen und gab den Rumänen damit einen Grund, Deutschland den Krieg zu erklären – wozu sie durch die Waffenstillstandsbedingungen ohnehin verpflichtet wurden. Doch Hitlers Versuch, den »Staatsstreich« durch eine Besetzung der Hauptstadt niederzuwerfen, mißlang; die in Deutschland bereitgestellte rumänische »Nationalregierung« unter dem Führer der »Eisernen Garde«, Horia Sima, blieb in Wien zum Schattendasein verdammt.

Nach dem Frontwechsel der rumänischen Streitkräfte schlugen sich die isolierten deutschen Truppen in einzelnen Kampfgruppen nach Westen hinter die schützenden Karpaten nach Siebenbürgen durch, während die Sowjets ihren Vormarsch nach Süden fortsetzten. Am 30. August nahmen sie das Ölgebiet von Ploesti und versetzten damit der deutschen Kriegswirtschaft einen schweren Schlag, am nächsten Tag rückten sie in Bukarest ein. Von dort nach Westen durch die Walachei vorgehend, stellten sie am 6. September am Eisernen Tor die Verbindung mit Titos Partisanenverbänden her.

Bei Annäherung der Roten Armee suchten die Bulgaren durch Kündigung des Dreimächte- und Antikominternpakts der sowjetischen Besetzung zu entgehen. Doch die Sowjets erklärten Bulgarien kurzerhand den Krieg und erzwangen durch ihren Einmarsch einen Waffenstillstand. Am 8. September schlossen sich die Bulgaren dem Krieg gegen Deutschland an und bildeten eine prosowjetische Regierung unter Georgieff.

Das Umschwenken der beiden südosteuropäischen Satelliten und das Vordringen der Roten Armee bis an die jugoslawische Grenze machte die Räumung Griechenlands durch die dort von der Abschnürung bedrohte deutsche Heeresgruppe E (Generaloberst Löhr) erforderlich. Da die Anfang September auf dem Luftwege begonnene Räumung der griechischen Inseln bald von den Alliierten behindert wurde, blieben zahlreiche deutsche Kräfte in den »Festungen« Kreta, Rhodos und auf anderen Inseln – teilweise bis Kriegsende – zurück. Auf dem Peloponnes und dem Festland übernahmen die griechischen Partisanen die geräumten Gebiete, schwache englische Landungskräfte rückten den abziehenden Deutschen langsam nach. Zwei Tage nach der Räumung besetzten britische Luftlandetruppen am 14. Oktober Athen, wo die griechische Exilregierung ihren Einzug hielt. Hinter dem Schirm einer in Mazedonien und Serbien provisorisch nach Osten aufgebauten Front gegen die sowjetischen, bulgarischen und rumänischen Gegner kämpfte sich die Heeresgruppe E aus Albanien und Südjugoslawien durch das von Titos Partisanen beherrschte Gebiet nach Norden bis zur Linie Esseg–Sarajewo–Mostar zurück und verteidigte dort bis Frühjahr 1945 den kroatischen Satellitenstaat. Belgrad, das von Titos Kräften eingeschlossen worden war, wurde am 20. Oktober von Sowjettruppen und jugoslawischen Partisanen erobert.

In Rumänien hatte die 2. Ukrainische Front im September von der Walachei aus mit Unterstützung durch die Rumänen, denen im Waffenstillstand die Wiedereinverleibung des 1940 an die Ungarn verlorenen Nordsiebenbürgen zugesagt worden war, die Südkarpaten überschritten, Kronstadt und Hermannstadt eingenommen und war im Maros-Tal nach Westen bis Szegedin vorgedrungen. Am 6. Oktober stießen die Sowjets aus dem Raum östlich von Szegedin nach Norden in den Rücken der Heeresgruppe Süd – wie Frießners Heeresgruppe nunmehr treffender bezeichnet wurde – und zwangen sie, ihre in Siebenbürgen noch weit nach Osten vorgestaffelten deutschen und ungarischen Kräfte zurückzuziehen. Bei Szolnok erreichten die Angreifer die Theiß, wurden aber Mitte und Ende Oktober durch zwei mehrtägige Panzerschlachten in der Pußta südlich und nördlich von Debrecen aufgehalten, bei denen ihre Stoßkeile abgeschnitten wurden und empfindliche Verluste erlitten. Damit war die sowjetische Absicht gescheitert, im Verein mit Kräften der 1. Ukrainischen Front in Galizien – die am Dukla-Paß über die Beskiden nach Süden angriffen –, Frießners Heeresgruppe den Rückweg hinter die Theiß abzuschneiden.

Der Einfall der Roten Armee in Ungarn war für Reichsverweser v. Horthy der letzte Anstoß, um aus seinem deutschbesetzten Land insgeheim eine Delegation nach Moskau zu entsenden und einen Waffenstillstand zu vereinbaren. Als Horthy am 15. Oktober die deutsche Regierung davon informierte und den Waffenstillstand im Rundfunk proklamierte, wurde er auf der Budapester Burg von einem SS-Kommando unter Mussolini-Befreier Skorzeny verhaftet und zum Widerruf der Proklamation sowie zur Abdankung gezwungen. Unter einer neuen Regierung, die der Führer der faschistischen »Pfeilkreuzler«-Bewegung, Szálasi, bildete, setzte Ungarn den Kampf an der

Seite Deutschlands fort. Lediglich der Oberbefehlshaber der in den Beskiden kämpfenden ungarischen Armee, Generaloberst Dálnoki Miklós, ging mit seinem Stab zum Gegner über und bildete später in Debrecen eine Gegenregierung.

Ende Oktober durchbrachen die Streitkräfte der 2. Ukrainischen Front unter Malinowski die deutsch-ungarische Stellung an der Theiß – dem letzten Flußhindernis vor Budapest –, erreichten südlich der Stadt die Donau und konnen erst an ihrem südöstlichen Verteidigungsgürtel durch einen Gegenangriff aufgehalten werden. Während hier im November erbitterte Abwehrkämpfe tobten, überquerte die aus Bulgarien und Jugoslawien nachgezogene 3. Ukrainische Front Tolbuchins bei Mohacs die Donau, stieß westlich das Flusses nach Norden vor, durchbrach am 20. Dezember die deutsche Stellung östlich des Plattensees und erreichte bei Gran das Donauknie. Da auch Malinowski unterdessen nördlich des Donauknies bis zum Granfluß vorgedrungen war, war Budapest seit 24. Dezember mit 33000 deutschen und 37000 ungarischen Kämpfern eingeschlossen. Damit drohte die Rote Armee am Jahresende 1944 zum Stoß durch die Oberungarische Tiefebene auf Preßburg und Wien auszuholen.

Angesichts der Entwicklung an ihrer eigenen Front und am Nordabschnitt der deutschen Ostfront im Sommer 1944 entschlossen sich auf die Finnen, aus dem Kriege auszuscheiden: Am 25. August – zwei Tage nach dem Frontwechsel Rumäniens – bahnte der finnische Oberbefehlshaber Marschall Mannerheim, der am 4. August gleichzeitig das Amt des Staatspräsidenten übernommen hatte, über Stockholm Verbindung mit Moskau an. Er unterrichtete Hitler am 2. September, zwei Tage vor dem Inkrafttreten des Waffenstillstandes, über die sowjetisch-britischen Bedingungen. Danach mußten die deutschen Truppen das Land bis zum 15. September verlassen und die Finnen die noch verbliebenen deutschen Kräfte internieren und den Sowjets übergeben. Während der Abzug der deutschen Dienststellen und kleineren Verbände aus Südfinnland über See mit finnischer Hilfe reibungslos vonstatten ging, ließ Hitler eine erfolglos verlaufende Landungsoperation gegen die seestrategisch wichtige finnische Insel Suursaari (Unternehmen »Tanne Ost«) durchführen und die deutsche Gebirgs-Armee unter Generaloberst Rendulić aus Mittelfinnland nur langsam nach Norden zurückgehen, da er das Gebiet von Petsamo mit den Nikkelgruben besetzt halten wollte. Die Folge waren bewaffnete

Zusammenstöße mit den Finnen, die den Waffenstillstand zu erfüllen trachteten, um einen Einmarsch der Sowjets zu vermeiden, und Zerstörungen beim deutschen Rückzug zu verhindern suchten. Als die Sowjets am 7. Oktober die Stellung der deutschen Gebirgs-Armee an der murmannischen Küstenregion mit Erfolg angriffen, um das ihnen im Waffenstillstand zugesprochene Petsamo-Gebiet an sich zu bringen, mußte Hitler doch den Rückzug nach Nordnorwegen befehlen. Entgegen den deutschen Erwartungen drangen die Sowjets nach der Einnahme von Petsamo am 15. Oktober nicht weiter auf finnisches Territorium vor und blieben auch in Mittelfinnland bei Salla an der Grenze von 1940 stehen: Von den Stützpunkten an der finnischen Südküste abgesehen, die die Sowjets zur Fortsetzung des Kampfes gegen Deutschland benötigten, blieb Finnland als einziger kontinentaleuropäischer Teilnehmer am Kriege von der Besetzung durch eine Siegermacht verschont.

Das Ausscheiden Finnlands erlaubte es den Sowjets, ihre Kräfte im Norden auf Schörners Heeresgruppe in Estland und Lettland zu konzentrieren. Da es deutschen Panzerkräften, die teilweise aus Rumänien herangezogen wurden, am 20. August gelungen war, mit der Unterstützung durch den schweren Kreuzer ›Prinz Eugen‹ an der Küste des Rigaer Meerbusens bei Tukkum nochmals einen schmalen Korridor zu dieser Heeresgruppe zu öffnen, schlug Generalstabschef Guderian Hitler abermals vergeblich vor, die Gelegenheit für ihre Rücknahme nach Kurland zu nutzen. Der Mitte September beginnende konzentrische Angriff von vier sowjetischen »Fronten« auf die Heeresgruppe führte dazu, daß Estland nun doch – über See – geräumt werden mußte: Bis zum 24. September nahm die nachstoßende Leningrader Front unter Marschall Goworow, die die Landenge von Narwa durchbrochen hatte, die estnischen Häfen Reval, Baltischport und Pernau in Besitz. Anfang Oktober landeten ihre Kräfte auf den baltischen Inseln Moon, Dagö sowie auf Ösel, wo sich die Verteidiger mit Unterstützung der Kriegsmarine nur auf der südlichen Halbinsel Sworbe bis zum 23. November halten konnten. Nach dem Verlust der estnischen Küste konnte die Marine sowjetischen Seestreitkräften aus dem finnischen Meerbusen den Zugang in die Ostsee nicht mehr verwehren.

In Lettland drängten die drei Baltischen Fronten der Roten Armee Schörners Kräfte von Osten und Süden her auf einen Verteidigungsring um Riga zusammen. Mitte Oktober gaben die Verteidiger die Stadt auf und zogen sich durch den offengehaltenen schmalen Korridor nach Kurland zurück. Unterdessen hatte die 1. Baltische Front unter General Bagramjan von Schaulen aus nach Westen angegriffen, hatte am 10. Oktober nördlich und südlich der Stadt Memel die Küste erreicht und damit die Landverbindung zur Heeresgruppe Nord endgültig abgeschnitten. Da Hitler Schörners Vorschlag, nach Ostpreußen durchzubrechen, ablehnte, blieb sie mit zunächst 26 Divisionen in Kurland gebunden: in sechs großen »Kurlandschlachten« behauptete sie sich auf der Linie Tukkum – südöstlich Libau bis Kriegsende.

Nach Süden zu drückten Bagramjans Streitkräfte die Heeresgruppe Mitte, die nach der Ernennung Models zum Oberbefehlshaber West seit Mitte August von Generaloberst Reinhardt befehligt wurde, bis zur Memel an die Nordgrenze Ostpreußens zurück. Am 16. Oktober setzte die benachbarte 3. Weißrussische Front unter General Tscherniakowski an der ostpreußischen Ostgrenze zum Angriff nach Westen auf Königsberg an. Zwei ihrer Stoßkeile, die beiderseits der Rominter Heide vorgingen, erreichten Nemmersdorf (Kreis Gumbinnen) und Goldap, konnten aber nach Heranführung deutscher Reserven bis zum 4. November durch Gegenangriffe abgeschnitten und vernichtet werden. In den zurückeroberten Gebieten wurden die Spuren zahlreicher sowjetischer Greueltaten an der deutschen Zivilbevölkerung entdeckt, in denen sich die Rachegefühle gegen die deutsche Besatzungsherrschaft in der Sowjetunion ausgetobt hatten.

Der Sturm auf die »Festung Europa« hatte die Alliierten bis Jahresende 1944 im Osten und im Westen bis an die Grenzen des Reichs und teilweise schon auf deutschen Boden geführt. Während sich die Westmächte nach Abwehr der Ardennenoffensive anschickten, an den Rhein und ins Ruhrgebiet vorzustoßen, hatten die Sowjets vor allem durch die Brückenköpfe über die Weichsel und den Narew günstige Ausgangsstellungen für die kommende Offensive an die Oder und nach Berlin gewonnen.

Militärischer Zusammenbruch und bedingungslose Kapitulation Deutschlands 1945

Zum Jahreswechsel 1944/45 zeichnete sich vor der deutschen Front zwischen Ostsee und Karpaten ein Aufmarsch sowjetischer Kräfte von erdrückender Überlegenheit ab. Er deutete auf eine Großoffensive hin, die mit Eintritt des Frostwetters zu erwarten war und offensichtlich auf den Einfall in Ostdeutschland mit Stoßrichtung Berlin abzielte. Der für den OKH-Kriegsschauplatz im Osten verantwortliche Generalstabschef des Heeres Guderian unternahm daher alle Anstrengungen, um Reserven zu schaffen, mit denen er durchbrechenden sowjetischen Kräften im Bewegungskampf entgegentreten konnte. Da sein Vorschlag abgelehnt wurde, dafür Kurland zu räumen und aus den OKW-Kriegsschauplätzen durch Räumung Norwegens und Frontverkürzungen in Norditalien und Jugoslawien Kräfte zu gewinnen, beschwor er Hitler am 24. Dezember, wenigstens die steckengebliebene Ardennenoffensive abzubrechen und alle entbehrlichen Kräfte hinter die Weichsel zu verlegen. Doch Hitler, der die Einschätzung des sowjetischen Aufmarsches als »den größten Bluff seit Dschingis Khan«[20] abtat, wollte im Westen durch eine neue Offensive im Elsaß die Initiative behalten: Er hoffte immer noch auf ein Einlenken der Westmächte, wenn er ihnen den Weg ins Innere Deutschlands verwehrte, während die Sowjets von Osten her unaufhörlich vordrangen. Im Gegenteil zog er noch am selben Tag ein SS-Panzerkorps aus Polen ab, um Anfang Januar 1945 einen Angriff zum Entsatz der »Festung« Budapest zu führen, der nach einigen Tagen scheiterte. Noch am 18. Januar – als die Sowjets die Front an der Weichsel bereits durchbrochen hatten – befahl er einen zweiten Entsatzangriff, der nach Anfangserfolgen abermals steckenblieb und die Kapitulation der Budapester Besatzung nicht verhindern konnte. Auch in der Folge wurden in den Ardennen freigewordene Divisionen in den Donauraum geschickt, um die letzten verfügbaren ungarischen und österreichischen Erdölquellen zu verteidigen und wohl auch den letzen kämpfenden Bundesgenossen nicht zu verlieren. Guderian mußte sich an der polnischen und ostpreußischen Front mit dem Ausbau rückwärtiger alter Festungsanlagen und neuer Feldbefestigungen behelfen und konnte teilweise nur durch die Herausnahme beweglicher Divisionen aus der momentan noch ruhigen Front eine Reserve von zwölf Panzer- und Panzergrenadierdivisionen bilden, die bei der enormen Ausdehnung der Front völlig unzureichend war.

Unter diesen Umständen erzielte die sowjetische Winterof-

[20] Vgl. H. Guderian, Erinnerungen eines Soldaten. Heidelberg 1951, S. 346.

fensive, die am 12. Januar 1945 mit dem Angriff der 1. Ukrainischen Front unter Marschall Konjew aus dem Weichselbrükkenkopf von Baranow, am nächsten Tag mit dem Ausbruch der 1. Weißrussischen Front unter Marschall Schukow aus den Brückenköpfen über die Weichsel bei Magnuszew und Pulawy begann, an der Front der Heeresgruppe A (vormals Nordukraine) unter Generaloberst Harpe tiefe Durchbrüche nach Westen. Hitler, der nach dem Scheitern der letzten Westoffensive sein Hauptquartier am 16. Januar in die Reichskanzlei nach Berlin verlegt hatte, reagierte in der gewohnten Weise: Harpe wurde als »Sündenbock« durch Generaloberst Schörner ersetzt. Außerdem befahl er, daß ihm von nun an jede operative Bewegung vom Divisionsverband aufwärts und jede Aufgabe einer Stellung so frühzeitig zu melden war, daß er noch eingreifen konnte und »ein etwaiger Gegenbefehl die vorderste Truppe noch rechtzeitig erreicht«[21]. Mit solchen Mitteln war jedoch der sowjetische Vormarsch nicht aufzuhalten: Konjews Kräfte nahmen am 7. Januar Tschenstochau, überschritten die schlesische Grenze, erreichten am 23. südlich von Breslau die Oder und überschritten sie fünf Tage später nördlich der Stadt. Nach Süden stießen sie in den Rücken der deutschen Armee, die das oberschlesische Industriegebiet verteidigte und von Osten her gleichzeitig durch die 4. Ukrainische Front unter General Petrow angegriffen wurde. Unter schweren Kämpfen ging das Industrierevier, das nach der ständigen Bombardierung des Ruhrgebiets das einzige noch ungestört arbeitende Rüstungszentrum in Deutschland gewesen war, bis Monatsende verloren. Auf Rüstungsminister Speers Denkschrift vom 30. Januar, daß damit die Fortsetzung des Krieges in wenigen Wochen unmöglich sein werde, reagierte Hitler nicht.

Unterdessen waren Schukows Truppen am 18. Januar in das von der Einschließung bedrohte und daher geräumte Warschau eingedrungen, hatten am nächsten Tag Lodz genommen und am 27. Januar Posen eingeschlossen. Sie erreichten zum Monatsende gleichfalls die Oder und bildeten anschließend beiderseits Küstrin und südlich von Frankfurt Brückenköpfe am Westufer des Flusses: Damit war Berlin bereits unmittelbar bedroht. Schukows Nordflügel hatte am 23. Januar Bromberg erobert und näherte sich der Grenze Pommerns. Zwischen Kon-

[21] Vgl. Hitlers Befehl v. 19. 1. 1945, in: Hubatsch (Hrsg.), Hitlers Weisungen, S. 300f.

jews und Schukows Stoßkeilen konnten sich die Reste zweier deutscher Armeen von der Weichsel an die Oder zurückschlagen und sich Ende Januar bei Glogau noch den Übergang über den Fluß erkämpfen.

Gleichzeitig mit dem Angriff an der Weichsel hatte die sowjetische Winteroffensive gegen Ostpreußen begonnen, das von der Heeresgruppe Mitte (Generaloberst Reinhardt) verteidigt wurde. Während die 3. Weißrussische Front unter General Tscherniakowski von Osten her in Richtung auf Königsberg vordrang, brach die 2. Weißrussische Front unter Marschall Rokossowski aus dem Narew-Brückenkopf bei Pultusk nach Nordwesten aus, schloß die »Festungen« Thorn und Graudenz ein, nahm am 22. Januar Allenstein, erreichte vier Tage später östlich von Elbing bei Tolkemit das Frische Haff und schnitt damit die Landverbindung nach Ostpreußen ab. Als Reinhardt die masurische Seenstellung im Osten eigenmächtig räumte, um im Westen die Verbindung nach Elbing wiederherstellen zu können, wurde er von Hitler durch Generaloberst Rendulić ersetzt. Der Angriff zum Durchbruch nach Elbing, der wegen der befohlenen gleichzeitigen Verteidigung Ostpreußens nur mit ungenügenden Kräften geführt werden konnte, scheiterte. Durch die Abschnürung wandte sich der Strom der Flüchtlinge, der sich nach Westen in Bewegung gesetzt hatte, nunmehr nach Norden mit dem Ziel, das Reich über die Frische Nehrung oder über See zu erreichen. Die abgeschnittene, nunmehr in »Nord« umbenannte Heeresgruppe – die bisherige Heeresgruppe Nord bekam die Bezeichnung »Kurland« – wurde in der Folge im samländischen Raum um Königsberg und den Hafen Pillau zusammengedrängt.

Um die breite Lücke zu schließen, die die beiden »Fronten« Konjews und Schukows zwischen der Oder und der unteren Weichsel aufgerissen hatten, befahl Hitler aus Garnisontruppen, Polizei- und Volkssturmeinheiten eine »Heeresgruppe Weichsel« aufzustellen. Den Oberbefehl übertrug er dem militärischen Laien Himmler, dem er als Reichsführer SS, Polizeichef und Oberbefehlshaber des Ersatzheeres die besten Chancen gab, letzte personelle Reserven aufzutreiben. Von Guderians Vorschlag, mit Kräften – die aus Kurland, Norwegen, Holland und Italien herangeführt werden sollten – einen Zangenangriff von Südpommern und Niederschlesien aus gegen den Berlin bedrohenden sowjetischen Keil an der Oder zu unternehmen, wurde nach Auseinandersetzungen mit Hitler nur ein begrenzter Flankenstoß von sechs SS-Panzerdivisionen vom pommerschen Arnswalde aus nach Süden verwirklicht, der sich nach zwei Tagen am 18. Februar festlief. Der von Guderian befürchtete sowjetische Stoß duch den – von Kräften fast entblößten – ostbrandenburgischen Raum auf Berlin blieb jedoch zunächst aus, da die sowjetische Führung vorher die weit zurückhängenden Flanken absichern bzw. beseitigen wollte: Im Süden drückte Konjew bis Ende Februar die Front in Schlesien von der Oder an die Görlitzer Neiße und auf die Gebirgskette der Sudeten zurück; die dabei eingeschlossene »Festung« Breslau hielt sich bis zum 6. Mai. Im Norden durchbrachen die Streitkräfte Schukows und Rokossowskis die Front der Heeresgruppe Weichsel in Pommern und stießen durch das mit Flüchtlingstrecks gefüllte Land zur Ostseeküste durch: die am 7. März eingeschlossene Küstenstadt Kolberg verteidigte sich als »Festung« elf Tage lang, bis die Massen von Verwundeten und Flüchtlingen durch die Kriegsmarine evakuiert waren. Nach Westen eindrehend, erreichten Schukows Truppen den Unterlauf der Oder und das Stettiner Haff. Nach Osten zu drangen Rokossowskis Kräfte bis zur unteren Weichsel vor und schlossen an der Danziger Bucht eine deutsche Armee und ein Heer von Flüchtlingen ein, die ihre Heimat in Pommern, West- und Ostpreußen verlassen hatten. Der Hafen von Gdingen wurde mit Unterstützung durch den schweren Kreuzer ›Prinz Eugen‹ bis zum 28. März gehalten; auch hier konnten die Masse der Flüchtlinge und die Verwundeten abtransportiert werden, die von den Kriegsschauplätzen Kurlands und der nördlichen Ostfront nach hier gebracht worden waren. Zwei Tage später ging Danzig verloren, während Königsberg am 9. April kapitulierte und Pillau am 25. April in sowjetische Hände fiel. Das furchtbare Schicksal und die Not, die die Flüchtlinge in Pommern, West- und Ostpreußen und in Schlesien im Kriegswinter 1944/45 erlitten, gehören zu den schrecklichsten Tragödien des Zweiten Weltkrieges. Immerhin konnte die Kriegsmarine in aufopferndem Einsatz bis Mai 1945 rund 1,5 Millionen Flüchtlinge und eine halbe Million Soldaten und Verwundete von den Küsten Kurlands, Ostpreußens, der Danziger Bucht und Pommerns evakuieren; rund 14000 Menschen kamen dabei vor allem durch die Versenkung einiger großer Passagierschiffe durch sowjetische U-Boote, Luftangriffe und Minen um.

Mitte März hatte der sowjetische Druck gegen die Heeresgruppen Weichsel und Mitte (vormals A) an der Oder-Neiße-

Linie und in Schlesien nachgelassen. Die Winteroffensive 1945 hatte die Rote Armee an diese Flußlinie auf der Länge von Stettin bis Görlitz sowie an den Nordrand des Sudetengebirges gebracht. Während sie ihren Nachschub durch Polen organisierte und sich für den letzten, tödlichen Stoß ins Herz Deutschlands vorbereitete, überschritten die Engländer und Amerikaner den Rhein, schlossen das Ruhrgebiet ein und drangen an die Elbe vor.

Nach Abwehr der deutschen Ardennenoffensive war es Ende Januar zwischen den führenden Stäben der Westalliierten zu einem Meinungsstreit über das weitere militärische Vorgehen gekommen. Die Engländer traten für einen konzentrierten Stoß nördlich des Ruhrgebiets in die norddeutsche Tiefebene ein, um den Sowjets den Zugang zur deutschen und dänischen Nordseeküste zu verlegen. Doch die amerikanischen Militärs setzten Eisenhowers Plan durch, zunächst die Rheinlinie zu gewinnen, um beim weiteren Vorgehen über den Rhein einen deutschen Flankenstoß auf linksrheinischem Gebiet auszuschließen, dann aus Brückenköpfen im Norden und Süden das Ruhrgebiet zu umfassen und erst anschließend den Sowjets an die Elbe entgegenzustoßen.

Im Süden eroberten die französischen und amerikanischen Streitkräfte der amerikanischen Heeresgruppe unter General Devers bis zum 9. Februar den deutschen Brückenkopf bei Kolmar am Oberrhein. Im Norden begannen die kanadischen Truppen der Heeresgruppe Montgomerys am 8. Februar östlich von Nimwegen ihre Offensive zwischen Maas und Niederrhein nach Südosten, kamen aber gegen den erbitterten Widerstand einer deutschen Fallschirmjägerarmee durch den stark befestigten Reichswald nur langsam voran. Die ihnen über die Rur nach Nordosten entgegenstoßende – ebenfalls zu Montgomerys Heeresgruppe gehörende – amerikanische Armee konnte erst am 23. Februar angreifen, da die Deutschen die Rur durch Öffnung der Urfttalsperre überschwemmt hatten. Die Amerikaner vereinigten sich mit den Kanadiern am 3. März bei Geldern, und sieben Tage später hatte Montgomery das linke Rheinufer vom Emmerich bis Neuß in seiner Hand.

Südlich davon eroberten über die Rur vorgehende Kräfte der amerikanischen Heeresgruppe General Bradleys am 7. März den linksrheinischen Stadtteil von Köln und gingen nach Süden vor, um den nördlich der Mosel stehenden Teilen der deutschen Heeresgruppe B (Feldmarschall Model) in den Rücken zu fallen. Am selben Tage brachten sie dabei bei Remagen erstmals eine unzerstörte Rheinbrücke in ihren Besitz: Die Sprengung – die im letzten Augenblick erfolgen sollte, um möglichst viele Truppen über den Strom zu retten – konnte durch das überraschende Auftauchen der amerikanischen Panzer nur unvollständig ausgeführt werden. Die Brücke widerstand zehn Tage lang allen Versuchen, sie durch Luftangriffe, Artilleriebeschuß und Kampfschwimmereinsatz zu zerstören; als sie schließlich zusammenbrach, hatten die Amerikaner unterdessen eine Pontonbrücke und am Ostufer einen Brückenkopf errichtet und damit bereits ein Loch in die im Aufbau befindliche deutsche Front am Rhein gerissen. Am Westufer nach Süden vordringend, nahmen sie am 9. März bei Andernach Verbindung mit der Armee Pattons auf, die die nördlich der Mosel stehenden Kräfte Models frontal durch die Eifel an den Rhein und über die Mosel zurückgedrückt hatte: Damit war auch das Rheinufer zwischen Neuß und Koblenz in alliierter Hand.

Mitte März wandte sich Patton über Mosel und Hunsrück nach Süden und brachte vom Rücken her die deutsche Front an der Saar und der Grenze der Pfalz zwischen Saarbrücken und dem Rhein zum Einsturz, gegen die die amerikanische Heeresgruppe von General Devers im Februar allein vergeblich angerannt war. Als der Oberbefehlshaber West, Feldmarschall v. Rundstedt, am 10. März bei Hitler auf die Räumung dieses 200 Kilometer langen, nunmehr unhaltbar gewordenen letzten Frontbogens vor dem Rhein gedrungen hatte, war er durch Feldmarschall Kesselring ersetzt worden, der bisher die deutsche Front in Italien erfolgreich verteidigt hatte. Von Nordwesten und Süden vordringend gewannen die Truppen Pattons und Devers' bis 23. März das Rheinufer von Koblenz bis Straßburg und schnitten dabei zahlreichen deutschen Truppenteilen und Flüchtlingstransporten aus dem Saargebiet den Weg über den Strom ab. In der Nacht zum 23. März gelang es Patton sogar, bei Oppenheim südlich von Mainz einen Brückenkopf am Ostufer zu gewinnen. Damit war Eisenhowers Feldzug zur Gewinnung der Rheinlinie abgeschlossen; seit seinem Beginn Anfang Februar kostete er das deutsche Heer ein Drittel der im Westen eingesetzten Kräfte: 293 000 Soldaten waren in alliierte Gefangenschaft geraten, 60 000 gefallen oder verwundet worden.

Zur Vorbereitung der alliierten Offensive über den Rhein war schon im Februar mit der Bombardierung der Verkehrsknotenpunkte im westdeutschen Raum begonnen worden. In der Nacht zum 24. März setzten die englischen und amerikanischen Truppen Montgomerys – durch Luftlandungen unterstützt – beiderseits Wesel über den Niederrhein. Mit Hilfe von zwölf rasch geschlagenen Brücken bildeten sie bis zum 30. März einen großen Brückenkopf, der sich im Halbkreis um Wesel von Emmerich bis Duisburg erstreckte: Neben dem amerikanischen Übergang von Remagen im Süden war damit auch die Ausgangsbasis für den nördlichen Umfassungskeil gegen das Ruhrgebiet geschaffen.

Als die Bedrohung des Ruhrgebiets akut wurde, wandte Hitler die Taktik der »verbrannten Erde« ohne Skrupel auch auf deutsches Gebiet an: am 19. März befahl er, bei einem Rückzug alle Industrie-, Verkehrs- und Versorgungsanlagen zu zerstören. Speers Einwand, daß damit dem eigenen Volk vorsätzlich die Existenzgrundlage entzogen würde, schob Hitler mit dem sozialdarwinistischen Argument beiseite, daß das deutsche Volk im Falle einer Niederlage ohnehin verloren sei: es hätte sich »als das schwächere erwiesen und dem stärkeren Ostvolk gehöre dann ausschließlich die Zukunft«[22]. Im Einvernehmen mit den Frontbefehlshabern gelang es Speer, die Auswirkungen dieses »Nero-Befehls« durch Ausführungsbestimmungen abzuschwächen.

Obwohl die Fortsetzung des Krieges mit dem Verlust des oberschlesischen Industriegebiets und der Rheinlinie militärisch sinnlos geworden war, klammerte sich Hitler immer noch an den Gedanken, daß die »Vorsehung« das Schicksal Deutschlands durch die Entzweiung der feindlichen Allianz auf deutschem Boden wenden werde. Was den deutschen Soldaten zum Weiterkämpfen bewog, waren – neben dem auch vorhandenen bedingungslosen Glauben an Hitlers Unfehlbarkeit und die Existenz angekündigter »Wunderwaffen« auf der einen Seite und der nackten Angst vor Repressalien des intakten militärischen und zivilen Herrschaftsapparats auf der anderen – die bedingungslose Pflichterfüllung gegenüber dem Vaterland, die Furcht vor der Rache des Feindes vor allem im Osten oder auch rein apathischer und fatalistischer Herdentrieb. Das Maß von

[22] Vgl. Ausführungen Hitlers zu Speer am 18. 3. 1945, wiedergegeben in Speers Brief an Hitler v. 29. 3. 1945. In: Kriegstagebuch des Oberkommandos der Wehrmacht (Wehrmachtführungsstab), Bd. 4: 1. Januar 1944–22. Mai 1945, eingel. u. erl. v. P. E. Schramm. Frankfurt a. M. 1961, S. 1581 ff.

Verlogenheit und Perfidie, mit der Goebbels ohne die geringsten realen Voraussetzungen im Volk die Hoffnung auf den »Endsieg« wachhielt, war für einfache Menschen schlechterdings nicht vorstellbar. Vor allem die begeisterungsfähige Jugend wurde bis in die letzten Tage hinein zu sinnlosen Opfertaten veranlaßt.

Am 25. März brachen die Amerikaner aus dem Brückenkopf von Remagen aus, umfaßten das Ruhrgebiet von Süden und vereinigten sich am 1. April bei Lippstadt mit amerikanischen Verbänden, die aus dem Brückenkopf von Wesel nach Osten vorgedrungen waren. Damit war Models Heeresgruppe B mit 19 Divisionen und 2 Flakdivisionen im Ruhrgebiet eingeschlossen, das als Rüstungszentrum durch alliierte Luftangriffe bereits ausgeschaltet war und dessen Verteidigung für längere Zeit schon wegen des unlösbaren Problems der Ernährung der dortigen Bevölkerung unmöglich war. Nach gescheiterten Versuchen Models, die Verbindung nach Mitteldeutschland offensiv wiederherzustellen, wurde der Kessel am 14. April in zwei Teile gespalten, von denen vier Tage später der westliche Teilkessel als letzter den Kampf aufgab: 325 000 Mann gingen in Gefangenschaft; Model erschoß sich am 21. April in einem Wald südlich von Duisburg.

Nach den Plänen, die General Eisenhower als alliierter Oberbefehlshaber in den letzten Märztagen fertigstellte, sollte Bradleys Heeresgruppe nach der Einschließung des Ruhrgebiets aus dem Raum Kassel durch Mitteldeutschland in Richtung Leipzig–Dresden vorstoßen, um sich mit den Sowjets an der Elbe zu vereinigen. Im Anschluß daran sollte Montgomerys Heeresgruppe gegen Hamburg und Lübeck vorgehen, um den deutschen Kräften in Dänemark und Norwegen den Weg ins Reich zu verlegen. Gleichzeitig sollte Devers' Heeresgruppe in den Donauraum vorstoßen, um der Roten Armee bei Linz die Hand zu reichen, und südlich der Donau gegen die »Alpenfestung« vorgehen, die man als letztes »nationales Réduit« Hitlers im Ausbau befindlich wähnte. Diesem Alpen-Réduit maß Eisenhower vom militärischen Standpunkt aus größere Bedeutung bei als Berlin, das für ihn »nur noch ein geographischer Begriff«[23] war. Als Eisenhower die Hauptzüge seines Planes Stalin als dem Oberbefehlshaber der Roten Armee mitteilte, wurde er

[23] Telegramm Eisenhowers an Montgomery v. 31. 3. 1945. In: B. Montgomery, Memoiren. München 1958, S. 372.

von Churchill bei Roosevelt der Übertretung seiner Befugnisse bezichtigt, da den militärischen Operationen in der letzten Phase des Krieges politische Bedeutung zukomme: Nach der Einkesselung des Ruhrgebiets sollte der Hauptstoß vielmehr durch Montgomery in Norddeutschland über die Elbe und nach Berlin geführt werden, um die Sowjets von den Zugängen zum Atlantik fernzuhalten und ihnen aus politischen und psychologischen Gründen die Eroberung der Reichshauptstadt nicht allein zu überlassen. Dahinter stand Churchills Bestreben, möglichst weit über die im Februar in Jalta endgültig vereinbarten Besatzungsgrenzen vorzustoßen, um gegenüber der Sowjetunion Pfänder für die Bereinigung gegensätzlicher Auffassungen in der Hand zu haben, die sich hinsichtlich der inneren Ordnung in Polen und den Balkanstaaten sowie der künftigen Besatzung in Österreich aufgetan hatten. Es gelang den Amerikanern jedoch, Eisenhowers Operationsplan durchzusetzen, da er ihnen der sicherste Weg zum militärischen Sieg zu sein schien.

Noch während der Umklammerung des Ruhrgebiets stießen die Amerikaner in der breiten Frontlücke, die durch die Einschließung der Heeresgruppe B entstanden war, in raschem Tempo nördlich und südlich des Harzes vor und erreichten bis zum 13. April die Elbe auf der Breite zwischen Wittenberge und Barby sowie die Saale zwischen Halle und Jena. Damit schlossen sie im Harz eine deutsche Armee ein, die ursprünglich die Frontlücke hatte schließen sollen; sie hielt sich in dem bewaldeten Gebirge bis zum 20. April. An Elbe und Saale stießen die Amerikaner überraschend auf den starken Widerstand einer neuen Armee unter General Wenck, die seit Anfang April aus letzten personellen Reserven – darunter jungen Soldaten aus Fahnenjunkerschulen, dem Reichsarbeitsdienst, HJ-Führerkorps usw. – aufgestellt worden war und deren Divisionen klangvolle patriotische Namen wie »Theodor Körner«, »Scharnhorst«, »Schill« u.ä. trugen. Mit diesen Verbänden, denen Hitler ursprünglich die ziemlich wirklichkeitsfremde Aufgabe zugedacht hatte, die eingeschlossenen Kräfte im Ruhrkessel zu befreien und eine neue Westfront aufzubauen, gelang es Wenck in der Nacht zum 16. April, den bereits am Ostufer der Elbe gebildeten amerikanischen Brückenkopf bei Magdeburg zu beseitigen, den zweiten bei Barby einzuengen und das Vorgehen des Gegners über die Saale an die Mulde zu verzögern. In Unkenntnis der Tatsache, daß die Amerikaner im Einvernehmen mit den Sowjets an der Elbe stehenbleiben wollten, konzentrierte sich die »Armee Wenck« auf die Abwehr erwarteter amerikanischer Durchbruchversuche, bis sie am 23. April überraschend den Befehl bekam, kehrtzumachen und zur »Befreiung« Berlins anzusetzen, das kurz vor der Einschließung durch die Sowjets stand.

Anfang April waren unterdessen Montgomerys kanadische Kräfte aus dem Rheinbrückenkopf bei Wesel ausgebrochen, hatten nach Nordwesten zu das Ijsselmeer erreicht und damit die deutschen Truppen unter Generaloberst Blaskowitz in Westholland abgeschnitten. Um der hungernden Bevölkerung in der »Festung Holland« zu helfen, wurde hier Ende April in einer Art von regionalem Waffenstillstand vereinbart, daß die Alliierten die Bevölkerung mit Lebensmitteln versorgen durften, wenn sie dafür ihre Offensive einstellten. Während die Kanadier das übrige Holland bis auf die Mündung der Ems ohne größere Kämpfe befreien konnten, hatten die nach Nordwesten an die Elbe vorgehenden englischen Kräfte Montgomerys den heftigen Widerstand deutscher Fallschirmdivisionen zu überwinden. Am 24. April waren jedoch auch sie im Besitz des westlichen Elbufers von Harburg bis zum Anschluß an die Amerikaner bei Wittenberge. Nur der Raum an der deutschen Nordseeküste mit Oldenburg, Wilhelmshaven und Bremerhaven wurde von den Deutschen weiter gehalten.

Unterdessen hatten die Alliierten auch zur Eroberung Süddeutschlands angesetzt. Aus dem Rheinbrückenkopf bei Oppenheim stießen seit Ende März zwei amerikanische Armeen vor: Pattons Armee brachte die Mainbrücken bei Aschaffenburg unversehrt in ihren Besitz und drang nach der Einnahme Frankfurts am 29. März nach Nordosten vor, umging – ohne nennenswerten Widerstand zu finden – den Thüringer Wald an seiner Nordseite und erreichte am 18. April die Mulde bei Zwickau. Gemäß Eisenhowers Plan wandte sie sich über Hof nach Süden, um westlich des Böhmerwaldes gegen die Donau und die »Alpenfestung« vorzugehen. Die andere amerikanische Armee unter General Patch war südlich des Thüringer Waldes nach Osten vorgestoßen, hatte über Bamberg nach Süden eingedreht und am 20. April Nürnberg, die »Stadt der Reichsparteitage«, eingenommen, die auf Befehl Hitlers vier Tage lang mit Unterstützung durch Bodentruppen der Luftwaffe, Volkssturm und SS verteidigt worden war. Bis zum 26. April zogen sich die Deutschen kämpfend hinter die Donau zurück. Teilkräfte

Patchs, die über Heilbronn nach Südosten vorgegangen waren, stießen den deutschen Kräften in die Flanke, gegen die die Franzosen von Westen her über den Oberrhein vordrangen. Die Franzosen nahmen am 22. April Stuttgart – das sie trotz des Protestes de Gaulles in Washington an die Amerikaner abtreten mußten – und Freiburg, drangen über den Schwarzwald vor und nahmen zusammen mit den Amerikanern am 24. April Ulm. Weiter südlich den Schwarzwald umgehend, stießen sie an den Bodensee vor und schlossen damit größere Teile einer deutschen Armee in der Schwäbischen Alb ein.

Als die Amerikaner nach Überquerung der Donau am 28. April Augsburg besetzten, erhob sich in München die »Freiheitsaktion Bayern« – die aus Teilen der Garnison unter Hauptmann Gerngroß und zivilen oppositionellen Kräften bestand –, um die unsinnige Absicht Gauleiter Gieslers zu vereiteln, die »Hauptstadt der Bewegung« zu verteidigen. Die Aktion, die auf verschiedene bayerische Orte übergriff und zur Verhaftung nationalsozialistischer Funktionäre führte, wurde durch SS-Verbände niedergeschlagen; ihre Anhänger wurden standrechtlich erschossen. Dennoch kam es nicht mehr zu einer Verteidigung Münchens, das Patchs Truppen auf ihrem Weg in die Alpen am 30. April kampflos besetzten. Am 4. Mai vereinigten sie sich am Brenner mit den amerikanischen Truppen, die dort nach der selbständigen Teilkapitulation der deutschen Heeresgruppe in Italien unter Generaloberst v. Vietinghoff am 29. April – der einzigen, die vor Hitlers Tod riskiert wurde – eintrafen. Die Teilkapitulation war durch Kontakte vorbereitet worden, die SS-Obergruppenführer Wolff als höchster SS- und Polizeiführer für Italien und Wehrmachtsvertreter bei der Regierung Mussolini im März in der Schweiz mit dem Alliierten Oberkommando Mittelmeer aufgenommen hatte. Diese Kontakte hatten in der ersten Aprilhälfte durch den Argwohn der Sowjets, daß es sich um die Öffnung der gesamten deutschen Westfront für die angloamerikanischen Streitkräfte gegen Zusage besserer künftiger Friedensbedingungen handele, zu einer ernsten Verstimmung zwischen den Alliierten geführt, die erst durch einen Telegrammwechsel zwischen Roosevelt und Stalin behoben werden konnte.

Unterdessen war Pattons Armee nach der Einnahme von Regensburg am 27. April entlang der Donau nach Österreich einmarschiert und am 5. Mai vereinbarungsgemäß in Linz stehengeblieben. Nachdem sich die »Alpenfestung« als ein Phantom erwiesen hatte, ließ Eisenhower diese Armee mit Einverständnis der Sowjets über das Erzgebirge und den Böhmerwald in die Tschechoslowakei bis zur Linie Karlsbad–Pilsen–Budweis vorrücken. Seinen Vorschlag, der deutschen Heeresgruppe Mitte unter Schörner – gegen deren erbitterten Widerstand die Rote Armee gerade erst Mährisch-Ostrau und Brünn erobert hatte – bis zur Elbe-Moldau-Linie in den Rücken zu fallen, lehnten die Sowjets jedoch entschieden ab: Er hätte die Amerikaner nach Prag geführt, wo sich die tschechischen Widerstandskämpfer gegen die Deutschen erhoben hatten.

Der sowjetische Vormarsch gegen Österreich und Wien hatte sich durch eine deutsche Gegenoffensive beiderseits des Plattensees verzögert, für die Hitler Sepp Dietrichs nach der Ardennenoffensive aufgefrischte SS-Panzerarmee – ungeachtet der kritischen Lage an der Oderfront vor Berlin – im Februar nach Ungarn verlegt hatte. Die am 6. März begonnene Offensive kam südlich des Plattensees kaum voran, während Dietrichs Angriff nördlich des Sees zur Einnahme von Stuhlweißenburg führte, aber kurz vor der Donau gleichfalls liegenblieb. Als Dietrichs angeschlagene Verbände gegen Hitlers Befehl zurückgingen, da die Sowjets ab 16. März in ihrem Rücken beiderseits der Donau nach Westen vorstießen, ließ der enttäuschte Hitler seiner Leibstandarte die Ärmelstreifen nehmen. Gegen hinhaltenden deutschen Widerstand erreichte die Rote Armee am 4. April Preßburg, drang zwei Tage später in Wien ein und nahm die Stadt in heftigen Häuserkämpfen bis zum 13. April in Besitz. Ihren weiteren Vormarsch nach Westen stellten die Sowjets nach der Einnahme von St. Pölten am 15. April ein.

Um der Offensive der Sowjets gegen die Reichshauptstadt an der Oderfront entgegentreten zu können, die nach der Eroberung Pommerns und Danzigs durch die Rote Armee zu erwarten war, wurden bei der Heeresgruppe Weichsel die erfahrenen Stämme der deutschen Divisionen mit Genesenen, Ausbildungseinheiten, Polizeikräften, Volkssturm sowie durch Überstellungen aus Arbeitsdienst, Luftwaffe und Marine notdürftig aufgefüllt. Auf Veranlassung Guderians war Himmler als Oberbefehlshaber dieser Heeresgruppe, die den entscheidenden Oderabschnitt bis zur Neißemündung besetzt hielt, durch Generaloberst Heinrici ersetzt worden, der in den Abwehrschlachten des Ostens besondere Erfahrungen erworben hatte. Als Hitlers Absicht scheiterte, durch einen Angriff aus dem eigenen schmalen Brückenkopf am Ostufer der Oder bei

Frankfurt nach Norden in den Rücken der sowjetischen Brükkenköpfe beiderseits Küstrin zu stoßen, und Hitler den Mißerfolg den Truppenführern anlastete, kam es am 28. März zwischen ihm und Guderian zum Bruch: Der Generalstabschef wurde in »Erholungsurlaub« geschickt und General Krebs mit der Führung der Geschäfte beauftragt.

Am 16. April traten die 1. Weißrussische Front unter Schukow aus den Oderbrückenköpfen von Küstrin und die 1. Ukrainische Front unter Konjew an der Neiße zwischen Görlitz und Forst zum Umfassungsangriff gegen Berlin an. Konjews Kräfte durchbrachen die deutsche Front beim ersten Anlauf, stießen nach Westen vor, vereinigten sich am 25. April bei Torgau an der Elbe mit den Amerikanern und spalteten damit den verbliebenen Verteidigungsraum auf deutschem Boden in zwei Teile. Nach Nordwesten gingen sie auf Berlin vor und gelangten in den Rücken einer deutschen Armee unter General Busse, die durch Hitlers Befehl an der Oder festgehalten wurde. Schukow, dem der Durchbruch nach harten Kämpfen erst am dritten Tag gelang, umging Berlin im Norden und vollendete gleichzeitig nach Süden zu die Einschließung der Armee Busses im Raum südwestlich von Frankfurt. Während diese Bewegungen im Gange waren, entwickelte Hitler einen utopischen Plan zur »Befreiung« Berlins: Busses Armee sollte nunmehr nach Westen angreifen, um den von Süden her auf Berlin vorgehenden Kräfte Konjews in Flanke und Rücken zu fallen. Die an der Elbe den verhaltenden Amerikanern gegenüberstehende »Armee Wenck« sollte kehrtmachen und der Armee Busse nach Osten bis Luckenwalde entgegenstoßen, um anschließend gemeinsam Berlin zu entsetzen. Entsprechend sollte im Norden Berlins die »Armeegruppe Steiner« – die unter dem General der Waffen-SS dieses Namens aus Splittergruppen der Busse-Armee, aus Reserven, Volkssturm und Alarmeinheiten gebildet worden war, um die Südflanke der noch nicht angegriffenen Oderfront südlich von Stettin zu decken – einen »Befreiungsangriff« in Richtung auf Berlin führen und den nördlichen sowjetischen Umfassungsarm abschneiden. Da jedoch der Stettiner Frontabschnitt am 20. April von der 2. Weißrussischen Front unter Rokossowski ebenfalls angegriffen wurde, konnte Steiner nicht rechtzeitig – und später nur mit ungenügenden Kräften – antreten. Nachdem die Einschließung der Armee Busses nicht mehr aufzuhalten war, die Sowjets in die östlichen Randbezirke Berlins eindrangen und die Innenstadt bereits unter Artilleriebeschuß stand, brach Hitler am 22. April psychisch zusammen: er bezichtigte Volk und Wehrmacht des Versagens und des Verrats und verkündete seinen Entschluß, sich nicht in den Alpenraum zu begeben, sondern in der Reichshauptstadt unterzugehen. Drei Tage später schloß sich bei Nauen die sowjetische Zange um Berlin. General Wenck konnte mit seiner Armee nur noch bis in den Raum Beelitz–Ferch südlich von Potsdam vordringen und dort am 29. April die Reste der Armee Busses aufnehmen, die sich mit zahlreichen Flüchtlingen zu ihm durchgeschlagen hatten. Beide Armeen zogen sich an die Elbe östlich von Stendal zurück und gingen nach Verhandlungen mit den Amerikanern ab 4. Mai über den Fluß in Kriegsgefangenschaft. Nördlich von Berlin verfolgte auch Heinrici das Ziel, seine restliche Heeresgruppe vor den Angriffen Rokossowskis möglichst geschlossen an die untere Elbe zurücknehmen, die Montgomery im Einvernehmen mit den Sowjets am 29. April bei Lauenburg überquerte, um gegen die Lübecker Bucht und bis zur Linie Wismar–Schwerin vorzugehen. Da Heinrici den weiterhin geforderten Angriff zur »Befreiung« Berlins für sinnlos und undurchführbar hielt, setzte ihn Keitel am 29. April ab, konnte aber dadurch nicht verhindern, daß die Reste der Heeresgruppe weiter zurückwichen und Anfang Mai in westliche Kriegsgefangenschaft gingen.

Um die zentrale Führung für alle Fronten aufrechtzuerhalten, hatten das OKW und sein Chef Keitel Berlin kurz vor der Einschließung verlassen und sich etappenweise in das Hauptquartier von Großadmiral Dönitz nach Plön in Schleswig-Holstein begeben, den Hitler zum Oberbefehlshaber im Nordraum ernannt hatte, während der Südraum von Feldmarschall Kesselring befehligt wurde. Anders als die militärische zeigte die politische Führung des Reichs mit Hitlers Einschließung in Berlin zunehmend Verfallserscheinungen. Als Reichsmarschall Göring am 23. April vom Obersalzberg aus in einem Funkspruch von Hitler die Übertragung der Führung des Reichs gemäß dem Stellvertreter-Erlaß vom 29. Juni 1941 mit allen (Verhandlungs-) Vollmachten erbat – falls er bis zu einer gesetzten Frist keine Antwort erhalte, werde er Hitler als seiner Handlungsfreiheit beraubt und die Übertragung als wirksam ansehen –, enthob ihn der über dieses »Ultimatum« erboste Hitler sämtlicher Ämter und ließ ihn durch die SS festsetzen. Am 24. April bot Himmler, der sich auf Grund seiner Macht- und Ämterhäufung für den natürlichen Nachfolger Hitlers und seine SS für einen unentbehrlichen »Ordnungsfaktor im mitteleuropäischen Raum«[24] hielt, den Westmächten über den Vizepräsidenten des Schwedischen Roten Kreuzes, Graf Bernadotte, die einseitige Kapitulation an der Westfront an, um ihnen ein rasches Vorrücken nach Osten zu ermöglichen. Wie Göring wurde auch er von Hitler wegen Treulosigkeit aus der Partei und aus allen Ämtern ausgestoßen. Die durch Himmlers Schritt ausgelöste abermalige Erklärung der Alliierten vom 28. April, daß nur eine gleichzeitige bedingungslose Kapitulation gegenüber allen drei Großmächten angenommen werde, zerstörte Hitlers Illusion von der Entzweiung der Feindmächte auf deutschem Boden endgültig: Hatte der plötzliche Tod Roosevelts am 12. April in dieser Hinsicht nochmals Hoffnungen erweckt und Goebbels in seiner Rundfunkrede zu Hitlers sechsundfünfzigstem Geburtstag am 20. April 1945 zu der Prophezeiung veranlaßt, daß »die perverse Koalition zwischen Plutokratie und Bolschewismus« zerbrechen werde[25], so gab Hitler nunmehr auf. Am 29. April diktierte er sein privates und sein politisches Testament, in dem er Dönitz zum Reichspräsidenten und Oberbefehlshaber der Wehrmacht, Goebbels zum Reichskanzler und die Mitglieder einer neuen Regierung bestimmte, die »den Krieg mit allen Mitteln weiter fortzusetzen« hatte[26]. Als feststand, daß die Sowjets trotz der verzweifelten Gegenwehr der Verteidiger von Berlin unter General Weidling in erbittertem Häuser- und Straßenkampf den Bunker der Reichskanzlei am nächsten Tag erreichen würden, nahm sich Hitler am Nachmittag des 30. April das Leben. Er überlebte damit seinen Bundesgenossen Mussolini, der beim Fluchtversuch in die Schweiz am Comer See von italienischen Partisanen verhaftet und erschossen wurde, um zwei Tage. Als am 1. Mai der Versuch Goebbels' mißlang, einen separaten Waffenstillstand mit den Sowjets herbeizuführen, schied auch er mit seiner Familie aus dem Leben. Am nächsten Tag kapitulierte die Besatzung der Reichshauptstadt.

Ziel der »geschäftsführenden Reichsregierung« – die im Auf-

[24] So noch bei seinen Unterredungen mit Dönitz in den ersten Maitagen 1945, vgl. W. Lüdde-Neurath, Regierung Dönitz. Die letzten Tage des Dritten Reiches. Göttingen 1964, S. 90.

[25] Vgl. Rundfunkansprache von Reichsminister Dr. Goebbels v. 19. 4. 1945, wiedergegeben in: Völkischer Beobachter, Münchener Ausgabe v. 20. 4. 1945, S. 1 f.

[26] Vgl. Hitlers politisches Testament v. 29. 4. 1945, in: Kriegstagebuch des Oberkommandos der Wehrmacht, Bd. 4 S. 1666 ff. (S. auch Dok. 12, S. 254 f.).

trag von Dönitz unter dem konservativ gesinnten bisherigen Reichsfinanzminister Graf Schwerin v. Krosigk gebildet wurde und sich in Mürwik bei Flensburg niederließ – war es, Zeit zu gewinnen, um möglichst viele Wehrmachtsangehörige und Flüchtlinge dem sowjetischen Zugriff zu entziehen. Dieses Ziel suchte sie durch Teilkapitulationen gegenüber den westalliierten Streitkräften zu erreichen: Hatte die deutsche Heeresgruppe C in Norditalien am 29. April schon von sich aus kapituliert, so wurde der Heeresgruppe G in den Nordalpen gestattet, sich durch Verhandlungen, die im Auftrage Kesselrings am 5. Mai in Haar bei München stattfanden, den Amerikanern zu übergeben. Am 3. Mai leitete Dönitz die Teilkapitulation in Nordwestdeutschland ein, die jedoch auf Forderung Montgomerys auch auf die »Festung Holland« und auf Dänemark ausgedehnt werden mußte. Am 4. Mai unterzeichnete Generaladmiral v. Friedeburg in Montgomerys Hauptquartier in der Lüneburger Heide für diese Gebiete den Waffenstillstand, der am nächsten Morgen in Kraft trat. Zwar hatten die Alliierten die geschlossene Überführung gegenwärtig noch gegen die Rote Armee kämpfender Verbände in westliche Kriegsgefangenschaft abgelehnt, jedoch den Übertritt einzelner Soldaten der Ostfront über die englischen und amerikanischen Linien gestattet. Als v. Friedeburg zu Eisenhowers Hauptquartier nach Reims flog, um weitere Teilkapitulationen zu erzielen, sah er sich der Forderung nach gleichzeitiger bedingungsloser Kapitulation an allen Fronten gegenüber. Auch der von Dönitz nach Reims entsandte Chef des Wehrmachtführungsstabes, Generaloberst Jodl, konnte nicht erreichen, daß nach Unterzeichnung einer Gesamtkapitulation wenigstens noch vier Tage lang Truppenbewegungen gestattet sein sollten, um möglichst viele Kräfte – vor allem auch über See aus Kurland und der Danziger Bucht – der sowjetischen Gefangenschaft zu entziehen. Um den Abbruch der Verhandlungen zu vermeiden, unterschrieb Jodl in den frühen Morgenstunden des 7. Mai unter Teilnahme eines sowjetischen Vertreters in Reims die Gesamtkapitulation, die am 8. Mai um 23.01 Uhr in Kraft trat: die knapp zweitägige Frist war lediglich mit Rücksicht auf das plausible Argument gewährt worden, daß sie angesichts der zerstörten Nachrichtenverbindungen für die Durchgabe des Kapitulationsbefehls erforderlich sei. Auf Wunsch der Sowjets wurde die Unterzeichnung am 9. Mai um 0.16 Uhr im sowjetischen Hauptquartier Berlin-Karlshorst durch Marschall Schukow und Eisenhowers

Stabschef Generalleutnant Bedell Smith wiederholt; auf deutscher Seite unterschrieben OKW-Chef Keitel, v. Friedeburg als Oberbefehlshaber der Kriegsmarine und Generaloberst Stumpff in Vertretung des verwundeten Oberbefehlshabers der Luftwaffe (seit 25. April anstelle Görings Feldmarschall Ritter von Greim).

Durch Dönitz' Politik der schrittweisen Kapitulation gelang es der Heeresgruppe Süd in Österreich – wie vorher schon der Heeresgruppe Weichsel und der »Armee Wenck« an der Elbe – mit dem Gros ihrer Kräfte die Linien der Amerikaner zu erreichen und sich ihnen gefangen zu geben. Von der Heeresgruppe Mitte unter Feldmarschall Schörner, die sich an ihrer natürlichen Verteidigungsstellung in den Sudeten sowie in Böhmen und Mähren noch am 6. Mai dem konzentrischen Angriff dreier sowjetischer »Fronten« gegenübersah, gelang es jedoch nur 200000 Soldaten, sich hinter die amerikanische Demarkationslinie zu retten: Rund eine Million Mann gerieten in sowjetische Hand, da nach Inkrafttreten der Kapitulationsbestimmungen ein Übertritt nach dem Westen untersagt wurde. Auch für 150000 Mann der Heeresgruppe E in Nordjugoslawien war die verbliebene Frist für den Rückzug nach Österreich und zu den von Italien her in Kärnten vorrückenden Engländern zu kurz: sie gerieten in die Gefangenschaft der Tito-Partisanen, die ein Drittel von ihnen nicht überlebte. Die abgeschnittene Heeresgruppe Kurland ergab sich der Roten Armee mit rund 200000, die »Armee Ostpreußen« an der Frischen Nehrung mit 150000 Mann. Insgesamt konnten von den 3,34 Millionen an der Ostfront stehenden Soldaten 1,85 Millionen in westliche Gefangenschaft gehen.

In der Zuordnung einer alliierten Kontrollkommission am 11. Mai – der sechs Tage später sowjetische Offiziere beitraten – glaubte die Regierung Dönitz ihre Anerkennung durch die Siegermächte auch für die Zeit nach der Kapitulation zu sehen. Während sie sich daher der Illusion hingab, immer noch »als ein europäischer Faktor« wirken und die »Russen gegen Anglo-Amerikaner ausspielen« zu können[27], war ihr Schicksal schon nach wenigen Tagen besiegelt: Auf Drängen Moskaus, das die

[27] Vgl. Tagesmeldung der Informationsabteilung der Reichsregierung v. 12. 5. 1945 und politische Ausführungen Jodls (seit der Verhaftung Keitels am 13. 5. mit der Wahrnehmung der Geschäfte des Chefs OKW beauftragt) bei der Lagebesprechung am 15. 5. 1945, in: Kriegstagebuch des Oberkommandos der Wehrmacht, Bd. 4, S. 1501.

Beseitigung der »militaristisch-faschistischen Dönitz-Clique« forderte, und der Amerikaner wurde die Regierung Dönitz am 23. Mai 1945 für aufgelöst erklärt und samt dem OKW von den Engländern unter entwürdigenden Umständen in Kriegsgefangenschaft abgeführt. Damit war die zentrale deutsche Regierung beseitigt und die Regierungsgewalt Deutschlands in die Hände der Siegermächte übergegangen. Mit der Ausschaltung des nationalsozialistischen Regimes und des nach Vorherrschaft strebenden Deutschland als Machtfaktor begann aber auch das Zweckbündnis der Sieger zu zerbrechen und sich anstelle des europäischen Vorkriegsgleichgewichts eine Teilung Europas in zwei Interessensphären unter den rivalisierenden Supermächten USA und Sowjetunion abzuzeichnen.

Vom Kriegsende in Europa bis zum Kriegsende in Ostasien 1945

Alliierte Besatzungspolitik in Deutschland und Probleme der Friedensregelung

Nach der Beseitigung der Regierung Dönitz übernahmen die Siegermächte durch eine gemeinsame Erklärung der alliierten Oberbefehlshaber vom 5. Juni 1945 die oberste Regierungsgewalt in Deutschland. Über die Errichtung eines gemeinsamen Kontrollrates in Berlin, die Abgrenzung der Besatzungszonen und eine Beteiligung der Franzosen an dem – grundsätzlich als vorübergehend angesehenen – Besatzungsregime hatten sich die drei Großmächte bereits auf der Konferenz von Jalta im Februar 1945 geeinigt. In den ersten Julitagen wurden die mecklenburgischen, brandenburgischen, sächsischen und thüringischen Gebiete der vereinbarten sowjetischen Besatzungszone von den Westalliierten geräumt und die vorgesehenen Sektoren in Berlin von ihnen bezogen. Der Alliierte Kontrollrat, der für alle Angelegenheiten zuständig war, die Deutschland als Ganzes betrafen, nahm Ende Juli seine Arbeit auf. Da er nur einstimmig beschließen konnte, blieb die eigentliche Besatzungsgewalt bei den vier Oberbefehlshabern der Besatzungsstreitkräfte, die jeweils in ihrer Zone die oberste Gewalt ausübten.

Von den 1943 in Teheran erörterten Plänen einer Aufteilung Deutschlands in mehrere Staaten waren die Siegermächte in den letzten Monaten vor Kriegsende aus unterschiedlichen Motiven abgerückt: Angesichts der sich deutlich abzeichnenden sowjetischen Politik der vollendeten Tatsachen bei der Sowjetisierung

Ost- und Südosteuropas hielten die Westmächte eine zu intensive Schwächung Mitteleuropas für unklug. Andererseits sah Stalin in der gemeinsamen Kontrolle über ein ungeteiltes Deutschland die Chance, unter Förderung der deutschen Kommunisten den sowjetischen Einfluß bis zum Rhein auszudehnen.

Herrschte hinsichtlich der Grenzen eines zukünftigen deutschen Staates unter den Alliierten Einvernehmen darüber, daß alle von Deutschland seit 1937 vollzogenen Annexionen rückgängig gemacht werden sollten, so war die Frage der deutschen Ostgrenze nicht endgültig entschieden. In Jalta hatten die Westmächte der neuen polnisch-sowjetischen Grenze entlang der Linie, die 1920 der britische Außenminsier Curzon vorgeschlagen hatte – und damit der sowjetischen Annexion Ostpolens mit überwiegend weißrussischer und ukrainischer Bevölkerung – zugestimmt. Dafür sollte Polen »einen beträchtlichen territorialen Zuwachs erhalten«, wobei an die Gebiete östlich der Oder und der östlichen (Glatzer) Neiße mit Ausnahme des nördlichen Ostpreußen mit Königsberg gedacht war, das die Sowjets für sich beanspruchten. Jedoch sollte »die endgültige Festlegung der Westgrenze Polens der Friedenskonferenz vorbehalten« bleiben[28].

Auf dem für Mitte Juni im Berliner Raum vorgesehenen Gipfeltreffen der drei Siegermächte harrte neben diesem Problem unter anderem auch die strittige Frage der von Deutschland zu leistenden Reparationen einer Lösung, für die die Sowjets in Jalta eine Gesamtsumme von 20 Milliarden Dollar festgesetzt sehen wollten, von denen die Hälfte ihnen zustehen sollte. Die Westmächte hatten die Festsetzung einer fixen Summe verweigert, da sie befürchteten, bei mangelnder deutscher Leistungsfähigkeit einer Verelendung – und damit einer politischen Radikalisierung – Deutschlands durch eigene Wirtschaftshilfe entgegenwirken, d.h. die Reparationen praktisch finanzieren zu müssen.

An der letzten Kriegskonferenz der Großen Drei, die vom 7. Juli bis 2. August 1945 in Potsdam stattfand, nahmen anstelle des Mitte April verstorbenen Roosevelt Präsident Truman sowie sein neuer Außenminister Byrnes teil, die auf außenpoliti-

[28] Vgl. Amtliches Kommuniqué über die Krim-Konferenz v. 11. 2. 1945. In: Die Konferenzen von Malta und Jalta. Department of State, USA. Dokumente vom 17. Juli 1944 bis 3. Juni 1945, deutsche Ausgabe Düsseldorf 1956, S. 895ff.

schem Gebiet Neulinge waren. Als Nachteil für die Westmächte wirkte sich ferner aus, daß Churchill nach den Unterhauswahlen in England seinen Konferenzsitz am 28. Juli an Premierminister Attlee abtreten mußte, der als neuen Außenminister Bevin mitbrachte. Churchill stellte sich den Forderungen der Sowjets und der trotz Aufnahme einiger Exilpolen unter kommunistischem Einfluß stehenden polnischen Regierung Osóbka-Morawski auf eine Ausdehnung Polens bis zur westlichen (Görlitzer) Neiße, d.h. einer zusätzlichen Inbesitznahme fast ganz Schlesiens einschließlich Breslaus entgegen, da die Abtretung so umfangreicher landwirtschaftlicher Gebiete die Ernährungslage auch in den westlichen Besatzungszonen erschwerte, die Vertreibung zusätzlicher Millionen Deutscher in den Westen und eine Schmälerung der Gesamtbasis für die Aufbringung der geforderten Reparationen bedeutete. Auf Vorschlag von Byrnes kam schließlich ein Kompromiß zustande: Die Gebiete östlich der Oder und Neiße, die die Sowjets im März ohnehin schon eigenmächtig in polnische Verwaltung gegeben hatten, sollten zunächst dort verbleiben und »in dieser Hinsicht nicht als Teil der sowjetischen Besatzungszone in Deutschland betrachtet werden«, nichtsdestoweniger sollte aber »die endgültige Festsetzung der Westgrenze Polens bis zur Friedenskonferenz zurückgestellt werden«[29]. Für dieses Zugeständnis erklärten sich die Sowjets damit einverstanden, daß sie die Reparationsansprüche Polens von ihrem eigenen Anteil abzweigten und ihre Reparationsansprüche aus der sowjetischen Besatzungszone befriedigt wurden, die Ansprüche der Westmächte aus den westlichen Zonen. Zusätzlich sollte die stark geschädigte Sowjetunion einen Anteil von der industriellen Ausrüstung der Westzonen erhalten[30]. Obwohl sich die Siegermächte in Potsdam darauf einigten, Deutschland weiterhin als eine wirtschaftliche Einheit zu behandeln und dafür gemeinsame Richtli-

[29] Vgl. Amtliche Verlautbarung über die Berliner Konferenz der drei Mächte v. 2. 8. 1945. In: Amtsblatt des Kontrollrats in Deutschland, Ergänzungsblatt Nr. 1, S. 13ff. Sie stellt eine Kurzfassung des Protokolls dar, in dem die Beschlüsse der Konferenz zusammengefaßt wurden, vgl. Protocol of Proceedings of the Berlin Conference, Berlin, 1. August 1945. In: Foreign Relations of the United States Diplomatic Papers. The Conference of Berlin 1945. Washington 1960. Bd. 2, S. 1478ff.

[30] Für Einzelheiten der in Potsdam behandelten Deutschlandprobleme sei verwiesen auf den Band von W. Benz in der vorliegenden Reihe: Potsdam 1945. Besatzungsherrschaft und Neuaufbau im Vier-Zonen-Deutschland. München 1986 (dtv 4522).

nien für die Erzeugung und Verteilung der wichtigsten Güter aufzustellen, wirkte diese Aufteilung in Gebiete mit unterschiedlicher Reparationspolitik der wirtschaftlichen und schließlich auch der politischen Einheit Deutschlands entgegen.

Die gemeinsamen politischen Grundsätze, die die drei Mächte für die Behandlung Deutschlands aufstellten, sahen neben der Beseitigung militaristischer und nazistischer Einflüsse sowie der gerichtlichen Bestrafung der Kriegs- und NS-Verbrecher den Aufbau einer demokratischen Selbstverwaltung vor. Diese Grundsätze garantierten jedoch keine einheitliche Politik gegenüber Deutschland, da die Oberbefehlshaber die gegensätzlichen Interessen der Mächte in ihren jeweiligen Besatzungszonen ungehindert durchsetzen konnten. Die in Potsdam gefundenen Kompromißformeln und Zwischenlösungen sollten – je mehr Zeit verstrich – ihr Eigengewicht bekommen und die Entwicklung in Richtung auf die ursprünglich nicht vorgesehene Teilung Deutschlands vorantreiben, mit der die Siegermächte das gemeinsam besiegte Land im aufkeimenden Ost-West-Konflikt ihren jeweiligen Interessen dienstbar zu machen trachteten.

Wie hinsichtlich Deutschlands, zeichnete sich nach Kriegsende auch für den europäischen Kontinent eine verhängnisvolle Teilung in zwei rivalisierende Interessensphären ab. In den letzten Monaten des Krieges suchten die Sowjets wie in Polen auch in den anderen von ihnen besetzten Ländern Ost- und Südosteuropas kommunistische oder kommunistisch beherrschte Regierungen zu errichten und diese Region dadurch auf Dauer zu einem abhängigen Vorfeld der Sowjetunion zu machen. Um diesem Ziel entgegenzuwirken, das die Grenzen der vertretbaren Sicherheitspolitik einer Großmacht bei weitem überschritt, hatte Roosevelt in Jalta Stalin die Zustimmung zu der vom amerikanischen Außenministerium formulierten »Erklärung über das befreite Europa« abgerungen, die die Mitverantwortung der Westmächte für die künftige politische Gestaltung Ost- und Südosteuropas sichern sollte: Danach verpflichteten sich die drei Mächte zusammenzuwirken, um in allen befreiten Ländern und ehemaligen Satellitenstaaten der Achsenmächte »einstweilige Regierungsbehörden zu bilden, in denen alle demokratischen Elemente der Bevölkerung weitgehend vertreten sind und die zur baldmöglichsten Einsetzung von frei gewählten und dem Willen des Volkes entsprechenden Regierungen verpflichtet sind«[31]. Daß sich die sowjetische Politik in Osteu-

[31] Vgl. Amtliches Kommuniqué über die Krim-Konferenz v. 11. 2. 1945.

ropa durch diese Vereinbarung nicht binden ließ, zeigte sich bereits rund zwei Wochen später, als die Sowjets in Bukarest – unter Übergehung der aufgrund des Waffenstillstandsabkommens gebildeten gemeinsamen Kontrollkommission für Rumänien – ultimativ die Ersetzung des Kabinetts Radescu durch eine moskauhörige Regierung unter Groza durchsetzten, der die Westmächte die Anerkennung verweigerten. Auch in Bulgarien und Ungarn bestanden die von westlicher Seite nicht anerkannten Regierungen unter den Ministerpräsidenten Georgieff und Miklós weiter, ohne daß die dortigen Vertreter der Westmächte über die inneren Vorgänge ausreichend informiert wurden und westliche Presseleute freien Zugang und die Möglichkeit unzensierter Berichterstattung erhielten: Treffend sprach Churchill in einem Telegramm an Truman am 12. Mai erstmals vom »eisernen Vorhang«, der in Europa vor der Front der Roten Armee niedergegangen sei[32].

Auf der Potsdamer Konferenz versuchten die Westmächte vergeblich, Moskau zur Einhaltung der Jalta-Erklärung über das befreite Europa zu bewegen: Wie in Italien und Griechenland sollten auch in Ungarn, Rumänien und Bulgarien freie Wahlen abgehalten und durch alliierte Kommissionen beobachtet werden. Stalin behauptete, daß die gegenwärtigen Regierungen in diesen Ländern dem Volkswillen bereits entsprächen und folglich jede Wahlkontrolle eine Einmischung in ihre inneren Angelegenheiten darstelle; er forderte vielmehr ihre Anerkennung durch die Westmächte. Diese erklärten sich zwar bereit, durch den Rat der Außenminister der Großmächte wie für alle ehemaligen Feindstaaten auch für die drei genannten Staaten Friedensverträge ausarbeiten zu lassen, aber die Anerkennung ihrer Regierungen und Friedensabschlüsse mit ihnen würden erst erfolgen, wenn diese Regierungen die politischen Auffassungen ihrer Völker repräsentierten. Das gewöhnlich als »Potsdamer Abkommen« bezeichnete Kommuniqué erinnerte auch nochmals an die in Potsdam ausdrücklich erneuerte Zusage der Vertreter – der von den Westmächten bereits anerkannten – polnischen Regierung für die Abhaltung freien Wahlen und daran, daß hier wie in den anderen sowjetisch besetzten Ländern »Vertreter der alliierten Presse volle Freiheit genießen«[33]

[32] W. S. Churchill, Der Zweite Weltkrieg, Bd. 6/2. Stuttgart 1954, S. 261 ff.

[33] Vgl. Amtliche Verlautbarung über die Berliner Konferenz der drei Mächte v. 2. 8. 1945.

sollten. Diese Erklärungen vermochten die schrittweise Sowjetisierung der osteuropäischen Länder nicht zu verhindern.

Dagegen konnte in Potsdam der Versuch der Sowjets vereitelt werden, ihre Einflußsphäre in Richtung auf das Mittelmeer und den Persischen Golf vorzuschieben. Ihre im Juni 1945 gegenüber der Türkei angemeldeten Forderungen, die bis 1921 zur Sowjetunion gehörenden türkischen Provinzen Kars und Ardahan sowie militärische Stützpunkte an den türkischen Meerengen abgetreten zu bekommen, mußten sie angesichts des Widerstands der westlichen Verhandlungspartner aufgeben. Auch der von Moskau geäußerte Wunsch, über ehemalige italienische Kolonien – vermutlich Libyen – die in der Charta der Vereinten Nationen vorgesehene Treuhandschaft zu übernehmen und an der wieder eingerichteten internationalen Kontrolle der Tanger-Zone beteiligt zu werden, wurde in Potsdam abgeblockt. Schließlich mußten sich die Sowjets auch bereit erklären, der bisher ignorierten Aufforderung der iranischen Regierung auf Räumung des 1941 gemeinsam mit den Briten besetzten Iran nachzukommen; sie verwirklichten diese Zusage jedoch erst 1946. Daß die Sowjets ihre Bestrebungen in allen Regionen nicht durchsetzen konnten, die im Machtbereich der Westmächte lagen, unterstreicht die Tatsache, daß die Ergebnisse der Potsdamer Konferenz einen Kompromiß auf der Grundlage der Machtverteilung zum Kriegsende in Europa darstellten. Die in den Vordergrund tretenden gegensätzlichen Interessen verhinderten die Errichtung einer gemeinsamen stabilen Friedensordnung und beschworen eine internationale Situation herauf, die schließlich den Charakter eines »kalten Krieges« annehmen sollte.

Der Weg zur Kapitulation Japans

Roosevelt war eher geneigt gewesen als Churchill, den sowjetischen Sicherheitsbedürfnissen und Wünschen entgegenzukommen, und zwar nicht nur, um den Sowjets das Mißtrauen gegen ihre »kapitalistische Umwelt« zu nehmen und sie für die Mitarbeit an einer stabilen Nachkriegsordnung zu gewinnen, sondern aus einem weiteren, ebenso wichtigen Grund: um eine aktive Beteiligung der Sowjetunion am Ostasienkrieg zu erreichen. Dem sowjetischen Kriegseintritt gegen Japan maßen die amerikanischen Militärs außerordentlich große Bedeutung bei, um diesen Krieg abzukürzen und die amerikanischen Verluste möglichst gering zu halten.

Nachdem Stalin bereits Ende 1943 auf der Konferenz von Teheran seine Bereitschaft angedeutet hatte, nach dem Kriegsende in Europa in Ostasien einzugreifen, konnte ihn Roosevelt in Jalta durch ein Geheimabkommen vom 11. Februar 1945 darauf festlegen, zwei oder drei Monate nach der Kapitulation Deutschlands militärisch gegen Japan vorzugehen. Der an die Sowjets gezahlte Preis war hoch: sie sollten Südsachalin, den Pachthafen Port Arthur und gewisse Vorrechte im internationalisierten Hafen von Dairen bekommen sowie die ostchinesische und die südmandschurische Eisenbahn zu diesen Häfen durch eine gemeinsame chinesisch-sowjetische Gesellschaft betreiben dürfen, wobei jedoch die volle Souveränität Chinas über die von Japan zurückgewonnene Mandschurei unangetastet bleiben sollte. Über diese Territorien und Rechte hinaus, die die Zarenregierung 1905 nach dem russisch-japanischen Krieg hatte abtreten müssen, bekam die Sowjetunion die japanischen Kurilen und die Versicherung zugesprochen, daß der autonome Status der Äußeren Mongolei (Mongolische Volksrepublik) gewahrt bleiben sollte. Wegen der Geheimhaltung des künftigen sowjetischen Kriegseintritts konnten diese Bedingungen der chinesischen Regierung erst Mitte Juni 1945 von Präsident Truman mitgeteilt und von ihr mit den Sowjets schließlich am 14. August – als sich die Rote Armee bereits in der Mandschurei und den beiden angrenzenden nordchinesischen Provinzen gegen die Japaner auf dem Vormarsch befand – bei gleichzeitigem Abschluß eines Freundschaftspaktes vertraglich geregelt werden.

Nach der deutschen Kapitulation waren die Amerikaner stark daran interessiert, daß die Sowjets ihre in Jalta eingegangene Verpflichtung einhielten, da immerhin die Möglichkeit bestand, daß sich Moskau die zugestandenen Vorteile – mit Ausnahme vielleicht der Kurilen – von Japan durch ein Stillhalteversprechen erpreßte oder sich die Gebiete beim Zusammenbruch Japans einfach aneignete, ohne sich militärisch an der Niederwerfung dieses Landes zu beteiligen. Sie waren daher erleichtert, als Stalin Ende Mai seine Zusage gegenüber dem nach Moskau gesandten Sonderbotschafter Harry Hopkins bekräftigte. Das amerikanische Interesse am sowjetischen Eingreifen wurde auch durch die Tatsache nicht abgeschwächt, daß Truman am Vortage der Eröffnung der Potsdamer Konferenz über die gelungene Versuchsexplosion einer Atombombe in New Mexico unterrichtet wurde und in Kürze mit dem Einsatz dieser Waffe gegen Japan gerechnet werden konnte. Deshalb waren die Amerikaner in Potsdam darauf bedacht, in den europäischen Fragen einen Kompromiß zu erzielen. Stalin wurde auf der Konferenz zwar von der Existenz der Bombe informiert, aber als diplomatisches Druckmittel gegen die Sowjets wurde sie von den Westmächten nicht benutzt.

In Potsdam, wo nunmehr Vereinbarungen über Kooperation und Abgrenzung der gemeinsamen militärischen Operationen gegen Japan getroffen wurden, unterrichtete Stalin seine westlichen Gesprächspartner davon, daß die Japaner an Moskau um Vermittlung zur Beendigung des Krieges herangetreten seien, aber keine konkreten Vorschläge vorgebracht hätten. Am 26. Juli richteten die gegen Japan kriegführenden Großmächte USA, England und China mit der »Potsdamer Deklaration« an ihren Gegner die ultimative Aufforderung zur sofortigen bedingungslosen Kapitulation seiner Streitkräfte, sonst werde Japan »prompt and utter destruction« (sofortige und vollständige Zerstörung) erfahren[34]. Bei einer Kapitulation werde Japan künftig zwar – wie es die drei Mächte schon in der »Deklaration von Kairo« vom 1. Dezember 1943 als Kriegsziel proklamiert hatten – auf seine Stamminseln beschränkt, aber nicht versklavt werden: Es sollte nur so lange besetzt bleiben, bis der Militarismus ausgeschaltet, die Kriegsverbrecher zur Verantwortung gezogen und eine demokratische Ordnung aufgerichtet sei; auch wirtschaftlich sollte es durch die Beibehaltung einer Friedensindustrie, Zugang zu Rohstoffen und Teilnahme am Welthandel ausreichende Lebensgrundlagen erhalten. Die Potsdamer Deklaration, der sich die Sowjetunion am Tage ihres Kriegseintritts im August anschloß, wurde bereits am 28. Juli vom japanischen Ministerpräsidenten Suzuki in einer Presseerklärung abgelehnt: Noch glaubten die Japaner, daß sich die Androhung einer »vollständigen Zerstörung« auf die Angriffe zur Luft und zur See zur Vorbereitung einer Invasion bezog, nach deren erhofften Abwehr sie einen Kompromißfrieden zu erlangen glaubten.

In Ostasien hatte sich die Wende von der Serie erfolgreicher Blitzfeldzüge des Aggressors zu seiner Zurückdrängung und Niederwerfung im totalen Krieg ungefähr im selben Zeitraum

[34] Proclamation by the Heads of Governments, United States, China and the United Kingdom. Potsdam, 26. Juli 1945. In: Foreign relations of the United States. Diplomatic papers. The conference of Berlin 1945. Washington 1960, Bd. 2, S. 1474 ff.

1942/43 vollzogen wie in Europa. Nach dem Überfall auf Pearl Harbor hatten die Japaner bis Mai 1942 in gestaffelten Operationen zunächst fast alle westlichen Kolonialgebiete in Südostasien in ihre Hand gebracht. Die entscheidende Wende stellte die See-Luft-Schlacht bei Midway im Juni 1942 dar: sie verhinderte die Landung der Japaner auf diesen Inseln und beraubte sie durch den Verlust ihrer modernen Flugzeugträgerflotte und ihrer Fliegerelite der bisherigen Überlegenheit zur See, die sie im Rüstungswettlauf mit den USA nicht mehr zurückgewinnen konnten. Mit der amerikanischen Landung auf der Salomonen-Insel Guadalcanal am 7. August 1942 begann das »Inselspringen« der Amerikaner, das gegen den erbitterten Widerstand der Japaner bis Frühsommer 1945 zur Eroberung der Philippinen sowie der vorgeschobenen Insel-Stützpunkte Iwojima und Okinawa führte. Sie ermöglichte eine zunehmene Seeblockade des japanischen Mutterlandes und die Bombardierung seiner Industriestädte und Häfen durch die neuen amerikanischen »Superfestungen« vom Typ B 29.

Im Juni 1945 waren die amerikanischen Militärs zu der Überzeugung gelangt, daß die Japaner – ebensowenig wie vorher die Deutschen – durch diese Maßnahmen nicht in die Knie gezwungen werden könnten und daher die militärische Besetzung der japanischen Inseln unvermeidlich sein werde: die Landung auf der südlichen Insel Kyushu (Operation »Olympic«) wurde für den 1. November 1945 vorbereitet; ihr sollte am 1. März 1946 eine noch umfangreichere Invasion auf der Hauptinsel Honshu im Raum Tokio (Operation »Coronet«) folgen. Nach dem hohen Blutzoll, den die Eroberung der beiden Inseln Iwojima (20000 Mann, davon fast 7000 Tote und Vermißte) und Okinawa (42000 Mann, davon 12500 Tote und Vermißte) gekostet hatte, rechneten die amerikanischen Militärs – angesichts der japanischen Mentalität und der gebirgigen Beschaffenheit des Landes – mit außerordentlich hohen Verlusten: Stabschef Marshall schätzte sie auf 500000 Mann. Vor allem die seit Oktober 1944 aufgetretenen Massenangriffe von Kamikazefliegern, die sich mit ihren bombenbeladenen Maschinen auf die amerikanischen Schiffe stürzten, hatten sich als eine furchtbare Waffe erwiesen. Nach dem erfolgreichen Atombombentest im Juli entschied sich daher die amerikanische Führung für den Einsatz der Bombe gegen Japan in der Erwartung, daß dieser Schock und der Kriegseintritt der Sowjets die Invasion überflüssig machen würden. Nach der negativen Reaktion der japanischen

Regierung auf die ultimative Potsdamer Erklärung vom 26. Juli wurde die erste Atombombe am 6. August über Hiroshima abgeworfen: in der fast völlig zerstörten Stadt kamen 92000 Menschen um, 37000 wurden verwundet und 170000 obdachlos. Am 9. August erfolgte die Kriegserklärung Moskaus an Japan, die vom sofortigen Einmarsch in die Mandschurei und drei Tage später auch in Korea begleitet war, sowie der Abwurf der zweiten vorläufig verfügbaren Atombombe auf Nagasaki, die 40000 Todesopfer und 60000 Verletzte forderte.

Im japanischen Kabinett des Admirals Suzuki traten Außenminister Togo und Marineminister Yonai nunmehr für die sofortige Annahme der Potsdamer Deklaration ein – unter dem einzigen Vorbehalt, daß die Institution des Gott-Kaisers nicht angetastet werden dürfe. Demgegenüber forderten Kriegsminister Anami und die beiden Stabschefs von Marine und Heer die Fortsetzung des Kampfes, falls nicht drei weitere Bedingungen erfüllt würden: Japan dürfe nicht besetzt werden und die Demobilisierung der Streitkräfte sowie die Aburteilung von Kriegsverbrechern müsse in eigener Verantwortung erfolgen. Den Ausschlag gab die in der Nacht zum 10. August durch Ministerpräsident Suzuki – entgegen dem ungeschriebenen Gesetz der japanischen Verfassung – erbetene Entscheidung Kaiser Hirohitos, der sich für die Annahme der Potsdamer Erklärung unter der Voraussetzung aussprach, daß sie »keine Forderung enthält, die die Prärogative Seiner Majestät als eines souveränen Herrschers präjudiziert«[35]. Die von Byrnes formulierte Antwort der Alliierten stellte jedoch klar, daß auch die Autorität des Kaisers vom Moment der Kapitulation an dem Alliierten Oberbefehlshaber unterworfen sein müsse, um die Kapitulationsbestimmungen durchzuführen, und daß die endgültige Regierungsform Japans gemäß der Potsdamer Deklaration durch den frei geäußerten Willen des japanischen Volkes bestimmt werden würde. Da die Militärs die Erhaltung der Monarchie durch die amerikanische Antwort nicht als gesichert ansahen, mußte Hirohito abermals selbst zugunsten der Kapitulation entscheiden. Eine Revolte fanatischer Offiziere, die gegen die friedensbereiten »Verräter« im Kabinett vorgehen wollten, in Flugblättern zum Kampf bis zum Äußersten aufriefen und sich

[35] Vgl. Botschaft des japanischen Außenministers an die Regierungen der USA, Großbritanniens, der UdSSR und Chinas v. 10. 8. 1945, S. Togo, Japan im Zweiten Weltkrieg. Bonn 1958, S. 277.

der Tonaufnahme mit der Botschaft des Kaisers zu bemächtigen suchten, die zusammen mit dem kaiserlichen Kapitulationserlaß im Rundfunk gesendet werden sollte, wurde niedergeschlagen und konnte die Erklärung zur Annahme der Kapitulation am 15. August nicht mehr verhindern.

Die Ämter des zurückgetretenen Ministerpräsidenten Suzuki und des durch Selbstmord geendeten Kriegsministers Anami übernahm ein Verwandter des Kaisers, Prinz Higashikuni. Am 16. August befahl Hirohito den japanischen Streitkräften die Feuereinstellung, am 29. August trafen die ersten amerikanischen Luftlandetruppen in Japan ein, und am 2. September wurde auf dem Schlachtschiff ›Missouri‹ in der Bucht von Tokio die bedingungslose Kapitulation durch den neuen Außenminister Shigemitsu und Generalstabschef Umezu unterzeichnet, die die Japaner zur Übergabe der Streitkräfte, aller Waffen und Kriegsgefangenen sowie zur Durchführung der Bestimmungen der Potsdamer Deklaration verpflichtete. Als Oberster Alliierter Befehlshaber nahm General MacArthur die Kapitulation entgegen. Die sowjetische Forderung, Marschall Wassilewski zum gleichberechtigten zweiten Obersten Alliierten Befehlshaber zu ernennen, hatten die Amerikaner abgelehnt.

Mit der Zeremonie am 2. September 1945 fanden die Kampfhandlungen des Zweiten Weltkrieges, der die Menschheit 55 Millionen Tote kostete, offiziell ihren Abschluß. Wie in Europa hatte er auch in Ostasien die Machtverhältnisse verändert. Da die Amerikaner angesichts ihrer Erfahrungen in Europa eine sowjetische Beteiligung an der Besatzung des japanischen Mutterlandes abgelehnt hatten, blieb dem entmachteten Japan – im Gegensatz zu Deutschland – die Teilung erspart und der Weg in eine westliche Demokratie als einheitlicher Staat geöffnet. In Korea hingegen wurde die Demarkationslinie der Besatzungszonen am 38. Breitengrad im Zuge der weltpolitischen Polarisierung zur Teilungsgrenze zwischen zwei Staaten wie in Deutschland. Durch die Ohnmacht des vom Bürgerkrieg zerrütteten Kuomintang-China schien es zunächst, als werde der ostasiatische Kontinent unter die Vorherrschaft der Sowjetunion geraten, bis sich nach dem Sieg Mao Tse-tungs im Bürgerkrieg das kommunistische China zu einem eigenständigen, von Moskau unabhängigen Machtfaktor entwickelte. Auch soweit Ostasien im westlichen Einflußbereich verblieb, war die bloße Wiederherstellung der politischen Vorkriegsverhältnisse nicht mehr möglich. Die – wenn auch vorübergehende – japanische

Hegemonie hatte den Nimbus von der Überlegenheit der europäischen Kolonialmächte zerstört. Sowohl der Guerillakampf der nationalen Volksbewegung gegen die japanische Besatzungsherrschaft wie auch die von den Japanern einzelnen Völkern der »Großostasiatischen Wohlstandssphäre« gewährte Pseudo-Unabhängigkeit – 1943 für Burma und die Philippinen sowie 1945 für die indochinesischen Gebiete Annam (Vietnam), Kambodscha und Laos – hatten das Streben der ehemaligen Kolonien nach Selbständigkeit aktiviert, die sie in der Folge auch durchsetzen konnten.

1. Aus Hitlers Reichstagsrede zum Kriegsbeginn am 1. September 1939

In dieser Rede, in der Hitler bekanntgab, daß »seit 5 Uhr 45 zurückgeschossen« werde, verkündete er, daß der begonnene Krieg nur mit Sieg oder Tod – d.h. entweder mit der Durchsetzung der eigenen Kriegsziele oder mit seinem Tod und dem Untergang des deutschen Volkes –, niemals aber mit einer »Kapitulation« vor dem Willen des Gegners enden werde. In diesem Sinne war der Krieg von Anfang an »total«.

Quelle: Verhandlungen des Reichstags, Bd. 460: 3. Sitzung, Freitag, den 1. September 1939, S. 46 (Auszug).

Wenn ich diese Wehrmacht aufrief, und wenn ich nun vom deutschen Volk Opfer und, wenn notwendig, alle Opfer fordere, dann habe ich ein Recht dazu, denn auch ich selbst bin heute genau so bereit, wie ich es früher war, jedes persönliche Opfer zu bringen. Ich verlange von keinem deutschen Mann etwas anderes, als was ich selber über vier Jahre lang bereit war, jederzeit zu tun. Es soll keine Entbehrungen Deutscher geben, die ich nicht selber sofort übernehme. Mein ganzes Leben gehört von jetzt ab erst recht meinem Volke! Ich will jetzt nichts anderes sein als der erste Soldat des Deutschen Reiches.

Ich habe damit wieder jenen Rock angezogen, der mir selbst der heiligste und teuerste war. Ich werde ihn nur ausziehen nach dem Sieg, oder ich werde dieses Ende nicht erleben! ... Mein ganzes Leben war nichts anderes als ein einziger Kampf für mein Volk, für seine Wiederauferstehung, für Deutschland, und über diesem Kampf stand immer nur ein Bekenntnis: der Glaube an dieses Volk. Ein Wort habe ich nie kennengelernt, es heißt: Kapitulation ... Der Umwelt aber möchte ich versichern: Ein November 1918 wird sich niemals mehr in der deutschen Geschichte wiederholen!

So wie ich selber bereit bin, jederzeit mein Leben für mein Volk und für Deutschland einzusetzen, so verlange ich dasselbe auch von jedem anderen. Wer aber glaubt, sich diesem nationalen Gebot, sei es direkt oder indirekt, widersetzen zu können, der fällt! Verräter haben nichts mit uns zu tun! ... Wenn unser Wille so stark ist, daß keine Not ihn mehr zu zwingen vermag, dann wird unser Wille und unser deutscher Stahl auch die Not zerbrechen und besiegen. Deutschland–Sieg Heil!

2. Hitlers programmatische Ansprache vor den Oberbefehlshabern der Wehrmacht in der Reichskanzlei am 23. November 1939

Durch diese Ansprache suchte Hitler die Vertrauenskrise zu beseitigen, die nach dem Polenfeldzug zwischen ihm und der Generalität wegen seines Befehls entstanden war, noch im Herbst 1939 unter Bruch der holländischen, belgischen und luxemburgischen Neutralität im Westen anzugreifen. Hitler wollte die zögernden Generäle, die ein Steckenbleiben der ungenügend vorbereiteten Offensive befürchteten und darüber hinaus noch auf eine politische Verständigung mit den Westmächten hofften, von der Notwendigkeit seiner Entscheidung überzeugen. Dabei machte er ihnen unmißverständlich klar, daß ein Kompromißfriede mit den Westmächten nicht in Frage komme, da es sich um eine unausweichliche historische Auseinandersetzung handele.

Quelle: Der Prozeß gegen die Hauptkriegsverbrecher vor dem Internationalen Militärgerichtshof, Bd. 26, S. 327f. (Auszug).

Der Führer trägt Folgendes vor:

Zweck der Zusammenkunft ist es, Ihnen Einblick zu geben in die Gedankenwelt, die mich angesichts der bevorstehenden Ereignisse beherrscht, und Ihnen meine Entschlüsse zu sagen ...

Dann kam die Errichtung des Protektorats, und damit war die Grundlage für die Eroberung Polens gelegt, aber ich war mir zu dem Zeitpunkt noch nicht im klaren, ob ich erst gegen den Osten und dann gegen den Westen oder umgekehrt vorgehen sollte ...

Zwangsläufig kam es erst zum Kampf gegen Polen. Man wird mir vorwerfen: Kampf und wieder Kampf. Ich sehe im Kampf das Schicksal aller Wesen. Niemand kann dem Kampf entgehen, falls er nicht unterliegen will. Die steigende Volkszahl erforderte größeren Lebensraum. Mein Ziel war, ein vernünftiges Verhältnis zwischen Volkszahl und Volksraum herbeizuführen. Hier muß der Kampf einsetzen. Um die Lösung dieser Aufgabe kommt kein Volk herum, oder es muß verzichten und allmählich untergehen. Das lehrt die Geschichte ... Jede Hoffnung auf Kompromisse ist kindisch: Sieg oder Niederlage! Dabei geht es ... darum, wer künftig in Europa dominiert ... Ich habe das deutsche Volk zu großer Höhe geführt, wenn man uns auch jetzt in der Welt haßt. Dieses Werk setze ich auf das Spiel. Ich habe zu wählen zwischen Sieg oder Vernichtung. Ich wähle den Sieg ...

Mein Entschluß ist unabänderlich. Ich werde Frankreich und England angreifen zum günstigsten und schnellsten Zeitpunkt. Verletzung der Neutralität Belgiens und Hollands ist bedeutungslos. Kein Mensch fragt danach, wenn wir gesiegt haben ... Das Ganze bedeutet den Abschluß des [Ersten] Weltkrieges, nicht eine Einzelaktion. Es handelt sich nicht um eine Einzelfrage, sondern um Sein oder Nichtsein der Nation ...

Wenn wir den Kampf erfolgreich bestehen, – und wir werden ihn bestehen –, wird unsere Zeit eingehen in die Geschichte unseres Volkes. Ich werde in diesem Kampf stehen oder fallen. Ich werde die Niederlage meines Volkes nicht überleben. Nach außen keine Kapitulation, nach innen keine Revolution.

3. Hitler begründet seinen Entschluß zum Angriff auf die Sowjetunion in einer Besprechung mit den führenden Militärs auf dem Berghof am 9. Januar 1941

In dieser Besprechung, an der der Oberbefehlshaber des Heeres, der Chef des Oberkommandos der Wehrmacht (OKW), hohe Stabsoffiziere des OKW, des Heeres, der Marine und der Luftwaffe sowie der Reichsaußenminister teilnahmen, gab Hitler eine Beurteilung der Gesamtlage und teilte seine Pläne für die weitere Kriegführung gegen England mit.

Quelle: P. E. Schramm (Hrsg.), Kriegstagebuch des Oberkommandos der Wehrmacht, Bd. 1. Frankfurt a. M. 1961, S. 257f. (Auszug).

Was England aufrecht halte, sei die Hoffnung auf USA und Rußland, denn die Vernichtung des englischen Mutterlandes sei mit der Zeit unausbleiblich. England hoffe aber durchzuhalten, bis es einen großen kontinentalen Block gegen Deutschland zusammengebracht habe. Die diplomatischen Vorbereitungen hierfür seien klar zu erkennen.

Stalin, der Herr Rußlands, sei ein kluger Kopf; er werde nicht offen gegen Deutschland auftreten, man müsse aber damit rechnen, daß er in für Deutschland schwierigen Situationen in wachsendem Maße Schwierigkeiten machen werde. Er wolle das Erbe des verarmten Europas antreten, habe auch Erfolge nötig und sei von dem Drang nach dem Westen beseelt. Er sei sich auch völlig darüber klar, daß nach einem vollen Siege Deutschlands die Lage Rußlands sehr schwierig werden würde.

Die Möglichkeit eines russischen Eingreifens halte die Engländer aufrecht. Sie würden das Rennen erst aufgeben, wenn diese letzte kontinentale Hoffnung zertrümmert sei. Er – der Führer – glaube nicht, daß die Engländer »sinnlos toll« seien; wenn sie keine Aussicht mehr sähen, den Krieg zu gewinnen, dann würden sie aufhören. Denn wenn sie verlören, würden sie nicht mehr die moralische Kraft haben, das Empire zusammenzuhalten. Wenn sie sich halten und 40 – 50 Divisionen aufstellen könnten und USA und Rußland ihnen helfen würden, dann würde für Deutschland eine sehr schwierige Lage entstehen. Das dürfe nicht geschehen.

Bisher habe er nach dem Prinzip gehandelt, immer die wichtigsten feindlichen Positionen zu zerschlagen, um einen Schritt weiterzukommen. Daher müsse nunmehr Rußland zerschlagen werden. Entweder gäben die Engländer dann nach oder Deutschland würde den Kampf gegen England unter günstigsten Umständen weiterführen. Die Zertrümmerung Rußlands würde es auch Japan ermöglichen, sich mit allen Kräften gegen die USA zu wenden. Das würde die letzteren vom Kriegseintritt abhalten ... Da Rußland auf jeden Fall geschlagen werden müsse, so sei es besser, es jetzt zu tun, wo die russische Wehrmacht über keine Führer verfüge und schlecht gerüstet sei ...

4. Hitler fordert den ideologischen Vernichtungs- und Eroberungskrieg gegen die Sowjetunion in einer Ansprache an die Befehlshaber der Wehrmacht am 30. März 1941

In dieser Ansprache schärfte Hitler den Oberbefehlshabern der Heeresgruppen und Armeen ein, daß der bevorstehende Feldzug gegen die Sowjetunion als Krieg zur Ausrottung des »jüdischen Bolschewismus« und zur Verwirklichung des programmatischen Zieles der Eroberung von deutschem »Lebensraum« geführt wird.

Quelle: F. Halder, Kriegstagebuch. Tägliche Aufzeichnungen des Chefs des Generalstabs des Heeres 1939–1942, bearb. v. H.-A. Jacobsen, Bd. 2. Stuttgart 1962, S. 335 ff. (Auszug).

Unsere Aufgaben gegenüber Rußland: Wehrmacht zerschlagen, Staat auflösen ... Kampf zweier Weltanschauungen gegeneinander. Vernichtendes Urteil über Bolschewismus, ist gleich asoziales Verbrechertum. Kommunismus ungeheure Gefahr für die Zukunft. Wir müssen von dem Standpunkt des soldatischen Kameradentums abrücken. Der Kommunist ist vorher kein Kamerad und nachher kein Kamerad. Es handelt sich um einen Vernichtungskampf. Wenn wir es nicht so auffassen, dann werden wir zwar den Feind schlagen, aber in 30 Jahren wird uns wieder der kommunistische Feind gegenüberstehen. Wir führen nicht Krieg, um den Feind zu konservieren.

Künftiges Staatenbild: Nordrußland gehört zu Finnland. Protektorate Ostseeländer, Ukraine, Weißrußland.

Kampf gegen Rußland: Vernichtung der bolschewistischen Kommissare und der kommunistischen Intelligenz.

Die neuen Staaten müssen sozialistische Staaten sein, aber ohne eigene Intelligenz. Es muß verhindert werden, daß eine neue Intelligenz sich bildet. Hier genügt eine primitive sozialistische Intelligenz.

Der Kampf muß geführt werden gegen das Gift der Zersetzung. Das ist keine Frage der Kriegsgerichte. Die Führer der Truppe müssen wissen, worum es geht. Sie müssen in dem Kampf führen ... Kommissare und GPU-Leute sind Verbrecher und müssen als solche behandelt werden ...

Der Kampf wird sich sehr unterscheiden vom Kampf im Westen. Im Osten ist Härte mild für die Zukunft.

Die Führer müssen von sich das Opfer verlangen, ihre Bedenken zu überwinden ...

5. Richtlinien für die Behandlung der politischen Kommissare im Feldzug gegen die Sowjetunion (»Kommissarbefehl«) vom 6. Juni 1941

Charakteristischer Ausdruck des beabsichtigten »ideologischen Vernichtungskrieges« gegen die Sowjetunion war der Befehl des Oberkommandos der Wehrmacht zur Tötung der sowjetischen Kommissare. Wegen seiner Völkerrechtswidrigkeit durfte der Befehl nur bis zu den Oberbefehlshabern der Armeen bzw. Luftflottenchefs verteilt werden und mußte den Befehlshabern und Kommandeuren mündlich bekanntgegeben werden.

Quelle: H.-A. Jacobsen, Der Zweite Weltkrieg in Chronik und Dokumenten. Darmstadt 1961, S. 571 ff. (Auszug).

Im Kampf gegen den Bolschewismus ist mit einem Verhalten des Feindes nach den Grundsätzen der Menschlichkeit oder des Völkerrechts nicht zu rechnen. Insbesondere ist von den politischen Kommissaren aller Art als den eigentlichen Trägern des Widerstandes eine haßerfüllte, grausame und unmenschliche Behandlung unserer Gefangenen zu erwarten.

Die Truppe hat sich bewußt zu sein:

1. In diesem Kampfe ist Schonung und völkerrechtliche Rücksichtnahme diesen Elementen gegenüber falsch. Sie sind eine Gefahr für die eigene Sicherheit und die schnelle Befriedung der eroberten Gebiete.

2. Die Urheber barbarisch asiatischer Kampfmethoden sind die politischen Kommissare. Gegen diese muß daher sofort und ohne weiteres mit aller Schärfe vorgegangen werden.

Sie sind daher, wenn im Kampf oder bei Widerstand ergriffen, grundsätzlich sofort mit der Waffe zu erledigen ... Politische Kommissare als Organe der feindlichen Truppe ... sind aus den Kriegsgefangenen sofort, d.h. noch auf dem Gefechtsfelde, abzusondern. Dies ist notwendig, um ihnen jede Einflußnahme auf die gefangenen Soldaten zu nehmen. Diese Kommissare werden nicht als Soldaten anerkannt; der für Kriegsgefangene völkerrechtlich geltende Schutz findet auf sie keine Anwendung. Sie sind nach durchgeführter Absonderung zu erledigen ...

6. Hitlers Durchhaltebefehl an Generalfeldmarschall Rommel in der Schlacht von El-Alamein vom 3. November 1942

Als Rommel angesichts der Überlegenheit der angreifenden Engländer unter Montgomery vor El-Alamein den geordneten Rückzug einleitete, sandte Hitler einen Gegenbefehl, dessen Befolgung unersetzbare Verluste bei den eigenen Panzerkräften sowie die Abschnürung und Vernichtung der nichtmotorisierten italienischen Infanterie verursachte und Rommel von da ab keine organisierte Verteidigung mehr ermöglichte. Wie an der Ostfront konnte Hitler zu diesem Zeitpunkt bezeichnenderweise nur noch befehlen, die materielle Überlegenheit des Gegners durch fanatischen Kampfwillen auszugleichen.

Quelle: P. E. Schramm (Hrsg.), Kriegstagebuch des Oberkommandos der Wehrmacht, Bd. 2. Frankfurt a. M. 1963, S. 896 (Auszug).

An GFM. Rommel

Mit mir verfolgt das deutsche Volk in gläubigem Vertrauen auf Ihre Führerpersönlichkeit und auf die Tapferkeit der Ihnen unterstellten deutsch-italienischen Truppen den heldenhaften Abwehrkampf in Ägypten. In der Lage, in der Sie sich befinden, kann es keinen anderen Gedanken geben als auszuharren, keinen Schritt zu weichen und jede Waffe und jeden Kämpfer, die noch freigemacht werden können, in die Schlacht zu werfen ... Trotz seiner Überlegenheit wird auch der Feind am Ende seiner Kraft sein. Es wäre nicht das erste Mal in der Geschichte, daß der stärkere Wille über die stärkeren Bataillone des Feindes triumphierte. Ihrer Truppe aber können Sie keinen anderen Weg zeigen als den zum Siege oder zum Tode.

Adolf Hitler

7. Goebbels' Rede zum totalen Krieg im Berliner Sportpalast am 18. Februar 1943

Mit dieser Rede vor einem aus allen Volksschichten geladenen Publikum inszenierte der Reichspropagandaminister nach der Niederlage von Stalingrad einen »Volksentscheid für den totalen Krieg«, d.h. eine Scheinlegitimierung der nunmehr notwendig gewordenen einschneidenden Maßnahmen und Opfer durch das deutsche Volk.

Quelle: Völkischer Beobachter, Münchener Ausgabe v. 19. 2. 1943, S. 3 (Auszug).

Ihr also, meine Zuhörer, repräsentiert in diesem Augenblick die Nation. Und an euch möchte ich zehn Fragen richten, die ihr mir mit dem deutschen Volke vor der ganzen Welt, insbesondere vor unseren Feinden, die uns auch an ihrem Rundfunk hören, beantworten sollt: (Nur mit Mühe kann sich der Minister für die nun folgenden Fragen Gehör verschaffen ... Mit letzter Anteilnahme und Begeisterung gibt die Masse auf jede einzelne Frage die Anwort. Der Sportpalast hallt wider von einem einzigen Schrei der Zustimmung.)

Die Engländer behaupten, das deutsche Volk habe den Glauben an den Sieg verloren.

Ich frage euch: Glaubt ihr mit dem Führer und mit uns an den endgültigen totalen Sieg des deutschen Volkes?

Ich frage euch: Seid ihr entschlossen, dem Führer in der Erkämpfung des Sieges durch dick und dünn und unter Aufnahme auch der schwersten persönlichen Belastungen zu folgen?

Zweitens: Die Engländer behaupten, das deutsche Volk ist des Kampfes müde.

Ich frage euch: Seid ihr bereit, mit dem Führer als Phalanx der Heimat hinter der kämpfenden Wehrmacht stehend diesen Kampf mit wilder Entschlossenheit und unbeirrt durch alle Schicksalsfügungen fortzusetzen, bis der Sieg in unseren Händen ist?

Drittens: Die Engländer behaupten, das deutsche Volk hat keine Lust mehr, sich der Überhand nehmenden Kriegsarbeit, die die Regierung von ihm fordert, zu unterziehen.

Ich frage euch: Seid ihr und ist das deutsche Volk entschlossen, wenn der Führer es befiehlt, zehn, zwölf und, wenn nötig, vierzehn und sechzehn Stunden täglich zu arbeiten und das Letzte herzugeben für den Sieg?

Viertens: Die Engländer behaupten, das deutsche Volk wehrt sich gegen die totalen Kriegsmaßnahmen der Regierung. Es will nicht den totalen Krieg, sondern die Kapitulation (Zurufe: Niemals, niemals, niemals!)

Ich frage euch: Wollt ihr den totalen Krieg? Wollt ihr ihn, wenn nötig, totaler und radikaler, als wir ihn uns heute überhaupt noch vorstellen können?

Fünftens: Die Engländer behaupten, das deutsche Volk hat sein Vertrauen zum Führer verloren.

Ich frage euch: Ist euer Vertrauen zum Führer heute größer, gläubiger und unerschütterlicher denn je? Ist eure Bereitschaft, ihm auf allen seinen Wegen zu folgen und alles zu tun, was nötig ist, um den Krieg zum siegreichen Ende zu führen, eine absolute und uneingeschränkte? (Die Menge erhebt sich wie ein Mann. Die Begeisterung der Masse entlädt sich in eine Kundgebung nicht dagewesenen Ausmaßes. Vieltausendstimmige Sprechchöre brausen durch die Halle: »Führer befiehl, wir folgen«, eine nicht abebbende Woge von Heilrufen auf den Führer braust auf ...)

Ich frage euch als sechstes: Seid ihr bereit, von nun ab eure ganze Kraft einzusetzen und der Ostfront die Menschen und Waffen zur Verfügung zu stellen, die sie braucht, um dem Bolschewismus den tödlichen Schlag zu versetzen?

Ich frage euch siebentens: Gelobt ihr mit heiligem Eid der Front, daß die Heimat mit starker Moral hinter ihr steht und ihr alles geben wird, was sie nötig hat, um den Sieg zu erkämpfen?

Ich frage euch achtens: Wollt ihr, insbesondere ihr Frauen selbst, daß die Regierung dafür sorgt, daß auch die deutsche Frau ihre ganze Kraft der Kriegführung zur Verfügung stellt und überall da, wo es möglich ist, einspringt, um Männer für die Front frei zu machen und damit ihren Männern an der Front zu helfen?

Ich frage euch neuntens: Billigt ihr, wenn nötig, die radikalsten Maßnahmen gegen einen kleinen Kreis von Drückebergern und Schiebern, die mitten im Kriege Frieden spielen und die Not des Volkes zu eigensüchtigen Zwecken ausnutzen wollen? Seid ihr damit einverstanden, daß, wer sich im Krieg vergeht, den Kopf verliert?

Ich frage euch zehntens und zuletzt: Wollt ihr, daß, wie das nationalsozialistische Parteiprogramm es gebietet, gerade im Kriege gleiche Rechte und gleiche Pflichten vorherrschen, daß die Heimat die schweren Belastungen des Krieges solidarisch auf ihre Schultern nimmt und daß die für hoch und niedrig und arm und reich in gleicher Menge verteilt werden?

Ich habe euch gefragt; ihr habt mir eure Antwort gegeben. Ihr seid ein Stück Volk, durch euren Mund hat sich damit die Stellungnahme des deutschen Volkes manifestiert ... Der mächtigste Bundesgenosse, den es auf dieser Welt gibt, das Volk selbst, steht hinter uns und ist entschlossen, mit dem Führer, koste es, was es wolle, und unter Aufnahme auch der schwersten Opfer den Sieg kämpfend zu erstreiten ... Wir sehen ihn greifbar nahe vor uns liegen; wir müssen nur zufassen. Wir müssen nur die Entschlußkraft aufbringen, alles andere seinem Dienst unterzuordnen. Das ist das Gebot der Stunde. Und darum lautet die Parole: Nun, Volk, steh auf, und Sturm brich los!

8. Hitler über die deutschen Kriegsziele auf der Reichs- und Gauleiterbesprechung in Berlin am 7. Mai 1943

In dieser Besprechung mit den obersten Führern der NSDAP, die zum Staatsakt für den verunglückten Stabschef der SA, Viktor Lutze, nach Berlin gekommen waren, gab Hitler einen Überblick über die Kriegslage. Trotz der Niederlage von Stalingrad und der unmittelbar bevorstehenden Kapitulation der letzten deutschen Kräfte in Nordafrika (Tunesien) hielt Hitler unverrückbar am Kriegsziel der Beherrschung Europas durch Deutschland fest.

Quelle: L. P. Lochner (Hrsg.), Goebbels Tagebücher aus den Jahren 1942/43. Zürich 1948, Eintrag v. 8. 5. 1943, S. 325ff. (Auszug).

Aus alledem aber hat der Führer die Konsequenzen gezogen, daß das Kleinstaatengerümpel, das heute noch in Europa vorhanden ist, so schnell wie möglich liquidiert werden muß. Es muß das Ziel unseres Kampfes bleiben, ein einheitliches Europa zu schaffen. Europa kann aber eine klare Organisation nur durch die Deutschen erfahren. Eine andere Führungsmacht ist praktisch nicht vorhanden ...

Der Führer gibt seiner unumstößlichen Gewißheit Ausdruck, daß das Reich einmal ganz Europa beherrschen wird. Wir werden dafür noch sehr viele Kämpfe zu bestehen haben, aber sie werden zweifellos zu den herrlichsten Erfolgen führen. Von da ab ist praktisch der Weg zu einer Weltherrschaft vorgezeichnet. Wer Europa besitzt, der wird damit die Führung der Welt an sich reißen.

In diesem Zusammenhang können wir natürlich Fragen von Recht und Unrecht überhaupt nicht zur Diskussion akzeptieren. Der Verlust dieses Krieges würde für das deutsche Volk das größte Unrecht darstellen, der Sieg gibt uns das größte Recht ...

Nie darf in uns ein Zweifel am Siege aufkommen. Der Führer ist fest entschlossen, diesen Kampf unter allen Umständen durchzusetzen. Er will ihn nicht vor zwölf, sondern unter allen Umständen nach zwölf Uhr aufgeben ...

9. Hitlers Erlaß über die Bildung des Deutschen Volkssturms vom 25. September 1944

Als der Feind an den Grenzen des Reiches stand, wurden durch diesen Erlaß alle männlichen Wehrfähigen vom 16jährigen bis zum 60jährigen als letztes Aufgebot zur Verteidigung herangezogen, notdürftig ausgebildet und lediglich mit Nahkampfwaffen ausgerüstet. Für viele von ihnen bedeutete der militärisch meist verfehlte Einsatz den Tod.

Quelle: Reichsgesetzblatt 1944, Teil I, S. 253f. (Auszug).

Wie im Herbst 1939 stehen wir nun wieder ganz allein der Front unserer Feinde gegenüber. In wenigen Jahren war es uns damals gelungen, durch den ersten Großeinsatz unserer deutschen Volkskraft die wichtigsten militärischen Probleme zu lösen, den Bestand des Reiches und damit Europas für Jahre hindurch zu sichern. Während nun der Gegner glaubt, zum letzten Schlag ausholen zu können, sind wir entschlossen, den zweiten Großeinsatz unseres Volkes zu vollziehen. Es muß und wird uns gelingen, wie in den Jahren 1939 bis 1941 ausschließlich auf unsere eigene Kraft bauend, nicht nur den Vernichtungswillen der Feinde zu brechen, sondern sie wieder zurückzuwerfen und so lange vom Reich abzuhalten, bis ein die Zukunft Deutschlands, seiner Verbündeten und damit Europas sichernder Friede gewährleistet ist.

Dem uns bekannten totalen Vernichtungswillen unserer jüdisch-internationalen Feinde setzen wir den totalen Einsatz aller deutschen Menschen entgegen.

Zur Verstärkung der aktiven Kräfte unserer Wehrmacht und insbesondere zur Führung eines unerbittlichen Kampfes überall dort, so der Feind den deutschen Boden betreten will, rufe ich daher alle waffenfähigen deutschen Männer zum Kampfeinsatz auf. Ich befehle:

1. Es ist in den Gauen des Großdeutschen Reiches aus allen waffenfähigen Männern im Alter von 16 bis 60 Jahren der Deutsche Volkssturm zu bilden. Er wird den Heimatboden mit allen Waffen und Mitteln verteidigen, soweit sie dafür geeignet erscheinen.

2. Die Aufstellung und Führung des Deutschen Volkssturms übernehmen in ihren Gauen die Gauleiter. Sie bedienen sich dabei vor allem der fähigsten Organisatoren und Führer der bewährten Einrichtungen der Partei, SA, SS, des NSKK und der HJ ...

4. Die Angehörigen des Deutschen Volkssturms sind während ihres Einsatzes Soldaten im Sinne des Wehrgesetzes ...

7. Der Kampfeinsatz des Deutschen Volkssturms erfolgt nach meinen Weisungen durch den Reichsführer SS als Befehlshaber des Ersatzheeres ...

9. Die Nationalsozialistische Partei erfüllt vor dem Deutschen Volk ihre höchste Ehrenpflicht, indem sie in erster Linie ihre Organisationen als Hauptträger dieses Kampfes einsetzt ...

10. Ansprache Hitlers vor höheren Offizieren der für die Ardennenoffensive vorgesehenen Verbände im Hauptquartier »Adlerhorst« am 12. Dezember 1944

Aus Anlaß der am 16. Dezember beginnenden Ardennenoffensive, mit der Hitler bis Antwerpen vorzustoßen beabsichtigte, machte er den Offizieren, die zur Einweisung in ihre Angriffsaufgaben in sein Hauptquartier nach Ziegenberg bei Bad Nauheim berufen worden waren, das politische Ziel klar, das er mit der Offensive verfolgte: Sie sollte den Bruch der feindlichen Koalition auslösen, auf den er in den letzten Kriegsmonaten seine Hoffnung setzte.

Quelle: H. Heiber (Hrsg.), Hitlers Lagebesprechungen. Stuttgart 1961, S. 721f. (Auszug).

Ist man selbst zur Abwehr, zur Defensive gezwungen, dann ist es erst recht die Aufgabe, von Zeit zu Zeit durch rücksichtslose Schläge dem Gegner wieder klarzumachen, daß er trotzdem nichts gewonnen hat, sondern daß der Krieg unentwegt weitergeführt wird. Ebenso ist es wichtig, diese psychologischen Momente dadurch noch zu verstärken, daß man keinen Augenblick vorübergehen läßt, um [ohne?] dem Gegner klarzumachen, daß, ganz gleich, was er auch tut, er nie auf eine Kapitulation rechnen kann, niemals, niemals ... Wenn ihm das durch die Haltung eines Volkes, einer Wehrmacht und zusätzlich noch durch schwere Rückschläge, die er bekommt, klargemacht wird, dann wird er am Ende eines Tages einen Zusammenbruch seiner Nervenkraft erleben ...

Es ist noch weiter folgendes zu bedenken, meine Herren. (Es gab in der Weltgeschichte niemals) Koalitionen, die wie die unserer Gegner aus so heterogenen Elementen mit so völlig auseinanderstrebender Zielsetzung zusammengesetzt sind. Was wir an Gegnern heute besitzen, sind die größten Extreme, die überhaupt auf der Erde heute denkbar sind: ultrakapitalistische Staaten auf der einen Seite und ultramarxistische Staaten auf der anderen Seite ... Es sind Staaten, die in ihrer Zielsetzung schon jetzt Tag für Tag aneinandergeraten. Und wer so wie eine Spinne, möchte ich sagen, im Netz sitzend diese Entwicklung verfolgt, der kann sehen, wie von Stunde zu Stunde sich diese Gegensätze mehr und mehr entwickeln. Wenn hier noch ein paar ganz schwere Schläge erfolgen, so kann es jeden Augenblick passieren, daß diese künstlich aufrechterhaltene gemeinsame Front plötzlich mit einem riesigen Donnerschlag zusammenfällt ... Mit anderen Worten, es wird sich eines Tages – es kann dieser Moment in jedem Augenblick eintreten, denn auf der anderen Seite wird die Geschichte auch von sterblichen Menschen gestaltet – diese Koalition lösen, immer unter der Voraussetzung, daß dieser Kampf unter keinen Umständen zu einem Schwächemoment Deutschlands führt ...

11. Einwände des Reichsministers Albert Speer gegen den Führerbefehl »Verbrannte Erde« in seinem Schreiben an Hitler vom 19. März 1945

Am 18. März 1945 überreichte der Reichsminister für Rüstung und Kriegsproduktion Hitler eine Denkschrift, daß die deutsche Wirtschaft durch die Ausfälle bei der Kohleversorgung in wenigen Wochen zusammenbrechen werde und daher der Krieg auch militärisch nicht fortgesetzt werden könne. Deshalb sollten absichtliche Zerstörungen von Industrie-, Verkehrs- und Versorgungsanlagen unterbleiben, um dem deutschen Volk ein Weiterleben und einen späteren Neuaufbau zu ermöglichen. Als Hitler am 19. März dennoch den Befehl erließ, beim Rückzug alle diese Anlagen zu zerstören, wandte sich Speer gegen eine Politik der »Verbrannten Erde« in Deutschland.

Quelle: P. E. Schramm (Hrsg.), Kriegstagebuch des Oberkommandos der Wehrmacht, Bd. 4. Frankfurt a. M. 1965, S. 1581 ff. (Auszug).

Als ich Ihnen am 18. März meine Schrift übergab, war ich der festen Überzeugung, daß die Folgerungen, die ich aus der gegenwärtigen Lage zur Erhaltung unserer Volkskraft zog, unbedingt Ihre Billigung finden werden. Denn Sie hatten selbst einmal festgelegt, daß es Aufgabe der Staatsführung ist, ein Volk bei einem verlorenen Krieg vor einem heroischen Ende zu bewahren.

Sie machten mir jedoch am Abend Ausführungen, aus denen, wenn ich Sie nicht mißverstanden habe, klar und eindeutig hervorging: Wenn der Krieg verlorengeht, wird auch das Volk verloren sein. Dieses Schicksal ist unabwendbar. Es sei nicht notwendig, auf die Grundlagen, die das Volk zu seinem primitivsten Weiterleben braucht, Rücksicht zu nehmen. Im Gegenteil sei es besser, selbst diese Dinge zu zerstören. Denn das Volk hätte sich als das schwächere erwiesen, und dem stärkeren Ostvolk gehöre dann ausschließlich die Zukunft. Was nach dem Kampf übrigbleibe, seien ohnehin nur die Minderwertigen; denn die Guten seien gefallen!

Nach diesen Worten war ich zutiefst erschüttert. Und als ich einen Tag später den Zerstörungsbefehl und kurz danach den scharfen Räumungsbefehl las, sah ich darin die ersten Schritte zur Ausführung dieser Absichten ...

Ich kann aber nicht mehr an den Erfolg unserer guten Sache glauben, wenn wir in diesen entscheidenden Monaten gleichzeitig und planmäßig die Grundlage unseres Volkslebens zerstören. Das ist ein so großes Unrecht unserem Volk gegenüber, daß das Schicksal es mit uns dann nicht mehr gut meinen kann. Das, was Generationen aufgebaut haben, dürfen wir nicht zerstören. Wenn der Feind es tut und damit das deutsche Volk ausrottet, dann soll er die geschichtliche Schuld allein auf sich nehmen ...

Ich bitte Sie daher, nicht selbst am Volk diesen Schritt der Zerstörung zu vollziehen ...

12. Hitlers politisches Testament vom 29. April 1945

Am 30. April 1945 erfüllte Hitler seine Voraussage vom 1. September 1939 (s. Dokument 1) und nahm sich angesichts der militärischen Niederlage Deutschlands das Leben. In seinem politischen Testament stieß er Göring und Himmler aus der Partei aus und enthob sie ihrer Ämter, da sie mit dem Feind Verhandlungen eingeleitet hätten. Er verpflichtete die von ihm eingesetzte Nachfolgeregierung unter Reichspräsident Dönitz und das deutsche Volk, an der nationalsozialistischen Ideologie festzuhalten und den Krieg gleichfalls »bis in den Tod« fortzusetzen.

Quelle: P. E. Schramm (Hrsg.), Kriegstagebuch des Oberkommandos der Wehrmacht, Bd. 4. Frankfurt a. M. 1965, S. 1667 ff. (Auszug).

Nach einem sechsjährigen Kampf, der einst in die Geschichte trotz aller Rückschläge als ruhmvollste und tapferste Bekundung des Lebenswillens eines Volkes eingehen wird, kann ich mich nicht von der Stadt trennen, die die Hauptstadt dieses Reiches ist. Da die Kräfte zu gering sind, um dem feindlichen Ansturm gerade an dieser Stelle noch standzuhalten, der eigene Widerstand aber durch ebenso verblendete wie charakterlose Subjekte allmählich entwertet wird, möchte ich mein Schicksal mit jenem teilen, das Millionen andere auch auf sich genommen haben ... Ich habe mich daher entschlossen, in Berlin zu bleiben und dort aus freien Stücken in dem Augenblick den Tod zu wählen, in dem ich glaube, daß der Sitz des Führers und Kanzlers selbst nicht mehr gehalten werden kann. Ich sterbe mit freudigem Herzen angesichts der mir bewußten unermeßlichen Taten und Leistungen unserer Soldaten an der Front, unserer Frauen zu Hause, den Leistungen unserer Bauern und Arbeiter und dem in der Geschichte einmaligen Einsatz unserer Jugend, die meinen Namen trägt ...

Um dem deutschen Volk eine aus ehrenhaften Männern zusammengesetzte Regierung zu geben, die die Verpflichtung erfüllt, den Krieg mit allen Mitteln weiter fortzusetzen, ernenne ich als Führer der Nation folgende Mitglieder des neuen Kabinetts: ...

Von allen Deutschen, allen Nationalsozialisten, Männern und Frauen, und allen Soldaten der Wehrmacht verlange ich, daß sie der neuen Regierung und ihrem Präsidenten treu und gehorsam sein werden bis in den Tod. Vor allem verpflichte ich die Führung der Nation und die Gefolgschaft zur peinlichen Einhaltung der Rassegesetze und zum unbarmherzigen Widerstand gegen den Weltvergifter aller Völker, das internationale Judentum.

Gegeben zu Berlin, den 29. April 1945, 4 Uhr.

Adolf Hitler

Als Zeugen: ...

Forschungsstand und Literatur

Die Flut der Veröffentlichungen zum Thema Zweiter Weltkrieg ist selbst für den Fachmann unüberschaubar geworden, grundlegend neue Aspekte sind kaum mehr zu erwarten. Wegen der umfangmäßigen Begrenzung des vorliegenden Bandes können nur eine konzentrierte Literaturauswahl geboten und einige wenige der kontrovers diskutierten Probleme behandelt werden.

Bibliographien

Auf folgende Spezialbibliographien sei verwiesen: Bibliographie zur Zeitgeschichte. Beilage der Vierteljahrshefte für Zeitgeschichte. Zusammengestellt v. Th. Vogelsang, Jg. 1 (1953) ff., v. H. Auerbach ab Jg. 27 (1979), v. Ch. Weisz ab Jg. 33 (1985), die Jahrgänge 1953–1980 zusammengefaßt in drei Bänden, München 1982, Zusammenfassung der Jahrgänge 1981–1989 in Vorbereitung; Jahresbibliographie der Bibliothek für Zeitgeschichte, Weltkriegsbücherei Stuttgart, N. F. der Bücherschau der Weltkriegsbücherei. Frankfurt a. M. 1960ff.; F. Herre u. H. Auerbach, Bibliographie zur Zeitgeschichte u. zum Zweiten Weltkrieg für die Jahre 1945–1950. München 1955; Neue Forschungen zum Zweiten Weltkrieg. Literaturberichte und Bibliographien aus 67 Ländern, hrsg. v. J. Rohwer u. H. Müller. Koblenz 1990.

Nachschlagewerke

Ploetz, Geschichte des Zweiten Weltkrieges. 2. Aufl. Würzburg 1981; A. Hillgruber u. G. Hümmelchen, Chronik des Zweiten Weltkrieges. Königstein/Ts. 1978; W. Keilig, Das deutsche Heer 1939–1945. Bad Nauheim 1956–1960; Keesings Archiv der Gegenwart 1939–1945, hrsg. v. H. Siegler. Wien (ab 1945 Essen); W. Lohmann u. H. H. Hildebrand, Die deutsche Kriegsmarine 1939–1945, Bd. 1–3. Bad Nauheim 1956–1964; D. Mason, Who's who in World War II. London 1978; J. Rohwer u. G. Hümmelchen, Chronik des Seekrieges 1939–1945. Oldenburg 1968; Synchronopse des Zweiten Weltkrieges, zusammengest. v. R. Bolz. Düsseldorf 1983; G. Tessin, Verbände und Truppen der deutschen Wehrmacht und Waffen-SS im Zweiten Weltkrieg 1939 bis 1945, Bd. 1–15. Osnabrück 1973–1988; C. Zentner u. F. Bedürftig, Das große Lexikon des Zweiten Weltkriegs. München 1988.

Dokumentenpublikationen

Allgemein 1939–1945: Dokumente zur deutschen Geschichte 1939 bis 1942 und 1943–1945, hrsg. v. W. Ruge u. W. Schumann. Frankfurt a.M. 1977; J. Hohlfeld (Hrsg.), Dokumente der deutschen Politik und Geschichte von 1848 bis zur Gegenwart, Bd. 4 u. 5: Die Zeit der nationalsozialistischen Diktatur 1933–1945. Berlin 1953; H.-A. Jacobsen, Der Weg zur Teilung der Welt. Politik und Strategie 1939–1945. Koblenz 1977; ders., Der Zweite Weltkrieg. Grundzüge der Politik und Strategie in Dokumenten. Frankfurt a.M. 1965; ders., 1939–1945. Der Zweite Weltkrieg in Chronik und Dokumenten. 5. Aufl. Darmstadt 1961; W. Michalka (Hrsg.), Das Dritte Reich. Dokumente zur Innen- und Außenpolitik, 2 Bde. München 1985; Der Prozeß gegen die Hauptkriegsverbrecher vor dem Internationalen Militärgerichtshof, 42 Bde. Nürnberg 1947–1949; Ursachen und Folgen. Vom deutschen Zusammenbruch 1918 und 1945 bis zur staatlichen Neuordnung Deutschlands in der Gegenwart. Eine Urkunden- und Dokumentensammlung zur Zeitgeschichte, hrsg. v. H. Michaelis und E. Schraepler, Bd. 14–23. Berlin 1969–1976.

Zur Außenpolitik der Mächte: Actes et documents du Saint Siège relatifs à la Seconde Guerre Mondiale, Bd. 1–11. Cità del Vaticano 1965 bis 1981; Akten zur deutschen auswärtigen Politik 1918–1945, Serie D: 1937–1941, Bd. 1–13. Baden-Baden 1950–1970, Serie E: 1941–1945, Bd. 1–8. Göttingen 1969–1979; Allianz Hitler-Horthy-Mussolini. Dokumente zur ungarischen Außenpolitik 1933–1944, hrsg. v. Institut für Geschichte an der Ungarischen Akademie der Wissenschaften. Budapest 1966; I documenti diplomatici italiani. Serie 9: 1939–1943, Bd. 1 ff. Roma 1954 ff.; W. S. Churchill u. F. D. Roosevelt, The complete correspondence, hrsg. v. W. F. Kimball, Bd. 1–3. Princeton 1984; Documents on American foreign relations, hrsg. v. L. M. Goodrich. Boston 1941–1947; Documents on British foreign policy 1919–1939, Serie 3: Bd. 1–10. London 1949–1961; Foreign relations of the United States 1939–1945. Washington 1956–1969; Japan's decision for war. Records of the 1941 policy conferences, hrsg. v. N. Nike. Stanford 1967; J. W. Morley (Hrsg.), Deterrent diplomacy. Japan, Germany and the USSR 1935–1940. Selected translations from Taiheiyo senso e no michi. New York 1976; Die Sowjetunion auf internationalen Konferenzen während des Großen Vaterländischen Krieges 1941–1945, hrsg. v. Ministerium für Auswärtige Angelegenheiten der UdSSR, Bd. 1–6. Moskau 1986 bis 1988; Staatsmänner und Diplomaten bei Hitler. Vertrauliche Aufzeichnungen über Unterredungen mit Vertretern des Auslandes 1939–1944, hrsg. v. A. Hillgruber, 2 Bde. Frankfurt a.M. 1967–1970; Stalin's correspondence with Churchill, Attlee, Roosevelt and Truman 1941–1945. London 1958; J. Stalin, Über den Großen Vaterländischen Krieg der Sowjetunion. Berlin 1951; Teheran, Jalta, Potsdam. Konferenzdokumente der Sowjetunion, hrsg. v. Ministerium für Auswärtige Angelegenheiten der UdSSR, Bd. 1–3. Köln 1986.

Zur militärischen Geschichte: Die geheimen Tagesberichte der deutschen Wehrmachtführung im Zweiten Weltkrieg 1939–1945, hrsg. v. K.

Mehner, Bd. 7–12. Osnabrück 1984–1988; Dokumente zum Unternehmen »Seelöwe«. Die geplante deutsche Landung in England, hrsg. v. K. Klee. Göttingen 1959; Hitlers Lagebesprechungen, hrsg. v. H. Heiber. Stuttgart 1962; W. Hubatsch (Hrsg.), Hitlers Weisungen für die Kriegführung 1939–1945. 2. Aufl. Koblenz 1983; Kriegstagebuch des Oberkommandos der Wehrmacht, Bd. 1–4, hrsg. v. P. E. Schramm u. a. Frankfurt a. M. 1961–1965; Kriegstagebuch der Seekriegsleitung 1939 bis 1945, hrsg. v. W. Rahn u. G. Schreiber, Bd. 1 ff. Herford 1988 ff.; Lagevorträge des Oberbefehlshabers der Kriegsmarine vor Hitler 1939–1945, hrsg. v. G. Wagner. München 1972; Die Wehrmachtberichte 1939–1945, Bd. 1–3. München 1985 (Nachdruck).

Zu anderen Teilbereichen: Anatomie der Aggression. Neue Dokumente zu den Kriegszielen des faschistischen deutschen Imperialismus im zweiten Weltkrieg, hrsg. v. G. Hass u. W. Schumann. Berlin (Ost) 1972; Anatomie des Krieges. Neue Dokumente über die Rolle des deutschen Monopolkapitalismus bei der Vorbereitung und Durchführung des zweiten Weltkrieges, hrsg. v. D. Eichholtz u. W. Schumann. Berlin (Ost) 1969; W. A. Boelcke (Hrsg.), Kriegspropaganda 1939 bis 1941. Geheime Ministerkonferenzen im Reichspropagandaministerium. Stuttgart 1966; W. A. Boelcke (Hrsg.), Wollt Ihr den totalen Krieg? Die geheimen Goebbels-Konferenzen 1939–1943. München 1969; W. A. Boelcke (Hrsg.), Deutschlands Rüstung im Zweiten Weltkrieg. Hitlers Konferenzen mit Albert Speer 1942–1945. Frankfurt a. M. 1969; Weltherrschaft im Visier. Dokumente zu den Europa- und Weltherrschaftsplänen des deutschen Imperialismus von der Jahrhundertwende bis Mai 1945, hrsg. v. W. Schumann u. L. Nestler. Berlin (Ost) 1975.

Biographisches

Von den zahlreich veröffentlichten Memoiren, Aufzeichnungen und Lebensbeschreibungen kann im folgenden nur eine – nach Ländern geordnete – Auswahl angeführt werden.

Deutschland: O. Abetz, Das offene Problem. Köln 1951; W. v. Blücher, Gesandter zwischen Diktatur und Demokratie. Erinnerungen aus den Jahren 1935–1944. Wiesbaden 1951; D. v. Choltitz, Soldat unter Soldaten. Konstanz 1951; K. Dönitz, Zehn Jahre und zwanzig Tage. 7. Aufl. München 1980; Ch. Douglas-Home, Rommel. München 1974; W. Erfurth, Der Finnische Krieg 1941–1944. Wiesbaden 1950; H. Frießner, Verratene Schlachten. Hamburg 1956; A. Galland, Die Ersten und die Letzten. 15. Aufl. München 1983; J. Goebbels, Die Tagebücher. Sämtliche Fragmente, hrsg. v. E. Fröhlich, T. 1: Aufzeichnungen 1924–1941, München 1987; J. Goebbels, Tagebücher aus den Jahren 1942/43, hrsg. von L. P. Lochner, Zürich 1948; J. Goebbels, Tagebücher 1945. Die letzten Aufzeichnungen. Einf. v. R. Hochhuth. Hamburg 1977; G. Guderian, Erinnerungen eines Soldaten. Heidelberg 1951; H. Greiner, Die Oberste Wehrmachtführung 1939–1943. Wiesbaden 1951; F. Halder, Kriegstagebuch. Tägliche Aufzeichnungen des Chefs des Generalstabs des Heeres 1939–1942, bearb. v. H.-A. Jacobsen, Bd. 1–3. Stuttgart 1962–1964; A. Heusinger, Befehl im Widerstreit. Stuttgart 1950; G. Hilger, Wir und der Kreml. 2. Aufl. Berlin 1956; A. Hitler, Monologe im Führerhauptquartier 1941–1944, hrsg. v. W. Jochmann. Hamburg 1980; D. Irving, Rommel. Hamburg 1978; L. Jodl, Jenseits des Endes. Leben und Sterben des Generaloberst Alfred Jodl. Wien 1976; W. Keitel, Generalfeldmarschall Keitel. Verbrecher oder Offizier?, hrsg. v. W. Görlitz. Frankfurt a.M., Berlin 1961; A. Kesselring, Soldat bis zum letzten Tag. Bonn 1953; P. Kleist, Zwischen Hitler und Stalin 1939–1945. Bonn 1950; E. Kordt, Nicht aus den Akten. Stuttgart 1950; W. Ritter von Leeb, Tagebuchaufzeichnungen und Lagebeurteilungen aus zwei Weltkriegen, hrsg. v. G. Meyer. Stuttgart 1976; W. Lüdde-Neurath, Regierung Dönitz. 5. Aufl. Leoni a. Starnberger See 1981; E. v. Manstein, Verlorene Siege. Bonn 1955; C. Müller, Oberst i.G. Stauffenberg. Eine Biographie. Düsseldorf 1970; F. Paulus, Ich stehe hier auf Befehl!, hrsg. v. W. Görlitz. Frankfurt a.M. 1960; E. Raeder, Mein Leben, Bd. 1 u. 2. Tübingen 1956/57; J. v. Ribbentrop, Zwischen London und Moskau, hrsg. v. A. v. Ribbentrop. Leoni a. Starnberger See 1953; E. v. Rintelen, Mussolini als Bundesgenosse. Stuttgart 1951; E. Rommel, Krieg ohne Haß, hrsg. v. L. M. Rommel und F. Beyerlein. Heidenheim 1950; F. Ruge, Rommel und die Invasion. Stuttgart 1959; P. Schmidt, Statist auf diplomatischer Bühne 1923 bis 1945. 10. Aufl. Frankfurt a.M. 1964; A. Speer, Erinnerungen. Berlin 1983; H. Speidel, Invasion 1944. 5. Aufl. Tübingen 1961; E. Wagner, Der Generalquartiermeister. Briefe und Tagebuchaufzeichnungen des Generalquartiermeisters des Heeres, General der Artillerie Eduard Wagner. München 1963; W. Warlimont, Im Hauptquartier der deutschen Wehrmacht 1939–1945. 2. Aufl. Frankfurt a.M. 1963; E. Frhr. v. Weizsäcker, Erinnerungen. München 1950; S. Westphal, Erinnerungen. Mainz 1975.

Finnland: C. G. v. Mannerheim, Erinnerungen. Zürich 1952; J. K. Paasikivi, Meine Moskauer Mission. Hamburg 1966; V. Tanner, The winter war. Finland against Russia 1939/40, Stanford 1957.

Frankreich: H. Coutau-Bégare u. C. Huan, Darlan. Paris 1989; M.-G. Gamelin, Servir, Bd. 1–3. Paris 1946/47; Ch. de Gaulle, Memoiren 1940–1942. Berlin 1955; Ch. de Gaulle, Memoiren 1942–1946. Düsseldorf 1961; R. Griffith, Marshal Pétain. London 1970; A. Juin, Mémoires. Paris 1959/60; A. Mallet, Pierre Laval, 2 Bde. Paris 1954/55; H. Michel, Pétain, Laval, Darlan: trois politiques. Paris 1972; M. Weyand, Mémoires, 3 Bde. Paris 1950–1957.

Großbritannien: C. R. Attlee, As it happened. London 1954; A. Bryant, Kriegswende 1939–1943. Sieg im Westen. Aus den Kriegstagebüchern des Feldmarschalls Lord Alanbrooke, Chef des Empire-Generalstabs. Düsseldorf 1957–1960; W. S. Churchill, Der Zweite Weltkrieg, 6 Bde. Hamburg, Stuttgart 1950–1954; M. Gilbert, Winston S. Churchill, Bd. 6 u. 7. London 1983–1986; Lord H. L. Ismay, Memoirs. London 1960; H. Macmillan, The blast of war 1939–1945. London 1967; B. L. Montgomery, Von El-Alamein zum Sangro. Von der Normandie zur Ostsee. Hamburg 1949; B. L. Montgomery, Memoiren. München 1958; A. Moorehead, Montgomery. A biography. London 1967; I. North (Hrsg.), Fieldmarshal Earl Alexander of Tunis. The Alexander memoirs 1940–1945. London 1962; A. W. Tedder, With prejudice. The war memoirs of the Marshal of the Royal Air Force. London 1966.

Italien: P. Badoglio, Italien im Zweiten Weltkrieg. Erinnerungen und Dokumente. München 1947; H. Cavallero, Comando Supremo. Diario 1940–1943. Rocca S. Casciano 1948; G. Ciano, Tagebücher 1939 bis 1943. Bern 1947; L. Simoni, Berlin. Embassade d'Italie 1939–1943. Paris 1947.

Japan: R. J. C. Butow, Tojo and the coming of the war. Stanford 1969; L. Mosley, Hirohito. Emperor of Japan. Englewood Cliffs 1966; J. D. Potter, Yamamoto. The man who menaced America. New York 1967; M. Shigemitsu, Die Schicksalsjahre Japans. Frankfurt a. M. 1959; S. Togo, Japan im Zweiten Weltkrieg. Bonn 1958.

Polen: J. Ciechanowski, Vergeblicher Sieg. Zürich 1948; St. Mikolajczyk, The rape of Poland, pattern of Soviet aggression. New York 1948; E. Razcynski, In allied London. London 1963.

Rumänien: G. Gafencu, Vorspiel zum Krieg im Osten. Zürich 1944.

Sowjetunion: V. Bereschkow, In diplomatischer Mission bei Hitler in Berlin 1940/41. Frankfurt a. M. 1967; V. Bereschkow, Mit Stalin in Teheran. Frankfurt a. M. 1968; I. Deutscher, Stalin. 2. Aufl. Berlin 1990; A. I. Jeremenko, Tage der Bewährung. Berlin (Ost) 1961; I. M. Maiski, Memoiren eines sowjetischen Botschafters. Frankfurt a. M. 1967; K. K. Rokossowski, Soldatenpflicht. Erinnerungen eines Frontoberbefehlshabers. 2. Aufl. Berlin (Ost) 1973; S. M. Shtemenko, Im Generalstab. Berlin (Ost) 1970; S. M. Shtemenko, The last six months. New York 1977; G. K. Shukow, Erinnerungen und Gedanken. Stuttgart 1969; W. J. Tschuikow, Anfang des Weges. Berlin (Ost) 1968.

Tschechoslowakei: E. Beneš, Memoirs. From Munich to new war and new victory 1938–1943. London 1954.

Ungarn: N. v. Horthy, Ein Leben für Ungarn. Bonn 1953; P. Gosztony, Miklós von Horthy. Admiral und Reichsverweser. Göttingen 1973.

Vereinigte Staaten: O. N. Bradley, A soldier's story of the Allied campaign from Tunis to the Elbe. London 1951; O. N. Bradley, A general's life. New York 1983; J. F. Byrnes, In aller Offenheit. Frankfurt a.M. 1949; T. Campbell u. G. C. Herring (Hrsg.), The diaries of Edward R. Stettinius jr., 1943–1946. London 1975; M. W. Clark, Mein Weg von Algier nach Wien. Wien 1954; L. D. Clay, Entscheidung in Deutschland. Frankfurt a.M. 1950; J. E. Davies, Als USA-Botschafter in Moskau. Zürich 1943; J. R. Deane, Ein seltsames Bündnis. Wien 1946; D. D. Eisenhower, Kreuzzug in Europa. Amsterdam 1948; D. D. Eisenhower, The papers of Dwight David Eisenhower, hrsg. v. A. D. Chandler, 9 Bde. Baltimore 1971–1978; W. A. Harriman, In geheimer Mission. Stuttgart 1979; C. Hull, The memoirs. New York 1948; W. Krueger, From down under to Nippon. Washington 1953; W. D. Leahy, I was there. New York 1950; D. MacArthur, Reminiscences. New York 1964; R. Murphy, Diplomat unter Kriegern. Berlin 1965; G. S. Patton, Krieg wie ich ihn erlebte. Bern 1950; W. C. Pratt, Cordell Hull, 1933–1944, 2 Bde. New York 1964; F. D. Roosevelt, The Roosevelt letters, Bd. 3, hrsg. v. E. Roosevelt. London 1952; S. J. Rosenman (Hrsg.), The public papers and addresses of Franklin D. Roosevelt, Bd. 1 ff. New York 1941 ff.; R. E. Sherwood, Roosevelt und Hopkins. Hamburg 1950; E. R. Stettinius, Welt in Abwehr. München 1946; J. W. Stilwell, The Stilwell papers, hrsg. v. T. H. White. New York 1948; H. L. Stimson u. B. McGeorge, On active service in peace and war. New York 1948; H. S. Truman, Memoiren, Bd. 1 (1945). Stuttgart 1955; A. C. Wedemeyer, Der verwaltete Krieg. Gütersloh 1960; S. Welles, Seven decisions that shaped history. New York 1951; S. Welles, The time for decision. New York 1944.

Gesamtdarstellungen

Ausgewogene Gesamtdarstellungen des Zweiten Weltkrieges, die neben dem militärischen Aspekt auch politische, ideologische, wirtschaftliche, soziale und technische Fragestellungen berücksichtigen, konnten – um den Erfolg überhaupt zu ermöglichen – nur von Groß-Forschungsprojekten angegangen werden, die in den verschiedenen Ländern in amtlichem Auftrag entstanden oder durch offizielle Stellen gefördert werden, dadurch aber im wesentlichen auch nationalgeschichtlich ausgerichtet bleiben. Das in der Bundesrepublik vom Militärgeschichtlichen Forschungsamt herausgegebene Werk, von dem mittlerweile vier Bände und ein Halbband vorliegen, sucht über die reine Militärgeschichte hinaus dem vielschichtigen Geschehen gerecht zu werden und eine anfänglich stärker hervortretende deutschland- und europabezogene Perspektive durch eine globalere Betrachtungsweise zu ersetzen; es läßt darüber hinaus auch pluralistische Interpretationen durch seine Autoren zu: Militärgeschichtliches Forschungsamt (Hrsg.), Das Deutsche Reich und der Zweite Weltkrieg, Bd. 1: Wilhelm Deist u.a., Ursachen und Voraussetzungen der deutschen Kriegspolitik. Stuttgart 1979, Bd. 2: Klaus A. Maier u.a., Die Errichtung der Hegemonie auf dem europäischen Kontinent. Stuttgart 1979, Bd. 3: Gerhard Schreiber u.a., Der Mittelmeerraum und Südosteuropa. Von der »non belligeranza« Italiens bis zum Kriegseintritt der Vereinigten Staaten. Stuttgart 1984, Bd. 4: Horst Boog u.a., Der Angriff auf die Sowjetunion. Stuttgart 1983, Bd. 5: Bernhard R. Kroener u.a., Organisation und Mobilisierung des deutschen Machtbereichs. Erster Halbband: Kriegsverwaltung, Wirtschaft und personelle Ressourcen 1939–1941. Stuttgart 1988. Das von einem Autorenkollektiv der Akademie der Wissenschaften der DDR erarbeitete Werk: Deutschland im Zweiten Weltkrieg, hrsg. v. W. Schumann, G. Hass u.a., Bd. 1–6. Berlin (Ost) 1974 bis 1985, stellt die Politik der Klassen und den antifaschistischen Kampf in den Mittelpunkt, behandelt die außereuropäischen Ereignisse nur exkursorisch und wird der globalen Verflochtenheit der Vorgänge daher auch in der Interpretation nicht gerecht. Die amtliche britische Darstellung des Krieges behandelt in fast einhundert Bänden die große Strategie, Außenpolitik, den Kampf zur See, in der Luft und zu Lande auf den verschiedenen Kriegsschauplätzen, den militärischen Nachrichtendienst, darüber hinaus die Kriegswirtschaft, Finanzpolitik und das Gesundheitswesen: History of the Second World War (United Kingdom Military series, Civil series, Medical series), London 1952ff.; außerhalb dieser Reihen: L. Woodward, British foreign policy in the Second World War, 5 Bde. London 1970–1976; F. H. Hinsley, British intelligence in the Second World War. Its influence on strategy and operations, 3 Bde. London 1979–1988. Ebenso umfassend und detailliert sind die amtlichen Darstellungen des amerikanischen Heeres (79 Bde), der Streitkräfte des US-Marinekorps und der Luftwaffe: Office of the Chief of Military History Department of the Army (Hrsg.), United States Army in World War II. Washington D. C. 1947ff.; Historical Division, Headquarters, U. S. Marine Corps (Hrsg.), History of U. S. Marine Corps operations in World War II, 5 Bde. Washington D. C. 1958–1971; U. S. Air Force Historical Division (Hrsg.), The Army Air Forces in World War II, 7 Bde. Chicago 1948–1958; sowie die nichtamtliche, aber offiziell anerkannte Geschichte der US-Marine von S. E. Morison, History of United States naval operations in World War II, 15 Bde. Boston 1947–1962. Diese detailliert, äußerst informativ und keineswegs unkritisch verfaßten britischen und amerikanischen Publikationen leiden neben einer meist aus nationalem Blickwinkel stammenden Deutung an einer unzureichenden Verflechtung der in den Einzelbänden behandelten Themen zu einem übersichtlichen Gesamtbild des Zweiten Weltkrieges. Die vom Institut für Marxismus-Leninismus beim Zentralkomitee der Kommunistischen Partei der Sowjetunion von einer Redaktionskommission unter P. N. Pospelow herausgegebene Geschichte des Großen Vaterländischen Krieges der Sowjetunion, deutsche Ausgabe von einem Herausgeberkollektiv unter H. Gossens, 6 Bde. Berlin (Ost) 1962–1968, ist trotz der begrüßenswerten Einbeziehung wirtschaftlicher, gesellschaftlicher, ideologischer und technischer Fragen wegen ihres einseitigen marxistisch-leninistischen Blickwinkels keine ausgewogene Darstellung. Auch die von A. A. Gretschko u.a. herausgegebene Geschichte des Zweiten Weltkrieges, deutsch hrsg. v. H. Hoffmann, 11 Bde. Berlin (Ost) 1975 bis 1985, erfüllt diese Forderung trotz breitgefächerter Anlage nicht. Auch die einschlägige amtliche und halboffizielle Historiographie in Ländern wie Italien, Japan und Australien, die zahlreiche militärgeschichtliche Spezialwerke lieferte, hat keine solche Gesamtdarstellung des Zweiten Weltkrieges hervorgebracht[1], die möglicherweise nur durch ein internationales Forschungsprojekt mit supranationaler Betrachtungsweise verwirklicht werden kann.

An Gesamtdarstellungen im Sinne eines Überblicks über die Ereignisse der Zeit 1939 bis 1945, die nicht auf Großprojekten beruhen und sich daher meist auf die militärischen, strategischen und außenpolitischen Aspekte des Krieges beschränken, seien folgende genannt: R. Cartier, Der Zweite Weltkrieg. 7. Aufl. München 1985; B. Collier, A short history of the Second World War. London 1967; H. G. Dahms, Die Geschichte des Zweiten Weltkriegs. Berlin 1983; G. A. Deborin, Der Zweite Weltkrieg. 2. Aufl. Berlin 1960; R. E. Dupuy, World War II. New York 1969; K. D. Erdmann, Der Zweite Weltkrieg (= Gebhardt, Handbuch der deutschen Geschichte, hrsg. v. H. Grundmann, Bd. 21). München 1980; G. Förster, H. Helmert u. H. Schnitter, Der Zweite Weltkrieg. Militärhistorischer Abriß. 2. Aufl. Berlin 1974; M. Freund, Der Zweite Weltkrieg. Gütersloh 1962; F. C. Fuller, Der Zweite Weltkrieg 1939–1945. Wien 1950; W. Görlitz, Der Zweite Weltkrieg 1939–1945, 2 Bde. Stuttgart 1951/52; L. Gruchmann, Der Zweite Weltkrieg. 9. Aufl. München 1990; K. Hildebrand, Deutsche Außenpolitik 1933–1945. 4. Aufl. Stuttgart 1980; A. Hillgruber, Der Zweite Weltkrieg 1939–1945. 4. Aufl. Stuttgart 1985; B. H. Lidell Hart, Geschichte des Zweiten Weltkrieges. Düsseldorf 1972; H. Michaelis, Der Zweite Weltkrieg. Frankfurt a.M. 1972; H. Michel, Der Zweite Weltkrieg. Berlin 1988; K. v. Tippelskirch, Geschichte des Zweiten Weltkriegs. 2. Aufl. Bonn 1956.

Darstellungen zu Teilbereichen

S. Allard, Stalin und Hitler. Die sowjetische Außenpolitik 1930–1941. Bern 1974; A. Altrichter u. J. Becker (Hrsg.), Kriegsausbruch 1939.

[1] Vgl. dazu generell G. Schreiber, Der Zweite Weltkrieg in der internationalen Forschung. Konzeptionen, Thesen und Kontroversen. In: Der Zweite Weltkrieg. Analysen, Grundzüge, Forschungsbilanz, hrsg. v. W. Michalka. München 1989, S. 3–24.

München 1989; A. Armstrong, Bedingungslose Kapitulation. Wien 1961; Aufstand des Gewissens. Der militärische Widerstand gegen Hitler und das NS-Regime 1933–1945, hrsg. v. Militärgeschichtlichen Forschungsamt. 3. Aufl. Herford 1987.

J. Beaumont, Comrades in arms. British aid to Russia 1941–1945. London 1980; P. Beesly, Very Special Intelligence. Geheimdienstkrieg der britischen Admiralität 1939–1945. Berlin 1978; G. Bergander, Dresden im Luftkrieg. Köln 1977; Bilanz des Zweiten Weltkrieges, hrsg. v. G. Stalling Verlag. Oldenburg 1953; W. Birkenfeld, Der synthetische Treibstoff 1933–1945. Ein Beitrag zur nationalsozialistischen Wirtschafts- und Rüstungspolitik. Göttingen 1964; H. Böhme, Der deutsch-französische Waffenstillstand im Zweiten Weltkrieg. Stuttgart 1966; H. Bonatz, Seekrieg im Äther. Die Leistungen der Marine-Funkaufklärung 1939–1945. Herford 1981; H. Boog, Die deutsche Luftwaffenführung 1935–1945. Stuttgart 1982; D. Brandes, Großbritannien und seine osteuropäischen Alliierten 1939–1943. München 1988; D. Brandes, Die Tschechen unter deutschem Protektorat, 2 Bde. München 1969 u. 1975; M. Broszat, Nationalsozialistische Polenpolitik 1939 bis 1945. Stuttgart 1961; A. Buchner, Der deutsche Griechenland-Feldzug. Heidelberg 1957; R. D. Buhite, Decisions at Yalta. Wilmington, Del., 1986; R. J. C. Butow, Japan's decision to surrender. Stanford 1954.

W. Carr, Von Polen bis Pearl Harbor. Hamburg 1987; B. Collier, The war in the Far East 1941–1945. London 1969; J. Costello u. T. Hughes, Atlantikschlacht. Der Krieg zur See 1939–1945. Bergisch Gladbach 1978.

A. Dallin, Deutsche Herrschaft in Rußland 1941–1945. Düsseldorf 1958; F. W. Deakin, Die brutale Freundschaft. Berlin 1964; D. S. Detwiler, Hitler, Franco und Gibraltar. Wiesbaden 1962.

D. Eichholtz, Geschichte der deutschen Kriegswirtschaft 1939–1945, Bd. 1: 1939–1941. Berlin (Ost) 1969; E. Engle u. L. Paananen, The Winter War. Boulder 1985; Entscheidungsschlachten des Zweiten Weltkrieges, hrsg. v. H.-A. Jacobsen u. J. Rohwer. Frankfurt a. M. 1960; J. Erickson, Stalin's war with Germany, Bd. 1 u. 2. London 1975 u. 1983; European resistance movements 1939–1945, Bd. 1 u. 2. Oxford 1960 u. 1964 (Berichte internationaler Konferenzen 1958 u. 1961).

P. W. Fabry, Der Hitler-Stalin-Pakt 1939–1941. Darmstadt 1962; F. Federau, Der Zweite Weltkrieg. Seine Finanzierung in Deutschland. Tübingen 1962; H. Feis, Churchill, Roosevelt, Stalin. The war they waged and the peace they sought. Princeton 1957; ders., The road to Pearl Harbor. Princeton 1950; ders., Zwischen Krieg und Frieden. Das Potsdamer Abkommen. Frankfurt a. M. 1962; A. Fischer, Sowjetische Deutschlandpolitik im Zweiten Weltkrieg 1941–1945. Stuttgart 1975; I. Fleischhauer, Die Chance des Sonderfriedens. Deutsch-sowjetische Geheimgespräche 1941–1945. Berlin 1986; M. R. D. Foot, Resistance. An analysis of European resistance to Nazism 1940–1945. London 1976; F. Forstmeier u. H.-E. Volkmann (Hrsg.), Wirtschaft und Rüstung am Vorabend des Zweiten Weltkrieges. Düsseldorf 1975; dies. (Hrsg.), Kriegswirtschaft und Rüstung 1939–1945. Düsseldorf 1977; N. Frei u. H. Kling (Hrsg.), Der nationalsozialistische Krieg. Frankfurt a. M., New York 1990; Die Funkaufklärung und ihre Rolle im Zweiten Weltkrieg, hrsg. v. J. Rohwer u. E. Jäckel. Stuttgart 1979.

D. Graham, Tug of war. The battle for Italy, 1943–1945. London 1986; H. Graml, Europas Weg in den Krieg. Hitler und die Mächte 1939. München 1990; H. Greiner, Die oberste Wehrmachtführung 1939–1943. Wiesbaden 1951.

R. Hansen, Das Ende des Dritten Reiches. Stuttgart 1966; M. Hastings, Overlord. London 1984; ders., Victory in Europe. D-Day to V-E-Day. London 1985; L. Herbst, Der Totale Krieg und die Ordnung der Wirtschaft. Stuttgart 1982; P. Herde, Pearl Harbor, 7. Dezember 1941. Darmstadt 1980; A. Hillgruber (Hrsg.), Probleme des Zweiten Weltkrieges. Köln 1967; ders. (Hrsg.), Die Zerstörung Europas. Beiträge zur Weltkriegsepoche 1914–1945. Berlin 1988; ders., Hitler, König Carol u. Marschall Antonescu. 2. Aufl. Wiesbaden 1965; ders., Hitlers Strategie, Politik und Kriegführung 1940/41. 2. Aufl. München 1982; G. Hirschfeld, Fremdherrschaft und Kollaboration. Die Niederlande unter deutscher Besatzung 1940–1945. Stuttgart 1984; K. Hnilicka, Das Ende auf dem Balkan 1944/45. Göttingen 1970; H. D. Hölsken, Die V-Waffen. Stuttgart 1984; W. Hofer, Die Entfesselung des Zweiten Weltkrieges. 3. Aufl. Frankfurt a. M. 1964; P. Hoffmann, Widerstand, Staatsstreich, Attentat. 4. Aufl. München 1985; E. M. Howell, The Soviet partisan movement 1941–1944. Washington 1956; W. Hubatsch, »Weserübung«. 2. Aufl. Göttingen 1960.

A. Iriye, The origins of the Second World War in Asia and the Pacific. London 1987; D. Irving, Hitlers Krieg. Die Siege 1939–1942. München 1983.

H.-A. Jacobsen, Deutsche Kriegführung 1939–1945, Hannover 1962; ders., Fall Gelb. Der Kampf um den deutschen Operationsplan zur Westoffensive 1940. Wiesbanden 1957; W. Jacobmeyer, Heimat und Exil. Die Anfänge der polnischen Untergrundbewegung im Zweiten Weltkrieg. Hamburg 1973; E. Jäckel, Frankreich in Hitlers Europa. Stuttgart 1966; G. Janssen, Das Ministerium Speer. Deutschlands Rüstung im Krieg. Berlin 1968; F. C. Jones, Japan's New Order in East Asia. London 1954; R. V. Jones, Most Secret War. London 1978; H. Jung, Die Ardennen-Offensive 1944/45. Göttingen 1971; D. Junker, Kampf um die Weltmacht. Die USA und das Dritte Reich 1933–1945. Düsseldorf 1988.

M. Kehrig, Stalingrad. Analyse und Dokumentation einer Schlacht. Stuttgart 1974; G. F. Kennan, American diplomacy 1900–1950. Chicago 1952; E. Kieser, »Unternehmen Seelöwe«. Esslingen 1987; K. Klee, Das Unternehmen »Seelöwe«. Göttingen 1958; E. Kordt, Wahn und Wirklichkeit. Stuttgart 1948; H. v. Krannhals, Der Warschauer Aufstand 1944. Frankfurt a. M. 1962; E. Krautkrämer, Frankreichs Kriegswende 1942. Frankfurt a.M. 1989; K. Kwiet, Reichskommissariat Niederlande. Stuttgart 1968.

J. Laloy, Yalta. Paris 1988; W. L. Langer u. E. Gleason, The challenge to isolation 1937–1940. The undeclared war 1940/41. New York 1952/53; G. A. Lensen, The strange neutrality. Soviet-Japanese relations during the Second World War, 1941–1945. Tallahassee, Fla. 1972; P. Leverkühn, Der geheime Nachrichtendienst der deutschen Wehrmacht im Kriege. Frankfurt a.M. 1957; R. Lewin, Entschied ULTRA den Krieg? Koblenz 1981; B. H. Lidell Hart (Hrsg.), Die Rote Armee. Bonn 1956; ders., Die Strategie einer Diktatur. Zürich 1949; F. F. Liu, A military history of modern China 1924–1949. Princeton 1956; N. Longmate, The bombers. The RAF offensive against Germany. London 1983; H.-D. Loock, Quisling, Rosenberg und Terboven. Zur Vorgeschichte und Geschichte der nationalsozialistischen Revolution in Norwegen. Stuttgart 1970.

C. B. MacDonald, The Battle of the Bulge. London 1984; K. Mammach, Der Volkssturm. Köln 1981; W. Marienfeld, Konferenzen über Deutschland. Hannover 1962; K. Macksey, The partisans of Europe in World War II. London 1975; B. Mark, Der Aufstand im Warschauer Ghetto. 3. Aufl. Berlin 1959; B. Martin, Deutschland und Japan im Zweiten Weltkrieg. Göttingen 1969; ders., Friedensinitiativen und Machtpolitik im Zweiten Weltkrieg 1939–1942. Düsseldorf 1974; W. H. McNeill, America, Britain and Russia. London 1953; M. Menger, Deutschland und Finnland im Zweiten Weltkrieg. Berlin 1988; W. Michalka (Hrsg.), Der Zweite Weltkrieg. Analysen, Grundzüge, Forschungsbilanz. München 1989; A. S. Milward, Die deutsche Kriegswirtschaft 1939–1945. Stuttgart 1966; ders., Der Zweite Weltkrieg. Krieg, Wirtschaft und Gesellschaft 1939–1945. München 1977; G. Moltmann, Amerikas Deutschlandpolitik im Zweiten Weltkrieg. Heidelberg 1958; B. Müller-Hillebrand, Germany and its allies in World War II. Frederick, Md., 1980; T. Munch-Petersen, The strategy of phoney war. Stockholm 1981.

Nacht über Europa. Die Okkupationspolitik des deutschen Faschismus 1938–1945, hrsg. v. W. Schumann u. L. Nestler, Bd. 1ff. Köln 1988ff.; L. Neumann, Making the peace 1941–1945. Washington 1950.

E. Oberländer, Hitler-Stalin-Pakt 1939. Das Ende Ostmitteleuropas? Frankfurt a.M. 1989; D. Ose, Entscheidung im Westen 1944. Stuttgart 1982; R. J. Overy, The air war 1939–1945. London 1987.

A Philippi u. F. Heim, Der Feldzug gegen Sowjetrußland 1941–1945. Stuttgart 1962.

K. Reinhardt, Die Wende vor Moskau. Stuttgart 1972; G. Reitlinger, Die Endlösung. Berlin 1987; H. Rentsch, Partisanenkampf. Frankfurt a.M. 1961; R. G. Reuth, Entscheidung im Mittelmeer. Koblenz 1985; W. R. Roberts, Tito, Mihailović and the Allies 1941–1945. New Brunswick 1973; L.-E. Roulet (Hrsg.), Les États neutres européens et la Seconde Guerre mondiale. Neuchâtel 1985; F. Ruge, Entscheidung im

Pazifik. 3. Aufl. Hamburg 1961; H. Rumpf, Das war der Bombenkrieg. Hamburg 1961.

K. Sainsbury, The turning point. Roosevelt, Stalin, Churchill, and Chiang Kai-shek, 1943. Oxford 1987; M. Salewski, Die deutsche Seekriegsleitung 1935–1945, Bd. 1–3. Frankfurt a. M. 1970–1975; W. Schlauch, Rüstungshilfe der USA an die Verbündeten im Zweiten Weltkrieg. Darmstadt 1967; B. P. Schröder, Deutschland und der Mittlere Osten im Zweiten Weltkrieg. Göttingen 1975; A. Seaton, Der russisch-deutsche Krieg 1941–1945. Frankfurt a. M. 1973; P. de Senarclens, Yalta. New Brunswick 1988; H. Seton-Watson, Die Osteuropäische Revolution. München 1956; G. A. Sheppard, The Italian campaign, 1943–1945. New York 1968; M. Shulman, Die Niederlage im Westen. Gütersloh 1949; J. L. Snell (Hrsg.), The meaning of Yalta. Baton Rouge 1956; Sommer 1939. Die Großmächte und der Europäische Krieg, hrsg. v. W. Benz u. H. Graml. Stuttgart 1979; M. K. Sorge, The other price of Hitler's war. German military and civilian losses resulting from World War II. New York 1986.

C. C. Tansill, Die Hintertür zum Kriege. Düsseldorf 1957; G. Thomas, Geschichte der deutschen Wehr- und Rüstungswirtschaft (1918 bis 1943/45), hrsg. v. W. Birkenfeld. Boppard a. Rh. 1966; A. u. V. M. Toynbee, Hitler's Europe. Oxford 1954; H. R. Trevor-Roper, Hitlers letzte Tage. 3. Aufl. Frankfurt a. M. 1973; A. Tyrell, Großbritannien und die Deutschlandplanung der Alliierten, 1941–1945. Frankfurt a. M. 1987.

G. R. Ueberschär, Hitler und Finnland 1939–1941. Wiesbaden 1978; G. R. Ueberschär u. W. Wette (Hrsg.), Unternehmen »Barbarossa«. Berichte, Analysen, Dokumente. Paderborn 1984.

A. Verrier, Bomberoffensive gegen Deutschland 1939–1945. Frankfurt a. M. 1970; Vollmacht des Gewissens, Bd. 1 u. 2. Frankfurt a. M. 1960 u. 1965; N. v. Vormann, Der Feldzug in Polen 1939. Weißenburg 1958.

R. Wagenführ, Die deutsche Industrie im Kriege 1939–1945. 2. Aufl. Berlin 1963; W. Wagner, Belgien in der deutschen Politik während des Zweiten Weltkrieges. Boppard a. Rh. 1974; Th. Weber, Die Luftschlacht um England. Wiesbaden 1956; G. L. Weinberg, Germany and the Soviet Union 1939–1941. Leiden 1954; A. Werth, Rußland im Kriege 1941–1945. München 1965; Ch. Wilmot, Der Kampf um Europa. Frankfurt a. M. 1954.

A. L. Zapantis, Hitler's Balkan campaign and the invasion of the USSR. New York 1987; E. Zeller, Geist der Freiheit. Der zwanzigste Juli. 4. Aufl. München 1963.

Die Forschungsdiskussion zum Ausbruch des Zweiten Weltkrieges ist bereits in einem anderen Band dieser Reihe[2] ausführlich dargelegt worden und kann hier auf das Wesentliche beschränkt bleiben. Sowohl die von A. J. P. Taylor[3] vertretene These, daß der lediglich mit Bluff und Drohungen arbeitende »Revisionspolitiker« Hitler nur durch politisch-diplomatische »Schnitzer« aller Beteiligten, sozusagen durch einen »Unfall« in einen der üblichen europäischen Kriege geraten sei, wie auch der von D. L. Hoggan[4] durch eine willkürliche Behandlung der Quellen gekennzeichnete apologetische Versuch, Hitler als friedliebend und verständigungsbereit hinzustellen und dem englischen Außenminister Halifax die Schuld am Kriege zuzuschreiben, wurde von der seriösen Zeitgeschichtsforschung mit fundierten Argumenten zurückgewiesen[5]. Diese geht davon aus, daß Hitler von Anfang an programmatische außen- und rassenpolitische Vorstellungen durch das Mittel der Gewalt zu verwirklichen suchte. Die schon 1954 durch W. Hofer[6] erfolgte Kennzeichnung der Kriegsursache als »Entfesselung« des Krieges durch Hitler wird daher bis heute von der internationalen Forschung nicht ernsthaft in Zweifel gezogen. Sie wird durch die jüngste Darstellung von H. Graml[7], die anhand bislang nicht zugänglicher polnischer Akten erstmals auch ein klares Bild der Politik Warschaus und neue Aspekte sowohl zum deutsch-italienischen Verhältnis wie auch zu den deutsch-sowjetischen Verhandlungen im Jahre 1939 bringt, vollauf bestätigt.

Die von T. W. Mason[8] aufgestellte These, daß Hitler 1939 aufgrund einer wirtschaftlichen und sozialen Krise des Regimes zur »Flucht nach vorn«, d.h. zum Angriffskrieg getrieben worden sei, wurde überwiegend, u.a. von H. A. Winkler[9] und K. Hildebrand[10], kritisiert und

[2] B.-J. Wendt, Großdeutschland. Außenpolitik und Kriegsvorbereitung des Hitler-Regimes. München 1987 (dtv 4518).

[3] A. J. P. Taylor, Die Ursprünge des Zweiten Weltkrieges. Gütersloh 1962.

[4] D. L. Hoggan, Der erzwungene Krieg. Tübingen 1961.

[5] Vgl. G. Jasper, Über die Ursachen des Zweiten Weltkrieges. Zu den Büchern v. A. J. P. Taylor u. David L. Hoggan. In: Vierteljahrshefte für Zeitgeschichte (VfZ) 10 (1962), S. 311–340, und H. Graml, David L. Hoggan und die Dokumente. VfZ Sonderdruck Stuttgart 1963.

[6] W. Hofer, Die Entfesselung des Zweiten Weltkrieges (1954). 3. neubearb. Aufl. Frankfurt a. M. 1964.

[7] H. Graml, Europas Weg in den Krieg. München 1990.

[8] T. W. Mason, Arbeiterklasse und Volksgemeinschaft. Dokumente und Materialien zur deutschen Arbeiterpolitik 1936–1939. Düsseldorf 1975; ders., Sozialpolitik im Dritten Reich. Arbeiterklasse und Volksgemeinschaft. Opladen 1977.

[9] H. A. Winkler, Vom Mythos der Volksgemeinschaft. In: Archiv für Sozialgeschichte 17 (1977), S. 484 ff.

[10] K. Hildebrand, Das Dritte Reich. 2. Aufl. München 1980, mit weiteren Nachweisen.

abgelehnt. Demgegenüber hat die These von W. Carr[11], daß Hitler zum Kriege drängte, weil er befürchtete, Zeit und damit den Rüstungsvorsprung gegenüber den anderen Mächten zu verlieren, allgemein Aufnahme gefunden[12]. Die Frage, ob Hitler den Krieg unter diesen »Zwängen« im Sommer 1939 auch dann begonnen hätte, wenn der Pakt mit Stalin vom 23. August nicht zustande gekommen wäre, ist rein spekulativer Natur. Daß der Pakt für Hitlers Entscheidung zum Angriff auf Polen eine wesentliche Rolle spielte, ist unbestritten. Solange die sowjetischen Archivquellen unzugänglich bleiben – ein Zustand, der sich hoffentlich im Zeichen von »Glasnost« ändern wird – können Stalins Motive für den Paktabschluß nur indirekt erschlossen werden. Die sowjetische Geschichtsschreibung hielt bis 1987 an der offiziellen Version fest, daß der Versuch der Westmächte, Deutschland und die Sowjetunion gegeneinander in den Krieg zu hetzen, Stalin keine andere Wahl gelassen habe, als Hitlers Vertragsangebot anzunehmen, um einen von den Westmächten geduldeten deutschen Angriff auf die Sowjetunion zu verhindern bzw. aufzuschieben; sie lastete den Westmächten die alleinige Verantwortung dafür an, daß 1939 die »Große Allianz« zwischen ihnen und der Sowjetunion nicht zustande kam, die allein Hitler vom Überfall auf Polen abgehalten hätte[13].

In diesem Zusammenhang verwarfen die sowjetischen und in ihrem Gefolge die DDR-Historiker das aus den sowjetischen Akten verschwundene, aber in den deutschen Akten nachgewiesene geheime Zusatzprotokoll zum deutsch-sowjetischen Vertrag über die Aufteilung Ostmitteleuropas jahrzehntelang als westliche Fälschung, bis 1988 die innersowjetische Diskussion über die bisherige offizielle Version begann und auf der Tagung des Militärhistorischen Instituts in Moskau im September 1988 die Existenz des Geheimabkommens als Tatsache anerkannt wurde[14]. Die gegenüber dem bisherigen sowjetischen Standpunkt von A. Hillgruber[15] vertretene Interpretation der Reaktion Stalins auf die Konstellation im Jahre 1939 – die von R. C. Tucker[16] und S.

[11] W. Carr, Rüstung, Wirtschaft und Politik am Vorabend des Zweiten Weltkrieges. In: W. Michalka (Hrsg.), Nationalsozialistische Außenpolitik. Darmstadt 1978, S. 437ff.

[12] Vgl. J. Dülffer, Der Beginn des Krieges 1939. Hitler, die innere Krise und das Mächtesystem. In: Geschichte und Gesellschaft 2 (1976) 4, S. 443ff.

[13] Vgl. W. G. Truchanowski (Hrsg.), Geschichte der internationalen Beziehungen 1917–1939. Berlin (Ost) 1963.

[14] Vgl. den bei E. Oberländer (Hrsg.), Hitler-Stalin-Pakt 1939. Das Ende Ostmitteleuropas? Frankfurt a.M. 1989, S. 114, zitierten Bericht.

[15] A. Hillgruber, Der Hitler-Stalin-Pakt und die Entfesselung des Zweiten Weltkrieges. Situationsanalyse und Machtkalkül der beiden Pakt-Partner, zuletzt in: ders. (Hrsg.), Die Zerstörung Europas. Berlin 1988.

[16] R. C. Tucker, The emergence of Stalin's foreign policy. In: Slavic Review 36 (1977).

Allard[17] mit der Vorstellung von einer Langzeitstrategie Stalins verbunden wird – wurde von der internationalen Forschung allgemein akzeptiert: Daß sich Stalin 1939 keineswegs in einer Zwangslage befand und mit einer Entscheidung für den Paktabschluß das Ziel verfolgte, indirekt den Krieg zwischen den »imperialistischen« Mächtegruppen auszulösen, um die latent befürchtete Einkreisung des einzigen sozialistischen Staates zu verhindern, die Sowjetunion vom Kriege fernzuhalten und in seiner erschöpfenden Schlußphase – nach unterdessen erfolgter Aufrüstung – das eigene Gewicht in die Waagschale werfen und die Ausbreitung der sozialistischen Revolution fördern zu können. Die extreme Behauptung von E. Topitsch[18], daß Stalin Hitler im Rahmen der langfristigen Sowjetstrategie zur Unterwerfung der »kapitalistischen« Welt regelrecht instrumentalisiert und als Werkzeug benutzt habe, beruht lediglich auf gewagter Spekulation unter Nichtbeachtung vorliegender Forschungsergebnisse. H. G. Seraphim[19] vertrat aufgrund unzureichender Quellenbasis schon früh die These, daß Hitlers Überfall auf die Sowjetunion vom 22. Juni 1941 ein »Präventivkrieg« gewesen sei; sie fand jedoch kaum Beachtung und wurde von ihm spätestens 1954 aufgegeben.

Kontrovers blieb in der Folgezeit die Diskussion über den Zeitpunkt der Entschlußfassung Hitlers zum Angriff und seine Motive. G. L. Weinberg[20] sieht diesen Zeitpunkt im Sommer 1940, als Hitler Rückenfreiheit auf dem europäischen Kontinent erreicht zu haben meinte, um sein programmatisches Ziel der Errichtung eines deutschen »Lebensraum-Imperiums« im Frühjahr 1941 angehen und mit der Erledigung des letzten britischen »Festlanddegens« zugleich England zur Aufgabe des Kampfes bewegen zu können. Dagegen wandten Seraphim und Hillgruber[21] ein, daß Hitler 1940 einen Krieg mit der Sowjetunion durch eine Regelung auf politisch-diplomatischer Ebene noch zu vermeiden gesucht und sich erst zum Angriff entschlossen habe, als dieser Versuch bei den Besprechungen mit Molotow im November scheiterte. Hier wie auch bei P. W. Fabry erscheint Hitler nicht als Verfechter einer langfristigen programmatischen Zielsetzung, vielmehr als ein auf die Situation reagierender Politiker[22]. Hillgruber[23] hat später seine The-

[17] S. Allard, Stalin und Hitler. Die sowjetische Außenpolitik 1930–1941. Bern 1974.

[18] E. Topitsch, Stalins Krieg. Die sowjetische Langzeitstrategie gegen den Westen als rationale Machtpolitik. München 1985.

[19] H. G. Seraphim, Die deutsch-russischen Beziehungen. Hamburg 1949.

[20] G. L. Weinberg, Germany and the Soviet Union 1939–1941. Leiden 1954.

[21] A. Hillgruber u. H. G. Seraphim, Hitlers Entschluß zum Angriff auf Rußland. In: VfZ 2 (1954), S. 240ff.

[22] P. W. Fabry, Der Hitler-Stalin-Pakt 1939–1941. Darmstadt 1962. Vgl. dazu die grundsätzliche Kontroverse, ob Hitler in der Außenpolitik ein prinzipienloser Opportunist gewesen sei, der die jeweilige Situation machiavellistisch zur Machterweiterung ausnutzte (A. Bullock, Hitler. Eine Studie über Tyrannei, überarb. Neuausgabe. Düsseldorf 1971) – eine These, die kaum mehr dem For-

se dahingehend ausgebaut, daß Hitler im Sommer 1940 als »weltpolitische Zwischenlösung« einen auf politisch-diplomatischem Wege zu schaffenden antibritischen »Kontinentalblock« unter Einschluß der Sowjetunion anstrebte, um England die Aussichtslosigkeit einer Fortführung des Kampfes vor Augen zu führen: Das erzwungene Einlenken Englands sollte für Hitler die ideale Ausgangsposition für seinen – nunmehr auch von Hillgruber als feststehendes Ziel Hitlers angesehenen – Eroberungszug gegen die Sowjetunion zur Errichtung des deutschen »Kontinentalimperiums« schaffen. Erst nachdem sich diese »Zwischenlösung« bei den Berliner Gesprächen mit Molotow im November 1940 als unerreichbar erwies, habe sich Hitler endgültig zum Feldzug gegen die Sowjetunion entschlossen, der nunmehr als »Weltblitzkrieg« (Hillgruber) geführt werden sollte, ehe sich die amerikanische Unterstützung Englands durch das Eingreifen der USA in den Konflikt auswirkte.

Während Hillgruber die Deutung von Hitlers Angriff als einen Präventivschlag ablehnt und der britische Experte für sowjetische Militärgeschichte J. Erickson[24] die These von einer Angriffsabsicht der Sowjets 1941 mit einer Fülle von Material widerlegt, ist die Präventivkriegsthese neuerlich wieder aufgelebt. Die Behauptung von V. Suwarow – unter dessen Pseudonym sich ein oder mehrere Offiziere des sowjetischen militärischen Geheimdienstes verbergen, die sich Anfang der achtziger Jahre nach England absetzten –, Stalin habe Deutschland am 6. Juli 1941 angreifen wollen, stützt sich lediglich auf zum Teil unrichtig wiedergegebene Zitate aus bekannten Erinnerungen sowjetischer Militärs und eine willkürliche Interpretation der schon von Erickson und anderen dargestellten Dislozierung der sowjetischen Streitkräfte vom Frühjahr 1941, ohne neues Material in die Diskussion einzuführen[25]. Auch die Schlußfolgerung von J. Hoffmann, daß Hitler im Sommer 1941 die letzte Gelegenheit hatte, dem beabsichtigten Angriff Stalins im Jahre 1942 durch einen Präventivschlag zuvorzukommen, steht im Widerspruch zu den Beiträgen seiner Mitautoren aus

schungsstand entspricht –, oder ob er zielgerichtet und kontinuierlich sein Endziel verfolgte, durch die Eroberung von Lebensraum im europäischen Rußland ein Kontinentalimperium aufzubauen und damit eine deutsche Weltmacht-Stellung zu erringen (H. R. Trevor-Roper, Hitlers Kriegsziele. In: VfZ 8 (1960), S. 121 ff.; unter Betonung der für Hitlers Außenpolitik konstitutiven rassenpolitischen Komponente: E. Jäckel, Hitlers Weltanschauung. Entwurf einer Herrschaft. Tübingen 1969).

[23] A. Hillgruber, Hitlers Strategie. Politik und Kriegführung 1940/41. Koblenz 1965, 2. Aufl. 1982.

[24] J. Erickson, Stalin's war with Germany, Bd. 1. London 1975.

[25] V. Suwarow, Der Eisbrecher. Stuttgart 1989. Vgl. dazu die überzeugende Kritik von G. Gorodetsky, Stalin und Hitlers Angriff auf die Sowjetunion. Eine Auseinandersetzung mit der Legende vom deutschen Präventivschlag. In: VfZ 37 (1989), S. 645 ff.

dem Militärgeschichtlichen Forschungsamt im nämlichen Band[26] und ist in der Forschung singulär geblieben: Sie beruht neben der eigenwilligen Interpretation bereits bekannter Fakten auf den damaligen Aussagen sowjetischer Kriegsgefangener, Wlassow-Leuten und Emigranten, die als fragwürdige Quelle angesehen werden. Diesem gegenwärtigen »Interpretationspluralismus« wird wohl erst ein Ende gesetzt werden können, wenn die Moskauer Archive geöffnet und möglicherweise über Stalins Absichten genauere Kenntnisse zu erhalten sein werden.

Wie über den Ausbruch des Krieges 1939 und des deutsch-sowjetischen Krieges 1941 entwickelte sich in der historischen Forschung auch eine Kontroverse über den durch Pearl Harbor ausgelösten Beginn des Pazifikkrieges. Sie entsprang der isolationistischen Opposition gegen Roosevelt, die sich in der amerikanischen Geschichtsschreibung als »revisionistische« Richtung ausprägte und dem Präsidenten nachweisen zu können glaubte, daß er den Krieg aus persönlichen, innenpolitischen und wirtschaftlichen Motiven gesucht habe, obwohl die amerikanische Sicherheit durch die Expansion der Dreierpakt-Mächte nicht bedroht gewesen sei. Mit dieser Behauptung stützten die »Revisionisten« das schon von den Nationalsozialisten gezeichnete Bild des Präsidenten als »Kriegstreiber«[27] zumindest partiell. Während die militärische Seite des Kriegsbeginns, d.h. die Vorbereitung und Durchführung des japanischen Überfalls und die amerikanische Abwehr, durch die Darstellung von S. E. Morison[28] unter Einbeziehung japanischer Quellen schon zeitig als abschließend geklärt galt, wurde dagegen die politisch-diplomatische Vorgeschichte dieses Krieges unterschiedlich interpretiert und die Frage nach der Verantwortung für die Katastrophe der

[26] J. Hoffmann, Die Sowjetunion bis zum Vorabend des deutschen Angriffs. In: Das Deutsche Reich und der Zweite Weltkrieg, Bd. 4. Stuttgart 1983. Vgl. dazu außerdem auch die Entgegnungen der Mitautoren G. R. Ueberschär v. 31. 10. 1986 und R.-D. Müller v. 10. 11. 1986 auf den Leserbrief Hoffmanns v. 16. 10. 1986 in der Frankfurter Allgemeinen Zeitung; ferner G. R. Ueberschär u. W. Wette (Hrsg.), »Unternehmen Barbarossa«. Der deutsche Überfall auf die Sowjetunion 1941. Berichte, Analysen, Dokumente. Paderborn 1984, S. 276.

[27] Zu der nach 1941 von deutscher Seite aufgestellten Behauptung, Roosevelt habe 1939 die Westmächte durch Versprechungen in den Krieg getrieben und sei damit der eigentliche Urheber des Krieges, die sich angeblich auf in den europäischen Hauptstädten erbeutete Dokumente stützte, vgl. W. Frhr. v. Rheinbaben, Kurzgefaßte politische Geschichte des Krieges 1939–1942. Berlin 1942; H.-H. Dieckhoff, Zur Vorgeschichte des Roosevelt-Krieges. Berlin 1943. Der neuerliche Versuch von J. Lukacs, Die Entmachtung Europas. Der letzte europäische Krieg 1939–1941. Stuttgart 1978, dem angeblich unter jüdischem Einfluß stehenden Roosevelt unter Verwendung dieser Dokumente eine Teilverantwortung für den Kriegsausbruch 1939 zuzuschreiben, wurde mit dem stichhaltigen Argument zurückgewiesen, daß Roosevelt 1939 angesichts der vorherrschenden isolationistischen Einstellung im amerikanischen Volk und Senat für die Verfolgung einer solchen Politik gar keine realen Möglichkeiten gehabt habe.

[28] S. E. Morison, History of the United States naval operations in World War II, Bd. 3. Boston 1948.

amerikanischen Pazifikflotte in Pearl Harbor verschieden beantwortet. Für die These, daß Roosevelt von diesem japanischen Überfall vorher gewußt, ihn provoziert und die Warnung der Befehlshaber in Hawaii bewußt unterlassen habe, um das amerikanische Volk auf diesem Wege in den Krieg zu führen, wählte der Journalist G. Morgenstern[29] aus dem vorliegenden Material einseitig passende Stellen aus, behielt fatalerweise aber die äußere Technik wissenschaftlicher Darstellung bei. Auch der Historiker C. A. Beard[30], der Roosevelt vorwirft, unter Verletzung der amerikanischen Verfassung die Japaner in die Lage »manövriert« zu haben, den ersten Schuß abzugeben, und der von starker »Anti-Roosevelt«-Einstellung geprägte C. C. Tansill[31] gingen mit isolationistischer Voreingenommenheit an die Quellen heran. Ex-Admiral R.-A. Theobald[32] sucht als Verteidiger des gerügten Befehlshabers der Pazifikflotte, Admiral Kimmel, Roosevelt für die Katastrophe von Pearl Harbor verantwortlich zu machen. Weitere revisionistische Autoren sind: W. H. Chamberlin, F. R. Sanborn und H. E. Barnes[33].

Auch in der deutschen Geschichtsschreibung wurden ihre Thesen vertreten[34]. Demgegenüber weisen die Vertreter des »Regularismus«, zu denen die Mehrzahl der bekannten amerikanischen Historiker gehört, diese Thesen zurück und gelangen zu einer positiven Darstellung der Politik Roosevelts. Die wichtigsten sind: W. Millis, H. Feis, der schwerpunktmäßig die politisch-diplomatischen Beziehungen zwischen Japan und den USA 1937–1941 untersucht, und B. Rauch[35], des-

[29] G. Morgenstern, Pearl Harbor. Boston 1947.

[30] C. A. Beard, Roosevelt and the coming of the war 1941. New Haven, Ct. 1948.

[31] C. C. Tansill, Back door to war. Chicago 1952; deutsch: Die Hintertür zum Kriege. Düsseldorf 1957.

[32] R.-A. Theobald, The final secret of Pearl Harbor. New York 1954.

[33] W. H. Chamberlin, America's second crusade. Chicago 1950; deutsch: Amerikas Zweiter Kreuzzug. Bonn 1952; F. R. Sanborn, Design for war. New York 1951; H. E. Barnes (Hrsg.), Perpetual war for perpetual peace. Caldwell 1953; deutscher Auszug mit einem den politischen Zweck der Veröffentlichung kennzeichnenden Vorwort von H. Grabert: Entlarvte Heuchelei. Wiesbaden 1961.

[34] Vgl. J. Engel, Pearl Harbor und der Eintritt der Vereinigten Staaten in den Zweiten Weltkrieg. In: K. E. Born (Hrsg.), Historische Forschungen und Probleme. Wiesbaden 1961.

[35] W. Millis, This is Pearl. New York 1947; H. Feis, The road to Pearl Harbor. Princeton 1950; B. Rauch, Roosevelt. From Munich to Pearl Harbor. New York 1950. Darüber hinaus: F. Flagg Bemis, T. A. Bailey, D. Perkins, A. Nevins, S. E. Morison, R. Bartlett, J. Pratt, G. Craig und C. Griffin. Zur Kontroverse zwischen den beiden Richtungen vgl. den Forschungsbericht von E. C. Murdock, Zum Eintritt der Vereinigten Staaten in den Zweiten Weltkrieg. In: VfZ 4 (1956), S. 93 ff.; F. Wagner, Geschichte und Zeitgeschichte. Pearl Harbor im Kreuzfeuer der Forschung. In: Historische Zeitschrift 183 (1957), S. 303 ff.; J. Rohwer, Die Pearl-Harbor-Frage in der historischen Forschung. In: A. Hillgruber (Hrsg.), Probleme des Zweiten Weltkrieges. Köln 1967, S. 119 ff.

sen Buch allerdings in der Pearl-Harbor-Frage an der speziellen Auseinandersetzung mit den Kontrahenten Morgenstern und Beard leidet. Als bisher umfassendste und ausgewogenste Darstellung zu diesem Problem kommt die sich gegenüber den anderen Untersuchungen auch in der Pearl-Harbor-Frage durch Unvoreingenommenheit auszeichnende Arbeit der beiden Historiker W. L. Langer und S. E. Gleason zu dem Schluß, daß Roosevelt und seine militärischen Berater dem japanischen Angriff auf Pearl Harbor keinesfalls bewußt Vorschub leisteten und daß sie aufgrund der ihnen vorliegenden geheimen Informationen nachweisbar mit einem bevorstehenden Angriff auf Thailand, Malaya, Borneo oder die Philippinen, nicht dagegen mit einem Überfall auf Pearl Harbor rechneten[36]. Die »revisionistische« Schule verkümmerte wissenschaftlich nach dem Rückgang des Isolationismus in den USA und wurde durch die »neurevisionistische« Schule wie z. B. der marxistisch inspirierten Gruppe um W. A. Williams[37] abgelöst, die Roosevelts Außenpolitik von der ökonomischen Basis her betrachtet und kritisiert.

Hitlers Motive für die Kriegserklärung an die USA am 11. Dezember 1941, die den deutschen Interessen zuwiderlief und von Realitätsverlust zeugt, sind von der Forschung angesichts der unzureichenden Quellenlage nur hypothetisch und unterschiedlich gedeutet worden. Während R. G. L. Waite[38] Hitler einen unbewußten Drang nach Selbstzerstörung unterstellt, E. Kordt[39] Prestigegründe und die Furcht vor der niederschmetternden Wirkung einer späteren amerikanischen Kriegserklärung beim deutschen Volk annimmt, Langer und Gleason[40] neben Prestigegründen die Vorteile einer Kriegserklärung für die deutsche Marine in dem ohnehin schon in Gang befindlichen »unerklärten Krieg« im Atlantik in den Vordergrund rücken, sprechen andere Autoren wie E. Jäckel, A. Hillgruber, D. Junker und E. Syring[41] Hitler machtpolitisch-

[36] W. L. Langer u. S. E. Gleason, The undeclared war 1940/41. New York 1953. Vgl. dazu auch die detaillierte Untersuchung von R. Rohwer, Wußte Roosevelt davon? Zur Vorgeschichte des japanischen Angriffs auf Pearl Harbor. In: Wehrwissenschaftliche Rundschau 4 (1954), S. 459 ff.; R. Wohlstetter, Pearl Harbor. Warning and decision. 3. Aufl. Stanford 1966, und P. Herde, Pearl Harbor. 7. Dezember 1941. Der Ausbruch des Krieges zwischen Japan und den Vereinigten Staaten und die Ausweitung des europäischen Krieges zum Zweiten Weltkrieg. Darmstadt 1980.

[37] W. A. Williams, The tragedy of American diplomacy. 2. Aufl. New York 1962; deutsch: Die Tragödie der amerikanischen Diplomatie. Frankfurt a. M. 1973.

[38] R. G. L. Waite, The psychopathic God Adolf Hitler. New York 1977.

[39] E. Kordt, Wahn und Wirklichkeit. Stuttgart 1948.

[40] Vgl. Anm. 36.

[41] E. Jäckel, Die deutsche Kriegserklärung an die Vereinigten Staaten von 1941. In: Im Dienste Deutschlands und des Rechtes. Festschrift für Wilhelm G. Grewe zum 70. Geburtstag, hrsg. v. F. J. Kroneck u. T. Oppermann. Baden-Baden 1981; A. Hillgruber, Der Zweite Weltkrieg 1939–1945. 4. Aufl. Stuttgart

zweckmäßige Überlegungen in der damaligen momentanen Situation zu: Das Kriegspotential der USA sollte sich nicht auf den pazifischen Raum allein konzentrieren können, damit Japan nicht geschlagen würde, bevor Deutschland die Sowjetunion im zweiten Anlauf 1942 bezwang.

1985; D. Junker, Kampf um die Weltmacht. Die USA und das Dritte Reich 1933–1945. Düsseldorf 1988; E. Syring, Hitlers Kriegserklärung an Amerika vom 11. Dezember 1941. In: Der Zweite Weltkrieg. Analysen, Grundzüge, Forschungsbilanz, hrsg. v. W. Michalka. München 1989.

1939	
23. 8.	Deutsch-sowjetischer Nichtangriffspakt mit Geheimprotokoll über die Aufteilung Osteuropas in Interessensphären
25. 8.	Erster Angriffsbefehl Hitlers gegen Polen, nach wenigen Stunden widerrufen. Englisch-polnischer Beistandspakt unterzeichnet
31. 8.	Endgültiger Angriffsbefehl Hitlers. Fingierter Überfall auf den Sender Gleiwitz
1. 9.	Deutscher Überfall auf Polen. Beginn des Zweiten Weltkrieges. Eingliederung Danzigs ins Reich
3. 9.	England und Frankreich erklären Deutschland den Krieg
17. 9.	Sowjetischer Einmarsch in Ostpolen
28. 9.	Deutsch-sowjetischer Grenz- und Freundschaftsvertrag
7. 10.	Abschluß der Kämpfe in Polen
8. 10.	Eingliederung der westpolnischen Gebiete in das Reich
12. 10.	Erlaß Hitlers zur Errichtung des »Generalgouvernements« in Polen
7. 11.	Erste Verschiebung des Angriffstermins für die Westoffensive (bis 10. 5. 1940 29mal verschoben)
1940	
12. 3.	Friedensvertrag von Moskau beendet den sowjetisch-finnischen Winterkrieg (Beginn 30. 11. 1939)
9. 4.	Beginn der deutschen Besetzung Dänemarks und Norwegens
10. 5.	Beginn der deutschen Offensive im Westen. Churchill Premierminister
14. 5.	Deutscher Luftangriff auf Rotterdam
15. 5.	Kapitulation der niederländischen Armee
18. 5.	Wiedereingliederung der im Versailler Vertrag an Belgien abgetretenen Gebiete Eupen, Malmedy und Moresnet ins Reich
27. 5.–4. 6.	Evakuierung alliierter Truppen aus Dünkirchen
28. 5.	Kapitulation der belgischen Streitkräfte. Engländer besetzen Narvik (Wiederabzug 7. 6.)
10. 6.	Kriegseintritt Italiens. Kapitulation der norwegischen Streitkräfte
14. 6.	Kampflose Besetzung von Paris

15.–17. 6.	Sowjetische Truppen besetzen Litauen, Lettland und Estland
22. 6.	Abschluß des deutsch-französischen Waffenstillstandes in Compiègne
28. 6.–1. 7.	Sowjetische Besetzung Bessarabiens und der Nordbukowina
16. 7.	Hitlers Weisung zur Vorbereitung einer Landung in England
19. 7.	Hitlers letzter »Friedensappell« an England im Reichstag
13. 8.	Beginn der Luftschlacht über England (»Adlertag«)
15. 9.	»Battle of Britain«-Tag. Höhepunkt der Luftschlacht über England
17. 9.	Hitler verschiebt die Landung in England »bis auf weiteres«
27. 9.	Abschluß des Dreimächtepakts zwischen Deutschland, Italien und Japan
22.–24. 10.	Treffen Hitlers mit Laval, Franco und Pétain. Versuch einer antibritischen Blockbildung
28. 10.	Italienischer Angriff auf Griechenland
12./13. 11.	Besuch Molotows in Berlin
14.–20. 11.	Luftangriffe auf Coventry und Birmingham
18. 12.	Hitler unterzeichnet die »Weisung Nr. 21. Fall Barbarossa« zum Angriff auf die Sowjetunion (befohlener Abschluß der Vorbereitungen bis 15. 5. 1941)

1941

19./20. 1.	Treffen Hitler–Mussolini: Ende des italienischen »Parallelkrieges« im Mittelmeerraum
11. 2.	Eintreffen deutscher Truppen unter Rommel in Nordafrika (ab 18. 2.: »Deutsches Afrikakorps«)
11. 3.	Leih- und Pachtgesetz (Land-Lease-Act) tritt in den USA in Kraft
31. 3.	Deutsch-italienische Gegenoffensive in Afrika (Eroberung der Cyrenaika, Einschließung Tobruks 8. 4., Vorstoß zur ägyptischen Grenze 13. 4.)
6. 4.	Beginn des Balkanfeldzuges gegen Jugoslawien und Griechenland
13. 4.	Japanisch-sowjetischer Neutralitätsvertrag
17. 4.	Kapitulation der jugoslawischen Wehrmacht
21. 4.	Kapitulation der griechischen Armee (im Beisein der Italiener in Saloniki wiederholt 24. 4.)
20. 5.–1. 6.	Eroberung Kretas durch deutsche Luftlandetruppen
21. 5.	Letzter deutscher Großangriff auf London (schrittweise Einstellung der Luftschlacht bis Juni)
6. 6.	»Kommissarbefehl« Hitlers über die Liquidierung

	politischer Kommissare der Roten Armee im bevorstehenden Ostfeldzug
22. 6.	Beginn des deutschen Angriffs auf die Sowjetunion
12. 7.	Britisch-sowjetischer Vertrag über gemeinsames Vorgehen gegen Deutschland
14. 8.	Roosevelt und Churchill verkünden die »Atlantik-Charta«
11. 9.	»Schießbefehl« Roosevelts gegen deutsche und italienische Kriegsschiffe in bestimmten Gewässern
2. 10.	Beginn der Schlacht um Moskau
18. 11.	Englische Gegenoffensive in Nordafrika (Entsatz von Tobruk 10. 12., Eroberung der Cyrenaika bis 12. 1. 1942)
5. 12.	Beginn der sowjetischen Gegenoffensive im Raum Moskau
7. 12.	Japanischer Überraschungsangriff auf Pearl Harbor
8. 12.	Hitler befiehlt Übergang zur Verteidigung an der gesamten Ostfront. Japanische Landung in Malaya, auf Borneo und den Philippinen
11. 12.	Deutschland und Italien erklären den USA den Krieg
19. 12.	Ablösung des Oberbefehlshabers des Heeres Feldmarschall v. Brauchitsch. Hitler übernimmt den Oberbefehl über das Heer selbst
22. 12.–14. 1. 42	Erste Washingtoner Konferenz zwischen Roosevelt und Churchill (»Arcadia«)

1942

1. 1.	Pakt der 26 »Vereinten Nationen«, die im Krieg mit Deutschland, Italien und Japan stehen: keinen Sonderfrieden, Bekenntnis zur »Atlantik-Charta«
11. 1.	Beginn des japanischen Angriffs auf Niederländisch-Indien
21. 1.	Rommels Gegenangriff zur Rückeroberung der Cyrenaika (kommt westlich Gazala zum Stehen 7. 2.)
15. 2.	Japanische Eroberung von Singapur
21. 3.	Gauleiter Sauckel wird Generalbevollmächtigter für den Arbeitseinsatz (bis Ende 1944 Rekrutierung von 7,5 Millionen Fremdarbeitern)
26. 4.	Hitler erhält vom Reichstag die Vollmacht, als »Oberster Gerichtsherr« jeden pflichtvergessenen Deutschen ohne Beachtung von Rechtsnormen zu bestrafen
26. 5.	Britisch-sowjetischer Bündnispakt. Beginn der letzten deutsch-italienischen Offensive in Nordafrika (Eroberung von Tobruk 21. 6.)
3.–7. 6.	See-Luft-Schlacht bei den Midway-Inseln

10. 6.	Vernichtung des tschechischen Dorfes Lidice als Vergeltung für das Attentat auf den stellv. Reichsprotektor für Böhmen und Mähren Heydrich (27. 5.)
18.–26. 6.	Zweite Washingtoner Konferenz zwischen Roosevelt und Churchill
28. 6.	Beginn der deutschen Sommeroffensive an der Ostfront gegen Wolga und Kaukasus
30. 6.	Deutsch-italienische Truppen erreichen die El-Alamein-Stellung
9. 8.	Einnahme der Ölfelder von Maikop (Hissung der deutschen Kriegsflagge auf dem Elbrus 21. 8.)
16. 9.–18. 11.	Kämpfe in Stalingrad
23. 10.	Beginn der britischen Offensive bei El-Alamein unter Montgomery (Durchbruch durch die deutsche Stellung 4. 11.; Rückeroberung Tobruks durch die Engländer 13. 11.)
7./8. 11.	Alliierte Landung in Französisch-Nordafrika
10. 11.	Beginn der deutschen Landung in Tunis
11. 11.	Deutsch-italienische Besetzung Südfrankreichs und Korsikas
19. 11.	Beginn der sowjetischen Gegenoffensive bei Stalingrad (Einschließung der 6. Armee in der Stadt 22. 11.)
1943	
14.–25. 1.	Konferenz zwischen Roosevelt und Churchill in Casablanca. Forderung nach »bedingungsloser Kapitulation«
2. 2.	Kapitulation der letzten Kräfte in Stalingrad (Südkessel mit Feldmarschall Paulus 31. 1.)
18. 2.	Goebbels' »Totaler Krieg«-Rede im Berliner Sportpalast
19. 4.–16. 5.	Aufstand im Warschauer Ghetto
12.–25. 5.	Dritte Washingtoner Konferenz zwischen Roosevelt und Churchill (»Trident«)
13. 5.	Kapitulation der deutschen Kräfte in Tunesien
10. 6.	Beginn der »Combined Bomber Offensive« gegen Deutschland: amerikanische Präzisionsangriffe am Tage, englische Flächenbombardierungen bei Nacht
5. 7.	Beginn der letzten deutschen Großoffensive an der Ostfront (»Zitadelle«) im Kursk-Bogen (eingestellt 13. 7.)
10. 7.	Alliierte Landung auf Sizilien
12./13. 7.	Gründung des »Nationalkomitees Freies Deutschland« in Krasnogorsk (»Bund Deutscher Offiziere« in Lunjowo 11./12. 9.)
24.–30. 7.	Schwere alliierte Luftangriffe auf Hamburg

25. 7.	Umsturz in Italien. Mussolini verhaftet. Neuer Regierungschef Marschall Badoglio
14.–24. 8.	Konferenz von Quebec zwischen Roosevelt und Churchill (»Quadrant«)
2. 9.	Speer wird Reichsminister für Rüstung und Kriegsproduktion (Reichsminister für Bewaffnung und Munition seit 8. 2. 1942)
8. 9.	Britische Landung in Kalabrien (Süditalien). Kapitulation Italiens verkündet (unterzeichnet 3. 9.)
9. 9.	Amerikanische Landung bei Salerno
15. 9.	Gründung der faschistischen Republik mit Sitz in Saló durch Mussolini (nach seiner Befreiung auf dem Gran Sasso 12. 9.)
13. 10.	Italien (Badoglio) erklärt Deutschland den Krieg
19.–30. 10.	Alliierte Außenministerkonferenz in Moskau
18. 11.–3. 12.	Fünf britische Großangriffe auf Berlin
28. 11.–1. 12.	Konferenz von Teheran zwischen Roosevelt, Churchill und Stalin (»Eureka«)

1944

22. 1.	Amerikanische Landung hinter der deutschen Italienfront bei Anzio und Nettuno
19. 3.	Besetzung Ungarns durch deutsche Truppen (»Gleichschaltung« unter Ministerpräsident Sztójay 22. 3.)
5. 4.	Beginn der alliierten Luftoffensive gegen die rumänischen Ölfelder (gegen Werke zur synthetischen Treibstofferzeugung in Deutschland 12. 5.)
18. 5.	Einnahme von Monte Cassino durch die Alliierten
4. 6.	Alliierte besetzen Rom (Pisa 26. 7.; Florenz 4. 8.)
6. 6.	Beginn der alliierten Invasion in Nordfrankreich (Normandie)
10. 6.	Zerstörung des französischen Dorfes Oradour-sur-Glane (Vergeltung für Überfälle der Résistance)
12./13. 6.	Beginn des V-1-Beschusses von London
14. 6.	Amerikanische Landung auf Saipan/Marianen (Guam 21. 7.; Tinian 24. 7.)
20. 7.	Mißglücktes Attentat des Obersten Graf Stauffenberg auf Hitler. Himmler wird Befehlshaber des Ersatzheeres
25. 7.	Goebbels zum Reichsbevollmächtigten für den totalen Kriegseinsatz bestellt
31. 7.	Durchbruch der Amerikaner bei Avranches. Beginn des Bewegungskrieges im Westen
1. 8.	Beginn des polnischen Aufstandes in Warschau (niedergeworfen bis 2. 10.)

15. 8.	Alliierte Landung in Südfrankreich
23. 8.	Umsturz in Rumänien. Verhaftung Antonescus (Kriegserklärung an Deutschland 25. 8.)
25. 8.	Einzug General de Gaulles in Paris
8. 9.	Kriegserklärung Bulgariens an Deutschland nach sowjetischem Einmarsch. Abschuß der ersten V-2-Rakete gegen England
11.–16. 9.	Konferenz von Quebec zwischen Roosevelt und Churchill. Billigung des Morgenthau-Plans (zurückgezogen 22. 9.)
19. 9.	Finnisch-sowjetischer Waffenstillstand
3. 10.	Hitler befiehlt Räumung Griechenlands, Südalbaniens und Südmazedoniens (Athen 12. 10.; Saloniki 30. 10.; Skopje 13. 11.)
9.–20. 10.	Konferenz in Moskau zwischen Churchill und Stalin
16. 10.	Erster Einbruch der Roten Armee in Ostpreußen
18. 10.	Hitlers Aufruf zur Bildung des Volkssturms (Erlaß Hitlers 25. 9.)
21. 10.	Amerikanische Besetzung Aachens
7. 12.	Beginn der amerikanischen Landung auf den Philippinen
16. 12.	Letzte deutsche Offensive an der Westfront in den Ardennen (festgelaufen 24. 12.)
1945	
28. 1.	Verlust des oberschlesischen Industriegebiets
30. 1.	Sowjets erreichen die Oder und bilden Brückenköpfe nördlich und südlich Küstrin
4.–12. 2.	Konferenz in Jalta zwischen Roosevelt, Churchill und Stalin
13./14. 2.	Zerstörung Dresdens durch englische und amerikanische Luftangriffe
19. 2.	Amerikanische Landung auf Iwojima (Abschluß der Kämpfe 16. 3.)
7. 3.	Amerikaner nehmen Köln und überschreiten den Rhein bei Remagen (bei Oppenheim 22. 3.)
19. 3.	Hitler befiehlt die Zerstörung deutscher Industrie- und Versorgungsanlagen beim Rückzug (»Nero-Befehl«)
24. 3.	Britisch-amerikanische Kräfte gehen bei Wesel über den Niederrhein
1. 4.	Schließung des Ruhrkessels durch die Alliierten (letzte eingeschlossenen Kräfte kapitulieren 18. 4.). Franzosen überschreiten den Oberrhein. Amerikanische Landung auf Okinawa (Abschluß der Kämpfe 22. 6.)
5. 4.	Sowjetunion kündigt den Neutralitätsvertrag mit Japan vom 13. 4. 1941

16. 4.	Beginn der sowjetischen Großoffensive an Oder und Neiße zur Eroberung Berlins (führt zur Einschließung Berlins 25. 4.)
24. 4.–26. 6.	Konferenz von San Francisco (Unterzeichnung der UN-Charta 26. 6.)
25. 4.	Treffen amerikanischer und sowjetischer Truppen bei Torgau an der Elbe
29. 4.	Kapitulation der deutschen Truppen in Italien (tritt 2. 5. in Kraft)
30. 4.	Selbstmord Hitlers in Berlin
2. 5.	Neue Reichsregierung unter »Reichspräsident« Dönitz in Flensburg. Berlin kapituliert
4. 5.	Kapitulation deutscher Streitkräfte in Holland, Dänemark und Nordwest-Deutschland
7. 5.	Gesamtkapitulation der deutschen Wehrmacht im Hauptquartier General Eisenhowers in Reims unterzeichnet
9. 5.	Wiederholung der Unterzeichnung der Gesamtkapitulation im sowjetischen Hauptquartier Berlin-Karlshorst
23. 5.	Verhaftung der Regierung Dönitz und des OKW in Flensburg
5. 6.	Berliner Deklaration der alliierten Militärbefehlshaber. Übernahme der obersten Regierungsgewalt in Deutschland
17. 7.–2. 8.	Konferenz von Potsdam zwischen Truman, Churchill (ab 28. 7. Attlee) und Stalin
26. 7.	Potsdamer Deklaration mit ultimativer Aufforderung Japans zur bedingungslosen Kapitulation
6. 8.	Abwurf der ersten Atombombe auf Hiroshima (gelungener Test in Los Alamos/New Mexico 16. 7.)
8. 8.	Sowjetische Kriegserklärung an Japan
9. 8.	Abwurf der zweiten Atombombe auf Nagasaki. Sowjetischer Einmarsch in die Mandschurei
2. 9.	Unterzeichnung der Kapitulation Japans an Bord des amerikanischen Schlachtschiffes ›Missouri‹ in der Tokio-Bucht (Befehl Kaiser Hirohitos zur Feuereinstellung 16. 8.)

Die Expansion des Deutschen Reiches 1935–1943

Quelle: K. Hildebrand, Das Dritte Reich. 2. Aufl. München 1980 (R. Oldenbourg Verlag)

F I
Åland-In.
STOCKHOLM
HELSINKI
Finnischer Meerbusen
Wiborg (Viipuri)
Ladoga-See
Onega-See
Schlüsselburg
LENINGRAD
Puschkin
Worms
REVAL
Dagö
Hapsal
Taps
Moon
ESTLAND
Narwa
Ösel
Jamburg
Gotland
Sworbe
Pernau
Dorpat
Peipus-See
Luga
Wolchow
Moisekülll
Wirz-S.
Windau
Rig. Meerb.
Nowgorod
Ilmen-See
Goldingen
Walk
Pleskau
Staraja Russa
Schtscherbakow-Stausee
O S T S E E
S O W J E T -
Tukkum
RIGA
Libau
L E T T L A N D
Ostrow
Waldai
Mitau
Friedrichstadt
Lowat
Cholm
Memel
Schaulen
Kreuzburg
Opotschka
Ponewisch
Rositten
Welikije Luki
Höhe
Kalinin
Wolga
Pillau
Tauroggen
Dünaburg
Danzig
Tilsit
LITAUEN
Newel
Toropez
Königsberg
Kaunas
Polozk
Gorki
Elbing
Gumbinnen
Düna
Welisch
Rastenburg
WILNA
W e i ß -
N
MOSKAU
Allenstein
Molodetschno
Witebsk
Tannenbg.
Suwalki
Grodno
Lida
Borissow
Dorogobusch
Niemen
Orscha
Dnjepr
Smolensk
Lomza
Minsk
Kaluga
Modlin
Ostrow
Bialystok
Nowogrodek
Weichsel
Narew
Mogilew
Generalgou-
Baranowitschi
Rosslawl
Tula
WARSCHAU
R u ß l a n d
Beresina
vernement
Bug
Bobruisk
Rogatschew
Siedlce
Brest-Litowsk
Ssluzk
Demblin
P r i p j e t -
Radom
Pinsk
Pripjet
Gomel
Brijansk
Lublin
S ü m p f e
Mosyr
Orel
Chelm
Kowel
Sarny
Jaroslaw
Luzk
Korosten
Tschernigow
Przemysl
Rowno
Kursk
Dubno
Oster
Woronesch
Wolga
Ostrog
Brody
Schepetowka
Saratow
Lemberg
Shitomir
Kiew
Priluki
U N I O N
G a l i z i e n
Berditschew
Lubni
Tarnopol

Der Kriegsschauplatz in Osteuropa 1941–1944

Quelle: B. S. Telpuchowski, Die sowjetische Geschichte des Großen Vaterländischen Krieges 1941–1945. Frankfurt a. M. 1961 (Bernard & Graefe Verlag)

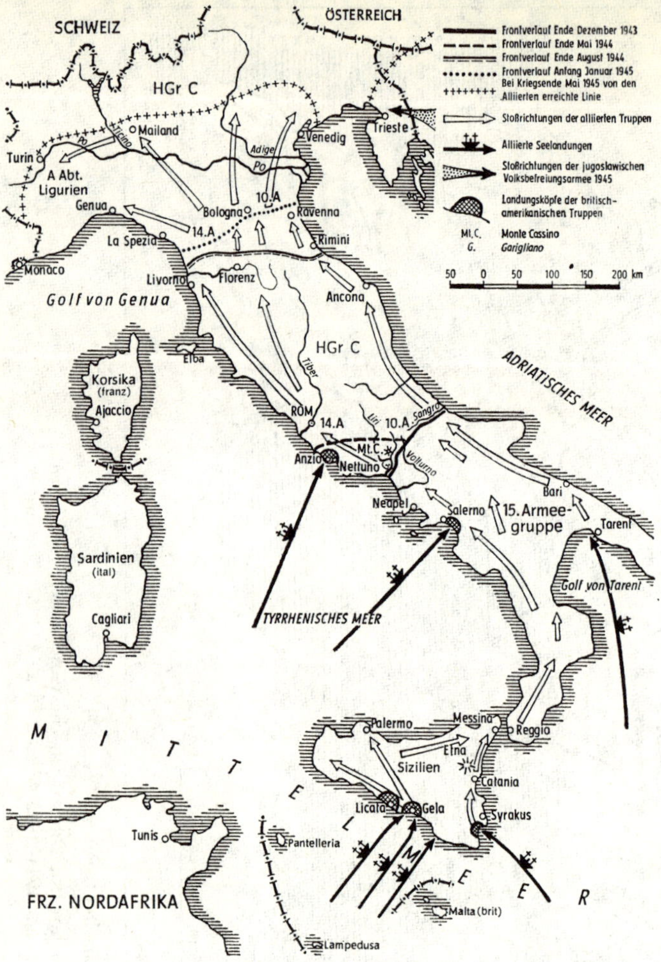

Die Kampfhandlungen in Italien 1943 bis 1945

Die Kampfhandlungen in Italien 1943–1945

Quelle: G. Förster, H. Helmert u. H. Schnitter, Der Zweite Weltkrieg. Militärhistorischer Abriß. 2. Aufl. Berlin 1974 (Militärverlag der DDR)

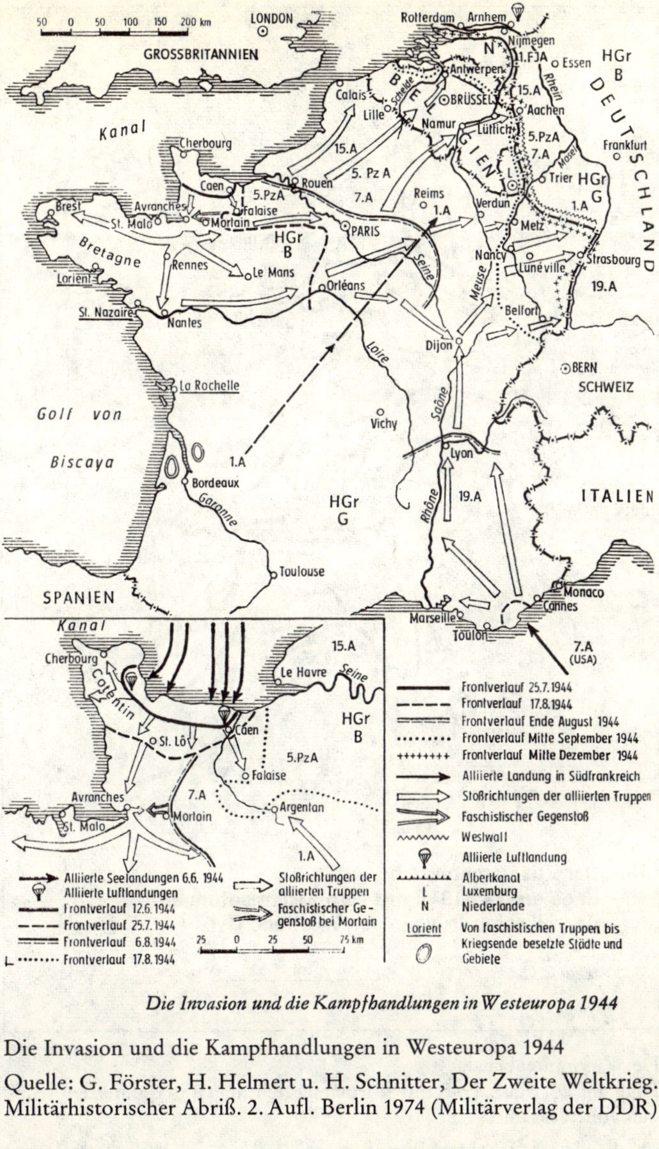

Die Invasion und die Kampfhandlungen in Westeuropa 1944

Die Invasion und die Kampfhandlungen in Westeuropa 1944

Quelle: G. Förster, H. Helmert u. H. Schnitter, Der Zweite Weltkrieg. Militärhistorischer Abriß. 2. Aufl. Berlin 1974 (Militärverlag der DDR)

Der Zusammenbruch
Lage am 24. März 1945 mit Vormarschrichtungen der alliierten Truppen von West und Ost

Quelle: H.-A. Jacobsen, Der Weg zur Teilung der Welt. Politik und Strategie 1939–1945, Koblenz, Bonn 1977 (Bernard & Graefe Verlag)

Deutsche Geschichte der neuesten Zeit
vom 19. Jahrhundert bis zur Gegenwart
Herausgegeben von
Martin Broszat, Wolfgang Benz, Hermann Graml
in Verbindung mit dem Institut für Zeitgeschichte

Die »neueste« Geschichte setzt ein mit den nachnapoleonischen Evolutionen und Umbrüchen auf dem Wege zur Entstehung des modernen deutschen National-, Verfassungs- und Industriestaates. Sie reicht bis zum Ende der sozial-liberalen Koalition (1982). Die großen Themen der deutschen Geschichte des 19. und 20. Jahrhunderts werden, auf die Gegenwart hin gestaffelt, in dreißig konzentriert geschriebenen Bänden abgehandelt. Ihre Gestaltung folgt einer einheitlichen Konzeption, die die verschiedenen Elemente der Geschichtsvermittlung zur Geltung bringen soll: die erzählerische Vertiefung einzelner Ereignisse, Konflikte, Konstellationen; Gesamtdarstellung und Deutung; Dokumentation mit ausgewählten Quellentexten, Statistiken, Zeittafeln; Workshop-Information über die Quellenproblematik, leitende Fragestellungen und Kontroversen der historischen Literatur. Erstklassige Autoren machen die wichtigsten Kapitel dieser deutschen Geschichte auf methodisch neue Weise lebendig.

4501 Peter Burg: Der Wiener Kongreß
Der Deutsche Bund im europäischen Staatensystem
4502 Wolfgang Hardtwig: Vormärz
Der monarchische Staat und das Bürgertum
4503 Hagen Schulze: Der Weg zum Nationalstaat
Die deutsche Nationalbewegung vom 18. Jahrhundert bis zur Reichsgründung
4504 Michael Stürmer: Die Reichsgründung
Deutscher Nationalstaat und europäisches Gleichgewicht im Zeitalter Bismarcks
4505 Wilfried Loth: Das Kaiserreich
Obrigkeitsstaat und politische Mobilisierung
4506 Richard H. Tilly: Vom Zollverein zum Industriestaat
Die wirtschaftlich-soziale Entwicklung Deutschlands 1834 bis 1914
4507 Helga Grebing: Arbeiterbewegung
Sozialer Protest und kollektive Interessenvertretung bis 1914
4508 Hermann Glaser: Bildungsbürgertum und Nationalismus Politik und Kultur im Wilhelminischen Deutschland
4509 Wolfgang J. Mommsen, Imperialismus
Deutsche Kolonial- und Weltpolitik 1880 bis 1914
4510 Gunther Mai: Das Ende des Kaiserreichs
Politik und Kriegführung im Ersten Weltkrieg

4511 Klaus Schönhoven: Reformismus und Radikalismus
Gespaltene Arbeiterbewegung im Weimarer Sozialstaat
4512 Horst Möller: Weimar
Die unvollendete Demokratie
4513 Peter Krüger: Versailles
Deutsche Außenpolitik zwischen Revisionismus und Friedenssicherung
4514 Corona Hepp: Avantgarde
Moderne Kunst, Kulturkritik und Reformbewegungen nach der Jahrhundertwende
4515 Fritz Blaich: Der Schwarze Freitag
Inflation und Wirtschaftskrise
4516 Martin Broszat: Die Machtergreifung
Der Aufstieg der NSDAP und die Zerstörung der Weimarer Republik
4517 Norbert Frei: Der Führerstaat
Nationalsozialistische Herrschaft 1933 bis 1945
4518 Bernd-Jürgen Wendt: Großdeutschland
Außenpolitik und Kriegsvorbereitung des Hitler-Regimes
4519 Hermann Graml: Reichskristallnacht
Antisemitismus und Judenverfolgung im Dritten Reich
4520 Hartmut Mehringer/Peter Steinbach:
Emigration und Widerstand. Das NS-Regime und seine Gegner
4521 Lothar Gruchmann: Totaler Krieg
Vom Blitzkrieg zur bedingungslosen Kapitulation
4522 Wolfgang Benz: Potsdam 1945
Besatzungsherrschaft und Neuaufbau im Vier-Zonen-Deutschland
4523 Wolfgang Benz: Die Gründung der Bundesrepublik
Von der Bizone zum souveränen Staat
4524 Dietrich Staritz: Die Gründung der DDR
Von der sowjetischen Besatzungsherrschaft zum sozialistischen Staat
4525 Kurt Sontheimer: Die Adenauer-Ära
Wohlstandsgesellschaft und Kanzlerdemokratie
4526 Manfred Rexin: Die Deutsche Demokratische Republik
Von Ulbricht bis Honecker
4527 Ludolf Herbst: Option für den Westen
Vom Marshallplan bis zum deutsch-französischen Vertrag
4528 Peter Bender: Neue Ostpolitik
Vom Mauerbau bis zum Moskauer Vertrag
4529 Thomas Ellwein: Krisen und Reformen
Die Bundesrepublik seit den sechziger Jahren
4530 Helga Haftendorn: Sicherheit und Stabilität
Außenbeziehungen der Bundesrepublik zwischen Ölkrise und NATO-Doppelbeschluß

Personenregister